KB160985

가장 쉬운 역사 첫걸음

가장 쉬운 역사 첫걸음

초판 인쇄 │ 2023년 8월 22일
초판 발행 │ 2023년 9월 5일

지은이 │ 이영
발행인 │ 김태웅
기획 │ 김귀찬
편집 │ 유난영
표지 디자인 │ 남은혜
본문 디자인 │ HADA DESIGN 장선숙
표지 일러스트 │ 김동호
마케팅 │ 나재승
제작 │ 현대순

발행처 │ (주)동양북스
등 록 │ 제 2014-000055호
주 소 │ 서울시 마포구 동교로22길 14 (04030)
구입 문의 │ 전화 (02)337-1737 팩스 (02)334-6624
내용 문의 │ 전화 (02)337-1763 이메일 dybooks2@gmail.com

ISBN 979-11-5768-953-8 03900

우리가 만나게 될 내일의 사건들이 언젠가 만났었던 '기시감'이 드는
건 아마도 우리가 역사를 배워 왔고 그동안 알아 왔기 때문이 아닐까?
저자가 이 책에서 바라보는 과거의 사건들이 여전히 유효하다고 느껴
지는 이유는 언제든지 우리 앞에 다시 펼쳐질 수 있는 내일 이야기가
될 수도 있음이 아닐까? 독자들은 역사라는 과거를 읽게 되지만 많은
챕터와 사건 속에서 오늘과 내일을 만나게 될 것이다.
마치 데칼코마니처럼.
〈공부의 나라〉 〈1989 베를린, 서울 Now〉 다큐멘터리 감독 최우영

책을 펼치는 순간 시간의 장막을 넘어 역사의 거장들
과 마주한다. 역사에 굵직한 획을 그은 인물을 통해 세상
을 볼 때 우리는 과거를 더욱 풍부하고 생생하게 이해할 수 있
다. 그들의 선택과 행적은 현재를 살아가는 우리에게 중요한 교훈을
선사한다. 또한 '영화로 읽는 역사' 코너는 한층 더 깊은 고찰의 창을
열어 준다.
역사에 처음 발을 디딘 분들은 물론, 저자의 명쾌한 해석으로 새로운
지혜와 통찰을 얻고자 하는 분들에게 이 책을 강력히 추천한다.
유튜브 〈쏨작가의지식사전〉 운영자 임소미

"역사는 경험 공간과 기대 지평의 융합이다." 독일의 역사학자 라인하르트 코젤렉의 말입니다. 대학생 시절 '역사학개론'이라는 수업 시간에 '역사란 무엇인가'에 대해 교수님께서 소개해 주신 여러 학자들의 인용문 중 하나였습니다. 처음 이 인용문을 접하자마자 저 어려운 말이 무엇인지 명확하게 받아들여지지 않았으면서도 무슨 이유에서인지 이 말에 단번에 반해 버리고 말았습니다. 교수님께서 친절히 설명해 주셨건만 혼자 머릿속으로 나만의 해석을 내리는 바람에 제대로 듣질 못했죠. 제가 내린 해석은 다음과 같았습니다. 역사는 과거의 경험을 체화해서 앞으로 일어날 미래의 일을 기대해 보는 것이다. 순간 머리가 탁 트이는 느낌을 받았습니다. 그간 역사는 현재의 우리가 어쩌지 못하는, 과거에 이미 벌어진 일들을 인지하는 정도로 알고 있었습니다. 그렇지만 그것은 죽은 역사입니다. 과거와 역사는 다릅니다. 과거가 현재의 우리에게 살아서 움직일 때 비로소 역사가 됩니다. 따라서 역사는 과거보다 현재에 더 가깝습니다. 역사는 현재를 비추는 거울이라고 하지만 이런 뻔하디 뻔한 역사의 교훈을 실천하고 있는 사람은 과연 몇이나 될까요?

역사는 사람들에게 삶을 깨우치게 하기도 하지만 나쁜 의도로 조작되고 악용되기도 합니다. 역사는 쓰임에 따라 다양한 기능을 할 수 있는 도구인 셈이죠. 역사는 '무엇을 말하는가'보다 '어떻게 말하는가'가 더 중요하다고 할 수 있습니다. 'What'보다는 'How'에 더 방점이 찍혀 있는 거죠. 쉬운 예시를 들자면 '○○○왕이 3만이나 되는 병력을 동원했다'와 '○○○왕이 3만밖에 안 되는 병력을 동원했다'는 의미가 완전히 다르게 전달됩니다. 인간이 무언가를 전달할 땐 의도를 가질 수밖에 없기 때문에 역사는 발화자나 기록자의 의도 혹은 무의식이 반영될 수밖에 없습니다. 사람에 따라 긍정과 부정의 기준은 다를 수 있으니까요. 역사의 서술 방식이 What보다 How가 중요하다면 역사를 듣는 이도 What이 아니라 How에 주목해야 합니다. How로 듣는 방식을 '해석한다'고 할 수도 있겠습니다. 발화자나 기록자의 의도야 어찌 됐든 역사를 접하는 사람은 과거의 일을 저마다의 방식으로 해석할 수 있어야 합니다. 그래야 과거가 살아 숨쉴 수 있으니까요.

역사는 해석이 완전히 결여된 객관성 100%라고 말하는 분도 있지만 내가 직접 보고 듣고 겪어 보지 못한 채 제3자를 통해 전달받는 일을 어떻게 100% 확신할 수 있겠습니까. 역사학자는 주관성을 배제하고 최대한 객관적 입장을 견지해야 하는 건 맞지만 역사를 연구하는 사람이 아니라 역사를 접하는 쪽에 있다면 과거를 나에게 맞게 해석하여 역사로 만든 뒤 내 삶에 적용할 수 있어야 합니다.

이 책의 집필 의도 또한 마찬가지입니다. 저는 역사학자는 아닙니다. 역사 스토리텔러로서, 제가 역사를 접할 때 제 나름대로 해석하고 도출한 교훈을 소개해 드리고자 합니다. 또한 이 책에서는 몰입도를 높이고자 사건보다 인물에 치중하기로 했습니다. 누구나 알 법한 16명의 인물들을 시대와 국가에 상관없이 꼽아 봤습니다. 이 16명의 인물들을 통해 어떤 지혜와 교훈과 관점을 배울 수 있는지 알아 가셨으면 합니다.

역사는 결코 방대한 지식의 양으로 누군가에게 자랑할 때 쓰이는 과시거리가 아닙니다. 역사적 지식을 많이 알고 있어도 내 삶에 적용하지 못하고 있다면 말짱 도루묵인 걸요. 역사공부를 위한 첫걸음은 역사가 어떻게 내 사고와 삶을 윤택하게 해줄 것인가에 대한 고민입니다. 이러한 고민과 해석은 사람마다 다를 수 있습니다. 나만의 해석을 내리고 또 타인과 그 해석을 공유해 보는 것도 좋은 역사공부가 될 것입니다. 역사를 공부하고 해석하는 과정이 있을 때 우리는 앞으로 우리에게 일어날 미래의 일들을 기대해 볼 수 있습니다. 이 책을 통해 제가 그 과정에 방향키 정도를 제시한다고 생각해 주세요.

끝으로 이 책이 나오기까지 도움을 주셨던 동양북스의 관계자 분들, 김귀찬 부장님, 유난영 편집자님, 장선숙 디자이너님 그리고 '스튜디오 아이스'의 김찬수 대표님, 이동건 님, 다른 유튜브 식구들에게 무한한 감사의 말씀을 전합니다.

2023년 늦여름, 이 영

차례

01

광개토대왕

그는
다른 정복군주와
어떻게 다른가?

광개토대왕

#정복군주 #삼국시대 #고구려전성기 #5세기고구려 #광개토대왕 #담덕 #개마무사
#맥궁 #유주자사진의무덤 #영락 #장수왕 #광개토대왕릉비 #중원고구려비 #강대국

광개토대왕의 연도별 주요 이슈

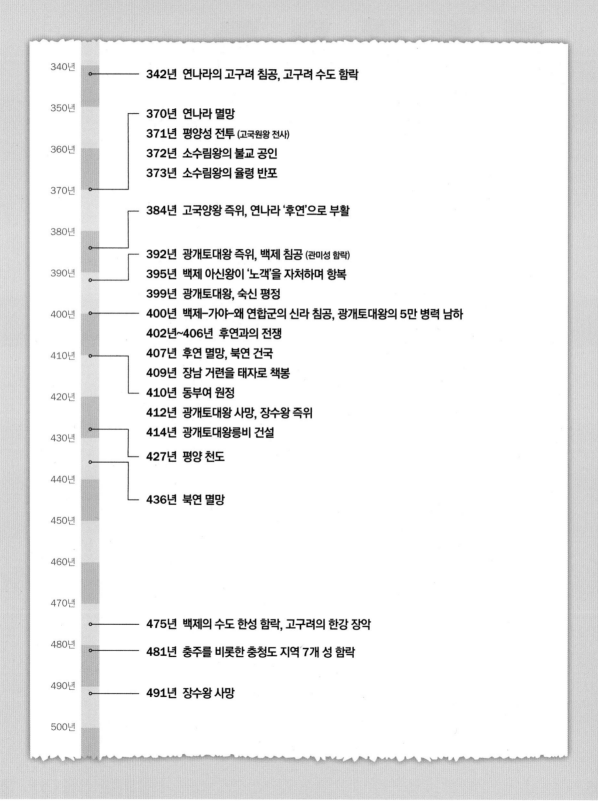

340년

342년 연나라의 고구려 침공, 고구려 수도 함락

350년

370년 연나라 멸망
371년 평양성 전투 (고국원왕 전사)

360년

372년 소수림왕의 불교 공인
373년 소수림왕의 율령 반포

370년

384년 고국양왕 즉위, 연나라 '후연'으로 부활

380년

392년 광개토대왕 즉위, 백제 침공 (관미성 함락)

390년

395년 백제 아신왕이 '노객'을 자처하며 항복
399년 광개토대왕, 숙신 평정

400년

400년 백제-가야-왜 연합군의 신라 침공, 광개토대왕의 5만 병력 남하
402년~406년 후연과의 전쟁

410년

407년 후연 멸망, 북연 건국
409년 장남 거련을 태자로 책봉

420년

410년 동부여 원정
412년 광개토대왕 사망, 장수왕 즉위

430년

414년 광개토대왕릉비 건설
427년 평양 천도

440년

436년 북연 멸망

450년

460년

470년

475년 백제의 수도 한성 함락, 고구려의 한강 장악

480년

481년 충주를 비롯한 충청도 지역 7개 성 함락

490년

491년 장수왕 사망

500년

차원이 다른 정복 군주

대왕 광개토

전 세계 역사상 수많은 정복군주들이 있었다. 각 문화권별로 각 국가별로 저마다의 정복군주를 자랑스러운 역사로 내세운다. '넓은 영토를 연다'는 뜻의 왕호 '광개토'에서 알 수 있듯 우리 역사에서 가장 대표적인 정복군주로는 광개토대왕이 있다.

우리 한국인은 어릴 적부터 세종대왕과 광개토대왕에게만 '대왕'이란 칭호를 붙여 숭상해 왔다. 그런데 이렇게 광개토대왕을 기리는 한국인의 입장에 대해 아이러니라고 지적하는 사람들이 있다. '평화를 사랑하는 민족', '동방예의지국의 후손'이라는 타이틀을 뿌듯해하는 한국인들이 정복군주인 광개토대왕을 기리는 것은 모순이라는 것이다. 그러면서 '평화'와 '정복'이 공존할 수 있는 것인지 의문을 제기한다. 광개토대왕에 대한 우리 후손들의 찬양은 정말 이중적일까?

그것은 광개토대왕을 너무 좁은 시각으로 바라보는 것이다. 광개토대왕의 업적을 고구려의 영토를 넓힌 것으로만 한정하여 생각한 데서 비롯된 편협한 판단이다. 광개토대왕은 남의 나라나 이민족을 정벌하여 복종시키는 데만 급급한 여느 정복군주들과는 많이 달랐다. 광개토대왕의 전쟁과 업적, 그리고 그것이 그의 아들 장수왕으로까지 이어지는 양상을 보면 '진정한 강대국'이란 무엇인지에 대한 그의 특별한 국가관을 엿볼 수 있다.

광개토대왕

고구려의 원수 국가들(연나라, 백제)

광개토대왕의 업적을 살펴보기 전에 그가 국왕으로 즉위하기 이전까지 고구려의 대외적 위기 상황을 짚어 볼 필요가 있다.

압록강 너머에서 작은 부족국가로 시작한 고구려는 꾸준히 영토를 넓혀 3~4세기 무렵 서쪽으로는 요동과, 남쪽으로는 백제와 국경을 맞대었다. 그 과정에서 작은 부족국가들을 적당히 정리하고 더 큰 나라들과 경쟁을 해야만 했다. 광개토대왕의 할아버지이자 고구려의 16대 왕이었던 고국원왕은 그 혼란의 중심에 서 있었다.

당시 요동 부근에서는 유목 민족인 선비족 가운데 모용씨 일파가 연나라를 건국하고 요동을 목표로 고구려와 신경전을 벌이고 있었다. 그러다 연나라의 군대가 고구려의 수도까지 점령하는 사태가 벌어진다. 고구려 군대의 계속된 항전으로 결국 연나라 군대는 고구려를 빠져나가지만 그 과정에서 선대왕의 무덤이 파헤쳐지고 국왕의 모후와 왕비까지 인질로 끌려가는 고구려 역사상 최악의 굴욕적인 사건이 일어났다.

고구려의 비극은 여기서 끝이 아니었다. 당시 고구려는 남쪽으로도 진출하면서 평안도 남부에서부터 황해도, 경기도에 이르는 평야지대를 두고 백제와 다투고 있었다. 이 평야지대는 엄청난 경제적 이익을 창출할 수 있는 곳이었기에 고국원왕은 백제를 선제공격했으나, 하필 당시는 백제의 근초고왕이 백제의 전성기를 이끌고 있던 때라 고구려의 공격을 막아 냈을뿐더러 성공적으로 반격에 나섰고, 평양성 전투에서 고구려 고국원왕이 백제군이 쏜 화살에 맞아 현장에서 전사하는 초유의 사태까지 벌어졌다. 이렇듯 고구려에게 연나라와 백제는 철천지원수 국가들이었다. 더구나 경제적 요충지의 점령을 두고 다툰 만큼 고구려는 자국의 경제 성장을 위해 두 국가를 상대로 우위를 점해야만 했다.

고국원왕의 뒤를 이은 소수림왕은 연나라와 백제를 상대로 싸워서 복수하기보다는 혼란을 수습하고 내실을 다지는 쪽을 택했다. 고국원왕의 반복되는 실책과 패전은 고구려 지배층들로 하여금 왕실의 무능을 탓할 구실이 되었지만, 소수림왕은 강력한 중앙 집권화 정책으로 내분과 혼란을 막고 고구려인들을 단결시켰다. 광개토대왕은 이런 소수림왕의

■■■ 연나라
연나라는 중간에 한 번 멸망하지만 이내 그 후손들이 다시 규합하여 재건국했다. 연나라를 전연과 후연으로 나누지만 같은 모용씨 선비족이란 점에서 고구려의 원수국임은 여전했다.

■■■ 소수림왕
광개토대왕의 큰아버지이자 고구려 17대 왕

정책들을 자양분 삼아 적극적인 대외전쟁에 나설 수 있었다.

자식이 없었던 소수림왕이 죽자 고국양왕이 18대 왕으로 즉위했다. 앞뒤로 형 소수림왕과 아들 광개토대왕의 입지가 상당하다 보니 그 사이에 낀 고국양왕의 업적이 잘 드러나 보이지 않지만, 소수림왕의 정책들이 별 탈 없이 광개토대왕에게까지 이어졌으니 고국양왕의 정권 또한 고구려의 안정에 상당히 이바지한 것으로 볼 수 있다. 비록 도로 빼앗기긴 하지만 후연을 선제공격하여 요동군과 현도군을 점령한 기록이 있으며, 형 소수림왕이 공인했던 불교가 잘 자리 잡도록 힘썼고, 신라와도 우호적인 외교관계를 체결하면서 광개토대왕이 곧 나설 무대의 기초를 고국양왕이 만들어 놓았다고도 할 수 있다. 고국양왕은 재위 3년째에 장남 담덕을 태자로 책봉했고 재위 6년째였던 391년 사망했다. 이후 태자였던 담덕이 고구려 19대 왕으로 즉위하니, 그가 바로 광개토대왕이다.

고국양왕
소수림왕의 동생이자 광개토대왕의 아버지

고구려의 무기들

고구려 병사들은 어떤 무기와 갑옷을 사용했을까? 고구려의 전통 무기이자 자랑은 활이었다. 유목 민족의 전통을 흠씬 흡수했던 고구려는 짧고 많이 휘어 있는 각궁을 사용했다. 고구려의 활을 '맥궁'이라고 불렀는데, 당시 맥궁의 우수성은 주변 국가들 모두가 인정하는 수준이었다. 활시위는 소나 말의 힘줄을 사용했는데 활이 짧고 많이 휘어 있어 탄력성이 압도적이었다. 화살촉은 용도에 따라 크기와 넓이가 달랐다. 고구려 고분

맥궁
'예맥족이 사용한 활'이라는 뜻

고구려 무용총 수렵도 중 파르티안 샷 장면
사진 출처: 한국민족문화대백과사전

고구려 고분벽화 속
창병과 부월수(도끼 전문) 부대

사진 출처: 우리역사넷

벽화에서 볼 수 있듯이 고구려 병사들은 말 위에서 활을 쏘는 배사법을 구사했고, 석궁인 쇠뇌도 많이 사용한 것으로 보인다.

배사법

이른바 '파르티안 샷'으로 고도로 숙련된 기마술이 없으면 구사하기 힘들었다고 한다.

고구려의 검은 1m 이상의 외날형 직도 '고리자루큰칼'이었으며, 이러한 형태의 검은 당시 동아시아에서 보편적으로 쓰이고 있었다. 고분벽화를 보면 고구려는 '부월수'라는 도끼 전문부대를 편성했었다는 것도 알 수 있다. 창은 기병이 쓰는 창과 보병이 쓰는 창이 따로 있었고, 방패는 나무, 가죽, 철판 등을 섞어 만들었으며 6각형 방패와 타원형 방패가 있었다. 갑옷은 가죽갑옷과 철갑옷이 있었는데 기병들이 보병보다 더 중무장을 했다. 고구려의 철갑옷은 하나의 통으로 만든 판갑이 아니라 얇고 넓은 철판들을 가죽 끈으로 엮어 이어붙인 찰갑의 형태였다. 찰갑은 탄력성이 좋아 방어에 유리하고 몸을 유연하게 움직이기에도 편리했다. 무엇보다 고구려의 철 제련술이 타의 추종을 불허했다.

백제는 석공기술, 신라는 세공기술이 발달해 있었다면 고구려에겐 철제기술이 있었다. 고구려 기병대 중 최정예 기병대는 말도 철제 무장화했는데, 이 무장화한 말을 '개마'라고 했으며 개마를 탄 기병을 '개마무사'라고 불렀다. 개마무사들로 구성된 개마부대는 고구려 최정예 기병대로 고구려 판 특전사 혹은 해병대 같은 개념이었다. 지휘관들은 직급이나 신분에 따라 투구에 뿔 장식 등을 넣기도 했다.

광개토대왕의 정복전쟁

392년 광개토대왕은 즉위하자마자 '영락'이라는 연호를 발표한다. 그리곤 바로 그해 가을 백제를 침공한다. 광개토대왕은 첫 백제와의 전투에서 석현성을 비롯한 백제의 성 10여 개를 함락했다.

첫 백제와의 전투

당시 백제의 왕은 16대 진사왕이었는데, 『삼국사기』 「진사왕 본기」에는 진사왕이 '담덕이 용병에 능하다는 말을 듣고 감히 나서지 못했다.'고 했다는 기사가 있다.

고구려 고분벽화 속 개마무사
사진 출처: 우리역사넷

광개토대왕은 백제를 더 밀어붙일 생각이었는데 북방의 거란족이 소요를 일으켰다는 소식을 접한다. 당시 고구려의 북쪽 국경지대는 고국원왕 이후 국방력이 심각하게 약해져 있었고 거란족을 포함한 여러 이민족들이 자주 약탈을 일삼고 있었다. 거란족은 고구려 서북쪽 국경지대였던 '요하'라는 강 주변에 분포해 있던 이민족으로 후연과 고구려 사이에 낀 존재들이었다. 고구려가 후연과 맞붙기 위해선 거란족이 거주하던 그 중간지대를 완전히 장악해야만 했다. 광개토대왕은 바로 군대를 돌려 북방으로 넘어가 거란족을 공격했고, 수없이 많은 소와 말, 양떼를 노획함과 동시에 고구려인 포로 1만 명을 구출해 낸다.

거란을 안정화한 후 광개토대왕은 마무리하지 못한 백제 공격을 재개했다. '사면이 가파르고 바닷물로 둘러싸여 있다'고 묘사된 관미성은 백제의 수도인 한성으로 가는 길목에서 가장 중요한 요새였으며 백제 수군의 본진이었다. 광개토대왕은 군대를 7개 부대로 나누어 20일 만에 관미성을 함락했다. 즉위 후 광개토대왕이 백제의 석현성을 비롯해 10여 개의 성을 함락한 뒤 북방의 거란족을 평정하고 다시 백제로 내려와 관미성을 함락하기까지 전부 같은 해에 일어났던 일이다.

관미성 함락은 백제의 진사왕에게 만회하기 힘든 실책이었고 그의 정권을 몹시 불안정하게 만들었다. 어리다는 이유를 들어 조카의 왕위 등극을 막고 대신 그 자리에 올랐기에 그의 불안은 더할 수밖에 없었다. 어느덧 청년으로 성장한 조카 아신은 고구려와의 전쟁에서 패한 책임을

광개토대왕의 거란 토벌
광개토대왕릉비에 따르면 이때 광개토대왕은 거란의 '염수'라는 강까지 이르렀는데, 이 강은 소금이 나는 강으로, 광개토대왕의 거란 토벌이 포로 구출과 동시에 경제적인 목적도 있었음을 유추할 수 있다.

관미성
이곳의 위치에 대해서는 설이 많지만 지금의 강화도라는 주장이 가장 유력하다. 강화도의 바닷길을 따라 계속 들어가 강으로 진입하면 바로 한강이고 곧장 백제의 수도 한성까지 이어지니 관미성은 백제에게 동맥줄기 같은 곳이었다.

광개토대왕 즉위 무렵
동아시아 지도

물어 392년 사냥을 하던 진사왕을 살해하고 백제의 새로운 왕으로 즉위했다. 아신왕은 선대왕을 죽이고 왕이 된 만큼 고구려를 상대로 큰 승리를 거두어야만 본인의 정권에 명분이 생기고 그 기반을 다질 수 있었다. 고구려의 광개토대왕이나 백제의 아신왕이나 반드시 서로 승리해야 하는 이유가 있는 숙적이었던 것이다.

393년 아신왕은 관미성을 탈환하려고 진무 장군을 보냈지만 고구려군이 이를 막아냈다. 이듬해 아신왕은 다시 한번 진무 장군을 관미성으로 보내 공격했지만 이번엔 광개토대왕이 직접 5천 기병대로 막아낸다. 광개토대왕은 백제의 아신왕이 진사왕보다 훨씬 더 적극적이고 공격적인 성격임을 간파하고 남쪽 국경지대에 대한 경계를 강화하기 위해 한강 유역에 7개의 성을 쌓아 백제의 공격에 대비했다. 하지만 방어만으로는 백제의 공격을 억제하는 데 한계가 있었다.

395년 광개토대왕은 작정하고 백제의 수도 한성으로 쳐들어간다. 그는 육군을 지휘하는 동시에 점령한 관미성을 통해 물길을 따라 수군을 보내 고구려 전함들이 한강으로 들어가게 했다. 백제의 수도 한성은 금세 고구려의 육군과 수군에게 포위되었다. 무려 8천 명에 달하는 백제군이 죽거나 생포되는 상황에서 아신왕은 결국 항복을 선택했다. 이렇게 해서 고구려는 과거 고국원왕의 원한을 갚는 기념비적인 날을 맞이한다.

무릇 정복군주라면 한 국가의 수도를 점령하고 항복을 받아 내면 보

한강 유역
지금도 경기도 북부에서는 고구려의 유물들이 무더기로 출토되고 있다.

백제의 수도 한성
지금의 서울 잠실에 해당

항복
당시 아신왕은 스스로 이른바 '노객', 즉 '광개토태왕의 노비 같은 신하가 되겠다'고 했다.

통은 적국의 왕을 죽이거나, 적국을 멸망시키거나, 적국의 영토를 빼앗는 것이 상식이다. 그러나 광개토대왕은 아무것도 하지 않았다. 아신왕을 살려 주었을 뿐만 아니라 백제를 멸망시키지도, 영토를 빼앗지도 않았다. 백제 포로들과 백제 북쪽의 성들을 가져가는 데 그쳤다.

399년 광개토대왕은 동쪽의 숙신족을 평정했다. 당시 고구려의 서쪽 국경지대에 거란족이 있었다면, 동쪽엔 숙신이라는 이민족이 살고 있었다. 광개토대왕은 숙신을 정벌하러 떠나 남녀 300인을 포로로 잡으며 고구려의 지배권 안으로 확보해 냈다.

서기 400년 드디어 고구려는 두 번째 원수 국가인 후연과 충돌한다. 먼저 시비를 걸어온 쪽은 후연이었다. 광개토대왕은 조공 사절단을 보내 평화적 관계를 제안하지만 후연은 광개토대왕이 거만하다며 3만의 군대를 보내 고구려의 신성과 남소성을 점령해 인근 700여 리의 땅을 점거하고 5천여 호의 민간인들을 자국으로 데려갔다. 명백한 선전포고였다. 그러나 광개토대왕은 바로 반격에 나설 수 없었다. 서기 400년 한반도 남부에서 대사건이 일어났기 때문이다.

신라의 구원병 요청

신라의 군주 내물 마립간이 고구려에 사신을 보내 구원병을 요청했다. 왜(일본)의 병사들이 가야와 연합해 신라로 쳐들어와 국토를 쑥대밭으로 만들어 놓았기 때문이었다. 내물 마립간은 고구려 국경지대까지 피신해야 했고 신라의 국운은 바람 앞의 등불이었다. 당시 가야는 백제의 간접지배권에 있던 국가였다. 가야가 신라를 공격한 건 백제의 아신왕이 배후에 있었기 때문이며, 400년 가야-왜 연합군의 신라 침공은 백제의 주도하에 이루어진 공격이었다. 아신왕은 진심으로 광개토대왕에게 항복할 생각이 추호도 없었고 일본과 가야까지 동원해 대규모 병력으로 신라를 침공했던 것이며, 이는 신라가 아닌 고구려를 노린 전쟁이었다.

비단 신라가 고구려의 동맹국이라서가 아니라 고구려에 대한 도발이었던 만큼 광개토대왕이 직접 나설 수밖에 없었다. 광개토대왕은 최정예 병사 5만으로 한반도 남단 끝까지 밀고 내려가 일본인들을 완전히 내

숙신족
여진족, 말갈족의 조상으로 오늘날의 중국 헤이룽장성과 러시아 블라디보스토크 유역 등 동부여의 지배권에 분포해 있었다.

서기 400년 대사건
이 사건은 『삼국사기』에는 없고 광개토대왕릉비에만 기록되어 전해지고 있다.

대규모 병력
광개토대왕릉비에 따르면 '백제, 가야, 왜'의 연합군이 나라 안에 가득했다고 한다.

쫓아 버렸고 가야연맹을 뒤흔들어 놓았다. 이것은 광개토대왕의 가장 큰 승리였으며, 이로써 신라는 구원될 수 있었지만 이전보다 훨씬 강도 높은 고구려의 내정간섭을 받아야만 했다.

한반도 남부 문제를 매듭지은 뒤 광개토대왕은 402년 후연과의 반격 전쟁에 나섰다. 후연과는 406년까지 거의 매년 서로 공격이 오갔다. 402년 광개토대왕은 후연의 숙군성을 함락했고, 404년에도 고구려가 먼저 연나라를 공격했으며, 405년에는 후연의 군대가 고구려 요동성을 공격했지만 성 함락에는 실패한다. 406년에도 후연의 군대가 목저성을 공격했지만 이기지 못하고 군사를 물렸다. 고구려가 후연을 선제공격할 때는 대부분 광개토대왕이 친정에 나섰지만 404년은 아니었다. 광개토대왕릉비에는 404년에 백제와 일본이 최후의 일격을 가하러 고구려 남쪽, 지금의 황해도 황주를 공격했다는 기록이 있다.

404년 백제−왜 연합군의 공격은 백제 아신왕의 최후의 반격이었다. 그러나 광개토대왕의 군대가 적의 길을 끊고 좌우로 공격해 적군을 궤멸했다. 그 공격을 끝으로 백제의 아신왕은 더 이상 고구려에게 덤비지 못했다. 광개토대왕릉비에는 407년 광개토대왕이 5만의 병력으로 적군과

광개토대왕릉비에 적힌 임나가야의 정체

'임나가야'는 일본극우사학계에서 한반도 남부를 식민통치한 통치기구라고 주장하고 있다. 한국의 문헌 어디에도 등장하지 않은 '임나가야'에 대해 과거 한국사학계는 그 실체 전부를 부정했다. 그러나 고구려인이 직접 새긴 비석 광개토대왕릉비에는 광개토대왕이 5만의 병력을 이끌고 '임나가야의 종발성'까지 진출했다고 언급되어 있다. '임나가야' 자체는 실재했던 것으로 보인다. 다만 근래의 학자들은 '임나가야'가 한반도 남부를 통치하던 일본의 식민기구가 아닌 백제가 운영하던 가야에 대한 통치기구로 보고 있다. 일명 가야연맹이라고 불리는 가야를 포함한 인근 소국들은 백제 정부의 직접지배를 받지 않고 백제의 관리인이 파견되어 운영했던 '임나가야'의 간접지배를 받았다. 따라서 '임나가야'는 일본의 통치기구가 아닌 백제의 통치기구였으며 이 임나가야에는 일본이 백제로부터 선진문물을 수용하는 대가로 일본용병들이 주둔했다는 내용이 통설이다. 400년 신라를 공격한 병력은 '백제−가야−왜(일본)' 병력들이 함께 모인 임나가야의 부대로 보이며, 광개토대왕릉비에 언급되는 '임나가야 종발성'은 이런 맥락 속에 나왔다. 단 '종발성'이 어디인지는 설만 무성할 뿐이다.

싸워 적군을 모조리 '살상'하여 '분쇄'하였으며 '노획한 갑옷이 1만여 벌에, 군수물자는 그 수를 헤아릴 수 없이 많았다.'며 또 한 번의 대승리를 거둔 것으로 나와 있지만, 여기서 말하는 적군이 어떤 적군인지는 기록되어 있지 않다. 바로 1년 전 백제-왜 연합군이 궤멸당했고 이 해에 후연이 멸망한 것으로 보아 후연과의 전쟁이 아닐까 추측할 뿐이다. 그러나 407년 광개토대왕이 점령했다는 사구성은 백제의 명칭에서 나온 것으로 보이며, 이미 내분으로 멸망해 가는 후연이 어떻게 고구려군과 전면전을 벌였는가에 대한 의문점 때문에 이때의 전쟁을 백제와의 전쟁으로 보는 의견도 있다. 이 '영락 17년의 전쟁'은 광개토대왕의 정복전쟁에서 미지의 전쟁으로 남아 있다.

고구려-후연 전쟁의 본질

고구려와 후연의 전쟁은 과거 고구려가 연나라에게 당한 치욕을 씻는 설욕전의 성격도 있지만 광개토대왕이 후연과 그토록 지난한 전쟁을 이어나간 본질적인 이유는 따로 있었다. 그 첫 번째 이유는 '요동 공방전'이다. 고구려는 이전부터 요하라는 강을 경계로 한 요동 지역과 요동반도로의 진출을 염원하고 있었다. 과거 고국원왕이 연나라와 싸운 내막도 요동을 장악하려던 고구려를 연나라가 저지하면서였다. 407년 광개토대

신라의 수도 경주의 어느 한 고분에서 발굴된 청동그릇 바닥에 '을묘년 국강상 광개토지호태왕 호우 십이'라는 글귀가 적혀 있었다. 신라 고분에서 출토된, 광개토대왕의 이름이 박혀 있는, 이 고구려 유물은 이 시기 고구려가 신라를 비롯한 한반도 남부 깊숙이 진출했음을 입증해 준다. 이 그릇을 호우명 그릇이라고 한다.

여기서
잠깐

호우명 그릇

호우명 그릇
사진 출처: 우리역사넷

왕과의 싸움에서 지친 후연은 내부적으로 붕괴되어 멸망하고 만다. 후연이 사라지자 고구려가 요동 지역을 완전히 장악할 수 있었고, 요동반도로 진출한 광개토대왕은 오늘날의 다롄에 비사성을 쌓으면서 고구려의 수군기지 겸 항구도시로 집중 육성한다. 비사성이 있던 요동반도의 다롄은 나중에 청일전쟁과 러일전쟁 당시 세 국가가 목숨을 걸고 차지하려고 했을 만큼 군사적·외교적·경제적으로 수운교통의 요지였다.

■ **세 국가**
청나라, 일본, 러시아

후연과 고구려 싸움의 두 번째 본질은 고구려의 '요서 진출 전쟁'이다. 요하라는 강을 경계로 한국 쪽을 요동, 중국 쪽을 요서라고 한다. 요서 지역은 후연의 본진이었는데, 고구려와의 거듭된 전쟁으로 후연이 멸망한 뒤 국가 공백의 상태가 되어 버린 이곳은 우수한 철광석이 많이 나오는 지대였다. 광개토대왕은 요서 진출을 원했고 이는 영토를 넓히려는 탐욕보다는 철광석을 노린 자원 확보가 주된 목적이었다. 이렇듯 광개토대왕의 영토 확장은 고구려의 위상을 높이고 국방을 튼튼히 하는 것 외에 경제적인 목적이 다분했다.

광개토대왕이 요서의 어디까지 진출했는지는 알 수 없지만 그 영향력은 지금의 베이징까지 미쳤던 것으로 추정된다. 1976년 북한 남포시에서 덕흥리무덤이 발견되었다. 덕흥리무덤의 별칭은 '유주자사 진의 무덤'으로, 묵서명에 '진'이라는 무덤의 주인 이름이 나와 있으며 영락 18년에 죽었다는 내용이 적혀 있다. 고구려 무덤 중 그 주인을 알 수 있는 몇 안

■ **유주자사 진의 무덤**
사진 출처: 한국민족문화대백과사전

되는 무덤이다. 영락 18년에 죽었으니 무덤의 주인 유주자사 진은 광개토대왕 때의 사람일 텐데, 흥미로운 건 진의 직책인 '유주자사'는 고구려에는 없는, 오로지 중국에만 있는 관직명이라는 점이다. 논란의 여지는 있지만 '진'은 중국인으로 추정되며 유주의 위치 또한 해석이 분분하지만 무덤의 고분벽화에는 유주자사 '진'이 유주의 하위 행정구역 13군 태수들에게 보고를 받는 장면이 연출되어 있다. 이 13군 중 '연군'이라는 베이징의 옛 이름이 등장한다. 요약하자면 유주는 베이징을 포함한 상위 행정구역이며 그곳을 다스리는 자사 진의 무덤이 뜬금없이 옛 고구려 영토인 북한 땅에서 나오는 건 어떤 식으로든 유주자사 진이 광개토대왕 때의 고구려와 연관이 있다고 생각할 수밖에 없지 않을까. 광개토대왕이 고구려의 영토를 베이징까지 넓혔다는 뜻이 아니라 광개토대왕의 영향력이 직간접적으로 베이징까지 미친 정도로 해석하면 될 듯하다.

407년 내분으로 멸망한 연나라는 408년 선비족 모용씨 황가의 다른 지파가 부흥시켰다. 408년 재건국한 연나라는 이전의 전연, 후연과 구분하기 위해 '북연'이라고 불렀는데, 북연을 세운 모용운이 자신은 사실 고구려인이라며 성을 '고씨'로 바꾸어 '고운'이라는 이름을 사용하기도 했다. 고운의 할아버지가 고국원왕 시절 연나라에 포로로 붙잡혀 갔고 고운은 연나라에서 능력을 발휘하며 모용씨의 일원이 되어 후연이 멸망하자 직접 북연을 재건국했다는 것이다. 기존의 전연이나 후연과 달리 북연의 고운(모용운)이 고구려와 동맹관계를 원했고 광개토대왕은 동족을 만나 기쁘다며 북연과 좋은 관계를 쭉 이어갔다. 이로써 고구려의 서북쪽 국경지대에 평화가 찾아왔다. 서북쪽 전선에서 광개토대왕의 제일 큰 성과는 요동에 대한 고구려의 완전한 장악이었다.

광개토대왕은 재위 18년째가 되던 409년 장남 거련을 태자로 삼았다. 그 해에 광개토대왕은 동쪽 국경지대에 성을 쌓고 백성들을 이주시켰다는 기록이 있는데, 이는 동부여와의 알력 다툼을 마무리하기 위함으로 보인다. 410년 동부여에 대한 공격은 성공적이었고 광개토대왕은 동부여를 완전히 멸망시키진 않은 채 최소한의 자치권을 부여한다. 동부여는 고구려의 시조 동명성왕 주몽(추모)이 처음 탈출했던 부여에서 4세기

동부여와의 전쟁

동부여 전쟁과 관련해서는 광개토대왕릉비에 "고구려군이 여성(동부여의 왕성)에 도달하자, 동부여 전체가 놀라 두려워하여 투항하였다. 왕의 은덕이 동부여의 모든 곳에 두루 미치게 되었다. 이에 개선을 하였다."라고 기록되어 있다.

광개토대왕

경 쪼개져 분리된 국가이다.(기존의 부여는 고구려에서 북부여라고 칭했다.) 고구려 초기에는 분명 부여가 만주 지역에서 가장 선진국이었으나 점차 밀리다 패권을 고구려에게 빼앗겼고, 동부여가 쪼개져 나간 이후에는 그 국체만 겨우 유지해 가는 수준이었다. 그래도 동부여는 송화강—목단강 등 북방만주에서 존재감을 구축해 가고 있었으나 일찍이 숙신에 대한 지배권도 광개토대왕에게 빼앗겼고 동부여 자체도 지배권을 고구려에 넘겨야만 했다. 일부 잔존 세력에 의해 이름만 이어가던 부여는 광개토대왕의 손자인 문자왕 대에 완전히 역사의 뒤안길로 사라지게 된다.

광개토대왕은 동부여를 끝으로 동북쪽 국경지대에도 고구려의 지배권을 구축해 둔다. 그의 정복전쟁은 동부여 정벌이 마지막이었다. 재위 22년째인 413년 그는 39세의 나이로 사망했다.

광개토대왕은 고구려 북쪽 지대에서 제각기 살아가던 다양한 민족들을 고구려로 통합했다. 그 이전의 만주는 분열이 심각해 고구려가 제어하기가 대단히 곤란했지만 광개토대왕의 위엄 아래 모두를 고구려 사회의 한 단위로 편성하고 만주에 대한 확실한 지배권을 확립했다. 이렇게 요동과 만주를 100% 고구려화할 수 있었기 때문에 나중에 수나라의 113만과 싸워서 이길 수도, 발해가 그 지역에 건국되어 고구려를 계승할 수도, 독립운동가들이 만주 지역에서 활약할 수도 있었다.

광개토대왕릉비에 따르면 살아생전 광개토대왕은 64개의 성과 1400여 개의 촌을 점령했다고 한다. 광개토대왕의 모든 정복전적을 다 계산할 순 없지만 첫 백제 출정에서부터 단편적으로 전해지는 전과를 보더라도 64개의 성과 1400여 개의 촌은 다소 적은 감이 있어 보인다. 광개토대왕릉비에 전해지는 64개의 성과 1400여 개의 촌은 전체 전적이 아닌 광개토대왕의 마지막 전쟁이었던 동부여 정벌 당시의 성과로 해석하는 설도 있다. 이에 대한 반론으로 고대시대에 퍼져 있던 성의 수가 그렇게 많지는 않았으며 특히 북쪽 이민족들은 성을 쌓지 않았기 때문에 문자 그대로 '점령한 성과 마을'로만 따졌을 땐 충분히 64개의 성과 1400여 개의 촌이란 수치가 광개토대왕의 전체 성과를 아우를 수 있다는 주장도 제기된다.

여기서
잠깐!!

광개토대왕릉비에 적힌 광개토대왕의 성과

태왕릉과 광개토대왕릉비

북한의 압록강 바로 너머 중국 지린성 지안현의 마을에는 강변을 따라 고구려시대 돌무지무덤(적석총) 고분군이 집중 분포되어 있다. 이 중 원형이 가장 잘 보존되어 있는 대형 화강암 피라미드 '장군총'은 장수왕의 무덤으로 추정되며, 장군총에서 평지로 더 내려오다 보면 광개토대왕의 무덤이 있다. 원형 자체는 많이 훼손되었지만 크기가 장군총의 2배에 달하는 이 무덤 근처에서 '호태왕'이라고 적힌 청동방울과 '원하옵건대 태왕릉이 산처럼 안전하고 산악처럼 튼튼하소서.'라는 문구가 적힌 벽돌도 발견되어 광개토대왕의 무덤으로 추정하고 있다.

이 무덤에서 멀지 않은 거리에 장수왕이 아버지 광개토대왕의 업적을 기리기 위해 세운 광개토대왕릉비가 우뚝 서 있다. 약 6m 높이의 이 비석은 그 내용이 크게 세 부분으로 구성되어 있다. 1부는 고구려의 건국 신화와 고구려 왕계, 2부는 광개토대왕의 구체적인 정복사업, 그리고 3부는 능을 관리하는 사람들의 숫자와 차출 방식이다.

광개토대왕릉비는 1883년 일본인 포병 중위가 처음 비석의 탁본을 입수하면서 세상에 공개되었다. 비석에 새겨진 광개토대왕 담덕의 공식 시호는 '국강상광개토경평안호태왕'이며 이를 줄여서 우리는 '광개토태왕' 혹은 '광개토대왕'이라고 부르는데, 고구려인들은 '호태왕' 혹은 '영락대왕'으로 불렀던 것으로 추정된다. 유홍준 교수는 광개토대왕릉비의 서체에 대해 "당시 중국에서 비문은 일반적으로 단정한 해서체로 썼지만 이 비만은 웅혼한 기상이 깃든 예서체를 사용한 건 대왕에 대한 존경과 예를 극진히 하기 위함이었다. 광개토대왕릉비의 예서체는 당시 중국에서 유행하던 삐침과 파임의 기교를 극도로 자제함으로써 질박하고 방정하고 근엄한 고구려 특유의 기상이 어린 개성적인 서체다."라고 평가했다.

'영락'의 의미

광개토대왕의 전쟁 양상을 보면 의아한 부분이 있다. 뻔히 다시 공격해 오리란 걸 알면서 몇 번이고 백제의 아신왕을 용서해 주고, 이미 영향력

■ **태왕릉**
확실한 증거는 없지만 무덤의 규모를 따졌을 때 광개토대왕의 무덤이 유력하며 현재의 공식 명칭은 발견된 '호태왕' 명문에서 따와 '태왕릉'이다.

광개토대왕

광개토대왕릉비는 전쟁 추이를 기록한 내용에서 후연과의 전쟁 부분이 완전히 누락되어 있으며 주로 백제와의 전쟁만을 다루고 있다. 『삼국사기』에 버젓이 후연과의 전쟁 기록이 나와 있는데 유독 광개토대왕릉비에만 해당 부분이 빠져 있다. 고구려사 방면 대표적인 역사학자인 노태돈 교수는 이를 고구려인들의 '의도적인 서술 회피'라고 보며 '고구려 지배층의 의지'가 반영된 기록물이라고 해석한다. 광개토대왕릉비는 광개토대왕 생전에 건설된 것이 아니라 그의 아들 장수왕이 세운 비석이다. 광개토대왕 재위 후반기부터 장수왕 재위 전반기에 이르기까지 고구려는 모용운(고운)이 후연을 계승한 '북연'과 우호적인 관계를 유지했다. 노태돈 교수의 해석은 북연과 친선관계를 계속 유지하고자 굳이 후연과 치열하게 벌인 전투들에 대해선 평화의 제스처로 누락했다는 것이다.

광개토대왕릉비에 관해 풀리지 않은 미스터리

을 확대했으면서 굳이 베이징까지 영토를 확장하지 않은 것, 후연 멸망 후 그 영토를 고구려에 편입하지 않은 것, 일본-가야 연합군이 신라를 괴롭힐 때 한반도 남부에 있는 국가를 전부 멸망시키고 고구려가 한반도 전체를 차지할 수 있었는데 그러지 않은 것. 광개토대왕에게 영토 확장은 그다지 큰 의미가 없었던 것일까?

아마도 그가 목표로 했던 건 더 높은 차원이었던 것 같다. 광개토대왕은 영토를 무한정 넓혀 유일무이의 국가가 되는 것보다 여러 국가들이 공존하는 국제세계의 질서를 주도할 수 있는 강한 국가를 원했다. 우리는 보통 정복군주의 평가치를 넓힌 영토에 기준을 두지만 물리적 영토의 확장으로만 광개토대왕을 해석한다면 그의 업적을 평가절하할 수밖에 없다. 광개토대왕은 모든 민족과 국가를 직접 지배한다면 오히려 쉽게 무너질 수 있다는 걸 알았다.

동서고금을 막론하고 정복군주는 눈부신 업적을 위해 광활한 영토 확장에 치중한 케이스들이 꽤 많다. 그러나 그저 넓기만 한 영토는 오래가지 못했다. 반면 고구려의 영광은 최소 100년은 이어졌다. 고구려와 발해 멸망 후 만주의 역사를 보면 그곳에 거주하는 이민족들이 중국의 국가와 한반도의 국가 지배를 거부하고 독립된 국가를 수립해 중국과 한반도를 위협하기를 반복한다. 민족과 국가만 다를 뿐 혜성 같은 영웅이 등장해 부족을 단합한 뒤 별도의 국가를 세운다. 그러나 고구려가 있던 시절엔 어떤 이민족도 고구려로부터 독립하려고 하지 않고 고구려의 지배를 받았다. 고구려로부터 독립하기보다 고구려의 영향권 속에서 통치를 받는 편이 그들에게 더 큰 도움이 되었기 때문이다.

정복군주의 가치는 확장한 영토의 면적으로 결정되지 않는다. 광개토대왕이 즉위와 동시에 제정했던 연호 '영락'은 '영원한 즐거움을 누린다'는 뜻이다. 광개토대왕이 이끌었던 정복전쟁의 양상과 본질을 파헤쳐 보고 다시 이 연호의 뜻을 생각해 볼 때 우리는 비로소 민족주의적인 관점에 한정되지 않은, 제대로 된 그의 가치를 볼 수 있을 것이다.

광개토대왕을 잇다, 장수왕

413년 광개토대왕 서거 후 태자 거련이 즉위하니 20대 왕 장수왕이다. 광개토대왕이 뿌린 씨앗은 장수왕 대에 비로소 그 결실을 맺었다. 따라서 5세기 고구려의 전성기는 광개토대왕과 장수왕이 함께 일군 것이며 두 대왕을 한 번에 조망해야만 고구려의 힘과 패권에 대해 제대로 파악할 수 있다. 굳이 두 명을 비교한다면 광개토대왕의 전공은 전쟁이었고 장수왕의 전공은 외교였다.

『삼국사기』「장수왕 본기」에는 장수왕에 대해 "체격과 외모가 걸출했으며 그 의지가 크고 위대했다."라고 묘사되어 있다. 장수왕은 즉위하고 14년 후인 427년 고구려의 수도를 압록강 위쪽에 있던 국내성에서 지금의 평양으로 천도한다. 평양의 대성산 남쪽 기슭에 '안학궁'이란 새로운 궁궐을 만들고 그곳으로 수도를 옮겼다. 그런데 장수왕이 즉위하고 평양으로 천도할 때까지 14년간의 기록이 거의 없다. 단편적인 몇 개의 기사들이 있지만 기상이나 재해에 관련된 것이거나 외국 사신이 방문했다는 정도이다. 외국의 기록들도 이 당시의 고구려에 대해 특별히 이야기하고 있지 않다. 광개토대왕이 재위 기간 동안 거의 수도를 비우고 전쟁터에만 있다 보니 장수왕은 즉위하자마자 내정에 집중했다고 유추해 볼

안학궁
현재 터만 널찍하게 남아 있고 그 규모는 지금의 경복궁과 비슷하다고 한다.

광개토대왕

수 있을 뿐이다. 여하튼 장수왕 재위기의 하이라이트는 427년 평양 천도 이후이다. 개인적으로 고구려 역사를 통틀어서 가장 중요하고 의미 있는 사건으로 고구려의 '평양 천도'를 꼽곤 하는데, 이는 좋은 쪽으로든 나쁜 쪽으로든 고구려 역사의 방향을 튼 분수령이었다.

'평양 천도'의 긍정적 의의는 새로운 수도 평양이 장수왕이 목표로 했던 외교의 구심점 기능을 담당했다는 것이다. 혹자는 광개토대왕–장수왕의 고구려 전성기를 이야기할 때 고구려가 강해서라기보다 중국이 분열되어 있었기 때문이라고 말한다. 장수왕도 알고 있었다. 고구려가 동아시아에서 가장 강력한 국가가 되기 위해서는 중국이 분열되어 있어야 한다는 것을. 그래서 장수왕은 외교 능력을 발휘하여 중국이 통합되지 않고 분열 상태로 남아 있도록 애썼다.

당시 중국은 남북조시대로, 크게 남북 두 개의 나라로 분열되어 있었다. 북쪽에는 탁발씨 선비족이 세운 '북위'가 있었고, 남쪽에는 정통 한족이 세운 '유송'이 있었다. 장수왕은 이 두 나라와 외교를 하며 북위와 유송이 서로 싸우는 형국을 유지하도록 했다. 양다리 전략으로 실리외교를 펼친 것이다. 장수왕은 확실히 판도를 읽고 외교를 할 줄 알았다.

고구려는 지리적으로 중국의 남북조 중 북조인 '북위'와 더 가까이에 있었다. 두 나라가 국경을 맞대고 있으니 고구려에겐 북위가 더 위협적일 수밖에 없었다. 북위와 고구려 사이에는 '북연'이 있었다. 비록 북연은

북연
광개토대왕의 정복전쟁에서 언급되었던 고구려 유민 출신의 모용운(고운)이 세운 후연을 계승한 바로 그 나라다.

장수왕 즉위 무렵 동아시아 지도

유연족
북위
북연
국내성
고구려
평양
유송
백제
신라
가야

한때 고구려의 적국이었던 후연을 계승했다지만 광개토대왕은 재위 후반기부터 북연과 우호적인 관계를 이어 나갔다. 그 이유는 북위와 고구려 사이에 낀 북연이 고구려에게 방패 역할을 해 줄 수 있기 때문이었다.

북위 또한 이 북연을 멸망시키기 위해 호시탐탐 노리고 있었다. 결국 436년 북위가 북연을 쳤고 수도까지 함락될 위험에 처하자 북연의 왕 풍홍은 고구려 장수왕에게 망명을 청한다. 북연은 그대로 무너졌지만 장수왕은 갈로 장군과 맹광 장군을 북연의 수도로 보내 북연의 왕 풍홍만은 빼내 왔다. 북위는 고구려에게 북연의 마지막 왕을 보내 달라고 하지만 고구려가 이를 거절하면서 북위와 고구려 사이가 급속도로 악화된다.

한편 고구려로 들어온 북연의 왕 풍홍은 장수왕의 도움 덕에 '북풍'이란 곳에 정착하는데, 장수왕 입장에서는 이 풍홍의 존재가 여간 곤란한 게 아니었다. 망명을 받아 주기는 했지만 '북풍'이란 곳에 북연의 난민들이 대거 몰려들어 자기들끼리 하나의 세력권을 만들고 있었던 것이다. 이는 고구려 내부에 별도의 지방정부가 수립되는 일이나 마찬가지였다. 풍홍을 견제할 필요를 느낀 장수왕은 풍홍의 아들을 인질로 삼고는 풍홍이 절대 딴마음을 품지 않도록 엄격하게 통제했다.

이런 장수왕에게 서운한 감정을 품은 풍홍은 고구려에 있을 수 없다며 이번엔 중국 남조의 유송에 망명을 신청한다. 풍홍의 요청에 의해 장수왕의 허가도 없이 유송의 7천 명 병력이 고구려에 무단 입국했다. 무장한 병력이 멋대로 고구려에 들어온 것은 명백한 전쟁의 명분이 될 수 있었다. 유송의 사령관 왕백구가 풍홍과 북연의 난민집단을 호위하며 고구려를 빠져나가려는 찰나 고구려 병력과 맞붙었고 이 과정에서 풍홍을 비롯한 그 가족들이 몰살됐으며, 고구려 장수도 전사했다. 장수왕은 왕백구의 유송 부대 전체를 체포한 뒤 억류했다. 고구려와 유송 사이에 당장 전쟁이 터져도 이상할 게 없는 상황. 그러나 이내 장수왕은 왕백구와 유송의 병사들을 다시 유송으로 송환해 주었다.

만약 고구려의 장수왕이 기분대로 전쟁을 일으켰으면 어떻게 됐을까? 풍홍의 망명을 받아 주면서 중국 북쪽의 북위와 사이가 멀어진 상태인데, 여기서 남쪽의 유송과도 관계가 악화된다면 고구려는 사방을 적으로 돌리게 된다. 장수왕은 감정에 치우친 외교를 지양하며 몇 수 앞을 냉정하게 분석했다. 유송 또한 이 점을 잘 파악하고 있었고 장수왕이 왕백구와 병사들을 송환해 주자 공식적으로 고구려에게 사과하고 왕백구를 자체적으로 처벌했다. 이로써 고구려와 유송의 사이는 회복될 수 있었다. 유송 입장에서도 고구려와 사이가 멀어져서는 안 되었다. 유송의 적은 북조의 북위였다. 고구려가 북위와 동맹이라도 맺는 날이면 유송은 그들을 감히 감당할 수가 없었다.

북위도 마찬가지였다. 고구려가 유송을 돕기라도 하면 북위는 두 개의 전선에서 모두 싸워야 하는 최악의 사태로 치닫게 된다. 북위와 유송은 서로 싸울 수밖에 없는 상황에서 감히 고구려와 척을 질 수가 없었다. 장수왕은 두 나라 모두와 나쁘지만은 않은 관계를 유지해 가며 상대국의 실정에 맞춘 외교관계를 구축했다. 장수왕이 어느 한쪽에게 모든 힘을 실어 주었다면 중국은 통일이 됐을지도 모른다. 장수왕은 중국이 계속 분열되어 있게끔 교묘한 줄타기를 했다.

장수왕이 외교망을 구축하는 데 있어서 고구려의 수도는 압록강 북쪽의 국내성보다 대동강을 통해서 바다로 쉽게 나아갈 수 있는 남쪽의 평양이 더 적절했다. 고구려의 수도가 평양이었기 때문에 장수왕도 자신

삼국사기 장수왕 본기에는 북위에 고구려가 조공을 했다는 기사가 많이 나온다. 지리적으로 더 인접한 북위이기에 고구려는 조공을 통해 더 북위를 달랠 필요가 있었다. 장수왕의 북위 조공을 '속국화'로 오인하면 안 된다. 조공책봉 관계는 자주권을 박탈당하는 속국화의 개념이 아닌 당시 동아시아의 문화였다. 그리고 조선이 명·청에 조공하는 것과 고대의 고구려가 북위에 조공을 하는 것 역시 같은 개념으로 볼 수 없다. 고구려의 북위 조공에 사대주의적 사고관은 전혀 없었다. 조공을 하지 않음은 스스로 국제사회에서 고립되기를 자처하는 짓이었으며 중국의 황제권 쟁탈전에 참여하겠다는 뜻이었다. 고구려는 굳이 중국 황제 자리를 두고 벌어지는 싸움판에 낄 이유가 없었다. 고구려뿐 아니라 백제나 신라 모두 중국을 다른 문명권으로 인식했기에 조공을 했다. 북위와 유송이 서로 조공하지 않았던 것은 두 국가가 중국 문명의 유일한 황제 패권을 두고 자웅을 겨루었기 때문이다.

여기서 잠깐!!

고구려의 조공

가장 쉬운 역사 첫걸음

만의 이런 완벽한 외교를 구사할 수 있었다. 이렇게 평양은 당시 동아시아 국제외교 질서의 판도를 주도하는 도시로 기능하고 있었다.

　장수왕은 고구려 북방의 영역에도 많은 관심을 두었다. 몽골 초원까지 진출하려 한 흔적들이 있다. 당시 몽골 초원은 유연족이라는 유목 민족이 주름잡고 있었다. 몽골 초원과 고구려 영토 사이에는 대흥안령산맥이 경계선 역할을 하고 있었는데 이 부근에 '지두우'라는 소수민족이 있었다. 중국 측 사서에는 몽골 초원의 유연족과 고구려의 장수왕이 모의하여 지두우를 공동으로 토벌한 후 해당 지역을 분할하려는 시도가 있었다고 기록되어 있다. 비록 성공하지는 못했으나 이 사실로 더 넓은 세계로 고구려를 확장하려던 장수왕의 계획과 포부를 짐작할 수 있다. 더불어 고구려는 유연족과 지속적으로 우호적인 관계를 이어 갔는데, 이는 혹시 모를 북위의 위협을 연대해서 견제하고자 함이었다. 이렇게 고구려는 겉으로는 조공하며 평화를 추구하면서도 실질적으로는 북위를 견제할 수 있는 수단을 다각도로 마련하며 힘의 균형을 맞추어 갔다.

　그런데 장수왕이 이렇게 잘 구축한 판도를 백제가 뒤집어엎으려고 했다. 백제는 광개토대왕 때부터 고구려와의 사이를 견원지간으로 보고 늘 벼르고 있었다. 472년 백제의 개로왕이 중국의 북위에 같이 고구려를 공격하자고 제안했다. 하지만 북위는 남쪽의 유송이 있는 한 무모하게 고구려를 적으로 돌릴 수 없었다. 북위는 백제의 동맹 요청을 거절했다. 북위의 현명한 판단으로 전쟁은 막았지만, 재발 방지를 위해서라도 장수왕은 백제를 응징할 필요가 있었다. 그러나 장수왕은 섣부르게 움직이지 않았다. 우선 첩자 도림을 승려로 위장시켜 백제로 파견한 뒤 백제의 개로왕과 친해져 정보를 빼내 오게 했다. 도림의 정보들을 바탕으로 전쟁을 설계한 장수왕은 475년 3만의 병력으로 백제에 쳐들어가 순식간에 수도 한성을 점령하고 개로왕을 죽였다. 개로왕의 아들이 백제 세력을 규합해서 지금의 공주인 웅진으로 도망가자 장수왕은 그들을 추격하면서 지금의 대전까지 진출했다. 대전까지 뻗친 고구려의 영향력은 비단 백제뿐 아니라 백제와 동맹을 맺고 있던 신라에게도 위협적이었다. 고구려 입장에서도 신라는 백제에 빌붙은 배신자였다. 장수왕은 충청도 지역

광개토대왕

을 남방 최전선 군사기지로 개발하고 481년 신라까지 공격해 충주를 비롯한 7개의 성을 함락했다. 이로써 고구려는 역대 가장 넓은 영토를 확보했고, 동아시아에서 가장 강한 국가로 부상했다.

7개의 성 함락
이때 충주에 세운 비석이
'중원고구려비'이다.

'평양'의 의미

5세기의 고구려를 왜 최전성기라고 할까? 고구려의 영토가 넓어져서? 군사력이 막강해서? 강대국의 조건은 영토와 군사력에만 있지 않다. 미국이 왜 강대국일까? 세계 국제질서를 미국이 좌지우지하고 있기 때문이다. 마찬가지다. 광개토대왕이 만주와 요동 그리고 한반도 남부에 대한 모든 패권이 고구려로 모일 수 있도록 만든 뒤 장수왕이 이를 토대로 외교망을 더 확대할 수 있었다. 5세기 장수왕의 고구려는 당시 동아시아 세계질서를 주도하고 있었다. 이것이 강대국의 체면이고, 권위고, 지표인 것이다. 그리고 그 힘의 원천이 바로 평양이었다.

평양 천도는 장수왕 혼자만의 성과는 아니었다. 장수왕이 평양성으로 천도할 수 있었던 것은 광개토대왕 대에 집중적으로 평양 개발이 이루어진 덕분이었다. 광개토대왕은 재위 2년밖에 안 된 시점에 수도도 아닌 평양에 절을 무려 아홉 개나 창건했다. 그리고 북쪽의 전선과 남쪽의 전선에서 모두 치열하게 싸웠지만 유독 남쪽 전선에서 백제를 경계하며 많은 성들을 새로 쌓았다. 재위 18년째에는 광개토대왕이 평양의 주민들을 동쪽 국경지대로 이주시켰다는 기록이 있는데, 이는 평양의 토착 세력들을 내쫓고 평양에 대한 왕가와 중앙정부의 지배력을 강화하기 위함이었다고 한다.

북쪽 전선의 성
북쪽 전선에 광개토대왕이 성을
쌓았다는 기록은 남쪽 전선과 비교해
본다면 거의 없다시피 하다.

『삼국사기』「광개토대왕 본기」 광개토대왕 사망 직전 마지막 기사가 광개토대왕이 남쪽 지방을 순행했다는 내용이다. 광개토대왕의 유업을 이어받은 장수왕은 즉위 후 15년 만에 수도를 옮긴다. 평양 천도를 한반도 남부에 영향력을 확대하려는 고구려의 남진정책으로 해석하는 경우가 일반적인데, 장수왕에게 있어 평양성은 고작 한반도 내에만 국한되지 않은, 동아시아 전체를 고구려가 이끌고 가려던 야심이 담긴 곳이었다.

고구려에게 평양의 의미는 이렇게 컸지만 그에 따른 부작용도 못지

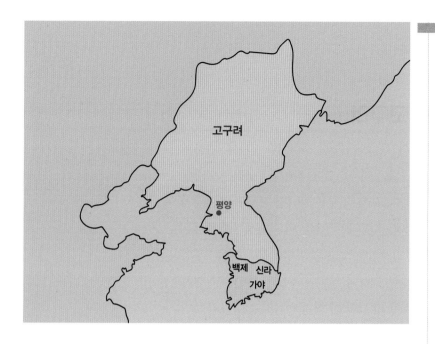

않았다. 장수왕의 평양 천도는 심각한 지역갈등을 야기했다. 국내성이 고구려의 수도 기능을 한 기간이 400년이 넘는데, 비록 역사서에 명시되어 있지 않더라도, 그 반발이 빗발쳤음을 쉽게 짐작할 수 있다. 국내성과 그 인근 지역이 수도와 수도의 기능을 분담하던 위성도시의 지위에서 한순간에 변방의 외진 지역으로 전락해 버렸다. 그곳에 기반을 둔 귀족 세력들이 가만히 있을 리 만무했다. 백제의 개로왕이 고구려를 함께 치자며 중국 북위에 보낸 국서에는 "지금 거련(장수왕)의 죄로 고구려는 어육(魚肉)이 되었고, 대신들과 호족들의 살육됨이 끝이 없어 죄악이 가득히 쌓였으며, 백성들은 이리저리 흩어지고 있습니다."라고 나와 있다. 이는 장수왕이 평화적으로 천도를 하지 않았다는 뜻이며, 아무리 적국인 백제가 사태를 과장했다고 한들 없는 사실을 만들어 내진 않았을 것이므로 개로왕은 장수왕이 일으킨 내분을 전쟁의 기회로 내세워 북위에게 고구려 침공을 제안했던 것이다.

장수왕 이후로도 고구려 국왕의 강력한 왕권은 이어졌으나 만성적인 지역갈등은 계속되었다. 장수왕이 죽고 50년 정도 흐른 544년에는 평양에서 대규모 내전이 발발했고 그 과정에서 2천여 명의 사상자가 나왔다. 내전에서 승리한 평양 기반의 귀족들이 고구려를 주도했지만 여전히 과거 국내성과 인근 기반의 귀족들은 불만이 많았다. 이러한 지역갈등은 훗날 고구려 멸망의 직접적인 원인이 된다.

고구려인이 인식한 고구려

고구려의 역사는 우리 과거사의 자랑스러운 한 챕터이다. 그 시작은 5세기 광개토대왕과 장수왕이 일군 고구려부터였다. 5세기 고구려는 막강한 실력을 과시했다. 그렇다면 당시 고구려인들은 자국인 고구려를 어떻게 인식하고 있었을까? 옛 국내성 인근 지역인 오늘날의 지린성 지안현에는 모두루총이라는 무덤이 있다. 지안현은 고구려 왕족과 지배층들의 무덤이 모여 있는 곳인데, 모두루총은 그중 유일하게 무덤의 주인을 확실하게 알 수 있는 무덤이다. 모두루총의 무덤 안 벽지에 묵서로 무덤의 주인 모두루와 그의 가계에 대한 묘지(墓誌)가 적혀 있다. 모두루는 부여계 고구려 관리로 광개토대왕이 모두루를 북부여 수사로 임명했다고 한다. '수사'는 지방관의 일종으로 보이며 북부여 방면 국경지대의 관리자로 파견된 듯하다. 모두루의 조상이 북부여계였기 때문이다. 모두루의 묘지에는 모두루 개인사에 대한 기록이 대부분이지만 신기하게도 묘지 첫 부분은 고구려의 건국신화 이야기로 시작한다. 그 내용은 다음과 같다.

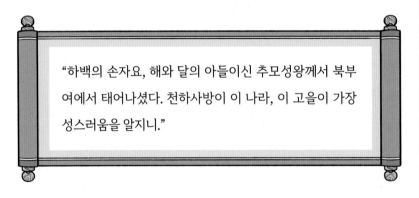

"하백의 손자요, 해와 달의 아들이신 추모성왕께서 북부여에서 태어나셨다. 천하사방이 이 나라, 이 고을이 가장 성스러움을 알지니."

　고구려의 시조 주몽에 관한 기록이다. 주몽이 고구려를 건국한 지 500년이나 지난 시점에서 고구려의 시조인 주몽이 해와 달의 아들이자 물의 신의 손자라며 고구려는 천지자연으로부터 태생한 국가임을 천명한다. 그리고 고구려의 성스러움을 이미 천하가 다 안다며 고구려의 위상을 찬양한다. 모두루는 광개토대왕 때의 인물이면서 장수왕 때 죽었다고 한다. 따라서 모두루의 무덤은 장수왕 시절 조성되었으며 그 묘지명 또한 동시기에 작성되었을 것이다. 장수왕 시절 제작된 또 하나의 금석문이 있으니 바로 장수왕이 아버지 광개토대왕을 기리기 위해 세운 광개토대왕릉비이다. 앞서 설명한 대로 광개토대왕릉비의 3부 구성 중 1부는 고구려 건국신화로 시작한다.

> "옛적에 시조이신 추모왕께서 나라를 세우셨는데 북부여에서 나오신 천제의 아드님이었고 어머니는 하백의 따님이셨다. 알을 깨고 세상에 나왔는데, 태어나면서부터 성스러운 덕이 있었다. □□□□□ 말을 타고 순행하시다가 남쪽으로 내려가는데, 부여의 엄리대수(奄利大水)를 거쳐 가게 되었다. 왕께서 나룻가에서 "나는 천제의 아들이며 하백의 따님을 어머니로 한 추모왕이다. 나를 위하여 갈대를 연결하고 거북이를 물에 띄우라."라고 하셨다. 말이 끝나자마자 곧 갈대가 연결되고 거북 떼가 물 위로 떠올랐다. 그리하여 강물을 건너가서, 비류곡 홀본(졸본) 서쪽 산상(山上)에 성을 쌓고 도읍을 세웠다."

■ □□□□□
아직까지 해독되지 않은 부분

광개토대왕릉비 서문에 적힌 건국신화는 모두루 묘지명의 주몽신화와 일치한다. 주몽신화는 광개토대왕─장수왕 재위기에 가장 왕성하게 활성화되고 정립되었다. 고구려의 건국시조를 신적 존재로 부각하며 고구려 스스로의 자부심을 대내외적으로 설파하려는 의도였다. 주몽에 대한 신격화를 유독 강조하고 반복하는 프로파간다인 셈이다. 5세기 고구려는 스스로도 하늘의 뜻을 계승한 천하의 지배자라고 자부하고 있었다.

지금까지 확인된 고구려 금석문을 통해 고구려야말로 천하의 중심

광개토대왕

이라는 당시 고구려인들의 세계 인식을 읽을 수 있다. 다만 고구려는 왕호로 '황제'를 쓰지 않았다. 정확히 언제부터 사용했는지 알 수 없지만 고구려인들은 그들의 왕을 '태왕'이라고 불렀다. '태왕'이란 독자적 왕호를 사용한 것은 중화의 거대한 황제국과 고구려가 동급의 국가임을 내세우면서 고구려의 문명은 또 중국 문명과는 완전히 다른 독자적 세계라고 선을 명백히 가르기 위함이었다. 그런데 이후 7세기에 이르면 중국 전역을 통일한 수나라가 고구려에게 수직적 서열을 강요한다. 고구려는 이를 받아들일 수 없었고 결국 두 나라는 전쟁으로 치달았다.

왕족이 세운 광개토대왕릉비와 어느 한 관리의 사적인 무덤 묘지명에 모두 나오는 건국신화는 또 다른 관점의 해석을 낳기도 한다. 이는 단지 자부심의 발로만이 아니었다. 광개토대왕–장수왕에 이르러 고구려는 유례없이 넓은 영토를 누렸다. 영토가 넓어지면 물리적 땅만 확보되는 것이 아니라 다양한 민족 구성의 인구가 같은 사회로 편입된다. 고구려는 새로 자국에 편입된 다양한 민족에게 같은 민족 정체성을 심어 주어야 했다. 그 도구의 하나가 건국신화였다. 동일한 건국신화와 건국시조를 공유하게 했던 것이다. 새로이 확보한 땅에 사는 주민들을 고구려 사회로 안정적으로 편입해야만 물리적으로 넓어진 영토가 지속될 수 있는 법이다. 그래서 광개토대왕 이후 고구려 정부는 고구려의 건국신화를 계속 강조할 수밖에 없었다. 가뜩이나 국내성에서 평양성으로 멀리 수도를 옮겼기 때문에 어지러운 사회를 수습하려면 국가의 정신적 기조와 개념 확립이 매우 중요했다.

광개토대왕과 장수왕이 일군 5세기의 고구려 전성기는 아주 중요한 역사적 교훈을 시사한다. 패권과 실력은 무식한 힘만으로 결정되지 않는다. 그것이 국가 간이든, 집단 간이든, 개인 간이든 리더는 조정하고, 중개하고, 통합하고, 융화하는 능력을 갖추어야 한다. 광개토대왕이 그랬고, 장수왕이 그랬고, 고구려가 그랬다. 오직 힘과 공포로만 복종을 강요하고, 편을 가르고, 희생을 강요한다면 리더는 순식간에 패권을 잃게 된다. 리더는 윤리와 실리를 상반된 가치로 두지 않고 하나로 합칠 수 있어야 한다. 5세기의 고구려처럼.

02

최영

완전한
노블레스 오블리주

최영

#고려 #최영 #황금보기를돌같이하라 #권문세족 #공민왕 #홍건적의난 #왜구
#이성계 #목호의난 #우왕 #이인임 #홍산대첩 #최영의요동정벌 #위화도회군

최영의 연도별 주요 이슈

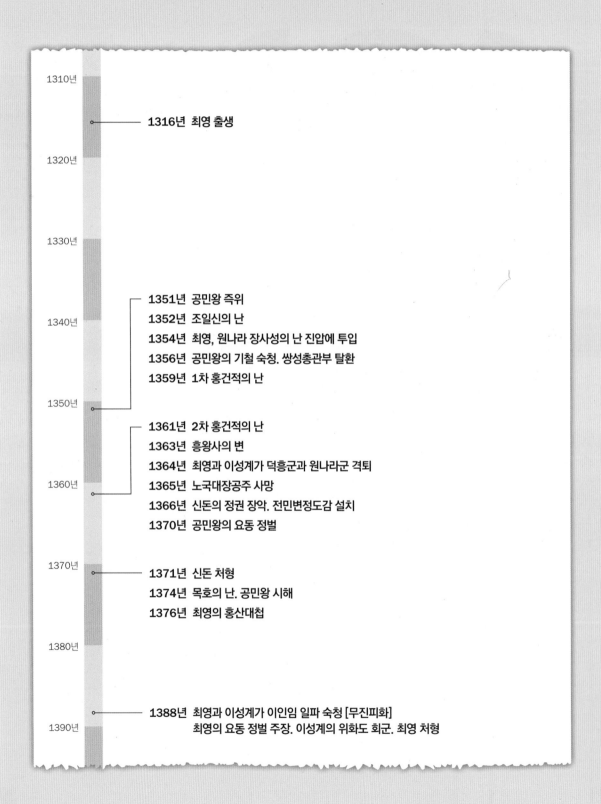

1310년

1316년 최영 출생

1320년

1330년

1340년

1351년 공민왕 즉위
1352년 조일신의 난
1354년 최영, 원나라 장사성의 난 진압에 투입
1356년 공민왕의 기철 숙청. 쌍성총관부 탈환
1359년 1차 홍건적의 난

1350년

1361년 2차 홍건적의 난
1363년 흥왕사의 변
1364년 최영과 이성계가 덕흥군과 원나라군 격퇴
1365년 노국대장공주 사망
1366년 신돈의 정권 장악. 전민변정도감 설치
1370년 공민왕의 요동 정벌

1360년

1370년

1371년 신돈 처형
1374년 목호의 난. 공민왕 시해
1376년 최영의 홍산대첩

1380년

1388년 최영과 이성계가 이인임 일파 숙청 [무진피화]
     최영의 요동 정벌 주장. 이성계의 위화도 회군. 최영 처형

1390년

품위와 책임과 위엄을 지키다

고려 말의 권문세족

고려는 귀족사회였다. 사회의 모든 시스템이 귀족을 위해, 귀족에 의해 정립되고 작동했다. 그에 따른 반발로 고려사 중간 100년 동안 무신 정권이 수립되었지만 다시 귀족들이 득세하여 권문세족이라는 또 다른 귀족사회를 만들었다. 권문세족들은 몽골족이 중국에 세운 원나라를 떠받치며 원나라 정부의 비호 아래 고려의 핵심 권력층이 되었다. 원나라가 무너지지 않는 한 권문세족의 권력은 절대적이었다.

무신 정권 100년
1170년 ~ 1270년

　　고려의 여러 왕들은 권력이 점점 비대해지는 권문세족을 상대로 개혁을 시도하지만 번번이 실패하고 오히려 원나라 정부에게 역풍을 맞았다. 반면 권문세족 지배층들은 원나라가 고려에서 수많은 인적·물적 자원을 수탈해 가던 때에도 여전히 호화로운 생활을 영위했다. 그들은 정치사회적 권력을 이용해 힘없는 양인들을 노비로 만들고 재산을 빼앗아 불법적으로 토지를 겸병해 댔다. '대농장'이라고 불리던 권문세족들의 토지재산은 산과 강으로 경계를 구분 지어야 할 정도로 어마어마했다. 고려의 국왕도 어쩌지 못하는 권문세족들로 인해 고려 말 사회의 병폐와 모순은 누적되어 갔다.

　　최영의 집안 철원 최씨(현 동주 최씨) 가문도 권문세족이었다. 물론 최영의 집안이 권문세족들의 악행의 중심에 있었던 것은 아니지만 귀족을 위한 고려의 시스템 덕에 오래도록 기득권을 누려 온 것 또한 사실이었다. 최영은 비록 권문세족 출신이지만 정의감이 투철했다. 그는 16살 무렵 역시 무장이었던 아버지 최원직이 세상을 떠나며 남긴 유언을 늘 가슴속에 새기고 살았다. 최영의 일생은 아버지의 유언대로 청렴결백했고 작은 불의도 그냥 지나치는 법이 없었다. 이러한 성격 때문인지 최영은 30대 후반이 되어서야 무장으로 처음 이름을 떨치게 된다.

아버지의 유언
"황금 보기를 돌같이 하라."

최영은 오늘날의 경기도 인근에 해당하는 양광도에 부임하며 그곳에 침입하는 왜구들을 상대로 활약했다. 그렇게 차근차근 공을 세우며 입지를 높여 갔다. 1352년(공민왕 1년), 공민왕 즉위 전부터 호종했으나 즉위 후 왕의 총애를 믿고 방자하게 굴던 조일신이 반란을 일으켰는데, 반란 진압군에 최영이 소속되어 있었다. 6일 만에 조일신의 난이 진압되자 최영은 그 공로를 인정받아 호군(정4품 무관직) 벼슬에 임명됐고, 이로써 공민왕의 사람으로서 그 이력을 시작하게 된다. 그리고 얼마 후 최영은 대호군으로 승진한다.

공민왕
고려의 31대 왕으로 100년 가까운 원나라 간섭기를 종식시킨 군주

공민왕의 칼이 되다

1351년 공민왕은 즉위와 동시에 '국지불국 일국갱시(國之不國 一國更始)', 즉 작금의 나라는 나라라고 할 수 없으니 고려를 새롭게 다시 시작하겠다고 선언한다. 공민왕의 목표는 원나라에 빌붙은 권문세족들, 이른바 부원배들을 처단하고 자주적인 국가를 세우는 것이었다. 그러나 부원배

조일신은 공민왕이 원나라에 있을 때 공민왕 옆을 지켰던 최측근으로, 누구보다 공민왕의 의중과 정치 이상을 잘 아는 신하였다. 그는 공민왕에게 버림받기 전 당시 대표적인 권문세족으로 고려의 조정을 농단하던 기씨 일파를 습격하려다 실패했다. 그런데 정작 공민왕은 자신을 위해 나선 조일신을 팽하였고 조일신은 배신감에 반란을 일으켰다. '조일신의 난'은 그래서 고려사의 풀리지 않은 미스터리이다. 많은 학자들이 해석하기를, 공민왕도 물론 권문세족을 내치려고는 했으나 아직은 시기상조라 생각해 그 기회만 엿보고 있었는데 조일신이 과잉 충성으로 공민왕의 허락 없이 단독으로 군사행동을 자행해 오히려 일을 그르칠 뻔했다는 것이다.

여기서 잠깐

조일신의 난, 공민왕은 조일신을 왜 내쳤을까?

권문세족들의 뿌리는 공민왕의 생각보다 훨씬 공고해서 섣부르게 나설 수는 없었다. 원나라 간섭기가 시작된 이래 고려의 왕족들은 원나라로 가서 볼모 생활을 해야 하는 관습이 있었다. 공민왕 또한 왕으로 즉위하기 전 오랜 원나라 생활을 했고, 그때 본 원나라의 모습은 쇠퇴의 조짐이 명백했다.

조일신의 난으로부터 2년 후 1354년(공민왕 3년) 원나라 정부는 고려의 공민왕에게 군사 지원을 요청한다. 몽골족의 학정에 반발한 중국 정통 한족은 몽골 원나라 정부를 타도하겠다며 중국 전역 곳곳에서 궐기했다. 이 중 오늘날의 장쑤성 태주에서 장사성이 태주와 인근 지역을 장악하고 스스로 왕을 칭하며 원나라 궐기의 물결에 가담한다. 장사성의 난으로 골치를 앓던 원나라가 고려 공민왕에게 군사를 요청한 것이다.

공민왕은 원나라의 쇠퇴를 바라고 있었으나 아직은 그 기세를 무시할 수가 없어 우선은 원나라의 군사 파병 요청을 받아들인다. 그 파병군의 사령관이 다름 아닌 최영 장군이었다. 최영은 고려 병력 2천을 이끌고 장사성의 난 진압전에 투입되었는데, 27번의 작전에서 27번을 모두 이겼다. 그리고 최영은 원나라 군대와 함께 군사작전을 하는 동안 원나라 군기가 매우 흐트러져 있으며, 정치권의 개입으로 원나라가 정치적으로 또 사회적으로 국가 기능을 하지 못하는 지경까지 왔음을 파악했다.

파병군 사령관
이때가 최영이 단독으로 사령관을 맡은 첫 대외 정벌이었다.

귀국한 최영은 파병 당시 보고 듣고 느낀 바를 공민왕에게 전했다. 더 이상 원나라가 막강한 힘을 발휘하여 고려 내 부원배들을 지켜 주지 못할 것이라 확신한 공민왕은 드디어 본격적인 반원정책에 나서기로 한다. 공민왕은 기철 등 대표적인 권문세족 부원배들을 모조리 숙청했다. 1356년에 이루어진 기철 일파 숙청은 권문세족에 대한 공민왕의 회심의 한 방이었다. 원나라 기황후는 일가친척들이 모조리 살해당했다는 말을 듣고도 별달리 손쓸 수가 없었다. 원나라가 그 지경까지 추락한 것이다.

기철 숙청
기철의 횡포에 시달렸던 백성들이 철퇴를 맞아 죽고 저잣거리에 던져진 그의 시체를 난도질했다고 한다.

고려는 행정구역을 크게 5도와 양계로 나누고 있었다. 양계는 동계와 북계를 가리키는데 동계를 동북면으로, 북계를 서북면으로 부르기도 했다. 원나라에 대한 반격에 나서기로 한 공민왕은 최영을 서북면의 넘버 투로 임명하고 압록강을 공격하게 해 원나라에게 빼앗겼던 압록강 서

최영

쪽 8참을 탈환한다. 최영이 공민왕 반원정책의 칼이 되었던 것이다.

서북면과 동북면 지도

1356년 공민왕은 또다시 기념비적인 승리를 거둔다. 바로 쌍성총관부 탈환이다. 고려에 대한 간섭을 시작하면서 원나라는 고려의 영토 일부를 빼앗아 갔다. 그중 한 곳이 철령 이북의 영토였고, 원나라 정부는 철령 이북을 관리하는 쌍성총관부를 설치했다.

원나라는 쌍성총관부에 원나라 관리들을 파견하면서 현지인들을 활용했다. 그 현지인 관리들 중 대표 격인 천호장이 이성계 가문의 사람이었다. 이성계의 아버지 이자춘 또한 공민왕과 마찬가지로 원나라가 더 이상 고려에 대해 강력한 힘을 발휘하지 못한다고 판단하여 쌍성총관부 탈환을 노리던 공민왕에게 협조하기로 한다. 이자춘은 공민왕이 군대를 보내 주면 자신이 쌍성총관부 내부에서 소요를 일으키기로 사전에 공민왕과 계획을 세웠다. 이자춘이 내부에서 호응해 준 덕분에 공민왕은 어렵지 않게 쌍성총관부를 수복할 수 있었다.

한편 공민왕의 적극적인 반원정책에 생각지도 못한 변수가 등장하니 바로 왜구였다. 왜구는 일본 내 지방 영주들과 결탁해 군대에 준하는 조직과 체계까지 갖추고 있었다. 이들은 고려의 남쪽 해안 지방 약탈을 시작으로 점점 내륙으로까지 들어왔고 한반도 북부까지도 진출했다. 최영이 무장으로 처음 공을 세운 왜구 토벌전도 그가 양광도에 부임해 있었을 때이다. 왜구들의 공격 강도는 점점 수위가 높아져 갔다. 세금을 배로 운반하는 조운선까지도 왜구들의 약탈 대상이 되었다. 왜구들의 대규모 노략질은 여러 해에 걸쳐 지속되었다.

공민왕은 최영에게 왜구 토벌을 지시했다. 최영은 본인의 근무지였던 서북면은 물론 함경도 일대인 동북면, 중부 지방인 양광도와 남부 지

왜구
14~15세기에 집중되어 있던 일본의 해적들을 말한다.

양광도
오늘날의 경기도

방인 전라도를 담당하며 왜구 토벌에 심혈을 기울였다. 1358년 최영은 오늘날의 황해도 장연군과 옹진군에 해당하는 오예포에서 왜선 400척을 매복을 활용해 격파하며 대승을 거둔다. 그러나 최영의 승전만으로 전국에서 벌어지는 왜구들의 노략질을 모두 감당할 수는 없었다. 같은 해 고려 군함 300척이 불타 없어지는 등 전국적으로 보면 고려가 일방적으로 당하고 있는 형국이었다.

공민왕이 왜구 문제를 두고 골머리를 앓는 사이 또 하나의 변수가 등장했다. 바로 홍건적이었다. 홍건적은 원나라 말기 원나라 정부의 무능한 통치와 차별에 분개한 중국 한족들이 조직한 도적 떼로, 한족의 정부를 새로 수립하겠다며 항쟁에 나섰다. 홍건적은 하나의 거대한 조직체가 아닌 지방별로 자체적으로 활동하는 여러 개의 집단이었으며, 홍건 '적'이긴 하지만 도적 떼라기보다는 일종의 군벌에 가까웠다. 원나라와 고려 사이에 분포해 있던 홍건적이 1359년과 1361년 2차례에 걸쳐 고려를 침공해 왔다.

1359년 1차 홍건적의 침입 당시 4만 명의 홍건적이 압록강을 건넜는데 지금의 평양인 서경까지 내려왔다. 이때 최영이 나섰다. 최영은 서북면의 넘버원 이방실과 함께 서경 탈환전에 성공했고 홍건적 2만 명을 격파하는 대승을 거두었다. 1차 때와 달리 2년 후인 1361년 2차 홍건적의 난은 고려에게 절체절명의 순간이었다. 무려 10만의 홍건적이 압록강을 넘어 매우 빠른 속도로 남하해 한 달 만에 수도 개경을 함락했다. 공민왕은 수도를 나와 지금의 안동까지 피란을 가는데, 〈고려사〉를 보면 당시 공민왕의 피란 행렬이 얼마나 참담했는지 알 수 있다.

개경은 고려의 수도였던 만큼 인구가 많았다. 이런 개경을 점령한 홍건적은 개경의 백성들에게 일방적 학살을 자행했다.

> "이날 적군이 개경을 함락한 후 수개월 동안 진을 치고 머물면서 말과 소를 죽여 그 가죽으로 성을 쌓고는 물을 뿌려 얼음판을 만들어 아군이 기어오르지 못하게 했다. 또 남녀 백성들을 죽여 구워 먹거

홍건적의 고려 침공 이유
밝혀진 바는 없지만 고려를 원나라의 협조국으로 여겨 보복과 군량미 조달을 위해 고려를 약탈했다는 견해와 원나라와의 전쟁에서 고려를 전초기지로 삼으려고 했다는 견해 등이 있다.

공민왕의 참담한 피란 행렬
"어가가 남쪽으로 떠나는데, (노국대장)공주는 연을 버리고 말을 탔으며, 차비 이씨가 탄 말은 파리하고 연약하기 짝이 없어 보는 사람이 다 눈물을 흘렸다."

나 임신부의 유방을 구워 먹는 등 온갖 잔학한 짓을 자행했다."

공민왕 10년(1361) 신축년

최영은 공민왕의 피란 자체를 반대하며 끝까지 개경을 방어하자고 했다. 불리한 상황에서도 최영은 물러서기보단 항전을 고집하던 군인이었다. 피란을 가서도 최영은 공민왕에게 개경 탈환을 위한 군대 조직을 거듭 주청한다. 이에 공민왕은 모든 인력을 총동원해 정세운, 이방실, 안우, 김득배, 최영 등의 명장들을 뽑아 20만의 개경 탈환군을 조직한다.

20만의 고려 병력이 개경으로 향하는데, 이때 눈부신 공을 세운 젊은 장수가 있었으니 바로 이성계였다. 이성계는 본인이 직접 데리고 다니던 2천의 기병대를 지휘하며 최전선에 뛰어들었다. 혼자서 7~8명의 홍건적 병사를 단숨에 해치웠고 말을 타며 성벽을 뛰어넘자 2천 기병대가 그의 뒤를 따라 고려군들 중 가장 먼저 개경 궁성의 문을 여는 데 성공했다. 그 틈을 타 총지휘관 정세운은 고려 전 병력을 개경 안으로 들여보내며 홍건적 상당수를 도륙하고 개경을 탈환해 냈다.

개경 탈환에 성공했다는 소식에 공민왕은 개경으로 환도한다. 그러나 쑥대밭이 된 개경으로 바로 돌아올 수가 없었고 한동안 개경 인근의 흥왕사라는 절에서 머물렀다. 2차 홍건적의 난 당시 개경 탈환전에 동원된 장수들 중 상당수가 공을 인정받아 공신으로 책봉되었다. 이 중 김용 장군은 공민왕이 즉위 전 몽골에 있던 시절부터 함께한 측근이었으나 권력욕이 지나치고 성정이 포악했다. 그도 개경 탈환전에 참여한 공으로 여러 혜택을 하사받았는데 총사령관이었던 정세운과 안우에게 경쟁심을 가지고 있었다. 1362년 김용은 안우에게 접근해 정세운을 모함하며 암살하도록 부추긴다. 안우가 정세운을 암살하자 돌변한 김용은 안우의 죄를 공표하며 안우 역시 제거한다. 개경 탈환전에 함께 참여했던 이방실, 김득배 장군 또한 김용이 처형했다. 개경 탈환전에 참여했던 고위직 장수들이 김용이라는 간신배에 의해 허망하게 희생되었다.

마찬가지로 고위직 장수였던 최영도 긴장을 늦출 수가 없었다. 과거

흥왕사
1067년 황해북도 개풍군 덕적산에 조성된 개경의 대표적 사찰. 고려 제11대 왕인 문종이 국왕의 안녕을 비는 원찰(願刹)로 창건했으며 규모가 2,800여 칸에 이르는 대찰(大刹)이었다.

에 부원배들과도 암암리에 접선을 하던 김용은 차라리 원나라와 붙는 편이 낫다고 생각해 1363년 공민왕을 시해하기 위해 군사를 데리고 흥왕사를 습격했다. 환관 안도치가 공민왕으로 위장하고 대신 죽어 주어 공민왕은 변을 피할 수 있었다. 때마침 최영이 이끄는 군대가 흥왕사에 당도했고, 놀란 김용은 부하들을 죽이고 자기가 반란을 저지했다며 빠져나가려고 했다. 공민왕은 끝까지 김용을 믿었으나 살아남은 그의 부하들이 모두 실토해 결국 김용은 극형에 처해졌다. 이 사건이 흥왕사의 변인데, 최영을 제외한 고려의 주요 장수들이 모조리 제거되면서 최영이 유일한 고려 군부의 장성으로 남는다.

최영과 이성계의 만남

환난을 하나씩 극복해 가던 공민왕이었지만 아직 숨을 돌릴 순 없었다. 그간 반원정책을 펼쳐 오던 공민왕을 폐위하기 위해 원나라가 나서기로 한 것이다. 1363년 12월 원나라는 덕흥군으로 고려의 국왕을 교체하겠다며 덕흥군과 친원파 고려 장수들을 긁어모아 병력 1만과 함께 고려로 쳐들어온다. 공민왕은 최영과 이성계에게 덕흥군을 막게 했다. 최영과 이성계 두 명장이 덕흥군을 막아 낸 사건을 기점으로, 둘은 서로 급격하게 가까워진다. 1364년 평안북도 의주에서 최영과 이성계가 덕흥군과 원나라 부대를 격퇴했고 살아 돌아간 원나라 병력은 17기의 기병뿐이었다. 이 전쟁 이후 최영은 이성계의 무공에 반했고, 이성계는 최영의 부대 운용에 반해 그를 아버지처럼 모셨다.

덕흥군의 군대를 물리치자마자 200여 척의 왜선들이 남해안에 출몰했고 그와 동시에 요동의 원나라 군벌 박백야가 서북면의 연주에 침입해 왔다. 과연 신들린 사령관인 최영은 재빨리 박백야를 물리치고 곧바로 남부 지방으로 내려가 왜구의 전선에서 방어선을 구축했다.

무너지는 공민왕?

즉위와 동시에 새로운 고려를 세우겠다며 개혁의 의지를 다진 공민왕이

덕흥군
고려 26대 왕인 충선왕의 셋째 아들로 일찍이 중이 되었다가 공민왕이 즉위하자 원나라로 도망했다.

었지만 그에겐 변수가 너무 많았다. 원나라만 상대한다면 그나마 낫겠지만 몇 번의 내부 반란, 왜구들과 홍건적의 침입으로 공민왕의 의지가 많이 사그라들었다고 해도 이상할 게 없다. 그래도 공민왕에겐 그를 지지하고 응원해 주던 연인이 있었으니 그의 부인 노국대장공주였다.

　　원 간섭기가 시작된 이래 고려의 왕족들은 원나라 황실의 공주와 혼인을 해야 했다. 노국대장공주도 원나라 황실 공주로 공민왕이 왕이 되기 전 혼인하여 함께 고려로 왔다. 그러나 원나라의 의도와는 다르게 노국대장공주는 공민왕을 도와 반원정책을 주도했다. 그런 그녀가 1365년 사망한다.

　　노국대장공주의 죽음으로 실의에 빠진 공민왕은 이후 모든 개혁 의지를 상실했고, 그토록 유능했던 군주가 일순간에 암군(暗君)으로 전락해 버렸다. 공민왕은 정사를 돌보지 않고 평소 친하게 지내던 승려 편조에게 '신돈'이란 새로운 이름을 하사한 다음 그를 왕사로 모시며 그에게 고려 국정 운영의 전권을 위임했다.

　　신돈은 우선 최영부터 좌천시킨다. 그간 고려의 국난이 계속되며 군부가 비약적으로 성장하자 최영을 견제하고자 함이었다. 신돈은 또한 1366년 공민왕의 승인을 받아 전민변정도감을 설치했다. 전민변정도감은 고려의 토지개혁을 위한 기구로 그간 원나라에 빌붙은 권문세족들의 재산을 철저히 조사하여 부당하게 축적한 재산 및 토지를 압수하고 억울하게 노비가 된 백성들을 양민으로 해방하기 위한 업무를 진행했다. 건전하고 정의로운 명분을 내세운 건 맞지만 전권을 위임받은 신돈은 전민변정도감을 내세우며 마구잡이식 칼부림을 부렸다. 노골적으로 권문세족을 노리며 그들의 경제 기반을 약화하려던 전민변정도감은 신돈 개인의 결정이 아닌 공민왕의 뜻도 다분히 담겨 있었다.

　　전민변정도감 덕에 권문세족의 불법적인 농장들이 상당 부분 해체되었고 고려 사회 내 지배층의 기득권이 위협받았다. 신돈에 대한 지배

공민왕의 뜻
노국대장공주 사후 공민왕이 정치의 일선에서 물러났다고 알려져 있지만 그렇게까지 모든 걸 내려놓진 않았다는 해석이 최근에는 팽배하다.

층의 불만이 쌓일 수밖에 없었다. 공민왕이 뒤에 있다고는 하지만 적극적으로 개입하지 않았으며 방관만 하고 있었다.

신돈은 과감한 토지개혁을 실시하지만 지나치게 과속했고 스스로가 깨끗하다면 모를까 승려 신분임에도 문란하고 사치스러운 생활에 빠져 살았다. 권문세족들로부터 압수한 토지는 백성들에게 돌아가지 않고 신돈 개인의 사유재산이 되었다. 이뿐만 아니라 자신에 대한 불만 여론이 쌓여 가자 신돈은 사회경제적 모순과 병폐들을 해결한다는 명분으로 청렴하고 충성스러운 인재들조차 숙청했다. 사태가 이쯤 이르자 그간 방관하던 공민왕이 신돈을 저지하러 나섰다. 이에 신돈은 공민왕을 시해할 계획을 세우지만 내부고발자로 인해 사전에 발각되어 체포되고 탄핵당한 후 1371년 처형당했다.

신돈의 죽음으로 최영을 비롯한 기존의 지배층들이 복귀할 수 있었다. 그렇다고 신돈을 죽이고 공민왕이 대신 개혁을 이어갔느냐 하면 그것은 아니었다. 공민왕은 신돈을 죽이기만 하고 사태 수습을 하지 않았다. 결국 신돈 사후 악덕 권문세족들이 부활했고 몇 년에 걸친 전민변정도감의 개혁들은 무위로 돌아갔다.

공민왕의 재위 후반기는 의문투성이다. 분명 노국대장공주 사후 공민왕은 모든 정사에서 손을 뗀 것으로 보이지만 신돈의 개혁기 중에도 대외 분쟁 관련해서는 공민왕이 주도적으로 진두지휘를 했기 때문이다. 대표적인 사례가 신돈이 숙청당하기 1년 전에 감행되었던 요동 정벌이다. 공민왕은 재위 초반부터 북방 진출에 대한 목표가 있었다. 일찍이 최영을 시켜 압록강을 도강해 8개의 원나라 역참을 점령한 바 있었다. 과거 고구려 또한 요동을 완전히 영역화하면서 그 전성기를 누리기 시작했던 것처럼 말이다. 1차 홍건적의 난이 있기 전 공민왕은 압록강을 훨씬 넘어 파사부 등 원나라의 역참 3개를 추가 확보하는 전과를 세우기도 했다.

그러던 중 중국 남쪽에서 홍건적 출신의 한족들 중 주원장이 명나라를 건국했다. 명나라는 금세 원나라의 수도 베이징까지 탈환하여 다시금 중국 본토를 한족이 차지하였고 원나라는 몽골 초원 지대로 쫓겨났다. 그러나 원나라가 아직 멸망한 것은 아니기에 원나라는 지속적으로 명나라와 전쟁을 벌이고 있었다. 명나라와 원나라가 서로에게만 신경을 쓰는 이 타이밍이야말로 고려가 요동으로 진출할 수 있는 적기였다. 공민왕은 곧바로 요동 정벌군을 조직했다. 신돈이 한창 전민변정도감으로 패악질을 하던 1370년 공민왕은 이인임을 총사령관으로 하는 1만 5천의 부대를 편성했다. 이성계 또한 참전하였으나 신돈에 의해 유배를 가 있던 최영은 참전하지 못했다.

정벌군은 압록강을 넘었고, 1600명의 군대를 이끌던 이성계의 부대가 가장 먼저 오녀산성을 점령했다. 역사적 상징성이 대단한 이 오녀산성에서 이성계가 편전이란 화살 70발을 쏴서 적군 70명의 머리에 그대로 명중시켰다고 한다. 오녀산성 점령 후 정벌군은 그대로 북진했다. 요동에 있던 기철의 아들 기사인테무르가 잔존 원나라 병력을 모아 반격하지만 패퇴한다. 기세등등했던 고려 정벌군은 1370년 11월 요동성을 점령하는 데 성공했다. 공민왕은 요동성 주민들에게 고려 귀화를 장려하는 등 요동에 대한 지배권을 확립하고자 했다.

■ 오녀산성
주몽이 부여에서 탈출해 처음으로 도읍을 삼았던 졸본이란 곳이다.

그러나 승리의 기쁨도 잠시, 나하추 등 요동의 잔존 몽골 군벌들이 격렬하게 저항했고 아군의 실수로 군량미가 전부 불타 버리면서 요동을 바로 빼앗기고 말았다. 요동을 잠시나마 점령했다는 기쁨에 만족해야만 한 채 고려군은 전원 귀국했다. 요동 정벌이 명나라를 자극하여 양국의 외교관계가 냉랭해지자 공민왕은 추가적인 군사행위를 하기 어렵게 되었다.

■ 요동 정벌 실패
공민왕은 노국대장공주 실의 후 그녀를 위한 대규모 토목공사에 국가 재정을 투입하느라 정벌군 보급에 신경 쓰지 못했다.

이듬해 신돈이 숙청되었다. 그리고 최영이 복직했다. 천성적으로 군인이었던 최영은 복귀하자마자 공민왕을 찾아가 왜구 토벌 방안을 제시한다. 최영은 군부의 핵심으로 있다가 잠시나마 일선에서 멀어져 있던 사이 알게 모르게 왜구들로 인한 백성들의 피해상을 몸소 보고 겪다 보니 생각이 많아졌던 듯하다. 그가 공민왕에게 제안한 것은 전문 수군 양성이었다.

이전까지 고려에는 별도의 전문 수군 부대가 없었다. 해전이나 전함이 없었던 것은 아니다. 삼국시대에는 고구려, 백제, 신라가 강을 이용해 싸운 기록들이 있으며 삼국 모두 항구를 운용하기도 했다. 다만 상비군의 개념이 아니었다. 이에 최영은 고려의 수군은 정예병이 아니라는 점을 지적하며 상비군으로서의 수군 창설을 강력하게 건의했다. 나아가 왜구들을 상대로 확실한 승리를 거두기 위해선 전 병력을 수군화할 필요가 있으며 전함도 최소 2000척은 필요하다고 주장했다. 당시 고려에는 전함이 100척 정도에 불과했으니 이러한 최영의 주장은 파격적이었다. 공민왕은 최영의 말에 수긍하면서도 2000척 건조는 여건이 따르지 않는다는 것을 알고는 시원한 결정을 내리지 못하고 있었다.

이때 '이희'라는 사람이 공민왕에게 독립된 수군 부대를 창설하자는 상소문을 올린다. 수군이라는 특수부대를 조직하자는 것으로, 전 병력 수군화라는 최영의 주장에 다소 부담감을 느끼고 있던 공민왕에게는 그나마 현실적인 타협안이었다. 공민왕은 크게 기뻐하며 조정의 대신들에게 "초야에 묻힌 이희도 이러한데 백관이나 위사 중에서는 이러한 인재가 없느냐."라며 일갈했다고 한다. 또한 '정지'라는 사람은 이희의 상소문보다 조금 더 구체적인 상소문을 올린다. "내륙에 사는 백성은 배를 부리는 데 익숙하지 못하니 왜구를 막기 어렵습니다. 섬에서 나고 자랐거나 해전에 참여하기를 원하는 자만 등록시켜 저희들로 하여금 그들을 지휘하게 하면 5년 내 바닷길을 깨끗이 할 수 있을 것입니다." 이에 공민왕은 이희와 정지를 등용했고 정지를 전라도안무사로 임명한 후 본격적인 수군 창설에 돌입했다.

목호의 난

이 사이 최영은 어디에 있었을까? 제주도에 있었다. 1374년 제주도에서 일어난 목호의 난을 진압하도록 제주도로 파견되었던 것이다. 역사적으로 가장 외진 곳 중 하나였던 제주도는 원 간섭기 때 본격적으로 개발되었다. 원나라의 간섭을 거부하며 최후의 항전을 벌이던 삼별초가 마지막까지 투쟁하던 곳이 제주도였다. 고려와 원나라 연합군은 제주도에서 삼별초의 난을 진압한 이후 탐라총관부를 설치하고 제주도를 일본 원정을 위한 전진기지로 삼았다.

일본 원정이 흐지부지 끝나고 난 뒤 원나라는 고려로 하여금 제주도에 목마장을 만들어 조공으로 바칠 말을 기르게 했다. 원나라에서 직접 말을 사육할 몽골인 관리들을 파견했고 그들이 고려인 사육사를 양성하게 되면서 점차 고려인들이 말을 사육하는 주축이 되었다. 이 고려인 사육사들을 목호라고 불렀다. 제주 목마장은 원나라를 위한 수탈 사업이었던 만큼 목호들과 제주도의 행정관리들은 말을 포함한 물적 자원을 수탈하며 지나친 폭리를 취했고 이로 인해 제주도민들의 민심이 대단히 흉흉했다. 그러던 중 공민왕의 강경한 반원정책으로 목호들의 위세가 곤두박질친다. 목호들은 몇 번이고 반란을 일으켰지만 그때마다 진압되었고, 이전까지 목호들의 뒷배가 되어 주었던 원나라도 명나라에 의해 몽골 초원 지대로 쫓겨났다.

공민왕은 요동 정벌 이후 악화된 명나라와의 관계를 회복하기 위해 그간 원나라에 바쳐 온 제주도의 말을 명나라에게 대신 바치기로 한다. 목호들은 원나라 칸이 아닌 명나라 황제에겐 말을 바칠 수 없다며 고려 정부에서 파견한 관리들과 제주목사를 죽이고 반란을 일으켰다. 제주도에 대한 지배권도 확실히 해야 했던 공민왕은 1374년 최영을 보내 이를 진압하게 했다. 전함 300여 척에, 2만 5천이 넘는 병력이었다.

최영은 제주도의 여러 오름에서 밤낮 없이 전투를 벌인 결과 적괴 3명을 죽이고 목호의 난을 평정했다. 목호들을 낱낱이 체포해 전원 처형했는데, 시체가 들을 덮을 정도였다. 반란을 평정한 최영은 개경으로 돌아가기 위해 육지로 왔다. 이때 그에게 공민왕이 시해되었다는 충격적인 소식이 전해진다.

이인임과 최영의 연합

왕비를 잃은 상실감은 공민왕의 변태적 행위로 번졌는데, 공민왕은 '자제위'라는 미소년 호위 부대를 만들고 수많은 후궁들과 어울리며 각종 음란한 유희에 빠져 살았다. 공민왕의 어머니 명덕태후는 공민왕이 노국대장공주를 잊고 후사를 이을 왕자를 낳을 수 있게 여러 후궁들을 붙여 주었지만, 공민왕은 그 어떤 후궁과도 동침하지 않았다. 그러다 자제위 소속인 홍륜이 공민왕의 후궁을 임신시키는 일이 벌어졌는데, 공민왕은 환관

최만생에게 비밀리에 홍륜을 죽이고 사건을 덮으라고 지시했다. 하지만 내막을 알고 있던 최만생은 자신까지 위험해질 수 있다는 생각에 홍륜과 함께 한밤중에 공민왕을 난도질해 시해했다.

이때 이인임이 나섰다. 한밤중에 공민왕 시해 사건이 벌어지자 이인임은 재빠르게 움직였다. 문하시중 경복흥은 어물쩍대고 있었고, 최영은 제주도에 있었다. 기회만 잘 활용하면 이인임이 고려 조정의 실세가 될 수 있는 상황이었다. 이인임은 군대를 동원해 홍륜, 최만생 등을 체포 후 처형했고, 국정을 주도하기 시작했다. 그리고 빠른 후계 안정을 위해 공민왕의 유일한 혈육이라고 '알려진' 모니노를 다음 왕으로 추대했다.

이인임이 모니노를 왕으로 추대하니 그가 바로 고려의 32대 왕인 우왕이다. 이때 우왕의 나이 겨우 10살이었다. 그간 출생을 의심해 모니노를 왕자로 인정하지 않던 명덕태후는 반대했으나 이인임은 막무가내였다. 우왕의 나이가 어려 명덕태후가 섭정을 하기로 했으나 조정의 실세는 이인임이었다.

고려의 격변과 더불어 중국 대륙도 요동치고 있었다. 비록 몽골로 쫓겨났긴 했지만 여전히 건재한 원나라는 명나라와 충돌하고 있었다. 실세로 군림한 이인임은 명나라와 원나라 사이에서 묘한 저울질을 하면서도 원나라와의 관계를 회복하려고 했다. 이때 이인임의 친원적인 정책에 결사반대하는 사람들이 대거 등장했다. 성리학을 숭상하며 명나라를 사대해야 한다고 주장하는 신진사대부들이었다. 1375년(우왕 1년) 원나라에서 고려에 사신단을 파견하기로 하자 신진사대부들이 우르르 몰려가 극구 반대했다.

이인임
대표적인 권문세족으로 특유의 처세술로 크게 모난 행동을 하지 않아 공민왕의 총애를 받았다.

문하시중
정무를 담당하는 최고위 관직

신진사대부
공민왕이 성리학자인 목은 이색을 등용해 젊은 신진사대부로 육성했고, 이색의 제자들을 신진 정치세력으로 키우지만 이들은 공민왕의 실정(失政)으로 많이 위축되어 있었다.

모니노의 출생은 석연치 않은 구석이 많았다. 공민왕은 노국대장공주 사후 그 어떤 여인과도 동침하지 않았다. 그런 그가 아직 신돈이 막강한 권세를 누리고 있던 시절 신돈의 여종이었던 반야와의 사이에서 아들을 낳았다. 이 아이가 공민왕의 아이라는 건 공민왕의 일방적 주장이었을 뿐 그 증거가 없었다. 반야가 낳은 아들은 신돈의 집에서 자라다 7살 때 왕자의 신분으로 궁궐에 들어왔다. 왕자를 두고 세간에서는 신돈의 아이가 아니냐는 말이 떠돌았지만 누구도 공론화할 수 없었다.

여기서
잠깐

모니노 출생의 비밀

최영

이인임은 신진사대부들을 집단 유배 보내 버렸다. 이때 최영이 적극적으로 이인임에게 협조했다. 최영은 공민왕이 추진한 반원정책의 핵심 멤버였는데도 불구하고 왜 신진사대부의 뜻을 따르지 않고 이인임과 뜻을 같이했는지는 명확히 알 수 없다. 원나라의 자리를 대신하게 된 명나라가 고려에 개입하려는 움직임을 최영이 탐탁지 않아 했을 수도 있다. 그리고 어찌 됐든 최영은 이인임과 같은 세대의 주축이었다. 한 세대의 관록을 공유하고 있던 최영은 이인임의 정치적 판단을 조금 더 신뢰할 수밖에 없었고, 젊은 신진사대부들의 고집을 치기 어린 행동으로 치부해 버렸을 수 있다.

홍산 대첩

우왕 재위 2년이었던 1376년 왜구들이 20여 척의 선박을 이끌고 전라도 해안가를 약탈한 후 내륙으로 진입, 충청도까지 북상했다. 충청도 방면의 고려군이 연전연패를 하자 직접 출정을 결정한 최영이 우왕의 허가를 구한다. 우왕이 최영의 나이를 걱정하여 출정을 허가하지 않자 최영은 "보잘것없는 왜구들이 이처럼 방자하고 난폭하니, 지금 제압하지 않으면 뒤에 반드시 문제가 될 것입니다. 만약 다른 장수를 보내면 꼭 이길 것이라고 보장할 수 없으며, 군사들도 평소에 훈련되지 않은지라 전투에 투입할 수 없을 것입니다. 신이 비록 늙었으나 종묘사직을 안정시키고 왕실을 보위하려는 뜻은 결코 쇠하지 않았으니, 빨리 휘하의 군사를 거느리고 놈들을 격퇴하게 허락하여 주소서."라고 했고, 우왕은 별수 없이 그의 출정을 허락했다.

최영은 환갑이 넘은 노구의 몸을 이끌고 직접 군사를 지휘했다. 그가 충청도 부근에 다다랐을 때 왜구들은 홍산에서 백성들을 노략질하고 있었다. 홍산은 아군에게도 위험천만한 지형이라 병사들이 적극적으로 나아가길 꺼려하자 최영이 흰 수염을 휘날리며 선두에서 달렸다. 일부 병사들이 최영을 따랐고 선봉대의 공격에 왜구들이 '바람 앞의 풀'처럼 쓰러지자 나머지 고려 병력도 사기충천하여 왜구들을 향해 뛰어들었다. 절벽 위에서 한창 싸우는 도중 맨 앞에 있던 총사령관 최영은 입술에 화살을 맞았다. 입에서 피가 철철 흐르는데도 최영은 당황하지 않고 화살을 뽑아 그대로 다시 화살을 날려 적을 쏴 죽이고 분전하여 왜구들을 무찔렀다. 이 전투가 최영의 무공 전설을 기록한 홍산 대첩이다. 홍산 대첩에서 최영이 보인 맹렬함 때문에 이후 왜구들 사이에선 "왜구들이 두려워하는 건 오직 최영뿐."이란 말이 나돌았다고 한다.

한편 고려 내부적으로는 이인임이 독재 권력을 강화하고 있었다. 우왕 재위 6년째이던 1380년엔 우왕을 손자로 여기지 않던 공민왕의 생모 명덕태후가 사망한다. 왕실의 최고 어른인 그녀가 우왕을 친손으로 인정하지 않는다는 사실이 널리 알려져 우왕도, 우왕을 옹립한 이인임도 난처했는데 그녀가 죽은 것이다. 이로써 이인임의 세상이 되었지만 딱 한명, 그가 건드리지 못하는 이가 있었으니 바로 최영이었다. 최영은 군부의 수장이었으며 백성들로부터도 압도적인 지지를 받는 용장이자 영웅이었기에 이인임이 함부로 할 수 없었다. 어쩌면 이인임도 최영을 고려조정의 상징으로 놔 두는 편이 본인의 악행을 덮을 수 있는 하나의 방법이라고 생각했을지도 모른다.

1380년 왜구들이 또 한 번 대규모 부대를 이끌고 중남부 국토를 유린하자 최영은 이인임의 반대를 뿌리치고 이성계를 보내 대승을 거두는데, 이 전투가 황산 대첩이다. 이후 1381년 최영은 수시중이 되었다.

■■■ **이인임을 향한 최영의 일갈**
"나라에 어려운 일이 많은데 공께서는 수상(首相)의 몸으로 국정을 걱정하지 않고 단지 집안의 재산만 생각하는 거요?"

이인임을 척결하다

이인임은 점차 흑화되었다. 최영도 구태여 이인임과 정치적 경쟁 구도를 만들지 않았다. 이인임은 최영에게 권력욕이 없다는 것을 알고 있었다. 우왕은 커 가며 마치 공민왕의 말년처럼 향락에만 빠져 살았고 정사를 논하는 공식 석상에 얼굴을 비치지 않았다. 국가 업무에 관한 모든 일을 이인임에게 맡겼다. 한 신하에게 전권이 부여되는 일은 바람직하지 않다지만 이인임만큼 정치를 노련하게 주무르는 권신도 또 없었기에, 스스로를 천상 군인으로 여긴 최영은 이인임을 필요악이라고 생각했을 것이다. 그러나 이인임의 악행은 도를 넘어서고 있었다. 권신이 등장하면 한 사람이 문제가 아니다. 주변에 빌붙는 사람들이 더한 법이다. 이인임

최영

에게는 임견미, 염흥방이라는 최측근 2인조가 있었는데, 이 둘은 이인임보다 더 악랄했다. 그 악행이 두 눈 뜨고 보기 어려울 정도였고 사람들은 두 사람을 짐승으로 불렀다. 그러나 누구도 이인임의 양팔이었던 이들을 건드릴 수 없었다.

악인들은 보통 끝없는 욕심에 스스로 잡아먹히기 마련이다. 1387년. 때는 이인임이 건강상의 이유로 잠시 사임을 한 상태였다. 이인임조차 조정에 없는 상황에서 임견미, 염흥방의 패악질은 멈출 줄 몰랐다. 이때 '조반 사건'이 터졌다. '조반'이라는 귀족이 가문 대대로 사용해 왔던 황해도의 땅 일부를 염흥방이 공문서를 위조하여 강탈했다. 조반은 노발대발하며 염흥방을 찾아가지만 만날 수 없었고 염흥방의 노비였던 이광과 다른 노비들이 조반을 구타했다. 고려의 귀족이 노비들에게 구타를 당하다니 귀족으로서 매우 수치스러운 일이었다. 수치심에 조반은 사병을 동원해 이광을 비롯한 노비들을 살해하고 자수했다. 살인사건까지 벌어지며 일이 커지자 염흥방은 이 일이 공론화되면 자신이 불법으로 공문서를 위조했다는 사실이 알려질까 두려워 측근이었던 임견미와 함께 조반에게 역모죄를 뒤집어씌웠다. 오히려 일을 더 키워 버린 것이다.

조반의 역모사건과 관련하여 하루는 우왕이 은밀히 최영을 불렀다고 한다. 무슨 말이 오갔는지 알 수 없지만 이인임과 그 일파에 대한 내용이었을 것이다. 1388년 최영은 비밀리에 이성계를 불러 발 빠르게 개경 내 치안을 담당하는 병력을 확보하고 동북면에 있던 사병들을 개경으로 데려오게 했다. 다음 날 우왕은 어명으로 고문받던 조반을 석방하고 도리어 염흥방을 체포했다. 우왕의 갑작스러운 결정에 그 일파들이 당황해하던 찰나 최영과 이성계가 군대를 동원해 임견미를 포함하여 그 일당들을 모조리 잡아들였다. 최영과 이성계의 최종 목표는 이인임이었다. 일당들이 모두 체포되었다는 소식에 놀란 이인임은 득달같이 최영의 집으로 갔다. 최영은 문을 걸어 잠근 채 나오지 않았고, 이인임은 그대로 군사들에게 체포되었다. 염흥방과 임견미는 물론이고 그간 그들과 결탁해 온갖 악행을 저지른 권문세족들과 그 일가족 천여 명이 처형당했다. 일명 '무진피화' 사건이다.

많은 권문세족들이 죽임을 당했지만 만악의 근원인 이인임만큼은 유배령으로 마무리되었다. 이인임을 변호한 이는 아이러니하게도 최영이었다. 동시대 고려 정사를 같이 주도했던 이인임에 대한 최영의 마지막 배려였지만 이인임에게 당한 것이 많았던 귀족과 정치인들, 특히 신진사대부들은 최영의 변심에 크게 실망했다고 한다. 그러나 이후 이인임은 복귀하지 못했고 악행을 일삼던 권문세족 대부분이 사라졌다. 그리고 최영은 문화시중이, 이성계는 수시중이 되어 무인 세력이 고려의 조정을 장악하는 동시에 신진사대부들 역시 기용되었다.

요동 정벌

1388년 절대적 존재였던 이인임과 그 일파가 사라지면서 새로운 세상에 대한 기대감이 커졌다. 그러나 기쁨도 잠시, 명나라는 고려에 말도 안 되는 요구를 해 왔다. 고려의 국토 중 철령 이북의 땅은 과거 원나라의 쌍성총관부 관할이었으니 이제 직접 관리하겠다며 고려 땅 일부를 명나라에 넘기라는 수용 불가능한 요구였다. 분노한 최영은 명나라에 고려의 강함을 보여 주자며 우왕에게 요동 정벌을 강력하게 건의했다. 비록 바로 내어 주긴 했지만 일찍이 공민왕 대에 요동 정벌을 추진한 적도 있으니 그때의 실패를 만회할 수 있는 기회라는 것이었다. 그러나 친명 외교를 주장하던 신진사대부들은 최영의 요동 정벌을 규탄하며 외교로 사안을 처리하자고 했다. 심지어 이성계조차 최영의 요동 정벌을 반대했다. 공민왕 대에 요동 정벌 전쟁에 직접 참가한 이성계였지만 그때와 지금은 국제정세가 판이했다. 공민왕 시절에는 명나라가 원나라와 다투고 있었기에 요동 쪽으로 신경을 쓰지 못했지만 이제는 명나라가 요동에 대한 지배력을 확보하려 하고 있었기 때문이다.

최영은 만만치 않은 반대 여론을 잠재우고자 매우 빠른 속도로 원정군을 조직했다. 우왕은 최영의 딸과 혼인하여 장인의 요동 정벌에 힘을 실어 주었다. 이성계가 우왕을 한 번 더 찾아가 반대하지만 우왕의 답변은 "이미 군사를 일으켰으니 중지할 수 없다."였다. 최영은 총사령관 팔도도통사가 되었고, 좌군과 우군에 각각 조민수, 이성계를 도통사로 임명했다. 병력 규모는 자그마치 5만이었다. 이성계는 전쟁에 반대했지만 일단은 최영과 우왕의 결정에 따를 수밖에 없었다.

정벌군이 개경을 출발하여 북쪽으로 향하는 도중 서경에 머무를 때였다. 기세 좋게 직접 참전했던 우왕은 이 와중에도 서경에서 병사들의 사기를 돋우겠다며 연회를 벌이기 일쑤였다. 심지어는 전날 술에 취해 군사 회의를 빠지기도 하였다. 최영은 이제 더 이상 진군을 늦출 수가 없어 초조해지는데 돌연 우왕이 그에게 전쟁에서 빠지라고 했다. 최영이 없는 사이 간악한 자들이 자기를 노릴까 불안하니 서경에 남아 우왕 본인을 지켜 달라는 것이었다. 최영은 어처구니가 없었지만 우왕의 간곡한 부탁일뿐더러 왕명인지라 거부할 수가 없었다.

> 우왕이, "경이 가 버리면 내가 누구와 함께 국내를 다스리겠는가?" 하고 반대했으나 최영이 굳이 청하자 우왕은 그렇다면 자신도 가겠노라고 나섰다. 최영이 왕에게, 자기가 평양에 남아 장수들을 지휘할 테니 개경으로 돌아가라고 여러 차례 권했으나 우왕은, "선왕 (先王)께서 시해를 당한 것은 경이 남쪽으로 정벌을 떠났기 때문이다. 그러니 내가 어찌 하루라도 그대와 함께 있지 않겠는가?"라고 말했다.
>
> <고려사> '최영 열전'

그렇게 최영은 빠진 채 이성계와 조민수는 각각 우군과 좌군을 이끌고 서경에서 요동 방면으로 북진하여 위화도라는 섬에서 진을 쳤다. 이제 압록강만 넘으면 곧바로 전쟁이었다. 그러나 이성계, 조민수 두 지휘관 모두 정벌의 필요성에 대해 회의를 느끼고 있었다. 이성계가 예언한 대로 궂은 장마로 인해 병장기는 녹슬고 병사들은 지쳤으며 탈영병도 속출했다. 이대로 전쟁을 강행할 수가 없었다. 이성계는 서경에 있는 우왕과 최영에게 회군의 허가를 구했다.

"저희들이 뗏목을 타고 압록강을 건너는데 비로 물이 불어나 큰 내가 앞을 가로막았습니다. 첫 번째 여울에서 수백 명이 허우적거리다가 익사했으며 두 번째 여울은 더욱 깊은지라 강 중간의 모래톱 가운데 머문 채 군량만 허비하고 있습니다. 이곳에서 요동성에 이르기까지는 군데군데 큰 내가 있어 쉽게 건너기가 어려울 듯합니다. (중략) 게다가 지금은 장맛비에 활줄이 느슨해지고 갑옷이 무거워 군사와 말이 모두 지쳐 있으니 억지로 몰아서 진격시킬 경우 방비 태세가 굳건한 성을 아무리 공격해도 함락하지 못하고 결국 승리를 거두지 못할 것이 뻔합니다. 이러한 때 군량의 보급이 끊어져 오도가도 못 하는 상황이 되면 장차 어떻게 대처하겠습니까? 부디 전하께서는 회군의 특명을 내리시어 온 나라 백성들의 소망에 부응하시기 바랍니다."

우왕 14년(1388) 무진년

우왕과 최영은 회군을 허가하지 않았다. 위화도에 있던 이성계와 조민수는 한 번 더 회군을 건의했으나 이조차도 받아들여지지 않자 조민수의 동의하에 이성계는 왕명 없이 회군하기로 결정하니, 그 유명한 위화도 회군이었다.

이성계는 금세 개경을 포위했다. 요동 정벌을 위해 군사력이 총동원 되었기에 개경에 남아 있는 병력은 극소수였다. 최영은 분전했지만 회군한 정벌군이 고전 끝에 개경 성문을 열고 들어와 궁궐까지 쳐들어왔다. 전세가 기울자 우왕이 최영을 숨겨 주었다. 하지만 우왕의 노력이 무색하게 병사들이 최영을 수색해 체포해 왔다. 끌려온 최영 앞에서 이성계가 "이번 사태는 내 본심에서 일으킨 일이 아닙니다. 그러나 요동 정벌이 대의(大義)에 거역되는 일일뿐만 아니라 나라가 불안해지고 백성들이 고통을 겪어 원한이 하늘에 사무쳤기 때문에 부득이 이런 일을 일으켰던 것입니다. 부디 잘 가십시오."라고 하자 일전에 이인임으로부터 "이성계는 나라의 주인이 될 생각을 품고 있소."라는 말을 들은 바 있던 최영은

"이인임이 옳았구나." 하고 읊조렸다고 한다.

　　조민수와 이성계는 각각 좌시중과 우시중이 되어 정권을 장악했다. 이성계와 조민수 등의 회군 주동자들 그리고 이들 군부와 결탁한 신진사대부들은 그릇된 판단을 해 국가의 존망을 위태롭게 했다는 죄목으로 최영을 지금의 경기도 고양시로 유배 보냈다가 곧 경남 마산으로 이배시켰다. 한편 우왕은 직접 무장하여 숙위 병력을 이끌고 이성계의 집을 급습하다가 실패해 곧바로 폐위당했다.

　　이성계와 조민수는 일찍이 우왕을 폐위하면 방계 왕족이었던 정창군 왕요를 다음 왕으로 추대하기로 뜻을 모았었다. 우왕에겐 '창'이라는 어린 아들이 있었지만 이 아들이 왕이 되어 장성하면 언제고 아버지의 복수를 꾀할지 모르기 때문이었다. 그런데 우왕을 폐위하고 이성계가 정창군 왕요를 즉위시키려고 하던 찰나, 조민수와 신진사대부의 대스승이었던 이색이 짜고 우왕의 아들 창을 왕으로 등극시켰다. 이성계가 지나치게 권력을 독점할 것을 우려한 조민수와 이색이 선수를 쳐 버린 것이다. 창왕이 즉위하고 유배 가 있던 최영은 다시 개경으로 소환되어 죄가 가중되어 처형 판결이 났다. 새로이 조정을 장악한 이들은 상징성 때문에라도 최영을 그대로 살려 둘 수가 없었다. 73세의 나이에 이미 모진 고문을 받은 뒤였음에도 최영은 낯빛 하나 흔들림 없이 다음과 같은 유언을 남기고 겸허히 죽음을 받아들였다.

> "내가 한평생 한 번이라도 사사로운 욕심을 품었다면 내 무덤에 풀이 날 것이고, 그렇지 않다면 풀이 나지 않을 것이다."

　　고려의 수많은 백성들이 최영의 죽음을 안타까워하며 눈물을 흘렸다. 한동안 최영의 무덤엔 풀이 나지 않았고 사람들은 풀 한 포기 없는 그의 무덤을 적분이라고 불렀다. 최근에는 최영의 무덤에서 풀이 나고 있다.

완전한 노블레스 오블리주

최영 사후 이성계의 측근들이 조민수마저 내치면서 조정은 완벽하게 이성계의 것이 되었다. 얼마 안 가 이성계 일파는 창왕마저 폐위했다. 1389년 이성계파는, 신돈의 자식이면서 감히 고려 왕실을 참칭했다는 죄를 물어, 우왕과 창왕 부자 모두를 죽였다. 이성계는 위화도 회군 당시 계획했던 대로 방계 왕족 정창군 왕요를 공양왕으로 추대했다. 공양왕 즉위 후 정도전, 조준 등이 노골적으로 이성계를 왕으로 추대하려는 뜻을 비치자, 국왕 교체에는 찬성했을지언정 왕실의 성씨를 바꾸어 버리겠다는 역성 혁명 자체는 반대하던 정몽주가 끝까지 공양왕을 지키려다 이성계의 아들 이방원이 보낸 자객의 철퇴에 살해당했다. 그리고 1392년 공양왕은 고려의 마지막 왕으로서 옥새를 이성계에게 넘기며 조선이 개국했다.

최영의 죽음은 단지 개인의 죽음을 넘어 고려의 구체제를 상징하는 마지막 보루의 죽음이었다. 최영은 '고려'라는 시스템을 상징하는 귀족 체제에서 태어난 권문세족이었기 때문이다. 고려는 철저한 귀족사회였다. 최영은 싫으나 좋으나 이 '귀족'이라는 구체제에 속한 존재였다. 그로 인해 우왕 즉위 후 이인임과 연합했고, 이인임을 직접 숙청하고도 목숨만큼은 변호해 주었으며, 친원적인 외교 노선을 취하는 권문세족 특성상 명나라가 철령위 설치를 요구해 올 때 유난히 명나라에 강경하게 반응하며 요동 정벌을 단행했다. 최영은 어쩔 수 없는 고려의 묵은 가치를 상징하는 존재였고, 이성계가 조선을 건국하는 과정에서 타협될 수 없이 제거되어야만 했다.

<blockquote>
■ **철령위**
명나라가 고려의 철령 이북 땅에 설치하려고 했던 직할지
</blockquote>

각종 매체에선 권문세족을 악인으로 묘사한다. 실제 역사를 봐도 그들이 악인의 모습에 가까운 건 사실이다. 그러나 최영은 달랐다. 권문세족 출신으로 고려의 구체제를 상징한다지만 최영은 지배층으로서의 품위와 책임과 위엄을 잃지 않았다. 귀족이라는 시스템의 특혜를 받는 지배층이기에 더더욱 최영은 스스로에게 엄격했다. 귀족으로서 최영은 더 솔선수범했고 정치인보다는 군인으로서의 정체성이 훨씬 강했다. 방법에 문제가 있을 수는 있었지만 고려를 지키고 백성의 신변과 안전을 책

임지고 보호하겠다는 일념 하나로 평생을 살았다. 홍산 대첩의 사례에서 볼 수 있듯이 최영은 무모한 작전을 펼칠 땐 직접 앞에 나섰고 본인이 하지 못하는 일을 부하 병사들에게 절대로 시키지 않았다. 주변의 만류에도 불구하고 늙은 몸으로 현장에 자발적으로 뛰어들었다. 최영을 좋아하는 이도 싫어하는 이도 최영의 태도에만은 모두 박수와 찬사를 보냈다.

"최영은 성품이 충직하고 청렴했으며, 전장에서 적과 대치해서도 신색이 온화해 화살과 돌이 사방에서 날아와도 조금도 두려워하는 기색이 없었다. 군대를 지휘할 때는 준엄한 자세로 반드시 승리할 것을 다짐하고는 군사들이 한 걸음이라도 물러서면 곧 참형에 처했으므로 크고 작은 모든 전투마다 전공을 세웠고 한 번도 패한 적이 없었다. (중략) 의복과 음식이 검소했으며 쌀궤가 늘 비었지만 살진 말을 타고 화려한 옷을 입는 자들을 보면 개나 돼지만큼도 여기지 않았다. 비록 장군과 재상을 겸직하고 오랫동안 병권을 장악했으나 뇌물과 청탁을 받지 않으니, 세상 사람들이 그의 청렴함에 탄복하였다. 항상 큰일에만 신경을 써 사소한 일에 구애받지 않았으며, 종신토록 군사들을 지휘했으나 휘하의 사졸 가운데 그의 얼굴을 아는 사람은 수십 명에 지나지 않았다."

<고려사> '최영 열전'

최영은 완전한 노블레스 오블리주의 표상이었다.

03

세종대왕

가장 이상적이면서 가장 현실적인 리더십

세종대왕

#집현전 #장영실 #혼천의 #자격루 #앙부일구 #옥루 #농사직설 #4군6진 #최윤덕
#김종서 #이천 #황희 #칠정산내외편 #이순지 #세자이향 #측우기 #훈민정음 #한글창제

세종대왕의 연도별 주요 이슈

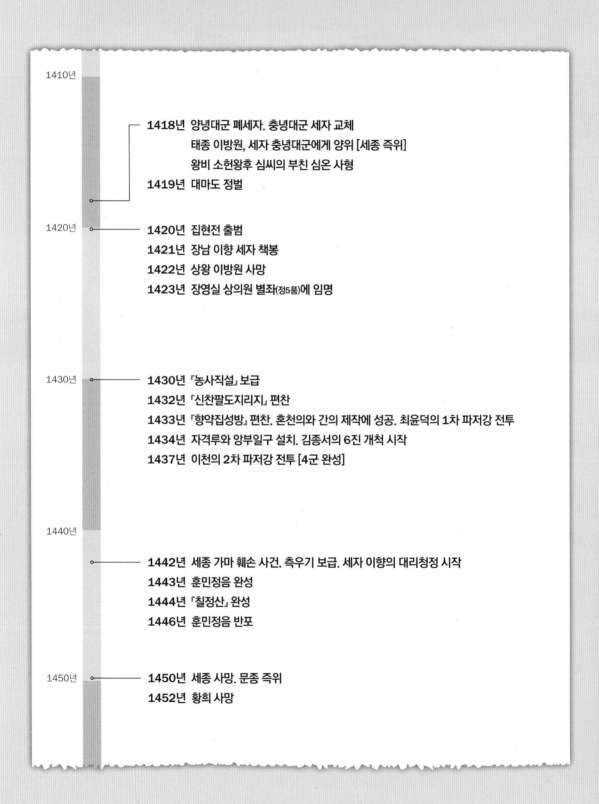

1410년

1418년 양녕대군 폐세자. 충녕대군 세자 교체
태종 이방원, 세자 충녕대군에게 양위 [세종 즉위]
왕비 소헌왕후 심씨의 부친 심온 사형
1419년 대마도 정벌

1420년

1420년 집현전 출범
1421년 장남 이향 세자 책봉
1422년 상왕 이방원 사망
1423년 장영실 상의원 별좌(정5품)에 임명

1430년

1430년 『농사직설』 보급
1432년 『신찬팔도지리지』 편찬
1433년 『향약집성방』 편찬. 혼천의와 간의 제작에 성공. 최윤덕의 1차 파저강 전투
1434년 자격루와 앙부일구 설치. 김종서의 6진 개척 시작
1437년 이천의 2차 파저강 전투 [4군 완성]

1440년

1442년 세종 가마 훼손 사건. 측우기 보급. 세자 이향의 대리청정 시작
1443년 훈민정음 완성
1444년 『칠정산』 완성
1446년 훈민정음 반포

1450년

1450년 세종 사망. 문종 즉위
1452년 황희 사망

인재를 알아보는 유능한 리더

세종대왕은 왕이 될 왕자가 아니었다

세종대왕의 본명은 이도. 대군(왕자) 시절의 군호는 '충녕대군'으로 조선의 3대왕 태종 이방원의 셋째 아들로 태어났다. 한국인이라면 모두가 감사하고 존경해 마지않는 세종대왕은 원래 왕위 계승 서열에 있지도 않은 대군이었다. 태종 이방원의 셋째 아들 충녕대군은 급작스레 왕으로 지목되어 세종으로 즉위하였다.

두 차례의 왕자의 난을 거쳐 왕으로 즉위한 태종 이방원은 본인의 아들들만큼은 왕좌를 두고 다투지 않게 일찌감치 첫째 아들 이제를 어린 나이에 세자로 책봉했다. 일찍이 맏형을 세자로 책봉하면 다른 동생들이 맏형을 당연한 왕위 후계자로 여기고 딴마음을 품지 않게 될 것이라 여겼기 때문이다. 흔히 알려져 있기론 장남이었던 세자보다 셋째 충녕대군의 학식과 총명함이 뛰어나 동생에게 세자 자리를 양보해야겠다고 생각한 세자가 일부러 미친 척을 하며 아버지 태종 이방원에게 쫓겨났다고 하지만 이 일화는 매우 잘못 전해지는 이야기다. 세자 교체의 가장 큰 원인은 장남인 세자에게 있었다.

태종 이방원의 첫째 아들은 세자 책봉 이후 점차 삐딱선을 타며 문제아로 커 버렸다. 그의 문제는 단순히 세자 수업과 공부를 싫어하고 사냥과 음주를 좋아하는 수준이 아니었다. 세자의 탈선은 차마 눈 뜨고 봐주기 어려울 정도였다. 야밤에 궁궐 담을 넘어 저잣거리에서 질 나쁜 무리들과 어울려 다니고 심지어는 그들을 몰래 궁으로 부르기도 했다. 무

세자 책봉
세자란 왕의 자리를 이을 왕의 후계자로 왕의 장남이 세자로 책봉되는 것이 관례였다.

세종대왕

엇보다 세자의 여성 편력이 심각했다. 세자가 기생들을 지나칠 정도로 가까이하자 세자의 체면이 걱정됐던 태종은 기생과 세자를 최대한 떨어 뜨리기 위해 세자를 달래기도 하고 훈계도 하였는데, 세자의 처소였던 동궁전 한 켠에서 기생들이 몰래 궁궐로 들어오던 개구멍이 발견된 적도 있었다.

이 와중에 셋째 충녕대군에 대해서는 칭찬이 자자했다. 일부 정치 인이나 선비들은 셋째 충녕대군 앞에서 "꼭 장남만 왕이 되라는 법은 없 다", "지금의 전하도 장남이 아니다."라며 엄연한 역모성 발언을 서슴없 이 했다. 충녕대군은 웃어넘기면서도 본인이 왕이 되고 싶다는 마음을 넌지시 내비치곤 했다. 전해지는 고사(故事)와는 다르게 세자와 충녕대군 의 사이는 결코 좋지 못했다. 심지어 충녕대군은 매번 문제만 일으키는 세자에게 지적을 하는 일도 있었다.

그러다 세자에게 결정적인 사건이 터지니, 일명 어리게이트다. '어 리'는 사대부의 첩으로, 미모가 출중하다는 소식을 접한 세자는 유부녀인 어리와 만나 밀애를 나누었다. 세자와 어리의 소문은 순식간에 퍼졌고, 태종 이방원은 몇 번이고 세자에게 주의를 주었지만 세자는 겉으로만 용 서를 구할 뿐 계속 어리를 만나고 있었다. 그런 줄도 모르고 태종은 왕자 들까지 다 대동해 온천 여행을 떠나는데, 그 와중에도 세자는 어리를 데 려갔고 결국 들통이 났다. 화가 난 태종은 어리를 먼저 보내고, 나중에 세자를 따로 한양으로 보냈다. 그럼에도 세자는 바로 어리를 만나러 갔 고 이후 어리의 임신 소식까지 전해지자 태종은 노발대발했다. 이때 세 자는 오히려 당당하게 아버지의 후궁 문제를 꼬집으며 대들었고 더 이상 의 방도가 없다고 생각한 태종은 세자를 '양녕대군'으로 강등한 뒤 셋째 충녕대군으로 세자를 교체해 버렸다.

아버지의 그늘로부터 벗어나기

세자를 교체한 태종 이방원이었지만 걱정되는 점이 한두 가지가 아니었 다. 우선 새롭게 세자로 책봉된 셋째가 순식간에 세자가 되었기 때문에 그간 세자 수업을 받지 못했다는 점이 걸렸다. 웬만한 사대부보다 박학

다식하고 학문의 흡수력이 남다른 충녕대군이 수업을 못 받아 지식이 부족할까 걱정되었다기보다는 세자 기간이 짧다 보니 그 정치적 입지가 두텁지 못했고 '공부'는 잘할지 몰라도 '현실 정치'까지 그 감각을 익히고 있을지는 알 수 없는 일이기 때문이었다. 더불어 지금의 조정은 태종 본인에게 충성을 맹세하지만 세자가 차기 왕이 됐을 때에도 여전히 국왕에게 충성심을 보일지, 또 세자가 조정의 그 원로대신들까지 잘 주무를 수 있을지도 걱정이었다. 국왕이란 자리는 임기가 있는 것이 아니고 현직 왕이 죽으면 세자가 차기 왕으로 등극하는 것이기 때문에 자신의 뒤를 이을 왕이 정치적 수완을 가지고 국정을 잘 운영해 가는지 알 수가 없는 법이다. 우려 끝에 태종은 본인 생존 시에 세자를 국왕으로 세우고, 자신은 상왕이 되어 뒤에서 새 국왕의 국정 운영 능력과 대소 신료들의 행보를 감시·감독하기로 했다.

상왕으로 물러난 이방원은 국가의 인사권과 군사권은 여전히 본인이 행사하겠다며 사실상 실권은 넘겨주지 않았다. 왕은 세종이었지만 실권이 없다 보니 모두가 상왕 이방원에게 휘둘렸다. 이방원은 훗날 왕권을 제약할 수도 있는 왕의 외척부터 제거하고자 세종의 아내였던 소헌왕후 심씨의 가문을 박살내 버렸다. 조정 내 이방원의 측근들은 소헌왕후마저 폐위하자고 주장했으나 세종이 겨우 소헌왕후 폐위만큼은 막았다. 즉위년 세종이 할 수 있는 거라곤 아내를 지켜 내는 것밖에 없었다.

1419년(세종 1년)이 되자 세종은 군사권을 쥔 통수권자는 본인임을 설파하듯 측근이었던 이종무를 내세워 대마도 정벌을 단행했다. 사실 상왕 이방원이 행한 모든 것은 아들의 권위를 높이기 위함이었다. 다만 그 수단이 폭력적이었던 것이다. 마침내 이 이상 개입하면 아들 세종의 왕권 수호에 오히려 역효과가 나겠다고 판단한 이방원은 대마도 정벌 이후 조금씩 정치 일선에서 물러나는 모습을 보였다.

세종은 상왕 이방원의 모든 폭력적 행위가 본인의 왕권 수호를 위한 것임을 잘 알고 있었지만 국왕으로서 떳떳한 카리스마를 보여 주지 못한다는 자괴감과 스스로도 인지하고 있는 교체된 세자라는 두텁지 못한 정치 입지, 그리고 조정의 대신들 대부분이 자신의 사람이라기보다는 아버

세종 즉위
태종은 1418년 세자에게 양위를 선언했고, 충녕대군이 세자가 된 지 2개월 만에 조선의 4대 왕 세종으로 즉위했다.

경복궁에 복원되어 있는 집현전 건물
집현전 폐지 후 예문관으로
쓰이다 임진왜란 때 소실되었다.
흥선대원군의 경복궁 중건 당시
함께 재건되었고 이때부터 지금까지
'수정전'이란 이름을 가지고 있다.
갑오개혁 당시 '군국기무처'의
사무실이기도 했다.

지인 이방원이 심어 놓은 감시자들 같다는 생각 때문에 괴로웠다. 세종은 오로지 자기만을 위해 일하고 보필할 측근 세력의 필요성을 느꼈다. 그래서 탄생한 기관이 집현전이었다.

집현전은 이미 세종 이전부터 존재했지만 아무런 역할과 기능도 못하는 존재감 없는 기관이었다. 1420년(세종 2년) 세종은 이 집현전을 활성화하기로 한다. 집현전은 세종 직속의 씽크탱크 기관으로 국가정책과 사회발전을 위한 연구를 도모하는 동시에 세종 개인의 최측근을 양성하는 통로이기도 했다. 집현전 출신들은 세종 재위 기간 전체를 통틀어 세종에게 가장 큰 힘이자 버팀목이 되어 주었다. 1421년(세종 3년)에는 8살짜리 어린 장남을 세자로 책봉하여 후계까지 정하면서 세종은 점차 정권을 안정적으로 구축해 나갔다.

집현전 인원
1420년 출범 첫해 10명에서 점차
충원을 해 32명까지 늘었지만 너무
많다는 비난 여론에 22명으로
정원이 정해졌다.

어벤져스를 조직하다 1

1422년(세종 4년) 상왕 이방원이 눈을 감았다. 그토록 벗어나고 싶어 했던 아버지의 그늘이 완전히 사라졌다. 이젠 정말 세종 자신의 힘만으로 국정을 운영해 가야만 했다. 세종은 아는 것이 많은 만큼 펼치고 싶은 정책들도 상당히 많았다. 다방면에서 실시하고픈 개혁이 수두룩했는데 세종 단독으로 모든 일을 진행할 수는 없었다. 세종은 자신의 이상을 펼칠 수 있는 페르소나들이 필요했고, 각 분야별 어벤져스를 모았다.

■ **집현전 설치 목적**
정치적 지지자 역할을 맡기면서도 새로운 개혁을 시도하는 동반자로 삼기 위한 것이었다.

세종의 일처리 철칙은 단순했다. 모든 사람은 잘하는 일이 있고 못하는 일이 있다. 그렇다면 각 분야마다 해당 적임자를 임명하면 된다. 사대부의 나라를 표방한 조선은 성리학을 공부하는 학자 출신의 정치인들이 모든 업무를 도맡아야 한다는 암묵적 룰이 있었으나, 세종은 이에 동의하지 않았다. 자신이 진행할 업무에 필요한 능력을 갖춘 인재를 등용할 뿐 그 인재가 사대부인지 아닌지는 딱히 중요하지 않았다.

세종은 정치적 야심이 대단했지만 그 저변에는 큰 틀의 원칙이 있었다. 사회의 모든 시스템이 정상적으로 돌아가는 나라, 세종은 그런 나라를 만들고 싶었다. 너무 당연한 말이지만 당시에는 정상적이지 않은 시스템을 정상이라고 여기는 분위기가 팽배했다. 명분과 원리 그리고 관례라는 이유로 비정상을 정상으로 둔갑시키는 이러한 풍조는 현대에도 여러 나라에서 볼 수 있지만 상당히 고치기 힘들다. 세종은 이를 뜯어고치고 싶었다.

비정상을 정상으로 착각하던 풍조 중 당시 세종이 가장 문제시했던 것은 조선이 지나치게 중국의 문화를 답습한다는 점이었다. 중국과 조선의 문화 중 어느 것이 우열한지 따져 보자는 것이 아니었다. 중국 문화는 분명 선진화된 측면이 강했지만, 중국과 조선은 풍토가 다르고, 기후가 다르고, 관습이 다르고, 인구 규모와 생활 방식도 달랐다. 모든 기준을 중국의 것에 두면 그 격차로 인해 조선의 여러 시스템이 비정상적으로 운영될 수밖에 없었다. 그런데도 조선의 사대부들은 중국의 우수하고 선진화된 문물을 마냥 찬양만 하고 문제가 있음을 알면서도 외면하려 했다.

세종이 조선 고유의 기준을 세우려고 했던 목적은 단순히 민족적 자존심 때문만은 아니었다. 국가 운영에 가장 기본이 되는 것은 결국 국가 재정이다. 조선은 농업이 민본의 핵심이라며 '농본주의'를 표방했는데,

농업이 산업의 90%를 차지하던 조선에서는 농사가 잘되어야 국가 재정이 탄탄해질 수 있기 때문이었다. 농업은 풍토와 기후가 절대적이다. 당시 농서는 모두 중국에서 수입된 것으로 중국의 풍토와 기후에 맞는 농법을 수록하고 있어 조선의 농업에 적용하기에는 문제가 있었다. 조선의 풍토와 기후에 맞는 농법 개발이 시급했다. 그리고 더 선진화된 농업과 사회발전을 위해선 시간의 개념도 필요했다. 물론 당시에도 시계와 시간의 개념이 있었지만 천체의 움직임을 보고 시간을 계산하는 기술은 중국에는 있었지만 조선에는 없었다. 이 모든 문제를 해결할 수 있는 방법은 조선이 자체적으로 천체관측기구를 만들어 내는 것뿐이었다. 여기서 장영실이 등장한다.

지금의 부산인 동래 출신의 국가 소속 노비였던 장영실은 태종 이방원 대에 한양으로 올라와 관청에서 일하는 기술직 관노로 발탁되었다. 장영실의 손재주와 실력은 이미 알 만한 사람들은 다 알고 있었다. 세종은 장영실을 비롯해 몇 명의 기술자들을 불러, 곧 명나라의 수도로 가게 될 사신단 행렬에 합류할 것을 지시했다. 그리고 다음과 같은 밀명도 내렸다. "영실은 비록 지위가 천하나 재주가 민첩한 것은 따를 자가 없다. 너희들이 중국에 들어가서 각종 천문 기계의 모양을 모두 눈에 익혀 빨리 모방하여 만들어라." 중화사상에 흠뻑 빠져 있던 명나라가 천체관측기구 제작 기밀을 공개할 리 만무했다. 그러니 사신단에 합류해 합법적으로 베이징에 입성하여 몰래 명나라 천체관측기구를 살펴보고 제작 기술을 유추해 오라는 특명이었다. 1422년(세종 4년) 장영실은 명나라를 다녀왔고 귀국 후 1423년(세종 5년) 세종은 장영실을 '면천', 즉 노비의 신분에서 해방했으며 무려 정5품 벼슬의 상의원 별좌에 임명했다.

명나라를 다녀온 뒤 면천되어 천체관측기구와 시계 개발에 몰두하고 있던 장영실은 1433년(세종 15년) 눈부신 성과의 서막을 연다. 중국만 만들 수 있었던 천체관측기구인 혼천의와 간의를 만들어 낸 것이다. 간의는 혼천의보다 더 정밀하고 편리하게 천체를 관측할 수 있으면서 혼천의의 상위 호환 기구였다. 장영실은 여기서 만족하지 않고 간의를 간소화한 소간의와 일성정시의 등 새로운 천체관측기구도 만들어 냈다. 이

■ 중화사상
중국의 전통적인 세계관으로 자기 민족(화하족)을 세계 문명의 중심이라고 여기며 자문화의 우월성을 강조하는 사상이다.

세종은 1429년(세종 11년) 정초, 변효문 등에게 명해 우리나라 토양과 곡류들로만 구성된 조선 고유의 농법을 저술한 농서 『농사직설』을 편찬하게 했다. 당시 농서들은 전부 중국 기준의 농법 위주였기에 조선의 현실과 격차가 컸다. 세종은 이런 폐단을 없애기 위해 『농사직설』 편찬 지시를 내렸고 정초와 변효문 등은 전국을 유람하면서 나이 많은 농부들을 일일이 찾아가 조사하고 질의하면서 그들의 경험을 토대로 한국 땅에 맞는 농법을 정리해 『농사직설』을 완성해냈다. 세종은 『농사직설』을 여러 도의 감사, 수령 등에게 보내 농업의 교과서로 삼게 했다. 우리나라 땅에 대한 세종의 남다른 관심은 여기서 그치지 않는다. 1432년 세종은 『신찬팔도지리지』를 편찬하게 한다. '지리지'란 단순히 지도의 개념을 넘어서 각 지역별 정보들을 체계화한 지리백과사전으로, 세종이 편찬 지시를 내려 완성한 『신찬팔도지리지』는 조선 최초의 지리지였다. 1433년에는 세종이 의사들을 불러 조선 땅에서 나는 약재와 활용법, 민간에서 대대로 전해지는 의료법을 정리한 의료백과사전을 편찬하는데, 이것이 『향약집성방』이다.

여기서 잠깐 !!

우리나라 풍토에 지대한 관심을 가졌던 세종

공로로 장영실은 정4품 호군으로 승진했다.

　세종의 다음 과제는 첫째 지금 당장 백성들에게 지식을 보급하고, 둘째 후대에도 지식을 전달하는 것이었다. 전자를 이루기 위해 세종은 장영실을 내세워 다양한 시계를 제작했다. 장영실은 자격루(물시계), 앙부일구(해시계), 옥루 등 그 이전에도 또 그 이후로도 볼 수 없었던 아주 독특하고 정교하며 완벽한 시계들을 만들어 냈다. 자격루를 처음 본 세종대왕은 매우 흡족해하며 황희와 맹사성에게 이렇게 자랑했다고 한다.

　"장영실의 사람됨이 비단 공교한 솜씨만 있는 게 아니라 성질이 똑똑하기가 보통사람보다 뛰어나서 매번 내가 사냥이나 격구를 할 때마다 내 옆에서 내시를 대신해 명령을 전하기도 했다. 이제 자격루를 만들었는데 비록 내 명령이었다고는 하나 만약 이 사람이 아니면 만들어 내지 못했을 것이다. 내가 들으니 원나라 순제 때에 저절로 치는 물시계가 있었다고 하나 만듦새의 정교함이 아마도 장영실의 정밀함에는 미치지 못하였을 것이다."

　세종은 경복궁에 흠경각을 설치하고 그곳에 자격루를 두게 했다. 자격루에서 물의 원리로 인형이 종을 치면 그 종소리를 듣고 광화문에서

흠경각
'흠경'이란 백성들에게 절기와 기후를 알려 준다는 뜻으로 흠경각은 지금 경복궁에 복원되어 있다.

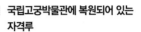
큰 북을 쳐서 알리게 되어 있었다. 해시계 앙부일구는 시계침의 그림자로 시간을 나타내는 시계인데 자격루보다 훨씬 작고 제작이 쉬워 여러 개를 동시에 만들 수가 있었다. 1434년(세종 16년) 처음으로 앙부일구를 청계천 인근의 혜정교와 종묘 앞에 설치했다. 인파가 많은 곳에 두고 사람들이 오고 가며 시간을 알 수 있도록 하기 위해서였다. 옥루는 도교의 이상 세계인 도원경을 인형으로 만들고 선녀 인형이 매시간별로 종을 치는 시계였다고 한다.

옥루
그간 논란이 이어지다 얼마 전 국립중앙과학관에서 옥루를 복원하는 데 성공했다.

　　두 번째 과제는 그 지식과 자료들을 후대에 전하는 것. 세종은 천문학 자료를 데이터베이스로 조선만의 달력 계산법을 정리한 역법서를 편찬했다. 집현전 학자들이 대거 달라붙어 우리 역사상 최초의 역법서 편찬에 착수해『칠정산』이 탄생했다. 칠정산 완성 후 일종의 부록 형태로 원나라 역법서 수시력을 우리 기준으로 재해설한『칠정산내편』그리고 아랍 이슬람의 역법서 회회력을 우리 기준으로 재해설한『칠정산외편』을 추가 편찬했다. 통칭해서『칠정산내외편』이라고 하며『칠정산』편찬 프로젝트에서 당시 수학 천재로 전국에 이름을 알렸던 이순지가 큰 활약을 했다.

어벤져스를 조직하다 2

세종의 업적 중 결코 빠뜨릴 수 없는 것이 군사 분야이다. 일반적으로 세 이순지는 세종대왕의 천문학 프로젝트 핵심 멤버 중 한 명이었고, 장영실이 조사하여 모은 그 방대한 천문학 자료들을 계산해 낸 주역이었다. 이순지가 계산을 그렇게 잘해 주지 않았더라면 장영실의 연구 결과도 빛을 보지 못했을 것이다. 세종과 집현전 학자들은 이순지의 셈법에 모두 감탄했으며 이순지는 본인의 공식을 따로 만들어서 후대의 사람들도 계산할 수 있도록 했다.

종은 문치주의를 펼친 왕으로만 인식되곤 하는데 조선의 군사력과 국방력에도 깊은 관심을 두었으며 예상 외로 적극적인 팽창정신을 주장하는 정복군주이기도 했다. 세종은 재위 기간 내내 화포 등 무기 개량과 진법이라는 군사훈련에 심혈을 기울였다. 화포 개량사업에서는 한국 최초로 화약 무기를 개발한 최무선의 아들 최해산을 기용하여 화포 경량화, 사정거리 연장 등 화포 무기 개발에 큰 진전이 있었다. 세종이 이토록 군사력 강화에 지대한 관심을 보인 데에는 여진족과의 잦은 충돌이라는 배경이 있다. 조선 건국 당시에는 북방의 여진족과 조선이 우호적인 관계였으나 태종 이방원이 여진족과의 무역소를 폐쇄하면서 사이가 급격하게 나빠졌고 여진족의 약탈이 매우 심했다. 이런 상황은 세종 재위기까지 이어졌다.

　재위 초반 세종은 여진족에 대해 우선 관대한 정책을 펼쳤다. 여진족의 귀순을 장려하기 위해 말단이라도 관직을 주거나, 정착을 위한 토지와 주택을 주어 조선인들과 동화할 수 있도록 물심양면 힘썼다. 그러나 세종은 철저한 정복론자였다. 전쟁으로 여진족을 토벌하기보다는 북방의 영토를 개척하여 그곳에 조선인들이 가서 살게 함으로써 완전한 조선의 영토로 편입시킬 생각이었다. 그러려면 섣부르게 군사를 동원하기보다는 잘 준비하여 신중하게 접근해야 했다. 그래서 세종은 여진족들의 귀순을 장려했던 것이다.

　1432년 12월(세종 14년) 여진족 일부가 압록강을 넘어 과거 태종 대에 설치해 두었던 특수 행정구역인 여연군을 침략했다. 이 침략을 명분으로 세종은 그간 무예를 갈고닦아 왔던 군사들로 정벌군을 조직해 여진

북방의 여진족은 건주여진, 해서여진, 야인여진으로 구성되어 있었는데 이 중 조선과 국경을 접하고 있던 여진분파는 건주여진이었다. 건주여진은 다시 압록강의 이만주와 두만강의 먼터무 두 부족장 세력으로 나뉘어 있었다. 명나라는 압록강과 두만강에 각각 건주위와 건주좌위를 설치하고 이만주와 먼터무로 하여금 따로 관리하게 하였다. 압록강의 이만주와 두만강의 먼터무는 조선에 대한 입장도 서로 달랐는데, 두만강의 먼터무는 조선과 친선 관계를 원했던 반면 압록강의 이만주는 강을 넘어 약탈을 일삼고 있었다.

토벌에 나서기로 결심한다.

　　1433년 세종대왕은 신하들에게 정벌의 총책임자를 추천하도록 한다. 여러 사람들이 거론됐는데 그중 신하들 모두가 한마음으로 추천한 사람은 최윤덕 장군이었다. 매사에 신중하고 정확한 판단을 내렸던 최윤덕은 군대를 통솔하는 총대장으로 제격이었다. 세종은 최윤덕을 필두로 1만 5천의 정벌군을 조직했고, 이들은 유능한 장수들이 지휘하는 7개의 부대로 나뉘어 압록강을 넘어 진격했다. 그리고 약 9일간에 걸쳐 7개의 부대가 각자 맡은 곳에서 동시다발적으로 이만주의 건주위 부족을 쓸어버린다. 조선군은 압록강을 넘어, 예전 주몽이 부여를 탈출한 뒤 소서노와 결혼했다는 오녀산성까지 진출했다. 그곳에 흐르는 강이 파저강인지라 최윤덕의 여진 정벌을 1차 파저강 전투라고 한다.

　　1차 파저강 전투 당시 가장 많은 공을 세운 야전 대장이 있었으니 7개의 부대 중 중군을 담당하던 이순몽이었다. 장영실만큼이나 세종의 편애를 받고 있던 이순몽은 파직, 유배령에 준하는 죄를 짓는 사고뭉치였음에도 세종이 늘 눈감아 주기 일쑤였다. 세종은 겁 없이 앞뒤 안 보고 돌진하는 이순몽의 맹렬함을 높이 샀다. 야전에 특화된 현장형 장수인 셈이다. 상관인 최윤덕과 완전히 반대인데, 이래서 세종은 최윤덕을 큰 그림을 그리고 이성적인 판단을 해야 하는 총사령관에 임명하고 전장에서 힘차게 싸우는 임무는 이순몽의 중군에게 맡겼던 것이다. 1차 파저강 전투 후 최윤덕은 중강진 일대에 '자성군'을 설치했다.

자성군
세종 재위기에 국경 방어의 전초기지로서 압록강 주변 지역에 새로이 설치한 4군 중 하나이다.

전쟁 전 세종이 최윤덕에게 내린 밀명이 있었다. 압록강의 이만주와 싸우면서, 하필 그맘때쯤 근처를 지나가고 있던, 그간 조선과 좋은 관계를 유지해 왔던 두만강의 먼터무를 피살하라는 것이었다. 언제고 먼터무와도 척을 질 수 있다고 판단한 세종은 전면전보다는 사고사로 마무리할 계획이었다. 길이 엇갈려 최윤덕은 임무에 실패했지만, 하늘은 세종의 편인지 먼터무가 부하들의 손에 암살을 당했다. 두만강을 관리하던 먼터무가 죽자 휘하 여러 부족장들이 설치며 두만강의 질서가 아수라장이 되었고 세종은 이를 두만강 개척을 위한 절호의 기회로 여겼다.

세종은 비서실에서 오랫동안 근무했던 김종서를 함길도관찰사로 임명한 후 1433년 12월 두만강으로 보내 근방에서 자기들끼리 싸우던 여진족을 복속시켰다. 세종이 무관이 아닌 문관 김종서를 보낸 것은 두만강 일대를 행정화하기 위함이었다. 다음 달인 1434년 1월 김종서는 세종에게 상소문을 올려 두만강 일대에 행정구역을 설치해야 한다고 건의했고, 세종대왕의 허가가 떨어지자 무려 7년에 걸쳐 두만강 일대에 군사 행정구역 6진을 설치했다. 6진을 개척하고 있던 중 김종서는 세종대왕에게 두만강을 건너 여진족들을 아예 초토화하는 작전을 건의했으나 세종은 명나라의 눈치가 보여 더 이상의 진격은 그만두기로 했다.

■ **군사 행정구역 6진**
종성, 온성, 회령, 경원, 경흥, 부령의 여섯 진을 말한다.

1437년(세종 19년) 압록강에 있던 최윤덕의 임기가 끝나고 후임자로 이천이 평안도절제사로 임명되어 압록강으로 파견되었다. 이천은 다시 한번 압록강을 넘어 세력을 규합 중이던 이만주의 여진족들을 공격한 뒤 무창과 우예 지방에 2개의 군을 더 설치했다. 이로써 태종 때 설치되었던 여연군과 최윤덕의 1차 파저강 정벌로 설치한 자성군, 그리고 새롭게 설치된 무창군과 우예군 총 4군이 설치되었다. 이렇게 세종대왕의 연간에 4군 6진을 개척하며 현 한반도의 북쪽 국경선이 확정되었다.

그러나 4군 6진을 설치하는 것만으로는 조선의 영토로 안정적으로 편입됐다고 말할 수 없었다. 민간인들이 가서 마을을 일궈야만 했다. 세종은 김종서의 의견에 따라 충청−전라−경상도 혹은 황해도의 백성들에게 북방으로의 이주를 권장하는, 이른바 사민정책을 실시했다. 압록강이나 두만강 유역으로 이주하면 세금이나 부역을 면제해 주었고, 천민의

세종대왕

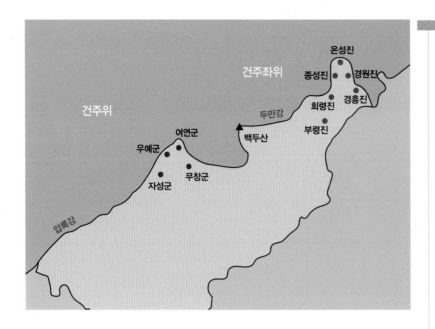

경우 면천도 해 주었으며, 중인이나 양반의 경우 인센티브를 주거나, '토관'이라고 해서 그곳 토착민들 중 유력자를 뽑아 그 마을을 관리하는 관직을 주고 그에 합당한 토지까지 하사했다.

그러나 조선 백성들도 북방이 살기 힘들다는 사실쯤 누구나 다 알고 있었다. 춥고 척박한 데다 여진족들이 시도 때도 없이 쳐들어오니 아무리 정부에서 설득을 해도 자발적으로 이주하는 사람은 거의 없다시피 했다. 설령 간다고 해도 가는 길에 동상으로 죽거나 굶어 죽는 백성들이 태반이었다. 세종은 별수 없이 일부 강제 이주를 시키기도 했다. 자해해서 상처를 핑계로 이주를 거부하는 경우 이유 불문하고 무조건 북방으로 보냈고, 범죄자들도 강제로 북방에 가서 살게 했다. 이 정도까지 무리를 하고 세종 이후로도 사민정책은 이어지지만 큰 효과를 보진 못했다.

장영실을 버리다

세종의 꿈 한 조각을 실현시켜 주었던 장영실은 정3품 대호군까지 승진했다. 그런데 돌연 1442년(세종 24년) 장영실이 만든 세종대왕의 가마가

부서지는 사건이 발생했다. 이는 엄연히 국왕 살해 미수였다. 장영실은 곤장 80대를 맞고 파직되었고 이후론 어디에서도 그에 대한 기록을 찾아볼 수가 없다. 쫓겨난 이후 장영실의 삶에 대해서 추측해 볼 수 있을 만한 작은 자료도 하나 없다. 의아한 점은 천재 장영실이 고작 가마 하나를 부실하게 만들었을까 하는 것과 세종이 그토록 아꼈던 장영실을 너무 쉽게 내쳤다는 것이다. 부서진 가마는 장영실이 직접 만든 것이 아니었다. 정3품 대호군으로서 장영실은 직접 제작이 아닌 관리·감독의 업무만 맡았다. 그러나 세종의 가마 사건이 터지자 장영실만 책임을 지고 그 밑 실무자들은 큰 책임을 지지 않았다. 누군가 장영실을 모함하기 위해 의도적으로 가마를 부쉈다고 보는 것이 합리적일 텐데, 범인에 대해서는 두 가지 설이 존재한다.

먼저 장영실과 천문학 발달을 탐탁지 않아 하던 사대부들이다. 오로지 황제의 권한인 천문 관측을 조선에서 명나라 모르게 진행한다는 사실이 사대부들에게 여간 불편한 일이 아니었다. 실제 세종은 명나라 사신들이 올 때면 부랴부랴 경복궁에서 장영실이 제작한 시계들과 천문관측 기구들을 치우기 바빴다.

두 번째 범인 후보는 세종이다. 세종과 장영실의 천문 프로젝트를 부정하던 사대부들은 명나라 사신에게 천문 프로젝트의 정보를 흘렸다. 장영실의 가마 사건이 터지기 직전 세종대왕과 조정의 대신들, 그리고 명나라 사신들 사이에서 이상하리만큼 많은 교신들이 오갔다. 그들의 대화 내용에 대해서는 기록이 없으나 실록에서조차 그 횟수가 평소와 다르다고 말할 정도이니 비밀리에 어떤 정치적 거래가 있었던 듯하다. 세종은 장영실을 포기해야 하는 상황에 직면했고 결국 곤장 80대를 치고 파직했다. 장영실마저 내쳐야 할 정도로 세종이 절박하게 준비하던 일은 무엇이었을까? 장영실의 가마 사건은 세종이 훈민정음을 완성하기 불과 몇 개월 전에 일어났다. 장영실이 쫓겨나고 2년 후인 1444년(세종 26년) 이순지의 활약으로 세종의 역작이었던, 조선의 하늘을 담은 조선만의 역법서 『칠정산내외편』이 완성됐다.

백성을 가르치는 바른 소리, 훈민정음

세종의 가장 완벽한 작품을 딱 하나 고르자면 두말 할 필요 없이 훈민정음(訓民正音), 즉 한글이다. 세종이 그토록 세우고 싶어 했던 통치의 기준, 정상적인 시스템의 순환 그 정점에 있는 세종의 야심작이 훈민정음이었다. 세종은 1443년(세종 25년) 훈민정음을 완성했고 몇 년간의 수정 작업을 거쳐 1446년(세종 28년) 반포했다. 재미있는 건 조선왕조실록에는 1443년 세종이 훈민정음을 완성했다는 기사가 갑자기 툭 튀어나온다는 사실이다. 국왕의 일거수일투족을 기록하는 사관(실록 작성자)들조차 모르게 세종은 초극비리에 글자를 만들고 있었던 것이다.

한글은 인간의 발음 및 발성 기관을 정확하게 표현했기 때문에 세종이 시체 해부까지 해 가며 연구한 것이 아니냐는 설도 있다. 그러지 않고서야 인간의 발음·발성 기관을 이렇게도 명확하게 표현할 수가 없기 때문이다. 아는 사람들은 아는 이야기지만 세종은 절대음감이었다. 조선 고유의 것에 집착했던 세종은 음악가였던 박연에게 조선만의 악기를 제작할 것을 의뢰했는데, 전문 음악인인 박연조차 잡아내지 못한 음계를 세종은 더 잘게 쪼갰다고 한다. 세종이 창제했을 당시의 한글과 오늘날의 한글이 많이 다른 이유는 물론 그때와 지금 사용하는 한국어의 차이도 있겠지만 세종은 일반인들이 듣지 못하는 발음까지도 들을 수 있어서였다.

중국 글자인 한자의 사용을 국가의 체면과 위상과 자존심으로 여겼던 성리학의 국가 조선에서, 고유의 글자가 만들어지는 일은 사대부들에게 받아들여질 수 없는 일이었다. 그런데도 세종대왕은 왜 굳이 그 글자

유네스코 세종대왕 문해상
유네스코가 제정한 상으로 세계적으로 문맹퇴치 사업에 공이 많은 사람에게 수여한다.

세종이 반포한 훈민정음은 총 3부로 이루어져 있다. 훈민정음 창제의 의의를 세종이 직접 설명한 서문, 각 글자별 원리와 쓰임을 풀이한 해례본, 그리고 세종의 공덕과 글자의 우수성을 찬양하는 정인지의 후서가 그것이다. 훈민정음 창제를 두고 세종의 단독 작품이냐, 집현전 학자들도 함께 참여했느냐에 대해서는 여전히 논란 중이다. 후서를 쓴 정인지는 다방면에서 재능을 보여 세종이 일찍이 집현전에 데려왔고, 훈민정음 반포 당시 집현전의 수장이었기 때문이다. 세종의 단독 작품이되 후반 작업 때만 집현전 학자들이 참여했다는 것이 통설이다.

여기서
잠깐!!

훈민정음의 구성

를 만들어 내려 했을까? 가장 단순하게는 표음문자를 통해 성운학을 정리하고 표기법을 통일해 통치의 규범과 기준을 확립하기 위해서였다. 절대음감이었던 세종은 성운학에 통달해 있었고 한글을 '초성-중성-종성'으로 분리하여 자음과 모음을 만들었다. 세종이 굳이 성운학을 정리해 통일하려 한 데에는 그만한 이유가 있었다. 한글이 나오기 전까지 '中'은 '중, 둥, 즁, 듕, 졍' 등 사람마다 발음이 다 달랐다. 세종은 한글을 통해 한자의 발음을 일원화했고, 훈민정음을 반포하자마자 편찬한 책이 한자음을 한글로 해설한 『동국정운』이었다.

성운학
언어의 소리를 분석하는 학문

　세종의 한글 창제를 두고 더 고차원적인 역사 해설도 존재한다. 훈민정음은 지배층을 위한 글자는 아니었다. 지배층들은 한자를 쓰고 있었고 그것에 전혀 불편함을 느끼지 않았다. 훈민정음은 백성들을 교육시키기 위한 훈민의 수단이었다. 고려대학교의 강만길 역사학자는 민중의 관점에서 훈민정음을 다음과 같이 해석했다.

> "한글 창제는 한 사람의 자애심이 바탕이 된 것이 아니라 백성들이 스스로 자의식을 높여 감으로써 얻을 수 있었던 전리품과 같은 것이었다. 한글은 지배권력의 처지에서 보면 통치 수단의 하나로 만들어진 것이지만, 그것을 만들지 않을 수 없게 한 백성의 처지에서 보면 값 높은 전리품이었다. (중략) 세종 연간의 과학 및 문화면의 발전은 지배권력이 베푼 소위 민본정책이나 어여삐 여김의 소산이라기보다 백성세계의 움직임이 역사의 표면에 반영된 결과라 이해해야 한다."
>
> 강만길, 『분단시대의 역사인식』「한글 창제의 역사적 의미」, 창작과 비평.

　그러니까 한글은 세종이 지배체제를 더 체계적으로 정리하고 공고히 하기 위해서 창안한 것이자 자의식이 높아진 백성을 효율적으로 다스리기 위한 최적의 수단이었다. 그렇다면 그 훈민의 수단이 왜 갑자기 조선 초기에 만들어질 수밖에 없었을까? 조선 초기에 이미 백성들의 의식

수준이 상당히 높아져 있었기 때문이다. 고려 말 몽골족의 침입을 막아 내는 과정에서 민족의식과 자의식이 폭발적으로 상승했고, 몽골과의 전쟁 당시 아무것도 하지 않는 지배층을 보면서 백성들의 의식 수준이 더욱 향상되었다. 그러니까 조선 초 지배층은 이전보다 더 똑똑해진 백성들을 관리해야 했고, 세종대왕은 백성들이 쉽게 익힐 수 있는 글자야말로 가장 적합한 관리 수단이라고 분석했다. 따라서 우리가 경탄해야 할 것은 세종의 애민정신이 아니라 세종의 통찰력과 안목이다. 그리고 보다 중요한 것은 수준이 높아진 민중들이다.

한글 창제의 목적은 한글이 반포된 이후 최초로 진행된 작업이 무엇이었는가를 살펴보면 더 확실하게 가늠해 볼 수 있다. 한글 창제 이후 가장 먼저 작성된 문서는 '용비어천가'라는 악장이었다. 용비어천가는 조선 건국의 정당성과 명분을 찬양하는 노래이자 가사이다. 당시 백성들 상당수가 고려시대를 겪었기에 조선 건국 세력은 백성들에게 조선의 위대함과 차별성을 설파해야 했다. 용비어천가 발표 2년 후 제작되었던 '월인천강지곡' 역시 같은 맥락이며『석보상절』이라는, 불경을 한글로 정리한 서적 역시 양반보다 백성들에게 더 친근한 종교를 이용해 사상적 통합을 도모하려던 목적으로 이해할 수 있다. 또한『삼강행실도』나『열녀도』,『효경』등의 의례서들도 백성들에게 유교적 도덕 원리와 질서를 주입하기 위해 한글로 쓰였다.

한글은 온전히 백성의 몫이었다. 조선 중기까지는 한자와 한글이 공존했지만 조선 후기부터 한글의 위상이 높아지다 근대에 이르러선 한자의 위상을 압도해 버렸다. 이는 백성, 즉 국민이 주인이 된다는 근대적 세계관이 신분제를 근간으로 하는 중세적 세계관을 압도하는 양상과 동일하다. 한글이 창제되고 백성들에게 사용되면서 백성들의 자의식은 월등히 높아졌다. 달리 말하면 한글이 천한 글자라는 위치에서 탈피해 국문으로 자리를 굳혀 가는 과정이 만백성이 평등하게 나라의 주인이 되어 가는 과정이자 근대화의 과정이었던 것이다. 거시적인 관점에서 봤을 때 한글 창제는 세종대왕에게 요구된 시대적 과제였다.

황희와 세자 이향

세종은 과학기술, 예술, 문화, 국방 등 여러 분야에서 다양한 업적을 남겼다. 이렇듯 다방면에서 끊임없이 새로운 시도를 하는 것만큼이나 중요했던 것이 조정의 대소 신료들을 통솔하며 기존 질서를 안정적으로 유지해 가는 노력이었다. 세종의 정책들이 중후반기로 갈수록 점차 더 과감해질 수 있었던 것도 유능한 재상 황희가 조정을 잘 이끌어 주었기 때문이었다.

대쪽 같은 성품에 완벽주의로 일 처리를 하던 황희의 역량을 파악한 태종 이방원은 그를 수족처럼 곁에 두었다. 양녕대군의 폐위를 반대했음에도 불구하고, 세종 재위 초반 상왕 이방원은 황희를 다시 불러 관직 생활을 재개할 수 있게 했다. 자신의 즉위를 반대한 데다 아버지의 최측근인 인물이지만 세종 역시 황희의 능력이 절대적으로 필요했다. 그리하여 세종 연간 조선의 2인자는 누가 뭐래도 황희였다. 일 처리에서만큼은 누구보다 객관적이고 이성적이었던 세종이 황희를 19년이나 영의정으로 두었던 것으로 보아 정사를 펼침에 있어 세종과 황희는 아주 쿵짝이 잘 맞았던 듯하다.

흔히 역사 속 명재상이라 하면 업무 능력보다 도덕적 청렴함을 먼저 생각하는 경향이 있다. 그러나 도덕적 청렴함에선 명재상 황희도 자유롭지 못했다. 그의 사위와 아들들은 권력형 갑질과 비리로 문제만 일으켰고, 황희는 자신의 모든 지위를 동원해 사건을 덮기 바빴다. 황희가 세종에게 처벌받을 때도 있었지만 결국은 자신의 자리로 돌아왔다. 나이가 들어 황희가 사직을 청해도 세종이 받아들이지 않고 황희가 사망하기 3년 전까지 계속 일을 시켰던 일화는 유명하다. 세종은 자신의 정치적 개혁에 몰두하기 위해 여타의 국사를 도맡고 의견이 다른 신하들을 조율하며 강단 있게 일을 처리하는 황희를 곁에 두어야만 했다. 황희를 믿었고 황희의 능력이 필요했기에 세종은 재위 후반 국왕의 업무를 대폭 줄이고 재상의 권한을

영의정 19년

무려 19년을 영의정으로 있는 동안 문무백관들이 황희를 따랐고, 명나라 사신들 또한 황희와 일하기를 원하며 그를 우대해 주었다고 한다.

황희

강화하는 의정부서사제를 실시한다. 그리고 그 덕분에 세종은 한글 창제 등의 업무에 집중할 수 있었다.

황희만큼이나 국정 업무를 도맡다시피 했던 사람이 세종의 장남 세자 이향이었다. 나중에 조선 5대 왕 문종이 되는 이향은 1442년(세종 24년) 28살의 나이로 대리청정을 시작했다. 훈민정음 완성이 1443년이라는 점을 감안하면 세종의 온 신경이 훈민정음에 가 있을 때였고, 당시 세종의 건강상태 또한 썩 좋지 않았다. 이향은 세종대왕이 눈을 감는 1450년까지 약 8년간 대리청정을 하며 아버지를 대신했다. 어릴 적부터 총명함과 성실함으로 정평이 나 있던 세자 이향은 베테랑 원로 신하들과 원활한 관계를 유지하며 국정 운영을 아주 우수하게 수행했다.

■■ **대리청정**
피치 못할 사정으로 국왕이 국정을 돌보지 못할 때 세자나 세제(왕의 아우)가 그 자리를 대신하는 정치 형태를 말한다.

세종의 리더십

세종대왕은 모든 한국인의 존경을 받는다. 그 이유는 그가 남긴 수많은 업적과, 무엇보다 한국인으로서의 자긍심을 갖게 해 준 한글을 창제했기 때문일 것이다. 세종의 탁월한 능력 가운데 빼놓을 수 없는 것이 가장 이상적이면서 가장 현실적이라고 할 수 있는 그의 리더십이다. 세종의 리더십은 사람의 장단점을 정확하게 파악해서 등용할 때 그 사람의 장점을 극대화할 수 있도록 적재적소의 자리에 임명하는 능력이다.

눈부신 세종의 업적들은 세종 혼자서 일군 것이 아니었다. 세종이 업적을 쌓아 가는 동안 그의 곁에는 인재들이 포진해 있었다. 그리고 그 인재들의 등용은 세종이 직접 주도했다. 덕분에 세종은 본인이 이루고 싶지만 본인의 힘만으로는 불가능한 일들을 실현해 냈다. 세종은 누군가

1441년(세종 23년) 호조에서 강우량 측정을 위한 정부 주도의 계량측정 기구의 필요성을 아뢰었다. 이때 세자였던 이향이 측우기의 원리를 생각해 내어 장영실에게 의뢰해서 측우기가 제작되었다. 1442년(세종 24년)부터 한양의 청계천과 지방 곳곳의 관아에 측우기를 제작 후 보급하였다. 이후 20세기 초까지 측우기가 사용되었고, 현재는 1837년 제작되었던 공주 충청감영 측우기 단 한 점만이 남아 있다. 국보 329호이다.

여기서 잠깐 !!

세자 이향의 측우기

가장 쉬운 역사 첫걸음

의 역량과 능력을 파악하면 그 장기를 십분 발휘할 수 있도록 물심양면 지원했다. 또한 한번 일을 맡기면 그 사람의 업무 수행 능력에 무한정 신뢰를 나타냈다. 무능한 리더는 본인의 체면을 우선으로 사람을 발탁하고 자꾸 개입하려 든다. 반면 유능한 리더는 타인의 장단점을 파악해 사람을 활용할 때 어떤 자리에 임명하고 어떤 업무를 주어야 하는지 정확하게 판단한다.

세종의 곁에 유능한 인물이 많았던 것은 우연이 아니었다. 세종이기에 유능한 인물들을 발탁할 수 있었고, 발탁된 뒤에도 저마다의 역량을 맘껏 발휘할 수 있었다. 누구나 자신의 장기를 마음껏 펼쳐 보일 수 있는 공평한 사회, 아주 작거나 비주류라고 도외시되는 능력도 기회를 얻는 개방적인 사회, 세종은 그런 사회를 만들었기에 '대왕'일 수 있었다.

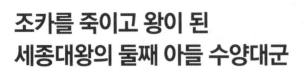

조카를 죽이고 왕이 된
세종대왕의 둘째 아들 수양대군

누군가의 능력을 파악해 내고 그 능력을 마음껏 발휘할 수 있도록 기회를 열어 준 세종대왕의 인재등용 방식은 그의 왕자들에게도 적용되었다. 조선시대에는 왕실 종친들, 특히 그 가운데 왕자들은 관직에 제수하면 안 된다는 암묵적 룰이 있었다. 나랏일은 곧 정치권력으로 이어지고, 왕위에 오를 자격이 있는 왕실 종친들에게 정치권력이 생기는 순간 왕권에 심각한 위협이 될 수 있다. 세종대왕 입장에서야 유능한 아들들의 재능을 살려 주고 싶었겠지만 다음 세대에 이르러 비극이 벌어지고 말았다. 세종대왕의 둘째 아들 수양대군이 조카를 죽이고 왕위에 오른 것이다. 수양대군은 세종대왕 사후 형 문종의 몸이 허약해지면서 본격적으로 검은 야심을 드러냈다고 알려져 있다. 세종대왕마저 수양대군의 야심을 경계하며 눈을 감았다는 야사도 전해진다. 그러나 모두 설득력이 떨어지는 이야기들이다. 아버지 세종도, 형 문종도, 그 어느 누구도 수양대군의 정변을 예상하지 못했다.

조선의 5대왕 문종은 세종대왕의 장남으로 고작 8살의 나이에 세자로 책봉되어 무려 29년의 세자 기간을 거쳐 국왕으로 즉위했다. 문종은 세자 시절 중 마지막 8년 동안 건강이 나빠진 상태에서 한글 창제에 매진하던 세종을 대신해 대리청정을 시작했다. 이처럼 문종은 나름대로 엘리트 코스를 밟고 국왕에 등극했다. 심지어 문종은 풍채도 늠름했으며 모든 면에서 수양대군보다 뛰어났다. 동생인 수양대군이 왕이 되고 싶다는 야심을 드러낼 빈틈조차 없었다. 게다가 문종은 재위기간 내내 동생 수양대군과 사이가 좋았다. 수양대군의 연기였을 수도 있겠지만 적어도 표면적으로는 형제의 우애가 돈독했다. 그렇다면 문종은 어쩌다 그렇게 문약한 이미지의 왕이 됐을까?

세종대왕이 나름 장수했기 때문에 문종은 즉위 당시 나이가 어리지 않았다. 문종의 재위 기간이 그렇게 길진 않은데도 사망 시 나이가 조선 국왕들의 평균 사망 연령과 큰 차이가 나지 않는 이유다. 문종은 조선 국왕들의 고질적인 유전병이었던 종기를 심각하게 앓고 있었다. 재위 초반까지만 해도 간헐적으로 치료받으면 얼마든지 일상생활을 할 수 있는 정도였지만 재위 2년이 넘은 시점부터 급격하게 종기가 번지더니 그대로 사망했다. 더 큰 문제는 문종의 유일한 아들이 늦둥이였다는 점이다. 문종은 두 번의 결혼 실패 경험이 있었고 마지막 세 번째 결혼에서 아들을 봤지만 아내가 아이를 출산하다가 죽은 뒤로 따로 재혼하지 않았다. 그래서 문종의 사망 시 나이는 어리지 않아도 아들 단종의 즉위 나이는 12살에 불과했고, 어머니가 없는 탓에 단종을 정치적으로 보호해 줄 외척도 존재하지 않았다.

대신 단종에겐 재상들이 있었다. 세종의 집권 이래 조선 조정은 재상들의 권한이 강해져 있었다. 세종 대에 황희, 맹사성 등 유능한 재상들이 국정을 아주 잘 이끌어 나갔고, 재위 후반기 세종이 6조의 업무를 국왕에게 바로 보고하지 않고 의정부의 재상들에게 먼저 보고하라는 의정부서사제까지 시행하면서 재상들의 정치적 입지가 상당했다. 이는 문종 대에도 마찬가지였다. 단종의 정치적 후견인으로는 이러한 재상들(영의정 황보인, 좌의정 김종서, 우의정 정분 등)이 포진해 있었다. 영화 〈관상〉의 주인공인 관상가의 묘사를 빌리자면 영의정 황보인은 '한눈팔지 않고 한 길만을 달려온 전형적인 사대부로, 오히려 현실에 만족하고 게으른 면도 있었던' 인물이고, 우의정 정분도 크게 다르지 않았다. 반면 좌의정 김종서는 사뭇 달랐다. 세종대왕 6진 개척의 주역이었고 대쪽 같던 백두산 호랑이 김종서는 조선 조정의 실세였다. 재상들과 더불어 세종-문종의 왕실 우대 정책으로 세종의 아들들이자 문종의 동생들, 즉 단종의 삼촌들도 정치적 권력을 행사하고 있었는데, 그중 특히 둘째 수양대군과 셋째 안평대군의 힘이 가장 막강했다. 영화 〈관상〉의 묘사를 다시 빌리면 셋째 안평대군은 '감춤이 없고 탁월한 심미안에, 왕가에 태어난 일을 대단치 않게 생각하며 워낙 섬세한 감수성을 지녔던' 예술가였다. 수양대군과 안평대군 사이에서 묘한 정치적 경쟁구도가 형성되는데, 이때 김종서는 다소 다혈질이고 제멋대로인 수양대군보다는 성격이 온화하고 예술에 조예도 깊은 안평대군과 더 어울려 지냈다.

적어도 겉으로는 김종서와 척을 질 수 없었던 수양대군은 권력에 딱히 욕심이 없는 모습을 보이면서 음지에서 지지 세력을 키워갔다. 단종과 김종서 등에게 주어진 일만 하는 왕실 종친 정도로 보이도록 몸을 숨겼고 스스로 명나라 사신에 자원하기도 했다. 모두들 그런 수양대군을 보며 권력욕은 알아보았지만 쿠데타를 일으킬 거라곤 생각하지 못했다.

수양대군에게는 브레인이자 오른팔인 책사 한명회가 있었다. 한명회는 자신의 친구 홍달손을 수양대군의 사람으로 꾀었고, 때마침 홍달손이 궁궐 수비대장 관직에 제수되었다. 사병 소유가 금지된 조선에서 홍달손을 통해 동원할 수 있는 병력이 생기자 수양대군은 본격적인 쿠데타에 나섰다.

1453년(단종 1년) 10월 수양대군은 사냥을 다녀온 후 그날 밤 종 한 명과 무사 세 명을 데리고 김종서의 집을 찾아 본인의 마음을 적어왔다며 편지를 건넸다. 김종서가 편지를 읽는 와중 수양대군의 무사가 철퇴로 김종서의 머리를 내리쳤다. 그리고 현장에 있던 김종서의 아들과 아들의 친구들을 그 자리에서 칼로 찔러 살해했다. 곧이어 수양대군은 홍달손을 통해 궁궐을 장악하고 단종에게 동생 안평대군이 김종서와 결탁해 역모를 꾀하려 했기에 군사를 일으켰다고 보고했다. 한명회는 궁궐 바로 앞에 병사들을 대기시켜 놓았다가 궁궐로 들어오는 영의정 황보인 등 친김종서파 세력들을 암살했다. 이 사건이 계유정난이다. 철퇴를 맞고 즉사하지 않은 김종서는 정신을 차리고 사위 집으로 도망갔지만 다음 날 적발되어 죽었고, 안평대군은 모함을 받아 유배를 간 뒤 사약을 받았다. 정난 직후 수양대군은 스스로 영의정부사, 영경연 서운관사, 겸판이병조사가 되어 모든 나랏일을 총괄했다. 이로부터 2년 뒤 삼촌 수양대군의 정치적 압박을 견디지 못한 단종이 직접 왕위를 선위하면서 수양대군은 조선의 7대 왕 세조로 즉위했다.

수양대군의 계유정난을 배경으로 한 영화가 한재림 감독의 〈관상〉이다. 역적으로 몰려 집안이 풍비박산 난 뒤 바닷가 마을에서 은둔해 살고 있던 조선 최고의 관상가 내경(송강호 역)은 사랑하는 아들 진형(이종석 역)의 미래를 위해 한양으로 올라가 기생집 주인 연홍(김혜수 역)과 동업을 하기로 한다. 내경의 관상 솜씨는 금세 소문이 났고 좌의정 김종서(백윤식 역)는 내경을 등용해 그의 능력을 국가에 종사토록 한다. 한편 문종은 하루가 갈수록 건강이 악화되자 흑심을 품은 이들을 가려내기 위해 내경을 발탁한다. 문종이 죽고 나서야 내경은 처음으로 수양대군(이정재 역)의 관상을 보고 역모의 상임을 확신한다. 그저 돈벌이로만 여기던 자신의 관상술이었으나 아들 진형의 투철한 정의감에 마음을 다잡은 내경은 김종서와 함께 수양대군의 역모를 막기 위한 싸움에 나선다.

한재림 감독의 필모그래피 중 〈관상〉은 '풍자'라는 주제 면에서 그의 다른 작품들과 이질적이다. 〈관상〉은 풍자되는 객체보다 풍자하는 주체가 더 중요한 영화다. 언뜻 〈관상〉은 풍자되는 객체가 없어 보이기도 한다. 악인인 수양대군이 승리하는 서사를 취하기 때문이다. 〈관상〉에서 등장인물들을 풍자하는 주체는 '굴레에서 벗어날 수 없는 운명'이다. 이 영화에서 운명은 전지적 위치에서 비극적 운명으로부터 벗어나려 하지만 벗어나지 못하는 인물들을 조롱하는 듯하다. 내경을 포함해 관상을 활용하려는 다른 인물들도 저마다 주어진 운명을 벗어나려고 한다. 영화 속에서는 '팔자를 고쳐보겠다'는 말들이 자주 반복된다. 영화 속 유일하게 관상을 부정하는 진형도 과거 합격 면접에서 "과거 준비를 하며 무엇이 가장 힘들었느냐?"라는 질문에 "운명에 체념하지 않는 것."이라고 대답한다. 그러나 영화 〈관상〉의 모든 인물은 비극적 결말을 맞는다. 운명에서 벗어나지 못한 것이다. 비극의 운명이 점지되고 인물들은 어떻게든 운명을 피해 보려 하지만 끝내 비극이 실현된다는 점에서 영화 〈관상〉은 그리스 비극을 연상하게 한다. 유일하게 비극을 피해 간 인물이 있으니 영화 속 악인 수양대군이다. 다른 말로 영화 〈관상〉에서 풍자의 주체인 '운명'은 수양대군만큼은 풍자하질 않는다.

한재림 감독의 다른 영화들에선 관객의 시선과 풍자의 시선이 일치된다. 그러나 〈관상〉은 다르다. 영화가 수양대군에 대한 풍자적 입장으로부터 멀찍이 벗어났기에 관객은 운명이 조롱하지 못한 대상을 풍자할 수 있게 된다. 즉, 수양대군을 풍자하는 몫은 영화가 아닌 관객에게 주어진다. 현재의 관객이 수양대군을 조소하고 현재의 후대가 수양대군을 악인으로 묘사하는 것, 이는 역사가 수양대군을 응징하는 기제다.

04

이순신

이순신이 절대 지지 않는 이유

이순신

#조선 #이순신 #임진왜란 #전라좌수사 #거북선 #한산도대첩 #학익진 #세계4대해전
#삼도수군통제사 #백의종군 #명량대첩 #노량대첩 #난중일기 #류성룡 #선조

이순신의 연도별 주요 이슈

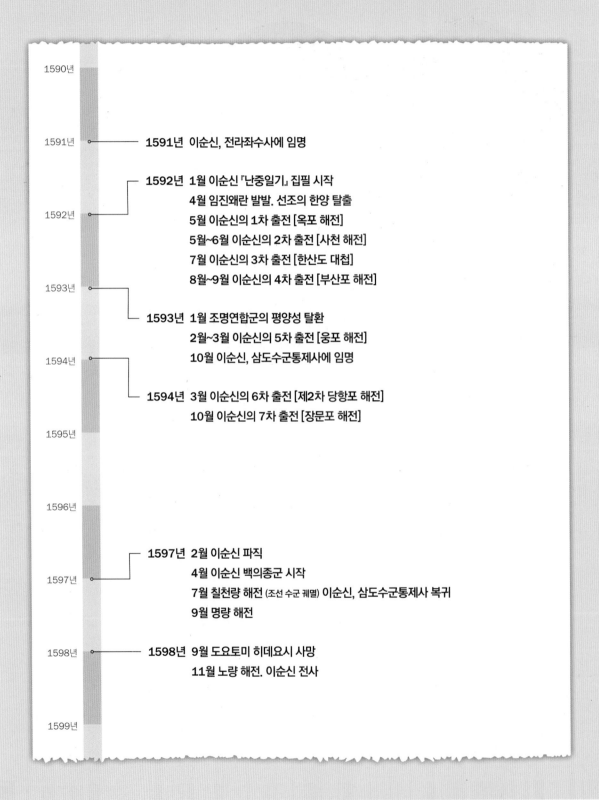

1590년

1591년 ○——— **1591년** 이순신, 전라좌수사에 임명

1592년 ○

           1592년 1월 이순신 『난중일기』 집필 시작

                     4월 임진왜란 발발. 선조의 한양 탈출

                     5월 이순신의 1차 출전 [옥포 해전]

                     5월~6월 이순신의 2차 출전 [사천 해전]

                     7월 이순신의 3차 출전 [한산도 대첩]

                     8월~9월 이순신의 4차 출전 [부산포 해전]

1593년 ○

           1593년 1월 조명연합군의 평양성 탈환

                     2월~3월 이순신의 5차 출전 [웅포 해전]

                     10월 이순신, 삼도수군통제사에 임명

1594년 ○

           1594년 3월 이순신의 6차 출전 [제2차 당항포 해전]

                     10월 이순신의 7차 출전 [장문포 해전]

1595년

1596년

1597년 ○

           1597년 2월 이순신 파직

                     4월 이순신 백의종군 시작

                     7월 칠천량 해전 (조선 수군 궤멸) 이순신, 삼도수군통제사 복귀

                     9월 명량 해전

1598년 ○——— **1598년** 9월 도요토미 히데요시 사망

                     11월 노량 해전. 이순신 전사

1599년

연전연승 이순신의 승리법

전라좌수사 이순신

1591년 임진왜란 발발 1년 전, 이순신은 정3품 전라좌수사에 임명되었다. 당시 그의 나이 47세였다. 이순신은 전라좌수사로 임명되기 몇 해 전부터 초고속 승진을 해 왔다. 전라좌수사 임명이 처음 거론됐을 때 이순신의 품계는 종6품이었다. 단번에 종6품에서 정3품으로 승진하는 것은 바람직하지 못한 일이라며 반대 여론이 조성되자 조선의 14대 왕 선조는 단계적으로 승진시키되 아주 빠른 속도로 이순신의 품계를 올려 주었고, 몇 년 만에 이순신을 전라좌수사에 임명했다. 이러한 선조의 인사에는 류성룡의 역할이 컸다. 선조로부터 절대적 신임을 받던 류성룡이 거듭 이순신을 추천했다. 물론 류성룡의 추천만으로 선조가 숱한 신하들의 반대를 무릅쓰고 이순신을 전라좌수사에 임명한 것은 아니었다.

이 시기 이순신을 비롯하여 군부 내 많은 인사이동이 진행됐다. 때는 바야흐로 임진왜란 발발 1년 전이라 일본 내 움직임이 심상치 않다는 보고가 연일 올라왔다. 조정은 과장된 보고라는 쪽과 조속히 대책을 강구해야 한다는 쪽으로 나뉘어 있었는데, 마냥 과장된 보고라고만 치부하기엔 낌새가 범상치 않았다. 그렇다고 공포 분위기를 조성하는 것은 부담스러우니 공식적으로는 전쟁이 일어나지 않을 것이라고 하면서도 선조와 조정은 알게 모르게 국방 관련 정책들을 거듭 고민하고 있었다. 이러한 배경하에서 추천을 받은 여러 장군들이 고속으로 승진했다. 임진왜란 직전 선조와 조선 조정이 전쟁 발발 가능성을 도외시하고 해이해져

전라좌수사
전라좌수영을 책임지는 수군절도사. 임진왜란 전에는 해군사령부 역할을 하던 수영이 전라도에 둘, 경상도에 둘, 그리고 충청수영 등 총 5개가 있었고, 그 책임자들이 절도사들이었다.

이순신

있다가 일본에게 된통 당했다고 알려져 있지만, 이는 사실이 아니다. 전쟁에 대한 대비가 부족했던 것은 사실이지만 나름의 준비는 하고 있었다. 다만 조선의 예상보다 도요토미 히데요시의 야망이 훨씬 컸다.

이순신은 본인의 파격 승진에 대한 의미를 잘 알고 있었다. 군인으로서 일본의 침략이 임박했음을 알고 있었기에 이순신은 전라좌수사로 부임하자마자 군사훈련과 더불어 병기 관리 및 무기 개발에 착수했다. 수시로 모의훈련을 진행했고 순시 일정을 늘려 근무 태만 시 군사들을 엄격하게 처벌하며 군율을 똑바로 세우고자 했다. 전라좌수영 관할지는 단기간에 기강과 군사력이 이전과는 비교도 할 수 없을 정도로 자리를 잡아 갔다. 수군의 핵심인 전함 판옥선 또한 이순신이 전라좌수사로 부임하면서 임진왜란 직전까지 26~29척을 보유하게 되었다. 그리고 거북선이 만들어졌다.

베일에 감추어진 논란의 거북선

거북선의 최초 개발자는 이순신이 아니었다. 태종실록에 이미 '거북선'의 이름이 등장한다. 따라서 이순신은 최초의 거북선을 참고하고 거기에 자신만의 아이디어를 보태어 거북선을 만든 것으로 보인다. 다만 이순신이 처음 거북선의 존재를 알았을 당시 그 형태는 어땠으며 관련 기록이 얼마나 남아 있는지, 이순신이 만든 거북선과 어떤 차이가 있었는지는 정확히 알 수 없다. 이순신의 거북선은 기존의 판옥선 위에 덮개를 덮고 위에 철갑을 씌운 세계 최초의 철갑선이었으며, 이순신이 조정에 올린 보고에는 거북선 철갑 위에 쇠못을 꽂았다는 기록이 있다. 거북선의 뱃머리에는 이름처럼 상징적으로 거북 혹은 용의 얼굴을 박았다. 이 거북 뱃머리에서 화포를 발사했다는 주장이 있으나 화포는 없었으며 대신에 유황 가스로 시야를 가리고 공포심을 유발하는 정도였다는 것이 통설이다. 거북선은 좌우에 노 10개가 있었고 노 하나에 4~5명의 노꾼이 붙었다. 거북선의 형태에 대해 여전히 진행 중인 논쟁 중 하나가 노를 젓는 공간과 전투공간이 단일화된 단층이었냐 아니면 떨어져 있던 복층이었냐 하는 것이다. 현재 우리가 흔히 볼 수 있는 거북선의 모형은 조선 후기 기록에 의해 복원된 것이며 실제로 이순신 장군이 임진왜란 때 활용했던 거북선의 정확한 모습은 알 수 없다. 이순신의 거북선 개발에 전함 관리 업무를 하던 군관 나대용이 참여한 건 맞지만 그의 역할이 어느 정도였는지에 대해서도 확실하게 알 수 없다. 그러나 거북선의 역할과 기능이 해전에서 적선의 전열을 흩뜨리는 돌격용이었다는 것만은 확실하다.

가장 쉬운 역사 첫걸음

이순신은 거북선을 만들고도 훈련에 몇 번이고 투입해 시행착오를 거듭하며 재건조를 거쳤고, 그 결과 실전에 투입할 수 있을 만한 상태로 완성된 시점이 임진왜란 발발 겨우 이틀 전이었다.

임진왜란 발발과 첫 승리, 옥포 해전

1592년 4월 14일 일본군이 부산에 상륙하여 5시간 만에 부산진을 점령했다. 다음 날인 4월 15일 동래가 무너졌고 그 사이 경상도 해안가를 책임져야 할 경상좌수영과 경상우수영은 전혀 제 기능을 하지 못했다. 경상좌수사 박홍은 싸워 보지도 않고 도망쳤으며, 경상우수사 원균은 경상도 수군만으로는 도저히 감당이 되지 않자 스스로 군영을 불태운 뒤 전라도 쪽에 지원을 요청하러 떠났다.

뒤이어 상륙한 일본군 규모는 자그마치 10만이 넘었다. 조선 조정은 이일에게 1차 방어선을, 신립에게 2차 방어선을 구축하게 했으나 이일은 도망치고 신립은 전사하면서 방어선 모두가 무너져 일본군은 4월 28일 충주를 돌파했다. 신립 장군의 패전 소식에 선조는 4월 30일 한양에 백성들을 그대로 둔 채 본인부터 피란을 떠났다.

상황은 매우 절망적이었으나 선조가 한양을 떠나고 일주일이 안 되어 이순신이 바다에서 승전보를 올렸다. 일본군이 부산에 상륙했다는 소식과 경상우수사 원균의 지원 요청 공문을 통해 상황을 보고받은 전라좌수사 이순신은 조속하게 전라좌수영 관할지의 모든 장수들과 판옥선 전함들을 여수로 소집했다. 함께 움직이려고 했으나 전라우수영은 빠르게 움직이질 못했고, 경상우수사 원균의 지속적인 지원 요청에 이순신은 전라좌수영 부대만 단독으로 움직이기로 한다. 이순신이 싸우러 가야 할 곳은 경상도였다. 전라도 병력으로 본인의 관할지가 아닌 경상도로 가야 했기에 이순신은 조정의 허가를 기다려야 했다. 조정의 허가가 떨어진 다음에도 이순신이 전라우수영과의 연합에 미련을 버리지 못해 출정 시간이 지연되었다. 더 이상 미룰 수 없다고 판단한 이순신이 24척의 판옥선과 함께 여수를 떠난 것이 5월 4일이었다.

5월 5일 이순신은 통영의 당포에서 원균과 만나기로 했으나 원균은

일본군
고니시 유키나가의 제1군

이순신

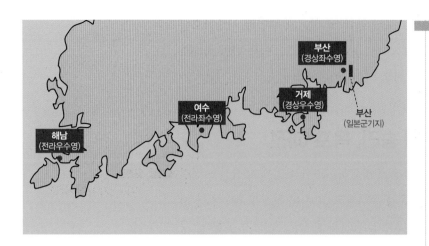

나타나지 않았고 다음 날인 6일 오전에 원균과 휘하 부하 장수들의 경상 우수군 판옥선 4척이 합류했다. 이순신은 척후로 입수한 정보에 따라 5월 7일 거제도 옥포에 배를 정박시켜 육지에서 노략질을 하던 왜선 30척을 기습했다. 기습 작전에 앞서 이순신은 부하들에게 다음과 같이 말하며 주의를 주었다. "가볍게 움직이지 말고 태산같이 신중하게 움직여라." 옥포에서 노략질을 하던 일본군의 지휘관은 도도 다카토라였다. 조선 수군의 등장에 노략질을 하던 일본군은 바로 함선에 올라 대응에 나섰지만 판옥선의 화포 세례에 우왕좌왕하더니 왜장 도도 다카토라를 포함해 일본군 전부가 다시 상륙하여 육지로 도망쳤다.

옥포 해전이 있고 몇 시간 뒤 옥포에서 멀지 않은 곳에 소규모 왜선들이 정박 중이라는 정보가 들어왔다. 이순신은 함대를 이끌고 왜선들을 추격해 경남 진해의 합포에서 왜구들이 버리고 도망간 왜선 5척을 불태워 버렸다. 다음 날인 5월 8일에는 경남 고성 적진포에서 노략질을 하던 왜구들을 기습해 왜선 11척을 불태웠다. 이순신은 추가 군사작전을 진행하려 했으나 국왕인 선조가 한양을 버리고 도망쳤다는 소식이 뒤늦게 전해지자 군사들의 사기가 꺾일 것을 우려해 회군 지시를 내렸다.

이순신의 첫 승리는 모든 전선의 이목을 집중시켰다. 전쟁에서 가장 중요한 것은 보급이다. 침략하는 쪽에서도 보급이 뒷받침되어야 계속 진군을 할 수 있다. 그런데 일본군은 규모가 크다 보니 필요한 보급량이 엄청날 수밖에 없었고, 조선을 공격하려면 바다를 건너야 하기 때문에 보

옥포 해전 성과
왜선 30척 중 무려 26척을 침몰시킨 쾌거였다. 조선 수군의 피해는 부상자 1명에 그쳤다.

급의 난이도 또한 높을 수밖에 없었다. 조선 침략 전쟁을 기획한 도요토미 히데요시가 생각해 낸 보급 해결책은 바로 현지조달이었다. 조선에서 약탈한 조선의 식량과 물자로 보급을 보충하려는 심산이었다. 따라서 육군을 전투부대로, 수군을 보급부대로 활용할 계획을 세웠다. 이러한 계획에 따라 일본의 수군은 부산에 수군 기지를 두고 남해안을 돌면서 약탈한 물자를 육군에 공급하고 있었다. 이순신은 보급 업무를 담당하는 수군의 작전을 차단해 버렸다. 일본군은 옥포 해전에서 패했지만 그 한 번의 패배만으로는 아직 전세가 뒤바뀔 정도는 아니라고 생각했다. 하지만 이순신의 승리는 이제 시작일 뿐이었다.

사천 해전

1차 해전에서 승리한 후 전라좌수사 이순신은 1차 출동 때는 진행하지 못한 전라우수사 이억기와의 연합작전을 준비했다. 이순신은 이억기에게 6월 3일까지 전라좌수영으로 와 달라고 요청했다. 5월 27일 원균이 경남 사천 앞바다에 일본군이 있다는 정보를 보내왔다. 전라우수군과의 만남 날짜인 6월 3일까지는 아직 시간이 있던 터라 이순신은 일단 다시 한번 전라좌수군만으로 출정했다. 5월 29일 이순신은 전투함 23척만을 거느리고 원균의 판옥선과 다시 합류해 경남 사천으로 진격, 그곳에 있던 왜선 13척을 전부 침몰시켰다. 사천 해전에서는 거북선이 처음으로 전선에 투입되어 그 위력을 입증해 보였다.

사천 해전 후 전라우수사 이억기와의 합류를 하루 앞둔 6월 2일 통영 당포에 적군 21척이 정박해 있다는 소식이 들려오자 이순신은 당포로 가서 적함을 모조리 불태웠다. 이번에도 거북선이 가장 먼저 투입되었다. 전투가 오가는 도중 순천부사 권준이 화살을 쏘아 왜장 구루지마 미치유키를 맞혔고 이어 사도첨사 김완이 적선에 올라타 그의 머리를 베는 큰 성과를 낸다. 순천부사 권준은 이순신의 최측근이었으며, 순천은 전라좌수영 관할지 가운데 가장 큰 고을인지라 전라좌수군에서 이순신 다음가는 넘버투였다. 사도첨사 김완은 특유의 뺀질거리는 성격으로 이순신에게 근무 태만에 대한 질책을 자주 받았으나 검술 등 무예 면에선 전

■■ 이순신의 부상

사천 해전 당시 이순신은 사령관임에도 최전선에서 지휘하던 도중 왼쪽 어깨에 총상을 입었다. 다행히 상처는 크지 않았지만 사령관의 부상은 가벼운 사건이 아니었다.

라좌수군 무장들 가운데 최고였다. 성격 면에선 이순신과 정반대라고 할 수 있지만 나중엔 둘이 자주 어울릴 만큼 친한 사이가 되었다고 한다.

당포 해전 이후 6월 4일 이순신은 드디어 전라우수사 이억기의 25척 전함과 조우했다. 전라좌수군, 전라우수군, 경상우수군으로 이루어진 조선 연합 수군은 6월 5일 당항포에서 적선 26척을, 6월 7일 율포에서 적선 7척 중 3척을 침몰시키고 4척을 나포했다. 사기가 오른 이순신은 여러 곳에 척후선을 보내지만 일본군을 더 이상 찾지 못하자 해산 지시를 내렸다. 1차 출동에 비해 더 긴 출정이라 병사들의 지친 몸 상태도 고려해야 했다. '사천–당포–당항포–율포' 총 4번의 전투 후에 이루어진 2차 출동도 대성공이었다. 2차 출동을 마치고 전라좌수영으로 돌아왔을 때 이순신은 승리에 취할 수 있는 병사들에게 "한번 승전했다고 소홀히 생각하지 말라. 전선을 정비해 두었다가 급보를 받는 즉시 출정하되 처음과 끝이 한결같아야 한다."라며 긴장을 늦추지 않도록 각별히 주의를 주었다.

한산도 대첩

도요토미 히데요시는 결단을 내려야 했다. 조선 수군을 마비시켜야 일본 수군이 육군에 보급 조달을 할 수 있었다. 도요토미 히데요시는 이순신의 전라도 수군을 섬멸하도록 지시했다. 작전사령관은 와키자카 야스하루로, 임진왜란 당시 수군 지휘관 중 한 사람으로 투입되었으나 예상보다 경상도 수군이 쉽게 무너지자 조선 전국을 초토화하기 위해 조선의 내륙 지방을 유린하고 있었다. 이때 와키자카가 승리를 거둔 전투가 용인 전투였다. 도요토미 히데요시는 와키자카에게 다시 바다로 돌아와 전라도 수군 섬멸전을 책임지게 했다. 와키자카는 일본 수군의 기지였던 부산에 내려와 함대를 조직한 후 출격했다.

와키자카 야스하루가 준비하고 있던 해전은 이순신 장군이 치러 왔던 기존의 전투와는 조금 차이가 있었다. 이순신의 1차 출정과 2차 출정은 척후병들을 통해 미리 적함의 위치를 파악한 뒤 무방비 상태의 적을 급습하는 속전속결 방식이었다. 그러나 이번엔 공격해 오는 와키자카 야스하루의 수군을 막는 양상이었다. 와키자카는 전선 73척을 동원해 7월

와키자카 야스하루
일본 통일전쟁이 한창이었을 때 도요토미 히데요시의 부대에 합류하여 여러 공을 세웠다.

7일 부산에서 출발했다. 적선들이 오고 있다는 척후를 접한 이순신은 전라우수사 이억기와 경상우수사 원균에게 연락해 신속하게 연합 수군을 꾸려 55척의 함선과 함께 와키자카를 막으러 떠났다.

견내량 주변에 왜선 73척이 있다는 정보를 접한 이순신은 좁은 해협에 조선 수군이 먼저 들어가면 매복당할 위험이 있어 왜선들을 견내량 바깥 넓은 바다로 유인하려고 했다. 7월 8일 이순신은 4~5척의 판옥선을 보내 적당히 일본군을 도발한 다음 바로 후퇴하도록 지시했다. 용인 전투에서 승리할 당시 군기와 군율이 엉망인 조선군을 목격했던 와키자카 야스하루는 별 의심 없이 조선의 판옥선을 추격했다. 그렇게 왜선들은 견내량 해협을 나와 버렸다.

■■■ **견내량**
오늘날의 통영과 거제도 사이에 있는 작은 해협

견내량을 나오면 한산도라는 섬 앞에 널찍한 바다가 펼쳐진다. 이렇게 왜선들이 넓은 바다로 들어서자 기다리고 있던 조선의 함선 55척이 '학익진' 대형으로 일본 수군을 포위했다. 쏟아지는 조선군의 십자포화에 일본군은 퇴각하려 했지만 견내량은 좁은 해협이라 한번 나오면 다시 돌아가기가 쉽지 않았다. 남은 방법은 그대로 전진하여 조선 수군을 뚫고 나가는 것이었으나 이를 예상한 이순신은 판옥선의 대열을 두 겹으로 두껍게 만들어 쉽게 뚫을 수 없게 해 두었다. 결국 일본군은 속수무책으로 무너졌고 한산도에서의 이 기념비적인 전투 결과 조선군은 적선 73척 중

■■■ **학익진**
학이 날개를 편 듯한 모양으로 적을 둘러싸기에 편리한 진형이다.

혹자는 더 극적이고 성과가 큰 명량 대첩이 세계 4대 해전에 속해야 하는 게 아니냐고 반문한다. 규모나 성과 면에서 명량 대첩과 한산도 대첩 모두 대단한 전투였음은 분명하다. 다만 한산도 대첩이 명량 대첩에 비해 덜 극적으로 보일지는 몰라도 그 의의는 상당하다. 우선 한산도 대첩은 임진왜란 해전 최초로 정식 함대와 함대의 싸움이었으며, 이순신의 전략인 유인 후 포위섬멸전은 해전에서 가장 교과서적이고 모범적인 전술의 표본이다. 승리의 후과도 강력했다. 남해안 제해권을 완전히 조선이 쥐게 되었으며 이로써 왜군은 수군으로부터 보급을 받을 수 없었다. 보급이 원활하지 못하니 지상군도 더 이상 진군할 수가 없었고, 선봉대 제1군을 이끌던 고니시 유키나가는 평양성에 갇힌 채 더 나아갈 수 없었다. 여러모로 한산도 대첩은 임진왜란의 전환점을 만들었던 해전인 만큼 전쟁의 규모뿐 아니라 판도를 본다면 그 가치와 의의가 남다른 전투였다.

여기서 잠깐

한산도 대첩이 세계 4대 해전에 꼽히는 이유

47척을 침몰시키고 12척을 나포하는 대승을 거두었다. 화살에 맞아 부상을 당한 왜장 와키자카 야스하루는 작은 배로 갈아탄 후 인근 무인도로 숨어 버렸다.

이순신은 와키자카 야스하루를 찾기 위해 인근 해역을 수색하던 중 7월 10일 안골포에서 다시 한번 왜적들과 전투를 치르게 된다. 이 왜적들은 와키자카 야스하루의 수군을 지원하기 위해 별도로 편성되어 있었는데, 한산도 대첩에서의 승리로 기세등등한 조선군을 만나 왜선 42척이 박살나는 참패를 당했다. 무인도에 숨어들었던 와키자카 야스하루는 살아남은 왜병들과 무려 13일을 솔잎과 미역만을 먹고 버티며 뗏목을 만들어 도망친다. 이때 와키자카 야스하루와 같이 살아서 나간 일본군이 200명 정도였다. 이순신의 한산도 대첩은 세계 4대 해전에 꼽힌다.

도망친 와키자카 야스하루
패배의 설욕을 잊지 않겠다며 패전기를 세세하게 기록해 두었으며 한산도 대첩이 일어난 날이면 집안 대대로 미역만을 먹게 했다고 한다.

적진의 심장 깊숙이, 부산포 해전

이순신 장군의 해전 역사에서 1592년 1년간 일어난 네 차례의 출정을 제1기 해전이라고 할 때, 그중 세 번째 출정인 한산도 대첩에서의 압도적인 승리 이후 제1기 해전의 대미를 장식한 전투가 부산포 해전이었다. 한산도 대첩에서의 패전 후 도요토미 히데요시는 일본 수군에게 해전 금지령을 내렸다. 그 결과 일본 수군은 본래의 임무인 보급 조달이 어려워졌다. 도요토미 히데요시는 최소한의 병력을 제외하고 상당수의 일본 육군 부대들을 부산과 가까운 경상도로 모이게 했다. 보급 루트를 길게 만들기보다는 차라리 부산 가까이에 주둔하며 보급을 받은 후 다시 흩어지는 편이 나았기 때문이었다.

일본 육군 상당수가 보급 문제로 경상도 쪽으로 몰리는 것을 본 경상도 순찰사 김수가 이순신에게 일본군이 퇴각을 준비하고 있는 것 같다는 내용의 서한을 보냈다. 이에 이순신은 일본군의 퇴로를 차단하기 위해 4차 출정에 나선다. 이번 출정지는 적의 심장부이자 일본 수군의 근거지인 부산이었다. 전라좌수군, 전라우수군, 그리고 원균의 경상우수군을 합하여 모두 74척의 판옥선이 8월 24일 출격했다. 이들은 부산으로 가던 중 8월 29일 장림포 인근에서 왜선 6척을 박살냈고, 9월 1일에는 화준구미에서 9척, 다대포에서 8척, 서평포에서 9척, 절영도에서 2척을 격침했다. 같은 날 마침내 부산포에 이르니 무려 470여 척의 왜선들이 그곳에 정박해 있었다.

조선 연합수군은 우선 초량목에서 왜선 4척을 쳐부수고 장사진 대형으로 부산포 앞바다의 왜선을 포위한 다음 대대적인 화포 공격을 실시했다. 그러나 당시 왜선은 모두 비어 있는 상태였다. 일본 수군은 해전 금지령 탓에 바다로 나가 싸울 수가 없었다. 그들은 배에서 내려 높은 언덕으로 올라갔고, 그곳에서 조선인 포로들을 앞세워 연합 수군을 향해 화포를 쏘아 댔다. 이 부산포 해전에서 조선이 불태우고 부순 왜선의 수는 470여 척 중 128척이었다. 반면 조선의 함선 피해는 없었다. 9월 2일 부산포 해전에서 승리하고 돌아온 조선 연합 수군은 각자의 수영으로 해산했다.

이후 이순신이 조정에 올린 보고에는 부산포 해전에서의 승리에 대한 자화자찬의 내용이 들어 있다.

장사진
뱀과 같이 일렬로 길게 늘어선 모습의 진형

> "그동안 전후 네 차례 출전하고 열 번 접전하여 모두 다 승리하였으나 장수와 군졸들의 공로를 논한다면 이번 부산 싸움보다 더한 싸움이 없었습니다. 전일의 전투에는 적선의 수가 많아도 70여 척 미만이었는데 이번에는 큰 적의 소굴 속에 늘어선 470여 척 속으로 군사의 위세를 갖추어 승리의 기세로 돌진하였습니다. 그래서 조금도 두려워하지 않고 하루 종일 분한 마음으로 공격하여 적선 100여 척을 깨부수었습니다. 적들로 하여금 마음이 꺾여 가슴이 무너지고 머리를 움츠리며 두려워서 떨게 하였는바, 비록 머리를 벤 것은 없으나 힘써 싸운 공로는 먼젓번 어느 싸움보다도 훨씬 더하였습니다."

부산포 해전에서 전사자 6명에 부상자 25명이 나왔으니 조선 측 피해가 전혀 없었던 것은 아니다. 수치상으로 보면 많은 것은 아니지만 중요한 인재를 잃기도 했다. 녹도만호 정운이 조총을 맞고 전사했는데, 그는 세심한 데다 돌격 기질도 있어서 이순신이 평소에 아끼고 의지하던 참모 중 한 명이었다. 그런 정운이 전사하자 이순신은 크게 애통해했다.

> "그대와 같은 충의야말로 고금에 드물었으니, 나라를 위해 던진 그 몸은 죽었어도 살아 있는 것과 같다. 인생에는 반드시 죽음이 있고, 죽고 사는 것은 하늘에 달렸으니, 사람으로서 한 번 죽음에 아쉬워할 이유가 없으나, 오직 그대에 대해서는 마음이 아프도다."

부산포 해전으로 일본 수군은 큰 타격을 받았다. 본국에서 보급을 조달받거나 병력을 증원받는 데에도 차질이 생겼다. 그 결과 일본의 전술은 남해안 일대에 성을 쌓은 채 전면전을 피하는 쪽으로 바뀌게 되었다.

삼도수군통제사

1593년부터는 육지에서도 조선군이 반격에 나섰다. 명나라의 지원병이 도착해 1593년 1월 조명연합군이 평양성을 탈환했다. 사기가 올라간 조선 조정은 이순신에게 남해안 곳곳에서 요새화하고 있는 일본군을 공격하라고 지시했다. 이순신은 곧 5차 출정에 나섰다. 1593년 2월 89척의 함선을 갖춘 조선연합수군은 경남 진해의 웅포에서 요새를 구축하고 있던 일본군을 공격했다. 이 전투는 2월 10일부터 3월 6일까지 무려 한 달이나 계속됐다. 겨울인 데다 바람까지 거세지자 바다 위에 있는 조선 수군이 불리해졌고 적군의 저항도 만만치 않았다. 이순신은 과감하게 상륙전을 감행했다. 함선이 엄호하는 상황에서 배에서 내려 육지로 상륙한 조선군은 일본군과 백병전을 벌였다. 승병들의 활약과 조선의 신무기인 비격진천뢰까지 더해지자 일본군들은 도망쳤고 조선군은 조선인 포로들을 구출해 냈다. 이미 제해권이 조선군에게 넘어간 상황에서 웅포 해전에서마저 패배함으로써 도요토미 히데요시의 조선 초토화 계획은 무산

비격진천뢰
화포의 하나였던 대완포구(大碗砲口)로, 발사하면 500~600보를 날아가 떨어지는 일종의 폭탄이었다.

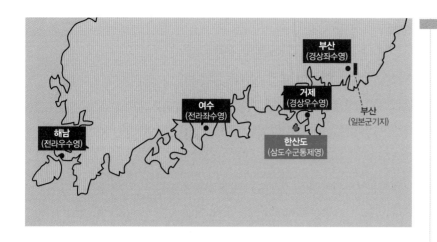

되었으며, 휴전 협정에서도 일본의 입지가 줄어들 수밖에 없었다.

한 달이나 이어진 웅포 해전에서 조선 수군도 처음으로 함선 피해를 보았다. 정확한 피해 규모는 전해지지 않으나 이순신이 조정에 올린 장계에는 "배가 전복되었다."라고 기록되어 있다. 전투를 거듭하면서 일본군도 이순신의 전술에 익숙해지기 시작했다. 그간 이순신은 적군을 도발하여 유인한 다음 섬멸하는 전술을 사용했다. 연이은 패전으로 이순신의 유인 전술을 파악한 일본군은 요새에서의 방어에만 몰두하며 공격에 나서지 않았다. 전술이 간파당한 이순신은 웅포 해전을 기점으로 수군과 육군의 합동작전 필요성을 절감하게 되었고, 이후로 몇 차례 육군의 지원을 요청하는 장계를 올렸다.

한편 명나라와 일본은 휴전 협상으로 전쟁을 중단한 상태였다. 명나라 황제와 도요토미 히데요시가 휴전 협상을 진행하는 동안 일본군 상당수는 남해안으로 후퇴하여 대기 중이었다. 조선 조정은 아직 전쟁이 끝난 것은 아니기에 이 틈을 활용하여 향후 벌어질 수 있는 전쟁에 대비한 여러 가지 군제 개혁을 시도하고 있었다. 그간의 전투에서 보여 준 수군의 활약은 이순신을 중심으로 한 여러 수영의 연합작전 덕분이었다고 분석한 조정은 공식적으로 5개의 수영을 아우를 수 있는 직책을 신설하기로 했다. 바로 삼도수군통제사다. 1593년 10월 이순신이 삼도수군통제사로 임명되었다. 이억기, 원균과 동급의 직책이었던 이순신은 이제 두 사람을 부하로 두는 최고위직에 올랐다. 이순신은 한산도에 통제영을 설치하고 근거지를 여수에서 한산도로 옮겼다.

공식적으로는 휴전 협상 중이니 조선, 명나라, 일본 모두 전쟁을 중단해야 했지만, 남해안에 몰려든 일본군은 여전히 알게 모르게 조선의 민가들을 약탈하고 있었다. 이러한 약탈과 노략질에 대해 조정은 정확한 보고를 받지 못했고, 명나라는 조선 조정을 달래고만 있었다. 반면 현장에서 일본군의 약탈을 목격하고 보고받는 이순신의 입장은 다를 수밖에 없었다. 경남 고성 등지에서 피해 보고가 계속 올라오자 이순신은 1594년 3월 4일 무려 124척의 전함을 이끌고 당항포로 들어가 왜선 31척을 매우 빠른 속도로 격침했다. 6차에 해당하는 이 출정 후 명나라 사신은 이순신에게 다음과 같은 공문을 보냈다. "지금 한창 휴전 협상 중이니 일본군을 무찌르지 말라."

백의종군

휴전 협상으로 인해 삼도수군통제사 이순신도 당항포 해전 이후 별다른 군사작전을 감행할 수 없었다. 그런데 조정에서 수군과 육군의 양동작전에 참여하라는 연락이 왔다. 당시 휴전 협상은 조선 정부는 제친 채 명나라와 일본 사이에서만 이루어지고 구체적인 협상 내용은 조선 정부에 공유조차 되지 않고 있었다. 휴전 협상안을 두고 조선 정부의 불만이 쌓일 수밖에 없었다. 이때 좌의정 윤두수가 선조에게 남해안 일대의 일본군 섬멸 작전을 지시하자고 강력하게 제안했다. 휴전 협상이 진행 중이

삼도수군통제사로서 이순신은 새로운 군제 운영방식을 고민해야 했다. 더 많은 병력을 인솔하게 되고 보니 그의 최대 고민거리는 군량미를 포함한 여러 가지의 보급 문제였다. 이순신의 첫 해전 승리 시점부터 1년이 넘는 기간 동안 조선의 수많은 피란민들이 그의 관할지로 모여들었다. 병사들은 물론이고 피란민들까지 챙겨야 하니 이순신의 고민이 깊어질 수밖에 없었다. 마침내 그가 찾아낸 해결책은 피란민들에게 토지를 제공해 농사를 짓게 하고 그 수확량의 반은 피란민들에게, 그리고 나머지 반은 병사들에게 제공하는 둔전제였다.

여기서
잠깐!!

이순신의 둔전제

라 군사작전에 대해 조심스러웠던 선조는 이 제안을 탐탁지 않아 했으나 윤두수는 거듭 선조를 설득했다. 선조는 윤두수와 반대 붕당이었던 류성룡을 전폭적으로 밀어 주며 여러 가지 군사 개혁을 추진 중이었다. 류성룡을 비롯한 한쪽 정당에게만 막강한 힘을 주면 붕당 간의 균형이 깨질 것을 우려한 선조는 적당한 선에서 윤두수의 서인 붕당에게도 힘을 실어 줄 필요가 있다고 판단하여 일단은 윤두수의 제안을 허가했다. 득의에 찬 윤두수는 도원수 권율, 의병장 출신의 곽재우와 김덕령, 그리고 삼도수군통제사 이순신을 동원해 거제도의 일본군들을 치기로 하였다.

1594년 10월 조정의 지시에 따라 출정하긴 했으나 자신이 총사령관이 아닌 만큼 이순신은 윤두수의 작전에 대해 불신이 가득했다. 거제도의 장문포에서 수군과 육군의 양동작전이 벌어졌고 권율, 곽재우, 이순신이 출정했음에도 고작 적선 2척을 침몰시키는 것으로 작전을 끝내야 했다. 심지어 일본군 태반이 도망쳐 버려서 성과는 극히 미미했다. 이 전투가 이순신의 7차 해전인 장문포 해전이다. 이순신은 장문포 해전에 대해 처음부터 회의적이었다. 오히려 군사 피해만 입을 수 있다는 판단에 작전에 소극적이었다. 안 하느니만 못한 의미 없는 승리를 거둔 장문포 해전에 대한 비판이 매서웠으나 윤두수는 모든 과를 이순신의 소극적 행보 탓으로 돌렸다. 여기에 이순신에게 언제나 열등감을 느끼던 원균 또한 이순신을 깎아내리는 장계를 올렸다. 그러나 여론이 윤두수에게 매우 불리했고 류성룡이 이순신을 변호하며 이 사건 자체는 유야무야되었다.

장문포 해전 이후 이순신과 원균의 갈등은 정점을 찍었다. 두 사람의 갈등은 첫 해전이었던 옥포 해전 때부터 시작되었다. 이순신에게 밀리던 원균은 공을 세워야겠다는 욕심에 몇 번이고 아군을 위험에 빠뜨렸고 이순신은 이런 원균을 꺼려했다. 한 번의 출정이 끝날 때마다 이순신과 원균은 서로 다른 내용의 장계를 조정에 올렸고, 원균은 자신의 공을 부풀리고 이순신을 깎아내리기 바빴다. 이순신 또한 원균의 막무가내식 행동에 불만을 토로했다. 임진왜란 초기부터 조선 조정도 이러한 두 사람의 관계를 파악하고 있었다. 이순신을 삼도수군통제사로 삼은 것 또한 한 사람을 상급자로 두면 사이가 나아질 것으로 기대했기 때문이었다. 그

이순신

러나 원균의 열등감은 커져만 갔고 두 사람의 사이는 점점 더 벌어졌다. 마침내 조정에서는 원균을 충청병사로 보내는 인사이동까지 단행한다.

명나라와 일본의 휴전 협상은 결렬되었다. 명나라 황제와 도요토미 히데요시는 서로에게 수용 불가능한 조건들을 내걸었다. 이에 휴전을 강력히 원했던 명나라의 대변인 심유경과 일본 제1군 대장 고니시 유키나가는 명나라 황제와 도요토미 히데요시를 속이는 대범한 사기극을 꾸몄으나 결국은 들통나고 말았다. 분노한 도요토미 히데요시는 휴전을 백지화하고 다시 전쟁을 일으켰다. 명나라 황제를 속인 심유경은 처형당했고, 구사일생으로 살아남은 고니시 유키나가는 목숨을 부지하기 위해 무언가 공을 세워야 했다. 고니시는 이순신을 제거하기로 한다.

일본군의 두 선봉장 고니시 유키나가와 가토 기요마사는 소문난 원수지간이었다. 조선과 명나라도 그것을 잘 알고 있었다. 고니시는 '요시라'라는 첩자를 통해 조선에 가토를 붙잡을 수 있는 정보를 흘렸다. 선조는 고니시가 알려 준 정보대로 이순신에게 전쟁을 주장하는 강경론자인 가토를 잡으라는 지시를 내렸다. 그러나 이순신은 움직이지 않았다. 고니시의 함정이라고 판단했기 때문이다. 고니시의 함정이든 아니든 이순신은 조정의 명령을 어겼다. 이것이 선조의 심기를 건드렸다. 가뜩이나 선조는 이순신을 벼르고 있던 참이었다. 윤두수도 가세하여 이순신을 깎아내렸다. 선조의 불편한 심기에 조정 모두가 입을 모아 이순신의 잘못을 지적했다. 이번에는 류성룡도 이순신을 변호해 주지 않았다. 선조는 이순신을 한양으로 불러들인 뒤 조정의 명을 거부한 죄를 물어 고문을

이순신을 변호하지 않은 이유
류성룡은 양반과 지배층의 기득권을 해체하기 위한 개혁을 이어가며 선조에게 부담을 주고 있었고 아직 끝내지 못한 개혁이 남아 있어 선조의 심기를 살피지 않을 수 없었다.

휴전 협상이 한창 오가는 가운데 선조는 비로소 전쟁 초기 백성들을 버리고 혼자 도망치기 바빴고 심지어 명나라로 망명하려다 실패한 자신이 부끄러워지기 시작했다. 반면 세자인 광해군과 곽재우를 비롯한 의병장들, 그리고 바다 위의 이순신 등은 국왕을 대신해 나라를 지키며 백성들로부터 엄청난 칭송을 받았다. 이에 선조는 본인의 체면을 세우기 위해 이 영웅들을 깎아내리기 시작했다. 세자 광해군을 괴롭히고, 의병장들을 역모죄로 몰아세우고, 이순신마저 경계하는 모습을 보이며 노골적으로 원균을 치켜세웠다.

여기서 잠깐

영웅들을 질투한 선조

가하고 관직을 박탈한 뒤 직위 없이 군인의 직무를 수행해야 하는 백의 종군 처벌을 내렸다. 그리고 원균이 새로운 삼도수군통제사가 되었다.

원균이 삼도수군통제사가 되자 그에게 불만을 품고 있거나 이순신의 최측근인 부하 제장들이 자의반 타의반으로 모두 사임하였다. 현역 베테랑들이 사임하면서 조선 수군은 심각한 인적 손실을 겪어야만 했다. 이순신을 성공적으로 제거한 일본은 재침해 왔고 조선의 남해안을 유린하고 약탈했다. 이순신이 없는 남해안에서 일본군의 약탈 강도는 점점 더 심해져 갔고 도원수 권율이 출정 명령을 내렸으나 원균은 차일피일 미루고만 있었다. 이에 분노한 권율은 원균에게 곤장을 때렸고 선조도 출정을 독촉했다. 1597년 7월 마침내 원균이 전 병력을 동원하여 출정하지만 칠천도 앞바다 칠천량에서 조선 수군은 전멸해 버렸다. 원균은 도망치던 중 일본군에게 발각되어 죽었고, 이순신과 함께했던 전라우수사 이억기 또한 전투 중 전사했으며, 그 외에도 해전 경험이 풍부한 중견 장수들이 모두 전사했다. 인적 손실뿐 아니라 이순신이 만들어 온 거북선도 전부 불타 없어졌고, 조선 수군이 가지고 있던 판옥선들도 모조리 바다 밑으로 가라앉았다. 제해권은 일본이 장악했고 전라도가 통째로 유린되었다. 일전에 속전속결을 위해 전라도를 그냥 지나쳤다가 큰 화를 봤던 일본군은 이번에는 조선의 곡식 창고라고 할 수 있는 전라도부터 장악하고 안전하게 보급을 받기 위해 전라도를 쑥대밭으로 만들었다.

명량 대첩

칠천량 해전 후 권율 밑에서 백의종군하던 이순신에게 삼도수군통제사 복직령이 떨어졌다. 조선 수군은 아무것도 남아 있지 않았기에 삼도수군통제사의 직위가 무색했다. 다행인지 불행인지 칠천량 해전 당시 삼도수군통제사 원균의 무모한 전쟁에 불만을 품은 경상우수사 배설이 전투 전 12척의 판옥선을 끌고 도망치는 바람에 그 12척이 남아 있었다. 선조는 이순신에게 권율과 같이 육지에서 싸우라는 지시를 내리지만 이순신의 응답은 이러했다. "신에게는 아직 12척의 배가 남아 있습니다."

이순신은 고작 12척의 배로 제해권을 다시 가져올 수 있는 결정적인

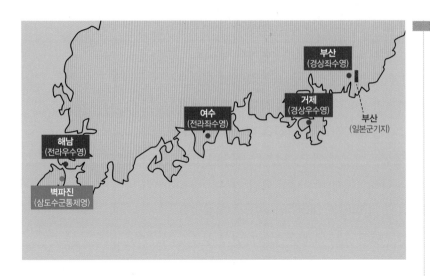

한 방이 필요했다. 그는 우선 전남 진도 벽파진에 통제영을 새로 설치했다. 이순신의 복귀와 새로운 통제영에 일본 수군도 기민하게 대응했다. 조선 수군이 전멸하고 전력이 약화되었으니 일본군에게는 이순신을 확실하게 제거할 수 있는 절호의 기회였다. 일본 수군은 벽파진으로 가서 이순신의 통제영을 꺾고자 곧바로 수군 편제에 들어갔다. 가용한 모든 병력을 끌어모았고, 이순신이 벽파진에 통제영을 둔 이유를 분석하고 또 분석했다. 답은 간단했다. 그곳의 물살이 매우 급했기 때문이다. 도요토미 히데요시와 일본 수군은 해적 출신의 구루지마 미치후사를 사령관으로 삼았다. 구루지마는 고향에 비슷한 해협이 있어 벽파진 인근의 급한 물살에 익숙했고, 개인적으로도 이순신에게 원한이 컸다. 자신의 친형이 이순신의 2차 해전에서 전사했기 때문이었다.

일본 수군은 벽파진 근처의 거친 물살을 두려워했으나 구루지마는 큰 걱정을 하지 않았다. 물살의 방향을 뜯어보면 오히려 일본군에게 유리했다. 1597년 9월 일본 수군의 함선 133척이 이순신이 있는 진도로 향했다. 반면 이순신의 조선 수군의 배는 고작 13척이었다. 출정 직전 이순신은 겁에 질린 병사들에게 말했다. "죽으려고 하는 자 살 것이고(必死則生), 살려고 하는 자 죽을 것이다(必生則死)."

이순신이 13척의 배로 진을 치고 일본군의 배 133척을 기다리고 있던 바다는 진도와 해남 사이의 울돌목, 일명 명량이었다. 물살은 매우 급

배 13척

어찌 된 영문인지 1688년 건립된 명량 대첩비에는 이순신이 선조에게 올린 장계에서의 12척이 아닌 13척이 출동했다고 기록되어 있다.

했고 구루지마의 예상대로 물살의 방향은 일본군에게 유리했다. 일본군은 물살을 따라 매섭게 진격했다. 그런데 이 울돌목은 일정 시간에 물살의 방향이 급격하게 바뀐다. 이순신은 이때를 노리기로 했다.

물살의 방향이 바뀌려면 아직 시간이 남아 있어 이순신은 시간을 끌고자 적을 도발하려 했지만 어느 배도 겁을 먹고 움직이지 않았다. 이순신이 타고 있던 배 한 척만이 선봉에 서서 왜선을 도발했다. 총사령관이 단독으로 나서 싸우는 모습에 조선의 판옥선이 하나둘 이순신을 따랐고, 그때 물살의 방향이 바뀌었다. 물살만 믿고 진격하던 왜선들이 한순간에 뒤엉켜 버렸다. 상황이 이렇게 되니 배가 133척이나 된다는 것이 오히려 문제였다. 앞에서는 많은 배들이 뒤엉켜 전열이 흐트러지고 뒤에 있는 왜선들은 이에 가로막혀 싸울 수가 없었다. 이순신은 난장판이 된 선봉 대열의 왜선들에 화포를 퍼부었다. 급한 해류에 노마저 작동하지 않으니 왜선들은 속수무책으로 당할 수밖에 없었다. 조선의 판옥선들은 마비되다시피 한 왜선들을 향해 돌진한 다음 왜선으로 넘어가 백병전을 전개했다. 구루지마 미치후사는 전사했고, 뒤를 담당하던 와키자카 야스하루, 도도 다카토라 등은 난파된 왜선들 때문에 앞으로 나아갈 수가 없어 철수해야만 했다.

명량 대첩으로 왜선 30척이 침몰했고 92척이 손상됐다. 반면 조선군의 함선 피해는 없었고 전사자와 부상자도 모두 합해 30명 남짓이었다. 명량 대첩에서의 엄청난 승리 후 이순신의 수군은 그대로 서해안을 따라 북상하여 군산 바다까지 치고 올라가 전라도의 바다를 수호했다. 남해안과 서해안의 제해권을 모두 조선이 뺏어 온 것이다.

노량 해전

명량 대첩 후 1598년 2월 이순신은 통제영의 위치를 고금도로 바꾼다. 벽파진은 한반도의 꼭짓점에 해당하여 상대적으로 더 오른쪽으로 이동한 고금도가 제해권을 휘두르기에는 더 전략적 요충지였기 때문이다.

명량 대첩에서 패배한 일본군은 진군을 멈추고 다시 남해안의 왜성에 틀어박혔다. 조선 수군은 이순신이 재건에 힘쓴 결과 빠르게 회복되

이순신

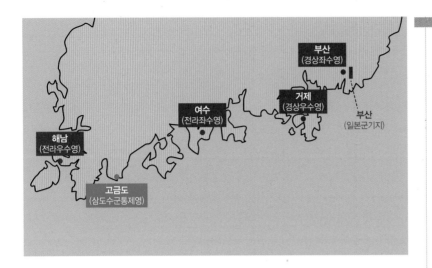

삼도수군통제영 3차 위치

부산
(경상좌수영)

거제
(경상우수영)

여수
(전라좌수영)

부산
(일본군기지)

해남
(전라우수영)

고금도
(삼도수군통제영)

었다. 한편 명나라에서 원병으로 온 진린 제독은 이순신과 연합해 조선 육군과도 작전에 호응하며 남해안의 왜성 공격을 지원했다. 전선은 다시 고착화되었다.

1598년 8월 도요토미 히데요시가 죽었다. 내부적으로 반전 여론이 쌓여 가던 참에 도요토미가 죽자 일본은 전군 철수 명령을 내렸다. 남해안 일대에 포진해 있던 일본군은 차례차례 본국으로 도망쳤다. 일본군은 명나라 군대에게 안전한 퇴로 확보를 부탁하며 뇌물로 로비를 하고 있었으며 조선 조정도 후퇴하는 적군들을 보내 주라는 의견이 대세였다. 그러나 이순신의 생각은 달랐다. 적들은 언제든 또 쳐들어올 수 있으니 이참에 확실하게 전쟁의 종지부를 찍어 다시는 일본군이 조선을 넘보지 못하게 해야 했다. 무엇보다 통제영에서 가까운 순천에 있던 고니시 유키나가의 부대만큼은 그대로 보낼 수 없었다. 고니시가 순천에서 나와 철수한다는 정보를 입수한 이순신은 11월 9일 마지막 출정을 떠났다.

조명연합수군은 장도에 진을 치고 좁은 해협을 차단했다. 그러자 고니시는 명나라 장수 진린에게 뇌물을 바치며 시간을 끌었고 그 사이에 사천, 고성, 부산, 남해에서 고니시를 구하기 위해 일본군의 지원군이 순천으로 향했다. 군사 지휘권은 조선이 아닌 명나라에 있었기에 이순신이 강하게 항의해도 뇌물을 받은 진린은 모르는 척했다. 일본군의 지원군이 모여들고 있으니 이번엔 조명연합수군이 포위될 위험에 처해 버렸다. 연

■ 장도
순천과 광양 사이의 작은 섬

합수군은 장도에서 나와 노량에 매복해 있다가 지원 오는 일본군을 기습하기로 작전을 세웠다. 조선의 판옥선 60척에 명나라 전함이 200~300척이었고, 지원 온 왜선의 규모는 300~500척 사이였다.

11월 19일 새벽 순천으로 지원 온 왜선들이 시야에 포착되자 조명연합수군은 일제히 공격을 감행했다. 빨간 화약 연기가 바다와 하늘을 가득 채웠다. 이순신의 기습 작전은 대성공이었다. 왜선의 수가 더 많았지만 노량해협이 좁다 보니 일본군은 물량의 우세를 제대로 활용하지 못했다. 왜선들은 어떻게든 도망치려 했으나 퇴로를 예상해 두었던 만큼 이순신은 곧장 후퇴하는 그들을 추격했다. 싸움은 아침까지 계속됐다.

아침이 밝았지만 푸른 바다는 여전히 검은 그을음과 붉은 화염이 가득했다. 이순신은 최전방에서 후퇴하는 적군을 추격했다. 해협이 좁은만큼 최전방의 배들은 왜병들의 조총 사정거리에 있었다. 왜병이 쏜 조총 탄환이 이순신을 관통했다. 사천 해전 때의 경미한 부상과는 달리 이번엔 치명상이었다. 결국 이순신은 출혈을 막지 못하고 전사했다. 죽기전 이순신은 "싸움이 급하다. 내 죽음을 알리지 마라."라는 유언을 남겼고, 현장의 병사들은 전투가 끝날 때까지 그의 죽음을 알지 못했다. 새벽부터 아침까지 조명연합수군의 화포에 격침된 적선의 수는 무려 200척으로 절반 가까이가 수장됐다. 노량 해전이 한창이던 사이 지원병의 희생 덕에 고니시는 순천에서 나와 무사히 살아 돌아갔다. 7년의 전쟁은 이순신의 전사와 함께 이렇게 끝이 났다.

『난중일기』는 1592년 1월 1일부터 1598년 전사하기 이틀 전까지 이순신 장군이 군중에서 쓴 일기다. '난중일기'란 이름은 이순신 장군이 직접 지은 것이 아니라 조선 후기에 와서야 붙여졌으며, 『징비록』과 더불어 임진왜란을 연구하는 가장 중요한 사료 중 하나가 되었다. 『조선왕조실록』과 『징비록』은 왕실과 조정 중심의 기록인지라 임진왜란 당시의 해전에 대한 생생한 기록까지 나와 있지는 않다. 그러나 『난중일기』는 개인의 일기 형식의 기록임에도 전쟁 기간 중 조선 수군의 최고 지휘관이 직접 그날그날의 전투 상황과 개인적 소회를 현장감 있게 다루었다는 점에서 우리 역사뿐 아니라 세계사적으로도 드문 기록물이다.

여기서
잠깐

난중일기

이순신

이순신의 승리법

임진왜란 7년간 이순신은 총 9차례의 출동에서 23번의 전투 결과 23번 모두 승리했다. 임진왜란의 승리 요인에는 여러 가지가 있지만 일본군에게 가장 필요한 바다였던 남해안의 제해권을 이순신이 연전연승으로 확실히 쥐고 있었던 것이 컸다. 그렇다면 그는 어떻게 모든 싸움에서 이길 수 있었을까? 이길 수 있다고 확신한 전쟁에만 나섰기 때문이다. 이순신의 해전은 모두 도전적이었지만, 병사들의 목숨과 국가의 존망이 걸린 전쟁에서 그는 결코 무모한 행동을 하지 않았다.

이순신의 주특기는 유인술이었다. 어떤 싸움이든 자신이 원하는 장소에서 싸우는 것이 유리할 수밖에 없다. 싸워 이길 수 있는 최적의 장소로 적을 유인하여 유리한 상황을 만드는 것, 이순신 장군에게서 배울 수 있는 첫 번째 승리법이다.

두 번째는 유연함이다. 연이은 승전보와 함께 명성이 높아지자 적군은 이순신의 싸움 패턴을 분석한다. 그리고 이순신의 주특기인 유인책에 휘말리지 않기 위해 조선군의 공격에 반격하기보다는 방어에 전념하는 쪽을 택한다. 그간 성과를 냈다고 하여 이순신이 계속 유인책만을 고집했다면 승리를 장담할 수 없었을 것이다. 기존의 전략이 상대측에게 간파 당한다면 재빠르게 새로운 전술로 바꿀 수 있어야 한다. 왜성을 쌓고 바다로 나가지 않으려는 적군에 대해 이순신은 유인책보다는 수륙양동 작전의 필요성을 깨우치곤 이를 거듭 조정에 제안해 성과를 냈다. 뛰어난 전략을 수립하는 것도 중요하지만 상대측 동향에 따라 재빠르게 전략을 바꾸는 유연함도 못지않게 중요한 것이다.

이순신의 승리는 그저 운이 좋았거나 적군이 무능해서가 아니었다. 이순신이 상대한 왜장들은 하나같이 본국에서 명장 소리를 듣던 지휘관들이었다. 이순신은 모든 싸움에 나가 이겼다기보다는 이기는 전쟁에 나섰다. 이길 수 있다고 자신할 수 있는 곳에만 나가는 것, 이것이 이순신이 절대 지지 않는 이유, 아니 질 수 없는 이유였다.

05

정조

보수의 방패와 개혁의 칼을 동시에

정조

#영조 #사도세자 #임오화변 #탕평책 #준론탕평 #홍국영 #규장각 #초계문신제도
#장용영 #신해통공 #진산사건 #문체반정 #수원화성 #정약용 #김홍도 #채제공 #김조순

정조의 **연도별 주요 이슈**

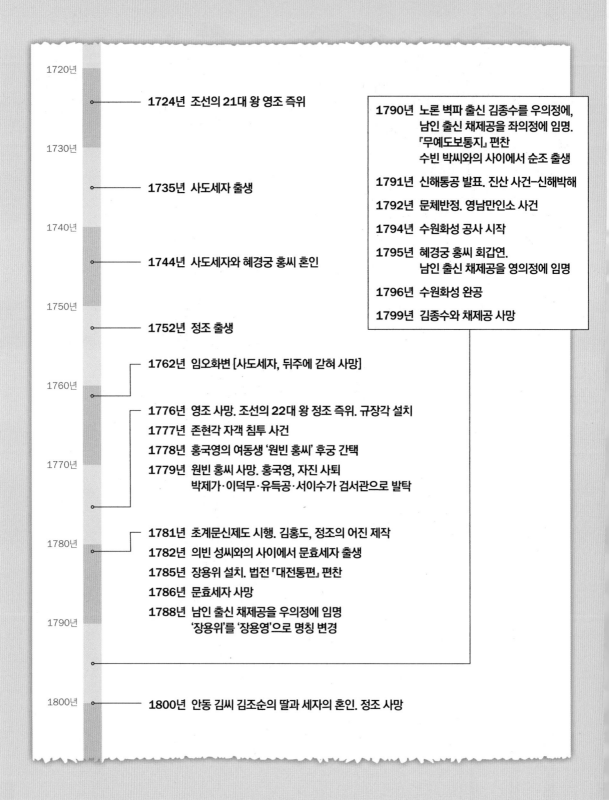

1720년	
	○── 1724년 조선의 21대 왕 영조 즉위
1730년	
	○── 1735년 사도세자 출생
1740년	
	○── 1744년 사도세자와 혜경궁 홍씨 혼인
1750년	
	○── 1752년 정조 출생
	○── 1762년 임오화변 [사도세자, 뒤주에 갇혀 사망]
1760년	
	┌ 1776년 영조 사망. 조선의 22대 왕 정조 즉위. 규장각 설치
	1777년 존현각 자객 침투 사건
	1778년 홍국영의 여동생 '원빈 홍씨' 후궁 간택
1770년	1779년 원빈 홍씨 사망. 홍국영, 자진 사퇴
	└ 박제가·이덕무·유득공·서이수가 검서관으로 발탁
	┌ 1781년 초계문신제도 시행. 김홍도, 정조의 어진 제작
1780년	1782년 의빈 성씨와의 사이에서 문효세자 출생
	1785년 장용위 설치. 법전 『대전통편』 편찬
	1786년 문효세자 사망
	1788년 남인 출신 채제공을 우의정에 임명
1790년	└ '장용위'를 '장용영'으로 명칭 변경
1800년	○── 1800년 안동 김씨 김조순의 딸과 세자의 혼인. 정조 사망

1790년 노론 벽파 출신 김종수를 우의정에,
　　　 남인 출신 채제공을 좌의정에 임명.
　　　 『무예도보통지』 편찬
　　　 수빈 박씨와의 사이에서 순조 출생

1791년 신해통공 발표. 진산 사건–신해박해

1792년 문체반정. 영남만인소 사건

1794년 수원화성 공사 시작

1795년 혜경궁 홍씨 회갑연.
　　　 남인 출신 채제공을 영의정에 임명

1796년 수원화성 완공

1799년 김종수와 채제공 사망

조선 후기 중흥기를 이끈 개혁 군주

아버지 사도세자의 죽음

조선의 22대 왕 정조는 조선 후기 혼탁했던 조선을 바로잡고 부흥시킨 르네상스 군주라고 평가받으며, 제2의 세종대왕으로 불리기도 한다. 정조의 생애, 가치관, 정치 이념 등은 그의 아버지 사도세자의 비극적 죽음에서 시작됐다.

1724년 영조가 조선의 21대 왕으로 즉위했다. 영조는 강력한 왕권을 누린 왕으로 평가받지만 처음부터 그랬던 것은 아니다. 영조 재위 초반 조선은 노론과 소론 두 붕당 간의 당쟁이 절정으로 치닫고 있었다. 영조 즉위 전 선왕 경종은 사망 전까지 본인의 지지 붕당이었던 소론과 함께 노론을 숙청하고 탄압했다. 그러나 경종이 급작스럽게 죽고 영조가 즉위하면서 영조의 지지 붕당이었던 노론이 소론에게 보복할 기회가 왔다. 1725년 영조는 경종 재위 시 역모죄로 희생된 노론 사람들을 복권했으며 조정의 요직 또한 노론 사람들로 대체했다. 그러나 소론을 향한 복수의 강도는 그다지 크지 않았으며 소수를 처벌하는 데 그쳤다. 어느 집단이나 그렇듯 노론과 소론 양 붕당 모두 전투적 기질이 충만한 강경파와 상대적으로 유순한 온건파로 나뉘어 있었다. 영조는 노론이든 소론이든 강경파를 멀리하고 온건파를 등용하려 했다.

1728년 소론 극단파들이 모여 영호남 지방에서 '이인좌의 난'을 일으켰다. 결국 진압은 됐지만 한창 반란군이 득세할 때는 충청도와 경기 남부까지 진출할 정도로 규모가 결코 작지 않았다. 이인좌의 난을 계기로

영조
정조의 할아버지

경종
영조의 이복형

영조는 소론 강경파들을 대대적으로 숙청하는 동시에 노론의 강경파들도 멀리하며 극단적 붕당정치의 폐해를 없애고자 노력했다. 탕평책을 쓴 것이다. 당파 색을 크게 따지지 않고 극단적 강경파만 멀리하며 중도 성향의 인재들을 등용하는 영조의 탕평책을 후일 정조의 탕평책과 구분하기 위해 '완론 탕평'이라고 부른다.

영조가 이렇듯 어렵게 구축해 놓은 평화롭고 안정적인 조정이 그의 재위 후반 흔들리게 되는데, 바로 영조의 아들 사도세자에 의해서였다. 사도세자는 영조의 나이 41세에 후궁 영빈 이씨와의 사이에서 낳은 늦둥이였다. 영조에겐 첫째 아들 효장세자가 있었으나 10살 무렵 요절해 슬픔을 안긴 터라 사도세자의 출생은 왕실과 조정에 반가운 소식이었다.

후계 문제가 왕권에 직접적인 영향을 주는 만큼 영조에게 사도세자는 각별했다. 겨우 2살일 때 세자로 책봉된 사도세자를 영조는 완벽한 후계로 키우기 위해 엄격하게 교육하는 등 갖은 노력을 기울였다. 영조는 엄하고 깐깐하고 무서운 아버지였다. 사도세자가 아무리 노력해도 영조의 높은 기대를 충족시킬 수 없었다. 사도세자는 덩치가 좋았고 학문보다 창술, 검술, 활쏘기 등 무예에 남다른 능력을 보였다. 직접 무예 교과서를 집필할 정도였고 그림에도 소질이 있었다. 그러나 이런 사도세자를 영조는 탐탁지 않아 했다.

영조는 아버지 숙종 대와 형 경종 대에 신하들의 정치적 압박에 얼마나 많은 사람들과 왕실 종친들이 쉽게 목숨을 잃는지 보았고, 언제 자신이 제거당할지 모른다는 두려움이 있었기에 평생을 완벽주의로 살아야만 했다. 게다가 출신 콤플렉스까지 있어 작은 빈틈 하나 보여선 안 된다는 강박이 있었다. 예민한 완벽주의자 영조는 아들 사도세자에게도 그런 모습과 행동을 기대했다. 자신의 기대와 달리 자유분방하고 학문보다 무예와 예술을 좋아하는 사도세자를 보며 영조는 답답해하지 않을 수 없었다.

영조가 사도세자에게 대리청정을 맡긴 적이 있었다. 당시 사도세자는 아버지로부터 왕의 자격을 테스트당하는 것 같아 매일매일이 긴장의 연속이었다. 작은 실수에도 영조는 사도세자를 호되게 꾸짖었다. 가뭄이

■ **탕평**
유교 경전인 『시경』에 등장하는 말로 어느 한쪽으로 치우치지 않는다는 뜻이다. 영조는 당쟁을 막기 위해 탕평책으로 당파 간의 정치세력에 균형을 꾀하려 했다.

■ **출신 콤플렉스**
영조의 어머니는 무수리, 즉 천민 출신이었다.

들거나 폭우가 쏟아지기만 해도 영조는 사도세자에게 "네가 부도덕하고 무능력해서 벌어진 일"이라며 힐책했다. 아버지에 대한 사도세자의 두려움은 급기야 건강 악화로 번졌다. 덕분에 휴식을 취하며 아버지와 업무의 압박에서 벗어나게 된 사도세자는 이후로 여러 차례 꾀병을 부렸는데, 영조가 이를 눈치채면서 사도세자에게 크게 실망한다.

영조에게는 정성왕후라는 왕비가 있었다. 둘 사이에는 자식도 없었고 부부의 금슬 또한 최악이었다. 정성왕후가 친아들도 아닌 사도세자를 어여삐 여겼다. 사도세자는 엄한 아버지와 달리 따뜻하게 품어 주는 정성왕후에게 많이 의지했다. 그러다 정성왕후가 세상을 뜨자 의지할 곳이 없어진 사도세자는 무너져 버렸고 급기야 기행으로까지 번지고 말았다.

■■ **사도세자의 건강 악화**
가슴이 뛰는 증상이 너무 심해 작은 소음에도 흉통을 호소했다고 한다.

> "경모궁(사도세자)께서 옷을 입지 못하던 병이 심하셨으니 그 어쩐 일인가! 이 병환이야 더욱 표현할 수 없고 원인을 알 수 없는 이상한 병이었다. 무릇 의복을 한 가지나 입으려 하시면 10벌이나 20~30벌 정도를 갖다 놓는데 귀신인지 무엇인지를 위하여 놓고 태우기도 하셨다. 그 중에 한 벌이라도 순하게 갈아입으시면 천만다행이었다."

> "소조(사도세자)께서 병환이 나타나시면 사람을 상하게 하시니, 그 의대 시중을 현주 어미가 들었는데 병환이 점점 더하셔서 그녀를 총애하시던 것도 잊으셨다. 소조께서 신사년(1761년) 정월에 미행하시려고 옷을 갈아입으시다가 그 병(의대증)이 발작하셔서 현주 어미를 칼로 쳐서 죽이고 나가셨다."

■■ **의대증**
'의대(衣帶)'는 옷을 뜻하는 말로, 의대증은 옷 입기를 어려워하는 일종의 강박증이다.

> "소조께서는 내수사의 일을 더디게 시행한 일로 인해 (내수사를 맡은) 서정달을 죽이셨다. 또한 출입을 담당한 당번 내관도 여러 명 상하게 하시고 선희궁의 내인 하나도 죽이시어 점점 어려운 지경에 이르렀다."

> "소조께서 신사년의 미행 때 여승 하나와, 평안도 미행 때 기생 하

나를 데려와 궁중에 두시고, 잔치를 하신다 할 때는 궁중의 천한 계집들과 기생들이 들어와 잡스럽게 섞였으니 세상에 그런 모습이 어디 있으리오."

"소조께서 거처하는 곳 모두가 어찌 산 사람이 거처하는 곳 같으리오. 죽은 사람의 빈소 같기도 하고 다홍색으로 죽은 이의 성명을 쓴 조기(弔旗) 같은 것을 해서 세우고, 영침(靈寢)하는 형상처럼 해 놓았다. 그리고 그 속에서 주무시고 잔치를 하시다가 밤이 깊어 모두 지쳐 잠이 들었다."

"소조께서는 장님들도 불러서 점을 치게 하시다가 그것들이 말을 잘못하면 죽이기도 하고, 의관이며 역관이며 궁중에서 부리는 자들도 여러 명이 죽고 병신이 된 것들도 있었다."

『한중록』

■■■■ **영침(靈寢)**
상(喪)을 치를 때 송장에 옷을 입히고 베로 감싼 후에 그 시신을 두는 곳

사도세자는 노골적으로 노론을 멀리하고 소론 신하들과 교류했다. 나중에 왕이 되면 자신들을 박해할 게 뻔히 보이는 상황에서 노론 신하들은 사도세자를 흠잡을 수밖에 없었다. 결국 노론은 영조에게 반란을 일으키려 한다며 사도세자를 모함했다. 사도세자가 평안도 인근 외진 곳에서 병정놀이를 한 것이 빌미가 되었다. 사도세자가 역모죄로 죽으면 연좌제로 사도세자의 아들인 영조의 손자까지 화를 당하게 된다. 고민에 빠진 영조에게 사도세자의 생모인 영빈 이씨가 찾아와 사도세자의 자결을 제안했다. 사도세자가 역모죄로 죽으면 그 후폭풍이 어떠할지 짐작하고 있던 영빈 이씨가 어미로서의 끔찍한 고통을 감내하며 생각해 낸 고육지책이었다. 영조도 알고 있었다. 사도세자가 자결하면 모든 문제가 깔끔하게 해결될 수 있음을.

1762년 영조 재위 어느덧 38년째. 뜨거운 여름 영조는 사도세자를 불렀다.

"임금이 세자에게 명하여 땅에 엎드려 관(冠)을 벗게 하고, 맨발로 머리를 땅에 조아리게 한 뒤 차마 들을 수 없는 전교를 내려 자결할 것을 재촉하니, 세자가 조아린 이마에서 피가 나왔다. (중략) 세손이 들어와 관(冠)과 포(袍)를 벗고 세자의 뒤에 엎드리니, 임금이 안아다가 시강원으로 보내고 김성응 부자(父子)에게 수위(守衛)하여 다시는 들어오지 못하게 하라고 명하였다."

『조선왕조실록』「영조실록」

"소조(사도세자)께서 나가시자 즉시 대조(영조)의 노하신 음성이 들려 왔다. 휘녕전이 덕성합과 멀지 않아 담 밑에 사람을 보내 보니, 벌써 용포를 벗고 엎드려 계신다 하였다. (중략) 거기에 있는 것이 부질없어 세손이 계신 곳으로 와서 서로 붙잡고 어찌할 줄 모르고 있었다. 그런데 신시 전후 즈음에 내관이 들어와 소주방(왕실 음식을 만들던 궁궐 부서)에 쌀 담는 궤(뒤주)를 가져오라 하시니, 이는 또 무슨 말인가? 세손이 망극한 일이 있는 줄 알고 뜰 앞에 뛰어 들어가 대조(영조)께 아뢰었다. 아비를 살려 주옵소서! (그러자 영조가) 나가거라! 하였다."

『한중록』

사도세자는 뒤주에 갇힌 지 8일 만에 사망했다. 사도세자가 죽은 날 영조는 '사도'라는 호를 내렸다. 사도세자의 죽음으로 노론도 더 이상 왈가왈부하지 않았고 사도세자의 아들이자 영조의 손자였던 세손도 화를 피할 수 있었다. 사도세자의 죽음을 '임오화변'이라 하는데, 당시 세손의 나이 10살이었다. 세손은 영조의 첫아들이자 요절했던 효장세자의 양아들로 입적했다. 영조는 자신의 손자가 사도세자의 아들임을 부정해 버린 것이다.

영화 〈사도〉의 영조 대사

"나는 자식을 죽인 아비로 기록될 것이고, 너는 미쳐서 아비를 죽이려 한 광인으로 기록될 것이다. 그래야 네 아들이 산다."

세손은 어려서부터 괴팍하고 깐깐한 영조의 모든 기준을 만족시킨 영재였다. 정신적으로 취약해 보이는 사도세자가 왕이 되는 것보다는 세손에게 바로 왕위를 승계하는 편이 나라를 위한 길이라고 영조는 굳게 믿고 있었다. 그는 사도세자와 사이가 멀어지고 있을 때에도 세손에게는 각별한 애정을 보냈다.

정조로 즉위하기까지

영조는 조선의 역대 왕들 중 가장 장수했으며 재위 기간 또한 가장 길다. 임오화변 이후 영조는 무려 14년을 더 국왕의 자리에 있었다. 영조는 노쇠해지면서 가뜩이나 괴팍한 성질이 더 예민해졌다. 신하들은 왕의 비위를 맞추는 게 여간 힘든 일이 아니었다. 그러나 이 와중에도 늙은 영조를 보필하며 권세를 누린 이들이 있었다.

먼저 정순왕후 김씨의 오빠 김귀주다. 정순왕후는 영조의 첫 왕비였던 정성왕후 서씨 사후 환갑이 지난 영조의 새 왕비로 책봉되었는데, 그때 그녀의 나이 고작 16살이었다. 아들인 사도세자보다 어렸고, 세손과도 나이 차가 고작 7살밖에 나지 않았다. 각종 사극에서는 정순왕후가 사도세자의 죽음에 깊게 개입한 것으로 묘사된다. 물론 정순왕후의 친정이 노론 집안이긴 했으나 사도세자가 죽었을 당시 그녀의 나이가 아직 20살도 안 됐기 때문에 영향력도 미비했을 뿐더러 사도세자의 죽음 자체와는 거리가 멀었다. 정순왕후가 정계에 조금씩 존재감을 드러낸 건 사도세자의 죽음 이후다. 영조는 새 왕비를 예뻐했고 그 덕에 정순왕후 김씨의 집안사람들이 많이 등용되었는데, 그중 오빠 김귀주가 외척으로서 강력한 세력을 꾸렸다.

김귀주와 대항하는 또 한 축은 영조의 며느리인 혜경궁 홍씨의 부친과, 삼촌인 홍봉한과 홍인한이었다. 혜경궁 홍씨는 사도세자의 아내이자 세손의 친모로 역시 노론 집안이었다. 홍봉한과 홍인한 형제는 세손의 보호자를 자처했다. 사도세자의 죽음 이후 영조가 며느리 혜경궁 홍씨와 세손만큼은 지켜 주려고 했기 때문에 홍봉한-홍인한 형제의 권세 또한 김귀주에 못지않았다. 영조는 아내 정순왕후의 집안과 며느리 혜경궁 홍

영조 재위 기간
영조는 1724~1776년까지 52년 동안 왕위에 있었다.

씨의 집안 모두를 아꼈지만 정작 두 가문은 서로를 견제하며 으르렁거렸다.

한편, 세손은 자신의 외척인 홍봉한—홍인한 형제를 좋아하지 않았다. 그들도, 자신의 외할아버지도 모두 노론 사람이었으며 사도세자의 죽음에 일조했기 때문이었다. 오히려 세손은 정순왕후를 자주 찾았고 정순왕후도 차기 국왕이 될 세손과 척을 질 필요가 없었기에 두 사람 사이는 나쁘지 않았다. 홍봉한은 그런 세손을 어느 정도 이해했으나 홍인한은 노골적으로 외가를 멀리하는 세손을 탐탁지 않아 했다. 혼자서는 세손을 막을 힘이 부족하다고 생각한 홍인한은 정후겸과 손을 잡았다.

정후겸은 영조의 딸 화완옹주의 양아들이었다. 화완옹주는 사도세자의 친여동생으로 사도세자와는 다르게 영조가 총애하던 딸이었다. 영조에게 여러 명의 딸이 있었지만 모두 요절하는 바람에 화완옹주에 대한 영조의 마음이 특별할 수밖에 없었다. 화완옹주는 정치달과 혼인했지만 태어난 지 5개월 만에 딸이 죽고, 이후 한 달도 못되어 남편 정치달까지 죽자 '정후겸'을 양아들로 들였다. 영조의 총애를 받은 화완옹주 덕에 그녀의 아들 정후겸도 어린 나이에 관직 생활을 시작했다. 젊은 나이에 혜성처럼 등장한 정후겸과 홍인한이 함께 연합해 세손의 정적 구도를 만들었다.

영조의 건강이 눈에 띄게 나빠지면서 판단력마저 흐려지자 홍인한—정후겸 두 사람이 조정의 실세로 거듭났다. 영조는 세손에게 대리청정을 명했다. 이때 홍인한과 정후겸의 반대가 엄청났는데, 정후겸은 세손의 비행을 소문내고 다녔고 홍인한은 왕의 전교를 못 쓰게 막을 정도였다. 그러나 영조는 세손의 대리청정을 강행했다. 그리고 3개월 후 영조가 사망했다. 우여곡절 끝에 세손은 1776년 조선의 22대 왕 정조로 즉위했다.

■■ 영조 사망
영조는 1694년생으로 1776년 사망 당시 83세였다.

사도세자가 죽고 자신이 왕으로 즉위하기까지 14년간 세손이었던 정조의 어린 시절은 어떠했을까? 어린 나이에 아버지의 죽음을 목격한 데다 할아버지인 영조가 얼마나 무서운지, 또 정치판은 얼마나 냉혹한지 일찌감치 알아 버린 세손은 절대로 튀는 행동을 하지 않았다. 홍인한—정후겸이 영조 말년에 막강한 권세를 누린 것도 세손이 적극적으로 나서지 않았기 때문에 가능했다. 세손은 아버지의 죽음을 잊을 수 없었지만 할아버지 영조가 엄하게 단속했기에 순순히 따라야 했다. 모두가 세손이 아버지를 잊었을 거라고 생각했으나 1776년 정조는 자신의 즉위식 연설에서 충격적인 발언을 한다. "과인은 사도세자의 아들이다."

정조의 즉위로 세손 시절 정치적 동반자였던 정순왕후와 그녀의 오빠 김기주의 입김이 세졌다. 세손의 대리청정과 정조의 즉위를 노골적으로 반대했던 홍인한과 정후겸은 불안에 떨어야 했다. 홍인한도 정후겸도 모두 영조가 총애하던 왕족과 연관되어 있는 척신들이었다. 정조가 가장 우선적으로 제거해야 할 대상은 홍인한과 정후겸이었고, 아니나 다를까 정조의 눈치를 본 감찰 기관에서 정후겸과 홍인한에 대한 처벌 상소를 올렸다. 정조는 두 사람을 모두 유배 보낸 뒤 사약을 내렸다. 정조가 즉위하고 고작 4개월 뒤의 일이었다.

정조는 홍인한의 형 홍봉한만은 지켜 주었는데, 정순왕후의 오빠 김귀주가 홍봉한마저 압박했다. 이에 대한 정조의 대응이 충격적이었다. 정조는 김귀주를 파직한 뒤 유배를 보내 버렸다. 김귀주는 평생 복귀하지 못한 채 유배지에서 숨을 거두었다. 정순왕후는 정조의 이런 처분에 큰 배신감을 느꼈다. 정순왕후 김씨 집안과 혜경궁 홍씨 집안의 대립에서 정조는 정순왕후와 결탁하고 있었다. 그런 정조가 홍인한-정후겸 제거 후 이번엔 김귀주를 쳐낸 것이다. 정순왕후 쪽에서는 뒤통수를 맞은 격이지만 척신정치 청산을 원했던 정조에게는 정치적으로 현명한 판단이었다. 김귀주 또한 외척 출신으로 척신정치의 중심에 있었기 때문이다. 정조의 토사구팽이었다.

척신정치
왕실이랑 혼인을 맺는 가문에 속해 있는 신하들, 즉 외척들이 권력을 잡아 이루는 정치를 말한다.

홍인한, 정후겸, 김귀주 등이 제거되었지만 세손 시절 정조가 당했던 수모를 고려하면 무리한 정치 보복이라고도 할 수 없었다. 그런데 1777년(정조 1년) 7월 28일 정조의 집무실이었던 경희궁 존현각에 자객이 침입하는 사건이 발생했다. 책을 읽느라 자지 않고 있던 정조는 다행히 지붕 뜯기는 소리를 듣고 피했지만 국왕 암살 미수 사건은 그냥 넘어갈 일이 아니었다. 정조는 수사를 지시했고 8월 11일 암살범 전흥문이 체포되었다. 천민이었던 전흥문은 돈과 여자를 받는 대가로 암살에 가담하였

으며, 호위청 군관 강용휘가 연루되었다. 국문 결과 이들을 사주한 배후
는 홍상범으로, 바로 홍봉한-홍인한 집안의 사람이었다. 이들은 정조가
홍인한을 제거한 것에 불만을 품고 역모를 꾀했으며, 정조 대신 정조의
이복동생 은전군을 왕으로 추대할 계획이었다. 이 일로 정조는 홍봉한을
제외한 홍씨 집안 전체를 풍비박산 냈고, 개인적인 악감정은 없었지만
은전군에게도 사약을 내릴 수밖에 없었다. 이듬해인 1778년 정조가 끝까
지 지켜 주었던 외조부 홍봉한까지 눈을 감으면서 마침내 영조 대의 척
신들이 모두 사라졌다.

호위청
국왕의 경호실 격

정조의 날개, 홍국영

권력은 공백을 허용하지 않는다고 했던가. 영조 말년부터 조정을 장악해
온 척신정치가 정조 재위 초에 청산되자 정조의 오른팔 홍국영이 그 틈
을 비집고 들어와 모든 권력을 독차지했다. 홍국영은 정조가 세손이던
시절 세손 교육기관의 직원으로 정조와 처음 만났고 비슷한 또래였던 두
사람은 급격하게 친해졌다. 세손 시절 외로웠던 정조의 마음을 얻은 이
가 홍국영이었다. 홍국영은 딱히 소속 붕당도 없었기에 세손 시절의 정
조는 더더욱 홍국영에게 의지하는 경향이 컸다. 홍국영은 정조의 친구이
면서 두뇌 회전이 빠르고 영민하여 정조의 참모 역할도 했다. 정조 즉위
후 홍인한과 정후겸의 제거, 김귀주 탄핵, 존현각 자객 침입 사건에 대한
수사 등 모든 것이 홍국영의 머리에서 나온 결정들이었다.

정조 즉위 직후 홍국영은 도승지로 임명됐다. 또한 국가 예산 일부
품목을 관장하는 선혜청의 제조, 수도방위 사령군인 5군영 가운데 금위
영 대장, 궁궐 경호부대인 숙위소 대장을 겸임했고 나중에는 중영대장이
되어 5군영 전체를 지휘했다. 수도방위군과 궁궐 경호부대가 전부 홍국
영 한 사람의 손안에 있었다. 가장 민감한 병권의 전권을 맡길 정도로 홍
국영에 대한 정조의 신임은 두터웠다. 국가의 모든 정사가 한 번씩은 홍
국영을 거쳐야만 했다.

도승지
국왕의 비서실장에 해당한다.

1778년(정조 2년)에 정조와 효의왕후 사이에 아이가 없어 후궁 간택
령이 떨어졌다. 정조는 홍국영의 추천에 따라 그의 여동생을 후궁으로

후궁
원빈 홍씨

들였다. 이로써 홍국영은 여동생이 정조의 아들을 낳는 경우 차기 국왕의 외삼촌이 되는 큰 그림을 그려 볼 수 있었다. 그러나 후궁이 된 지 1년 만에 홍국영의 여동생이 죽어 버렸다. 그때부터 정조와 효의왕후를 능멸하는 등 선을 넘는 홍국영의 행위가 지속되었다. 새로운 후궁을 들이자는 여론을 묵살하고 조정의 원로대신들에게 갑질을 하기 일쑤였다. 심지어는 제멋대로 정조의 조카를 죽은 여동생의 양아들로 입적했다. 대소신료들과 왕실 사람들까지 모두가 홍국영을 비난했다. 이제 정조가 나서지 않을 수 없었다.

1779년(정조 3년) 정조는 홍국영을 따로 불렀고, 이후 홍국영은 조정 대신들이 있는 자리에서 직접 사임 의사를 밝혔다. 대신들은 어리둥절했으나 정조는 담담하게 받아들였다.

> "신은 구구하게 아뢸 것이 있습니다. 성심(정조)도 오늘을 기억하시겠지요. 오늘은 신이 임진년에 성명(정조)을 처음 만난 날입니다. 그날부터 전하의 신에 대한 두터운 은혜와 특별한 지우는 아마 천고에 없는 계회(契會)일 것입니다. (중략) 위에서는 차마 말씀하시지 못하고 아래에서는 차마 청하지 못합니다마는, 신 한 사람 때문에 나라의 계책이 이 지경이 되게 하였으니, 어찌 답답하지 않겠습니까? 오늘은 신이 성명(정조)과 길이 헤어지는 날입니다. 이제 부신(符信)을 바치고 나갈 것인데 신이 한번 금문(궁궐 문) 밖으로 나간 뒤에 다시 세상일에 뜻을 두어 조지(朝紙)를 구하여 보고 사람을 불러 만난다면 이것은 국가를 잊은 것이니, 천신(天神)이 반드시 죽일 것입니다."
>
> 『조선왕조실록』「정조실록」

정조는 홍국영에게 '봉조하'라는, 이름만 있을 뿐 실질적인 권한은 없는, 명예직만을 하사하고 조정에서 내보냈다. 이후로 홍국영이 다시 정치 일선에 나오는 일은 없었다. 한편 조정에선 홍국영에게 줄을 섰던 신하들에 대한 대대적인 숙청이 이어졌다. 흉소사건에 역모까지 정조는 재위 초반 몇 년 동안 홍국영의 흔적들을 지우느라 애를 먹어야만 했다. 그러나 결과적으로 정조는 홍국영에게 최대한의 자비를 베풀었고, 스스로 물러날 수 있는 기회를 주었다. 홍국영에겐 최선의 결말이었다.

준론 탕평

척신정치도 없어지고 홍국영과 그 일당도 제거됐다. 재위 10년이 지나면서 정조의 왕권은 안정되었다. 정조는 즉위식에서 "과인은 사도세자의 아들이다."라고 선언했었다. 조정 대신들은 정조가 아버지의 복수를 하겠다며 피바람을 불러일으킬까 봐 노심초사했다. 하지만 10년간 정조가 숙청한 대상은 척신들이었고 홍국영과 그 일당이었다. 물론 제거된 척신들이 사도세자의 죽음에 어느 정도 개입한 노론이긴 했으나 그들이 숙청된 이유는 '척신'이어서지 '노론'이어서가 아니었다.

정조는 즉위식 때부터 탕평의 가치를 강조하며 그간 오히려 노론의 원로대신들을 우대했다. 그렇다고 정조가 아버지의 복수를 잊은 건 아니었다. 그는 언제나 아버지의 복수를 꿈꾸고 있었다. 다만 그 방법이 연산군 같은 피로 얼룩진 패악질이 아닌 시스템의 변화를 통한 정치 개혁이었다. 정조는 과감한 정치 개혁을 위해 철저하게 준비하면서 때를 기다리고 있었다.

재위 기간이 10년이 넘어가는 시점에 정조는 개혁의 칼로 복수에 나섰다. 그는 영조보다 더 강도 높은 탕평을 몰아붙였다. 영조의 탕평은 노론의 기득권을 유지하면서 노론과 소론 모두 온건한 중도 쪽을 등용해 당쟁을 최소화하려는 완론 탕평이었다. 반면 정조는 탕평의 가장 중요한 원칙으로 '의리'를 내세우며 붕당을 막론하고 국왕에게 의리를 지키는 자들로 조정을 구성해 갔다. 여당 격인 노론의 권력을 무조건적으로 보장해 주지는 않겠다는 것이었다. 이런 정조의 탕평책을 '준론 탕평'이라 한다. 정조는 그간 노론에 의해 밀려나 있던 소론 계열의 서명선과, 남인 계열의 채제공 등을 발탁해 조정의 요직에 임명하며 권력을 키워 주었다.

그렇다고 노론을 조정에서 완전히 몰아낸 것은 아니었다. 노론도 살

길을 찾기 위해 차라리 정조 편에 붙겠다는 시파와 끝까지 노론의 정체성을 고집하며 정조와 각을 세우겠다는 벽파로 쪼개졌다. 정조는 아버지를 죽음으로 몰아넣은 노론을 무작정 탄압하기보다 그들 스스로 내분을 일으켜 두 붕당으로 쪼개져 버리게끔 유도했다.

벽파 측에서는 정조에 대한 공격을 멈추지 않았다. 자신에게 각을 세우는 벽파지만 이성적이었던 정조는 벽파 출신의 김치인을 영의정으로 임명하는 등 그들을 배척하려 들지 않았다. 원로대신 김치인의 중재로 비주류 붕당 남인 출신의 채제공이 1788년(정조 12년) 우의정에 제수됐다.

벽파의 공격
정조가 등용한 서명선을 탄핵하기도 했다.

자신이 원하던 탕평에 일조한 김치인이 나이 때문에 일찍 물러나자 정조는 노론 벽파이면서 한때 자신의 스승이기도 했던 김종수를 우의정에, 채제공을 좌의정에 임명했다. 이로써 정조는 붕당을 여러 개로 쪼개 일당독재 현상을 막았고, 기득권을 누리던 노론을 시파와 벽파로 쪼갰으며, 바람대로 소론과 남인을 부활시켰다. 정조의 계획이 하나둘 실현되어 갔다.

정조의 규장각

조정의 원로대신들뿐 아니라 정조에게는 자신을 보필하며 최측근이 되어 주는 비주류 인재들이 있었다. 바로 규장각의 검서관들이었다. 규장각은 왕실 소유의 도서관 겸 박물관으로 정조가 즉위하던 1776년에 만들어졌고, 몇 년 후에는 정조의 정책들을 연구하고 자문하는 씽크탱크 기관으로 확장되었다. 규장각 소속의 학자인 '검서관'들을 정조가 직접 발탁했는데, 1779년(정조 3년)에는 박제가, 이덕무, 유득공, 서이수가 검서관으로 발탁되었으며 초대 검서관인 이 넷을 '사검서관'이라고 불렀다.

규장각
세종대왕 시절의 집현전과 그 기능이 유사했다.

1781년(정조 5년) 정조는 초계문신제도를 시행하고 규장각에 해당 업무를 맡겼다. 초계문신제도란 하급 관리 가운데 37세 이하의 젊은 사람들을 대상으로 3년간 정치와 학문을 재교육하는, 일종의 국가장학금으로 운영되는 학술 프로젝트였다. 1781년 첫 시행 때 16명이 초계문신 교육을 받았고, 정조 재위 연간에 10회에 걸쳐 총 138명이 초계문신 교육

박제가, 이덕무, 유득공, 서이수 네 사람 모두 서얼 출신이었다. 성리학에 뿌리를 둔 조선에서 서얼들은 사회 진출에 극심한 차별을 받을 수밖에 없었다. 신분제가 동요하던 조선 후기 명문 가문임에도 서얼이란 이유만으로 차별받던 부당함을 호소하는 여론이 많이 조성되었고 정조 또한 이 점을 잘 파악하고 있어서 애당초 서얼들을 등용할 목적으로 규장각 검서관직을 만들었다. 특히 박제가, 이덕무, 유득공 세 사람은 학식이 풍부하고 서로 현실적인 개혁 사상을 공유하며 청나라의 선진 문물을 배우자는 북학론에 뜻을 모았다. 이들이 규장각 검서관이 되어 함께 청나라에 유학을 다녀오기도 하고 현실적인 개혁 정치를 연구하면서 규장각으로부터 실학사상이 일파만파 퍼지게 된다. 박제가는 경제학에, 이덕무는 박물학에, 유득공은 역사학에 지대한 관심과 능력을 보이며 추후 이들은 실학사에서 대단히 큰 족적을 남긴다.

여기서
잠깐

실학의 기수들: 박제가, 이덕무, 유득공, 서이수

의 혜택을 받았다. 초계문신의 1차 목적은 인재 양성이었다. 국가 운영을 위해 신선하고 합리적인 정책안을 건의할 수 있는 젊은 인재들이 필요했다. 2차 목적은 붕당의 개념을 지우며 정조 개인의 측근들을 육성하기 위함이었다.

정조의 장용영

정조는 개인 신변에 대해서도 신경을 쓸 수밖에 없었다. 존현각 자객 침입 사건처럼 왕이 사는 궁궐에 자객이 드는 것은 궁궐 내부 사람과의 결탁이 없으면 불가능한 일이다. 정조는 경호를 강화하기 위해 기존의 숙위 병력이 아닌 별도의 경호부대를 창설하기로 한다. 경호부대는 단순한 경호팀이 아닌 전투에도 투입될 수 있는 정예병 부대가 되어야 했다. 정조는 1782년(정조 6년) 장교진을 우선적으로 선발하고 2년 후 무과 시험에서 병사 2천 명을 선발한 후 이듬해에 장용위를 설치하였다. 이후 매년 장용위의 정원을 늘려 나갔고 1788년에는 명칭을 장용영으로 바꾸었다. 장용영은 조선 최정예 부대였으며 수도방위군인 5군영보다도 더 위세가 막강했다.

정조는 무예도 출중했다. 특히 활쏘기 실력은 이성계에 비견될 정도로 뛰어났다. 화살을 쐈다 하면 명중이었는데 오랜만에 쏴도 50발 중 41발은 명중이었고, 49발을 쏴서 49발을 모두 명중시키고는 "50발을 쏘지 않는 건 모조리 명중시키고 싶지 않아서."라고 했다고 한다. 박제가도 이 일화를 거론하며 정조가 50발을 모두 쏘면 전부 명중시킬 게 뻔하니 일부러 49발만 쐈다며 주상은 겸양을 갖추었다고도 기술한 바 있다. 정조는 아버지 사도세자가 집필하려다 끝내 못한 무술 교과서를 완성하기 위해 1790년(정조 14년) 규장각 검서관들과 장용영 장교 백동수를 시켜 『무예도보통지』를 편찬하기도 했다.

여기서 잠깐!!

이성계의 현신, 정조

신해통공

정조가 휘두른 개혁의 칼은 사회적 변화의 흐름을 반영했다. 조선 후기는 그 어느 때보다 격변의 시기였으나 그간의 조선 정부는 붕당 간 정쟁에만 천착하여 변화의 흐름에 대응하지 못했다. 조선 후기의 가장 큰 변화라면 성리학의 영향으로 억눌려 있던 상업이 비약적으로 발전한 것이다. 인파가 몰리는 곳에 상권이 형성되고 양반보다 더 많이 재산을 불리는 상인들도 있었으며, 대규모의 상단을 운영하는 거상들도 있었다. 그간 조선 정부는 성리학에 입각하여 상업을 천시했다. 나라에서 지정한 곳에서만 장사를 할 수 있었고, 일부 국영 시전상인들은 금난전권의 권한을 가지고 있었다. 금난전권이란 허가받지 않은 장사꾼들의 난전을 단속함으로써 시장을 독점할 수 있는 권리였다. 정부와의 공생 속에 시전상인에게 특권이 쏠리면서 시전상인이 높은 가격을 불러도 백성은 이를 받아들일 수밖에 없는 등 곳곳에서 그 폐해가 나타나기 시작했다. 이에 1791년(정조 15년) 정조는 시전상인들의 금난전권을 폐지하는 '신해통공' 조치를 발표했다. 난전이 시전상인들로부터 단속을 받지 않게 되자 조선의 상업은 유례없는 호황의 시대를 맞이했다.

정조의 신해통공 조치는 상업을 촉진하기 위함만은 아니었다. 정치적 목적도 있었다. 붕당정치가 한창 심할 때 여당 측의 붕당 신하들은 가장 먼저 국가의 군사권과 경제권을 독점했다. 5군영의 요직들을 겸직했고 돈 많은 상인들과 결탁해 정경유착을 일삼으며 붕당의 정치자금으로 활용했다. 정조는 이런 현상을 타파하고자 했다. 5군영보다 더 높은 위치의 장용영을 만들어 5군영의 힘을 축소하고, 시장의 독점을 막아 다양한 상인들이 등장할 수 있는 기반을 마련해 주었다. 붕당의 폐해가 정조에 의해 하나둘 해소되고 있었다.

수령의 권한 강화

정조의 개혁의 칼은 지방도 피할 수 없었다. 조선의 지방 사회에는 고질적인 문제가 있었다. 정부는 지방관(수령, 사또)을 임명해 지방에 파견한다. 외관직 파견 시에는 상피제라고 하여 지방관이 근무지와 아무런 연고가 없어야 한다는 원칙이 있었다. 그러다 보니 파견된 지방관들은 근무지의 백성들로부터 지지를 받지 못하는 경우가 더러 있었다.

한편 지방에는 오래도록 향촌 사회를 주도하던 재지사족들이 있었다. 이들은 가문 대대로 고을에 살며 성리학을 공부하는 양반 유지들이었기에 향촌과 백성들에 대한 영향력이 파견된 지방관들보다 더 컸다. 이러니 지방관 수령과 향촌의 재지사족들 사이에 묘한 알력 다툼이 발생할 수밖에 없었다. 수령은 국왕이 직접 임명해 파견하기 때문에 왕의 대리인 성격이 강했고 필연적으로 정부를 대변해야 했다. 수령이 향촌의 재지사족들에게 밀리는 건 그만큼 국왕의 권위가 떨어진다는 뜻이었다.

재지사족들이 향촌 사회를 통제하는 여러 가지 방책 중 '향약'이라는 것이 있었다. 향약은 향촌 사회의 자치 규약으로 겉으로는 도덕적인 가치를 설파하는 듯하지만, 재지사족들은 이 향약으로 고을 백성들에게 영향력을 행사해 왔다. 정조는 향약을 수령이 주관하게 함으로써 재지사족이 향촌 사회에 행사하는 힘을 약화했다. 또한 수령의 힘이 지나치게 비대해지면 가렴주구의 원인이 될 수 있고, 실제로 그런 탐관오리들도 있음을 정조도 잘 알고 있었기에 수령의 권한을 키워 주되 암행어사의 파견 빈도를 높여 수령의 부패 여부를 철저하게 감시하고 인사고과를 엄하게 관리했다.

천주교 박해와 문체반정

정조는 개혁군주의 면모가 강했으나 역설적으로 보수적인 사상을 가진 국왕이기도 했다. 유교 경전과 성리학에 대한 정조의 이해도와 암기력에 모두 입이 떡 벌어질 정도였다고 한다. 경연장에서도 경연을 주관하는 신하들이 오히려 정조에게 배우는 광경이 펼쳐졌고, 정조는 자기보다 더 모른다며 신하들을 꾸짖고 수준이 떨어진다는 이유로 경연에 자주 불참했다.

정조는 그저 아는 것에만 만족하지 않았다. 유교와 성리학에 대한 통찰력도 대단했던 정조는 궁극적으로 이상적인 유교 사회를 꿈꾸었다. 조선 후기 사회가 혼탁해지자 정조는 성리학에 입각한 질서 확립에 나섰다.

1791년(정조 15년) 보수적인 유교적 가치를 지향하던 정조에게 시험대 같은 사건이 터졌다. 오늘날의 충남 금산 진산군에서 천주교 신자였던 윤지충과 권상연이 윤지충의 모친상에서 제사를 지낼 수 없다며 천주교식으로 신주를 불태워 버렸다. 이것이 진산사건이었고 유교 사회였던 조선에서 아직 천주교가 퍼지기 전이었기 때문에 세간에 충격을 주었다.

진산사건은 조정에도 논의의 대상으로 보고가 되었다. 남인 계열의 채제공은 서학의 확산을 막아야 한다고 주장했다. 당시 조선에서는 천주교를 서양에서 전래된 학문, 즉 '서학'이라고 불렀다. 정조는 윤지충과 권상연 두 사람을 처형했고, 조선 최초로 세례를 받았던 이승훈 베드로를 포함 관련 천주교 신자들이 체포되어 삭탈관직 되거나 유배령을 받았다.

조선 최초로 정부가 개입하여 천주교 신자들에게 벌을 내린 박해 사건을 신해박해라고 한다. 정조 사후 후대 조선 국왕들의 박해 사건에 비

문장력도 뛰어났던 정조는 세손 시절부터 평생 동안 일기를 썼고, 이러한 국왕의 일기 작성 문화는 순종황제까지 이어졌다. 이 국왕 일기를 『일성록』이라 하는데, 정조가 처음 일기를 쓰기 시작한 계기는 유교 경전 논어에서 "나는 매일 세 번 스스로를 반성한다(吾日三省吾身)."라는 경구를 보고 영감을 받아서였다.

여기서
잠깐

『일성록』

하면 신해박해는 그나마 정도가 덜했다. 조정의 신하들은 더 철저한 색출 작업과 엄한 처벌을 요구했으나 정조는 신하들을 달래며 이 정도로 사건을 마무리했다. 그 어떤 대소신료보다 유교의 전통적 가치를 중요시한 정조였는데 유교와 대척점에 있는 서학과 그 신자들에 대해선 생각보다 가혹하지 않았다. 그 이유마저 보수적이었다. 정조도 서학을 이단과 이교도라며 찬성하는 입장은 아니었다. 단 이런 이교도가 횡행하는 근본적인 이유는 지금의 성리학이 그 위상을 잃고 변질되고 있기 때문이라고 생각했다. 성리학이 바로 서면 서학 같은 이단과 이교도는 자연스레 사라지리라 믿었다. 그런데 조정의 신하들과 성리학 선비들은 근본적인 원인은 보지 않고 마냥 서학을 배격해야 한다고만 하니 정조는 이것을 문제 삼았다. 따라서 정조는 박해가 유일한 답이 아니라고 생각하여 탄압의 정도를 최소화하였다.

정조는 '서양학을 금지하려면 먼저 패관잡기부터 금지해야 한다.'라고도 말했다. 명나라 말에서 청나라 초기 중국에서 대중문학이 크게 유행하고 조선으로까지 넘어왔는데 정조는 대중문학이 성리학의 본질을 흐리게 하고 있다며 패관잡기에 매우 비판적이었다. 하필 이 무렵 노론계 재야 학자였던 연암 박지원이 청나라의 열하를 다녀온 경험을 『열하일기』라는 제목의 책으로 엮었는데 오늘날에도 뛰어난 문학적 가치를 인정받는 이 기행문은 당시에도 널리 읽혔다. 그러나 정조에게는 이 기행문조차 패관잡기로 여겨졌다. 정조는 노론의 입김이 조선의 지성계와 문단계에까지 퍼지고 있음도 마음에 들지 않았다. 신해박해 사건이 있고 1년 후였던 1792년(정조 16년) 정조는 당시 노론계 중심으로 퍼지고 있는 패관문학의 풍조를 맹비난하고 고전의 문체를 부활시키라며 특명을 내린 '문체반정'을 일으켰다.

■■■ 패관잡기
오락적 목적의 대중문학을 말한다.

수원화성과 정약용

정조의 왕권은 수원화성으로 완성되었다. 1789년(정조 13년) 원래 양주에 있던 사도세자의 무덤에 물이 샌다는 보고가 있었다. 이에 정조는 지금의 화성시 자리에 무덤을 이장하기로 결정했다. 그러나 이곳엔 사람들이

사는 마을이 있었다. 정조는 이곳에 사도세자의 무덤인 융릉을 조성하는 대신 원래 이 지역에 살던 사람들을 위해 인근에 새로운 거주지를 만들고 그곳으로 이주하게 해 주었다. 이것이 수원화성 공사의 시작이었다. 명분은 쫓겨난 백성들에게 새 거주지를 마련해 주겠다는 것이었지만 이를 빌미로 정조는 대규모 성벽을 두른 신도시 축조를 지시했다. 정조가 지시한 새로운 성은 최첨단 건축 공법과 건축 시설을 동원한 계획 신도시였기에 정조는 이곳을 '화성(華城)'이라고 부르기로 했다. 몇 년간의 준비 작업 후 1794년(정조 18년) 1월부터 좌의정 채제공이 도제조가 되어 그의 총괄하에 착공에 들어갔다. 이때 공사 과정에서 크게 활약한 사람이 있었으니 바로 다산 정약용이었다.

정약용은 몰락 붕당 남인 집안에서 태어났다. 몰락한 붕당인 만큼 정약용과 일가족은 실용적인 실학에 지대한 관심을 가지고 있었고 원로 실학 사상가들과도 가깝게 연결되어 있었다. 정약용이 성균관 유생이었던 시절 워낙에 두각을 보이니 정조도 그의 존재를 일찌감치 파악하고 눈여겨보았다. 정조는 곧 정약용을 규장각에 소속시키고 초계문신의 혜택도 베풀어 주었다.

정약용이 결정적으로 정조의 환심을 샀던 일이 있었다. 정약용이 관직 생활을 시작했을 무렵이 한창 정조가 수원에 화성 공사를 준비할 때였다. 수원이 한양에서 그렇게 멀진 않지만 그렇다고 마냥 가깝지만도 않아 대규모 행렬이 한강을 건널 수 있는 다리가 필요했다. 이때 정약용이 배를 일렬로 도열시킨 뒤 그 위에 길을 만들면 효율적으로 다리를 만들 수 있다며 '한강배다리' 아이디어를 제안했다. 그뿐만이 아니었다. 배로 다리를 만들면 안전성이 취약할 수 있다. 정약용은 가운데에 놓일 배를 큰 배로, 양 끄트머리로 갈수록 작은 배를 놓아 배다리를 포물선 아치형으로 설계했다. 아치형은 물리적으로 하중을 분산할 수 있어 안전성 문제를 극복할 수 있었다. 정조는 정약용의 아이디어에 크게 감복했고 실제 한강배다리 건설을 지시했다. 정약용의 놀라운 공학적 지식에 정조는 청나라에서 수입한 공학 서적『기기도설』을 선물했다. 정약용은『기기도설』에 영감을 받아 도르래의 원리로 무거운 물건도 가볍게 올릴 수 있

수원화성 공사는 애초에 6년을 예상했지만 착공한 지 2년 만인 1796년(정조 20년) 완공했다. 이토록 공사 기간이 단축된 데는 물론 정약용의 공학적 지식도 한몫을 했지만 다른 요인도 있었다. 바로 획기적인 인력 운영법이었다. 과거에는 국가에서 토목공사를 할 때 백성들이 의무적으로 부역을 하도록 동원되었다. 세금의 일종이었다. 따라서 무리한 토목공사를 빈번하게 지시하는 국왕은 백성들로부터 야유와 원성을 받았다. 그러나 수원화성 공사 현장은 달랐다. 국가가 인부를 고용한 것이다. 정부가 부역에 동원한 백성들에게 일한 만큼의 임금을 주었고 모든 작업이 일사천리로 진행된 결과 예상 공사 기간을 3배로 단축시켰다.

여기서 잠깐

수원화성 공사의 비결

는 거중기와 녹로를 개발했다. 거중기와 녹로는 이전까지 조선에 없던 것이었고 정조는 이 건축 기구들을 수원화성 공사에 투입했다.

화성 완공 1년 전인 1795년은 정조의 어머니 혜경궁 홍씨의 회갑이 되던 해였다. 정조는 혜경궁 홍씨의 생일에 맞추어 대규모 행렬을 준비해 어머니를 모시고 사도세자의 무덤에 참배를 한 뒤 완공을 목전에 둔 화성에서 머물다가 한양으로 돌아갔다. 정조는 이때 화성 행차의 모든 과정을 아주 세세한 부분까지 전부 그림으로 그리게 해 기록으로 남겼다. 이 의궤가 『원행을묘정리의궤』다. 또한 정조는 『원행을묘정리의궤』와는 별개로 화성 행차 일정을 8첩의 병풍 그림으로도 만들도록 지시했는데 이 병풍 화첩이 『화성행행도』(혹은 『화성능행도』)이다.

1796년, 정조 재위 20주년을 맞이하여 정조의 야심작 수원화성이 완공되었다. 장안문(북문), 팔달문(남문), 화서문(서문), 창룡문(동문) 네 개의 대문을 만들었고 공심돈, 장대, 노대, 치성 등 군사시설에 최첨단 화포들을 구비했다. 정조의 최정예 부대 장용영도 화성 완공 후 수원화성에 주둔했다. 비록 화성은 국방의 목적이 아니었지만 당대 군사적으로 가장 선진화된 요새였다.

정조는 또한 방화수류정이라고 하는 수문시설을 통해 수로 시스템을 정비하기도 했다. 정조와 공사 총괄자인 채제공의 주된 관심사는 화성의 상업적 기능이었다. 수원은 지리적으로 삼남지방의 물자들이 모이는 위치에 있었다. 정조와 채제공은 화성 이주자들에게 감세 혜택과 저

■ 원행을묘정리의궤
조선 후기 정조 대의 생활풍속사와 왕실의례사 연구에 귀중한 자료이며 이 그림 기록물 덕에 오늘날 정조의 화성 행차를 완벽하게 재현할 수 있게 되었다.

■ 화성행행도
현재 이태원 삼성리움박물관에 소장 중이다.

이자 대출을, 그리고 금난전권이 적용되지 않은 큰 시장을 조성해 주었다. 수원은 화성유수부로 승격했고 어느새 영의정이 된 채제공은 화성유수까지 겸직하였다.

창덕궁 후원 존덕정이라는 정자에 가면 정조가 친필로 쓴「만천명월주인옹」이라는 제목의 현판이 있다. 수원화성이 완성되고 2년 후이자, 정조 사망 2년 전이었던 1798년(정조 22년) 정조가 쓴 장문의 글에는 자신의 정치이상과 왕권에 대한 자신감이 가득 넘치며 문장력 또한 뛰어나다. 만천명월주인옹은 정조 스스로를 가리키는 말로 "하나의 달빛이 땅 위의 모든 강물을 비추니, 강물은 백성이오 달은 태극이며 태극은 곧 나다."라는 뜻이다.

단원 김홍도

『원행을묘정리의궤』와『화성성역의궤』의 사례에서 유추해볼 수 있듯 정조는 그림에도 많은 관심을 보였다. 이런 정조에게 또 한 명의 측근이 있었으니 조선의 3대 화가로 손꼽히는 단원 김홍도였다. 김홍도의 스승 표암 강세황은 그의 그림을 보고 "화인은 일반적으로 천과 종이에 그려진 그림을 보고 나서야 공력을 쌓아 비슷하게 그릴 수 있었는데, 김홍도는 보고 배우지 않더라도 무엇이든 사생하여 똑같이 그려내며 교묘히 자연의 조화를 빼앗을 수 있는 지경에 이르렀다."라며 인물, 산수, 신선, 불화, 꽃과 과일, 새와 벌레, 물고기와 게 등에 이르기까지 모든 그림을 다 그려낼 수 있는 조선 400년 역사의 신필이라고 극찬할 정도였다. 정조의

김홍도
서른도 안 되어 화가로서 명성을 누렸으며 조선시대 화가 중 가장 많은 작품을 남긴 사람이기도 하다.

정조는 2년간의 공사과정도 일일이 그림과 글로 기록하게 하였다. 이 의궤는『화성성역의궤』라고 하는데 기록된 일지가 놀라울 정도로 세밀하여 심지어는 인근 지역에서 가져온 물자의 양과 동원된 인부들의 이름까지도 하나하나 전부 적혀 있다. 글만 있었다면 글로 형상을 상상해야 했을 텐데 그림까지 그려 놓았다. 지금까지 남아 있는『화성성역의궤』덕에 6.25 한국전쟁 때 크게 훼손된 수원화성을 쉽게 복원할 수 있었다. 수원화성은 그 가치를 인정받아 1997년 유네스코세계문화유산에 등재되었다.

여기서 잠깐

『화성성역의궤』

치세를 르네상스로 비유하는 것 또한 김홍도 주도로 화단이 전성기를 맞이했던 덕분도 있다.

　뛰어난 예술가들의 뒤에 스폰서가 있듯, 김홍도에게는 정조가 있었다. 영조 대에는 문인들의 그림이 주류를 이루었다면 정조 재위기는 왕실과 국가 행사 시 회화 작업을 담당하던 관청 도화서 화원들의 전성기였다. 중인이었던 김홍도는 강세황의 추천으로 도화서에 소속되었고 세손 시절 정조의 초상화를 그리며 정조와 부쩍 가까워졌다. 1781년(정조 5년) 김홍도는 어진 제작에 참여하며 정조의 절대적 신임을 얻었다. 풍속화에서 산수화까지 모든 것에 능통했기에 정조가 백성들의 삶이나 조선의 구석구석을 알고자 할 때 사실적이고 생동감 넘치는 김홍도의 그림만한 것이 없었다.

　한창 사도세자의 무덤과 수원화성 건설 준비에 열을 올리고 있던 무렵 정조는 사도세자의 무덤 앞에 아버지를 기리기 위한 절 용주사를 건립했는데, 1790년(정조 14년) 정조는 김홍도에게 용주사의 불화를 그리도록 지시하기도 했다. 이런 정조의 전폭적인 신뢰 덕에 김홍도는 여러 차례 지방 수령에 임명되기도 했었다. 김홍도보다는 한 세대 아래지만 김홍도만큼이나 천재적 화풍으로 두각을 보인 혜원 신윤복 또한 정조 시대 도화서 출신의 화원이었다. 도화서에 대한 정조의 지원 덕분에 조선 후기의 화단과 화풍이 김홍도−신윤복 세대를 기점으로 전환점을 맞이했다.

사도세자 추숭 문제

사도세자의 이장 논의가 시작되고 수원화성 공사가 시작되기 전이었던 1792년(정조 16년) 무렵 만 명이 넘는 영남 지방 유생들의 상소문이 정조에게 전해졌다. 이를 영남만인소 사건이라고 하는데, 만 명의 상소문이 올라온 것은 이전까지 사례를 찾아볼 수 없는 사건이었다.

　영남은 몰락 붕당이었던 남인의 연고지였다. 영조 대에는 이인좌의 난까지 벌어지며 영남 지방 유생들의 사회 진출에 엄청난 제약이 가해졌다. 본디 영남은 성리학의 메카였으나 붕당정치의 피해로 그 위상이 추락할 대로 추락해 버렸다. 영남 지방의 유생들은 몇 번이고 상소문을 올렸지만 정조 재위 16년에야 그들의 목소리가 정조에게 제대로 전달되었다. 상소문의 내용은 영조 대에 일어난 이인좌의 난은 남인이 아닌 소론 극단파들이 일으켰던 반란으로 영남 지방과는 큰 상관이 없으며 억울한 누명을 쓴 탓에 뛰어난 인재를 배출하던 영남 지방에서 더 이상 국가에 충성할 수 있는 인재들을 배출 못하고 있다는 신세 한탄이었다.

여기서 끝이 아니었다. 영남 출신들에게도 국가에 목숨을 바쳐 일할 수 있는 기회를 제공해 달라면서 정조 재위 20여 년 동안 해결되지 못한 문제들을 본인들이 해결할 수 있다고 주장했다. 대표적으로 든 사례가 사도세자 추숭 문제였다. 영남 유생들은 영조의 잘못된 판단으로 사도세자가 억울하게 죽었으며 이후 30년이 지났는데도 아무도 해명하질 않고 있으니 자신들이라도 나서겠다는 것이었다. 정조는 상소문을 읽고 눈물을 흘렸다고 한다. 정조 대신 그들이 사도세자의 문제를 공론화한 것이다.

수원화성 착공 1년 전 정조는 채제공을 영의정에 임명했다. 채제공은 영남만인소 사건도 있었겠다, 사도세자의 억울함을 풀어야 한다며 상소문을 올렸다. 그러나 노론 내 보수 강경파였던 벽파들이 우의정 김종수를 필두로 들고일어섰다. 사도세자가 억울하게 죽었으면 선대왕이신 영조대왕이 부도덕하고 무능력하여 잘못된 판단을 내렸냐는 것이었다. 노론은 영조 대에 집권 여당이었기에 사도세자 문제에 대해 예민할 수밖에 없었다. 정조는 일찌감치 사도세자의 신원을 복원하였다. 다만 추숭은 다른 문제였다. 추숭은 왕이 되지 못한 왕세자들을 왕에 준하는 직호로 올리는 것인데 사도세자의 죽음은 영조의 결정이었기 때문에 영조의 측근세력이었던 노론 일부는 사도세자 추숭 건을 곧이곧대로 수긍할 수가 없었다. 정조는 반대 여론을 무시할 수도 있었지만 벽파조차도 인정하는 추숭을 원했다.

수원화성 완공 이후로 정조는 사도세자 추숭 건에 집착했다. 끝까지 추숭을 인정할 수 없다는 벽파와 벽파까지도 안고 가려던 정조의 의지는 계속 부딪히며 사도세자 추숭 문제는 진전이 없었다. 그래서인지 수원화성 완공 이후 정조의 재위 말년엔 별다른 개혁 정책이 없었다.

1799년(정조 23년) 벽파와 남인의 두 거물이었던 김종수와 채제공이 열흘 차이를 두고 사망했다. 각기의 붕당을 대변하며 서로 으르렁거렸지만 노련한 정치 관록으로 조정을 잘 이끌어 가던 두 사람이었다. 두 사람이 죽자 두 사람을 대체할 만한 인재가 각 붕당엔 없었고 붕당별로 크게 흔들리게 된다. 이때 심환지가 김종수의 뒤를 이어 노론 벽파를 이끄는데, 김종수보다 더 강경했던 심환지는 조정 내에서 존재감을 강하게 발산하고 있었다.

정조의 마지막

정조와 효의왕후 사이엔 아이가 없었다. 후궁이었던 의빈 성씨와의 사이에서 아들을 낳았고 정조는 이 아들을 문효세자로 책봉하지만 몇 년 못가 사망하고 말았다. 뒤늦게 후궁 수빈 박씨에게서 아들을 보고 세자로 임명했는데, 이때가 1790년으로 정조 사망 10년 전이었다. 집권 말년 정조는 스스로 몸이 노쇠하고 있음을 알았지만 아직 세자는 열 살도 되지 않았다. 정조가 꿈꾸었던 후계는 아들이 어느 정도 컸을 때 양위하고 본인은 수원화성에 머물며 상왕으로 감독만 하는 것이었다. 그러나 아들을 너무 늦게 봤고 몸이 점차 안 좋아지자 정조는 초조한 마음에 자충수를 두고 만다.

정조는 본인이 없어도 어린 아들이 왕위에 올랐을 때 아들을 보필할 정치적 동반자를 키우기로 한다. 자신의 정책에 따르는 시파이면서 충분히 아들을 보필할 수 있는 명문가 출신의 인물을 물색한 결과 안동 김씨 가문의 김조순을 선택했다. 1800년(정조 24년) 정조는 김조순의 딸과 세자를 혼인시켰다. 김조순은 정조의 사돈이자 곧 왕이 될 세자의 장인어른이 되었다. 정조는 즉위하자마자 척결한 외척을 자기 손으로 다시 만들어 버렸다. 그리고 그해에 정조는 사망했다. 11살의 어린 아들이 외조부인 김조순의 보호 속에 23대 왕 순조로 즉위했다.

정조는 술과 담배를 유난히 좋아했으며 장난기도 많고 성품도 인덕하고 돈후하다는 소리를 들었다. 그는 조선 후기의 중흥기를 이끈 개혁 군주였다. 정조를 높이 평가하는 쪽에서는 성리학의 전통적 가치를 기반으로 개혁이라는 사회적 변화의 흐름을 이끌어 냈다고 말한다. 반면 그를 그다지 높게 평가하지 않는 쪽에서는 이 모든 것이 결국은 사도세자의 죽음에 대한 그의 복수였을 뿐이라고 한다. 양쪽 모두 일리가 있다. 정조의 모든 것은 사도세자의 죽음으로부터 시작됐고 그 복수가 그의 정치의 원동력이었다는 사실은 부인할 수 없다. 그러나 정조는 국왕으로서의 사명감을 잃지 않았고, 개혁의 의지를 실천했으며, 마침내 위기에 처한 나라를 바로 세웠다.

정조는 개혁의 칼만큼이나 보수의 방패를 단단히 들어 올렸던 군주였다. 정조에게 개혁의 칼이나 보수의 방패는 그간 노론 중심의 정치사회적 폐단을 없애기 위해 왕권 강화와 안정적인 국정 운영을 목표로 했다는 공통 의식이 있었다. 상반된 두 이념을 모두 안고 가며 기존의 가치와 새로운 변화의 바람을 적절히 섞어 풀어 낸 정조의 방식이 그를 명군으로 만든 고유의 능력이었다.

06

안중근

동양의 평화를 위해 '이것' 해야 한다

안중근

#개화기 #구한말 #김구 #안중근수인 #하얼빈 #안중근의거 #코레아우라 #장부가
#동양평화론 #위국헌신군인본분 #조마리아 #안정근 #안공근 #김아려 #독립운동

안중근의 연도별 주요 이슈

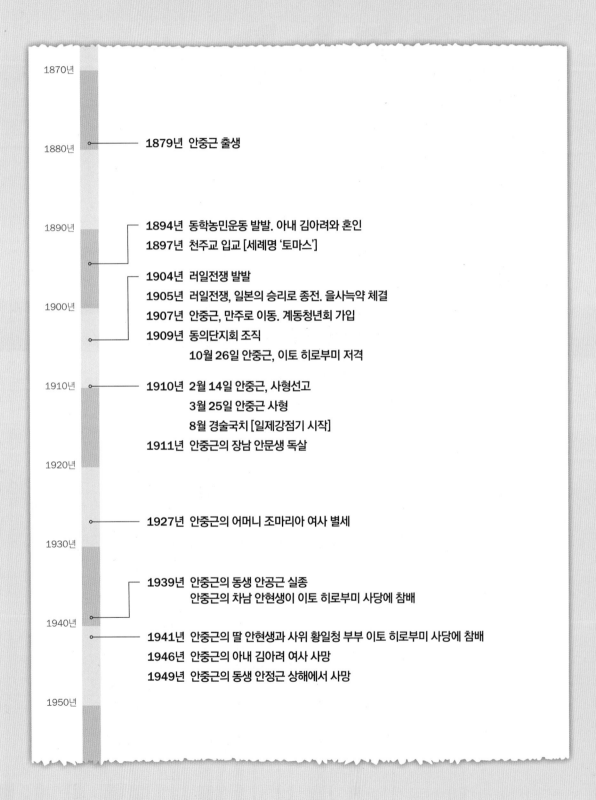

1870년

1880년
1879년 안중근 출생

1890년
1894년 동학농민운동 발발. 아내 김아려와 혼인
1897년 천주교 입교 [세례명 '토마스']

1900년
1904년 러일전쟁 발발
1905년 러일전쟁, 일본의 승리로 종전. 을사늑약 체결
1907년 안중근, 만주로 이동. 계동청년회 가입
1909년 동의단지회 조직
　　　 10월 26일 안중근, 이토 히로부미 저격

1910년
1910년 2월 14일 안중근, 사형선고
　　　 3월 25일 안중근 사형
　　　 8월 경술국치 [일제강점기 시작]
1911년 안중근의 장남 안문생 독살

1920년

1927년 안중근의 어머니 조마리아 여사 별세

1930년

1939년 안중근의 동생 안공근 실종
　　　 안중근의 차남 안현생이 이토 히로부미 사당에 참배

1940년
1941년 안중근의 딸 안현생과 사위 황일청 부부 이토 히로부미 사당에 참배
1946년 안중근의 아내 김아려 여사 사망
1949년 안중근의 동생 안정근 상해에서 사망

1950년

일본 제국주의에 맞선 독립운동가

안중근과 김구

안중근은 황해도 해주 출생으로 할아버지 안인수는 진해현감을 지낸 적도 있으며 막대한 재산을 보유한 미곡상이기도 했다. 안중근의 원래 이름은 등의 일곱 점이 마치 북두칠성 같다고 하여 안응칠이었다. 안중근의 할아버지는 한학과 유학을 교육하며 손자 교육에 엄격했다고 한다. 다만 '응칠' 시절의 안중근은 다소 공부하는 걸 싫어했던 듯하다. 조금도 가만히 있질 못해서, 보다 못한 할아버지가 엉덩이 좀 무겁게 가만히 앉아 있는 법을 배우라며 '무거울 중(重)'에 '뿌리 근(根)'을 써서 이름을 '안중근'으로 개명하였다.

안중근의 집안엔 아버지 안태훈이 꾸린 포수 무리들이 있었다. 어린 안중근은 이 포수들과 어울려 다니며 총 다루는 법을 배웠고, 화승총으로 동전을 맞힐 만큼 사격에 남다른 두각을 보였다.

안중근이 아직 10대였던 1894년 동학농민운동이 발발했다. 안중근

안중근의 재판 기록을 보면 '안응칠'로 표기되어 있으며 의거에 가담했던 동지들도 모두 안중근을 안응칠로 불렀다고 한다. 안중근도 공판 과정에서 본국에선 이름이 안중근이었지만 블라디보스토크로 넘어온 뒤로는 '안응칠'이라고 불리고 있다고 말했다. 심지어 나중에 안중근의 동생 안공근 또한 재판 과정에서 형의 이명 '안응칠'에 대해 알고 있냐는 질문에 처음 듣는다고 답변했다. 즉 안응칠은 안중근의 아명이 아닌 한창 의거 활동에 전념하던 당시 개명한 이름이라는 것이다.

여기서 잠깐

이름과 관련한 논란

의 고향이었던 황해도 해주에서도 남부 지방만큼은 아니었지만 많은 동학도들이 자체적인 항쟁을 하고 있었고, 안중근의 아버지는 포수들로 사병을 조직해 관군을 지원하며 동학군 토벌전에 가담하였다. 안중근도 아버지와 함께 전투에 참전하였고 특히 박석골 전투에선 과감한 기습전에 성공하며 군인이자 지휘관으로서의 재능을 과시했다.

해주에서 한창 동학 토벌전이 이어지던 중 안중근의 아버지 안태훈은 젊은 동학 청년을 체포한 적이 있었다. 나이도 아들과 비슷한 또래여서 측은지심이 들었는지 안태훈은 이 청년을 압송하지 않고 숨겨 주었다가 이후 그를 거두었다. 이 청년이 바로 김구였다. 김구는 1년간 안중근의 집에서 생활했고, 이후 의병 운동에 몸을 던졌다.

신천의 안태훈 진사로부터 밀사가 왔다. 안진사는 문장과 글씨는 물론 지략까지 겸비하여, 해서 지방은 물론이고 전국에 명성이 높아 조정 대신들도 크게 대접하는 이였다. 당시 그는 자기 집에 300여 명의 산포수를 모집하여 의려소를 세우고 신천 지역 동학군 토벌에 성과를 거두고 있어, 동학군들은 그를 두려워하고 있었다. 그러한 안태훈이 비밀리에 나를 조사하고, 나의 인품을 아끼어 밀사를 보낸 것이었다. (중략)

이리하여 그날 바로 청계동 생활이 시작되었다. 당시 내 나이 스무 살이었다. 안진사에게는 아들 셋이 있었는데, 맏아들이 중근으로 나이 열여섯에 이미 결혼하여 상투를 틀었고, 자색 명주 수건으로 머리를 동이고서 날마다 총을 메고 사냥을 다녔다. 안중근은 영리하고 사격술이 뛰어나, 나는 새, 달리는 짐승을 백발백중으로 맞히는 재주가 있었다. (중략) 안진사는 자기 아들과 조카들을 위하여 서재를 만들었다. 안진사는 당시 8, 9세의 정근과 공근에게는 언제나 글을 읽고 쓰라며 독려했지만, 그가 맏아들 중근에게 공부 않는다고 야단치는 것은 보지 못했다.

김구 「백범일지」

동학농민운동 이후 안중근의 집안은 아버지 안태훈의 뜻에 따라 천주교에 입교했다. 안중근의 세례명은 '토마스', 아내 김아려의 세례명은 '아그네스'였다. 안중근은 자신의 호도 세례명인 '토마스'에서 따와 '도마'라고 정했다.

의병 투쟁에 가담하다

만주와 조선의 패권을 두고 러시아와 일본이 한창 으르렁거리던 1904년, 러일전쟁이 터졌다. 일본은 러일전쟁을 빌미로 대한제국의 친일파들과 내통하며 한반도를 군용지로 자유롭게 쓸 수 있도록 1904년 2월 한일의정서를 맺었고, 같은 해 8월에는 대한제국의 재정과 외교는 일본이 각 1명씩 파견한 고문들의 관리·감독을 받는다는 내용의 제1차 한일협약이 체결되었다. 재정 고문 메가타 다네타로와 외교 고문 더럼 스티븐스는 '자문'을 핑계로 대한제국의 재정권과 외교권을 장악했다.

1905년 5월 쓰시마 해전에서 러시아의 발틱 함대가 궤멸하면서 러일전쟁은 사실상 일본의 승리로 끝이 났고, 이후 일본은 대한제국 식민화를 위한 외교적 포섭을 진행해 나갔다. 1905년 7월 일본의 내각대신 가쓰라 다로는 고종황제가 철석같이 믿고 있던 미국의 하워드 테프트와 일명 '가쓰라-테프트 밀약'을 체결해 양국의 대한제국과 필리핀 식민화를 암암리에 묵인해 주기로 했고, 8월에는 영국과의 제2차 영일동맹을 통해 일본의 대한제국 지배를 외교적으로 보장받았다. 이어 1905년 9월에는 일본이 러시아와 포츠머스강화조약을 체결하여 만주와 대한제국에 대한 러시아의 영향력 행사를 차단함으로써 공식적으로 러일전쟁이 종료되었다. 한반도를 둘러싼 열강들의 쟁탈전에서 일본이 최종 승자로 군림하는 순간이었다. 그리고 1905년 10월 '을사조약'으로 알려진 제2차 한일협약이 체결됐다. 이 조약으로 대한제국의 외교권이 박탈됐으며, 일본은 통감부를 설치해 대한제국의 정치와 행정을 강제적으로 대리하게 되었다.

을사조약을 기점으로 조선인들은 대한제국이 곧 일본에게 넘어갈 것임을 직감했다. 많은 조선인들이 최악의 결말은 막겠다며 민족의병운

■■■ 재정권 장악
재정 고문 메가타 다네타로가 시행한 화폐정리사업으로 인해 대한제국의 민족자본이 크게 후퇴했다.

동에 나섰고, 안중근 또한 마찬가지였다. 당시 평양에서 석탄 사업을 하고 있던 안중근은 중국 상하이에서 민족의병운동을 준비하지만 여건이 여의치 않았고 아버지까지 돌아가시자 귀국했다. 석탄 사업을 재개했으나 사업 운영도 예전 같지 않다. 그러던 중 한창 교육 진흥에 힘쓰던 안창호의 연설에 큰 감화를 받은 안중근은 재산을 처분하여 민족운동에 힘쓰기로 한다. 그는 평안남도 진남포에 삼흥학교를 설립했고 돈의학교를 인수했으며, 1907년에는 대구에서 시작해 전국적으로 퍼진 '국채보상운동'에도 참여했다.

■ **국채보상운동**
나라 빚 갚기 모금 운동

　내부적으로 민족운동가들의 많은 노력이 있었으나 대한제국의 미래는 암울해져만 갔다. 1907년에는 고종황제가 강제로 퇴위당하고 순종황제가 꼭두각시 황제로 즉위했다. 나라를 지키기 위해 보다 적극적으로 나서야 한다고 판단한 안중근은 강원도와 황해도에서 의병으로 활동했다. 그러나 국내의 의병 활동은 현대식 병기와 의병들의 군사훈련 부족으로 한계가 있었다. 이에 보다 조직적인 의병부대 창설의 필요성을 느낀 안중근은 1907년 만주 서쪽의 서간도로 갔다.

　당시 서간도는 일제의 주된 타깃이었고 청나라 관리들도 학정을 일삼고 있었기에 민족운동을 펼치기에 그다지 좋은 조건은 아니었다. 안중근은 서간도에서 연해주의 블라디보스토크로 이동했다. 블라디보스토크는 '신한촌'에 동포들이 모여 있었고 청나라가 아닌 러시아의 땅이었기에 서간도와 상황이 많이 달랐다. 블라디보스토크에서 안중근은 신민회 블라디보스토크 지회의 간부 겸 신문사 '대동공보'의 주필 이강과 친해지며 '계동청년회'라는 민족 단체에 가입하여 규율을 담당하는 임시 사찰 임무를 맡았다.

■ **신한촌**
한인 집단 거주지. 이곳은 자치단체, 독립운동단체 등이 생겨나고, 해외로 망명한 독립운동가들이 몰려들어 국외 독립운동의 구심점이 되었다.

　안중근은 블라디보스토크에서 이범윤과 만날 수 있었다. 이범윤은 대한제국이 외교권을 박탈당하기 훨씬 이전부터 간도 지방의 관리로 파견되어 있다가 그곳에서 적극적으로 의병대를 조직하고 후원하던 중 쫓기는 신세가 되어 블라디보스토크로 넘어와 있었다. 안중근은 이범윤을 포함한 블라디보스토크의 거물 민족운동가들과 합심하여 1908년 약 3000명의 병력으로 구성된 의병부대를 조직했다. 사령관은 전재익이었고, 안중근은 참모중장으로 좌·우영 중 우영을 맡았으며 우영에는 약 200~300명의 병력이 있었다. 안중근은 함경북도에서 게릴라 전투를 벌이며 일본군에게 큰 피해를 주었으나, 일본군은 계속 증원이 되다 보니 물량 면에서 밀릴 수밖에 없었다. 일본군은 군사 경계를 강화했고 러시아도 한인들의 총기 소지를 엄히 감시했으며 설상가상 의병 사이에서도 내분이 일어나며 추가적인 의병 전투를 기대하기 어려워졌다.

안중근은 계동청년회를 나와 직접 단체를 결성하기로 하고 1909년 동료 11명과 함께 '동의단지회'를 조직했다. '단지동맹'이라고도 부르던 안중근의 동의단지회는 전투보다는 일제의 주요 인물들과 친일파들을 암살하는 것을 목표로 삼았고, 안중근을 포함한 회원들은 결의를 다지고자 왼쪽 손의 넷째 손가락을 잘라 태극기에 수인을 찍었다. 이들은 3년 내로 임무를 달성하고 성공하지 못하면 자결하기로 결의했다. 회원들은 각기 목표물들을 정했고, 안중근의 타깃은 대한제국의 주권 침탈을 설계한 통감부의 초대 통감 이토 히로부미였다.

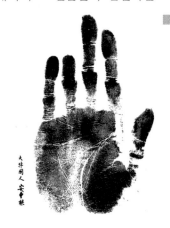

안중근의 수인

하얼빈의 기차역에서

안중근은 표적인 이토 히로부미의 동향을 주시했다. 1909년 안중근은 알고 지내던 기자로부터 이토 히로부미가 러시아 재무장관과의 회의 때문에 중국 하얼빈으로 온다는 정보를 입수하고 동료 3명과 함께 하얼빈으로 향했다. 공공장소에서 이토 히로부미를 암살하는 일은 성공하든 실패하든 현장에서 즉결 처분되거나 체포되어 압송되어도 사형당할 것이 분명했다. 자신의 결말이 뻔히 보였지만 안중근은 각오가 되어 있었고, 이토 히로부미는 제거될 경우 많은 것들이 바뀔 수 있을 정도로 상징성이 큰 인물이었다.

이토 히로부미가 하얼빈으로 온다는 것만 알았지 정확히 어떤 기차역에 나타날지 몰랐기 때문에 안중근은 하얼빈역으로 가고, 다른 동지

3명은 채가구역으로 가서 이토 히로부미가 내리는 곳에 있는 사람이 이토 히로부미를 암살하기로 했다.

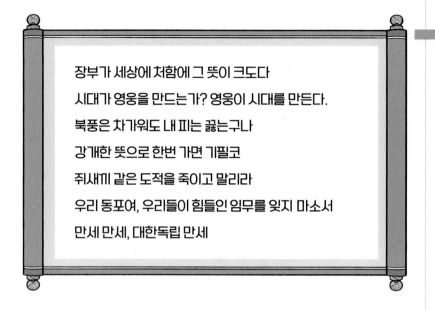

장부가 세상에 처함에 그 뜻이 크도다

시대가 영웅을 만드는가? 영웅이 시대를 만든다.

북풍은 차가워도 내 피는 끓는구나

강개한 뜻으로 한번 가면 기필코

쥐새끼 같은 도적을 죽이고 말리라

우리 동포여, 우리들이 힘들인 임무를 잊지 마소서

만세 만세, 대한독립 만세

거사 직전 안중근이 최후의 결의를 다지기 위해 지은 〈장부가〉

거사 당일. 도중에 러시아 경찰들의 검문을 받은 세 동지는 미처 채가구역으로 가지 못했고, 안중근 혼자만 하얼빈역에서 대기하고 있었다. 10월 26일 오전 9시, 러시아 재무장관과 기차 안에서 이야기를 나누던 이토 히로부미는 러시아 군인들의 사열을 받기 위해 하얼빈역에서 하차했다. 사열이 끝나고 다시 이토가 기차 안으로 들어가려는 순간, 대기하고 있던 안중근이 이토를 향해 걸어갔다. 터벅 터벅 터벅. 사정거리에 들어오자 안중근은 반자동권총을 꺼내 이토 히로부미를 향해 정확히 3발을 명중시켰고, 옆에 있던 비서관, 하얼빈 주재 일본 영사, 그리고 철도 고위직원 3명을 추가 사살했다. 그렇게 임무를 끝낸 직후 총을 버린 안중근은 가슴에서 태극기를 꺼내 이렇게 외쳤다. "코레아 우라, 코레아 우라, 코레아 우라."

코레아 우라
국제 공용어였던 에스페란토어로 '대한독립 만세'라는 뜻이다.

현장에 있던 의사의 회고에 따르면 이토 히로부미는 즉사하지는 않았고 열차로 옮겨져 30분간 응급치료를 받았으나 오전 10시경에 사망했다고 한다.

안중근 재판

안중근은 이토 히로부미 암살 현장에서 러시아 경찰들에게 체포되었고 러시아군은 안중근을 하얼빈에 있는 일본 영사관에 넘겼다. 이 소식은 삽시간에 아시아 전체에 퍼졌다. 블라디보스토크에서 활동하며 한때 안중근과 의병단체 조직에 함께했던 독립운동가 최재형은 어떻게든 안중근의 재판이 일본의 영향력이 닿기 힘든 러시아에서 이루어지게 하려고 동분서주했다. 만주 지역은 아직까지 일본이 점령하진 못한 시점이어서 가급적 외국으로 안중근을 보내는 쪽이 유리할 수 있었다. 그러나 일본은 일본 법원에서 재판을 진행하기 위해 안중근을 뤼순의 감옥에 수감했다.

국내에서는 유능한 변호사를 고용하자며 모금 운동이 전개됐고, 심지어 안중근을 개인적으로 모르는 외국인 변호사들조차 변론을 자청했으나 일본의 압력으로 모두 무산되었고 일본인 변호사가 선임되었다. 이후 몇 개월에 걸쳐 총 11차례의 피고 신문이 이어졌다. 한 번은 안중근이 변호사 없이 법정에 섰는데, 이때 이토 히로부미의 죄 15가지를 나열하

뤼순
지금의 다롄시로, 당시 뤼순에 일본 법원이 있었다.

여기서 잠깐

이토 히로부미

안중근이 사살한 이토 히로부미는 일본의 근대화 운동이었던 '메이지 유신'을 이끈 주요 인물 중 하나였다. 이토 히로부미는 일본의 근대적 헌법과 내각 수립에 가장 주도적으로 개입하여 1889~1890년 사이 일본의회를 창설했다. 또한 일본 내각의 초대 총리를 지냈으며 향후에도 5대, 7대, 10대 총리를 맡았다. 흔히들 이토 히로부미를 조선 침공에 대한 온건파라고 한다. 이토 히로부미는 대외적으로 강경했던 의회와 사사건건 부딪히고 청일전쟁, 러일전쟁 모두 반대하긴 했으나 결코 조선에 대해 유화적이지 않았다. 그저 서서히 조선을 옥죄려고 했을 뿐이다. 거듭된 의회와의 충돌로 정치 생활을 청산한 이토 히로부미는 덴노(천황)에게 조선 통치를 일임해 줄 것을 요청했다. 덴노는 이토를 조선의 초대 통감으로 보낸다. 이때부터 이토 히로부미는 실질적인 조선의 지배권을 행사한다. 을사늑약 체결, 고종 강제 퇴위, 정미7조약, 기유각서 등 한일병합 이전까지 조선의 권한을 하나하나 빼앗는 작업이 그의 기획으로 이루어졌다. 그렇게 이토 히로부미는 조선의 식민화를 주도했고, 안중근 의사의 타깃이 되었다.

며 스스로를 변론했다.

첫 번째, 1867년 현 일본 천황의 부친을 살해한 죄

두 번째, 1895년 명성황후를 시해한 죄

세 번째, 1905년 강제로 5가지 조약을 맺게 한 죄

네 번째, 1907년 정미7조약을 강제로 맺게 하고 고종황제를 폐위시킨 죄

다섯 번째, 철도, 광산, 하천, 산림, 어업 등 한국의 자원과 권리를 박탈한 죄

여섯 번째, 은행지폐를 강제하여 한국인들이 땅을 억지로 팔게 한 죄

일곱 번째, 한국이 300만 영국 파운드의 빚을 지게 한 죄

여덟 번째, 한국의 교과서를 압수한 뒤 불태우고 한국인의 신문 구독 권리를 박탈한 죄

아홉 번째, 무고한 조선인들을 학살한 죄

열 번째, 한국 청년들의 외국 유학을 금지한 죄

열한 번째, 친일파들을 통해 한국이 일본의 보호국이라고 운운한 죄

열두 번째, 1909년 또다시 강제로 5가지 조약을 강요한 죄(기유각서)

열세 번째, 정권을 강제로 빼앗아 한국을 일본의 것으로 만들려고 하는 죄

열네 번째, 조선과 일본 사이에 싸움이 끊이질 않는데 조선은 태평하다며 일본 천황을 속인 죄

열다섯 번째, 동양의 평화를 위협한 죄

재판은 전부 형식적 절차였고 이듬해인 1910년 2월 14일 안중근은 사형 판결을 받았다. 안중근의 어머니 조마리아 여사는 아들의 사형선고가 내려지자 아들은 죄가 없으며 떳떳하고 정의로운 일을 행했기에 재판을 받는 자체가 말이 안 된다며 항소를 거부했고, 안중근도 이를 받아들였다. 조마리아 여사는 아들의 사형선고 후 면회를 가지 않았으며 안병찬 변호사를 통해서 자신의 뜻을 다음과 같이 전했다.

"아들아, 네가 항소를 한다면 그것은 일제에게 목숨을 구걸하는 짓이다. 네가 나라를 위해 이에 이르렀으니 다른 마음 먹지 말고 죽으라. 옳은 일을 하고 받는 형이니, 비겁하게 삶을 구하지 말고 대의에 죽는 것이 어미에 대한 효도다. 네가 국가를 위하여 이 지경에 이르렀으니 죽어도 오히려 영광이나 우리 모자가 현세에 다시 만나지 못하는 것이 참으로 안타깝다."

조마리아 여사가 남겼다는 이 글의 출처가 매우 모호하다. 우선 편지였는지 변호사를 통한 전언이었는지 불확실하며, 내용 역시 검증되지 않았다. 따라서 조마리아의 편지 혹은 전언이라고 알려진 이 내용의 실체는 위작으로 의심받고 있다.

안중근의 사형집행일은 3월 25일이었다. 그러나 이 날은 순종황제의 생일이었다. 조선인들의 분노를 자극할 수 있다는 우려로 사형집행이 하루 미뤄졌고, 1910년 3월 26일 오전 10시 안중근은 짧은 생애를 마쳤다. 향년 32세였다. 채가구역에서 대기하려다가 검문에 걸려 역에 가지 못했던 세 동지도 체포되었고, 이 중 우덕순은 징역 3년, 조도선과 유동하는 각각 징역 1년 6개월 형을 선고받았다. 안중근 의사의 죽음으로부터 5개월 후 대한제국의 모든 주권이 일제에게 이양되며 일제강점기가 시작되었다.

"내가 한국 독립을 회복하고 동양 평화를 유지하기 위하여 3년간 해외에서 풍찬노숙하다가 그 목적을 이루지 못하고 이곳에서 죽노니 우리 2천만 형제자매는 각자 분발하여 학문에 힘쓰고 실업을 진흥하며 나의 유지를 이어 자유독립을 회복해 준다면 죽는 자 여한이 없겠노라."

안중근이 변호사 안병찬에게 남긴 말

안중근이 남긴 말
사형 집행 전날인 3월 25일자 신문에 실려 국내에 널리 알려졌다.

안중근

내가 죽은 뒤에 나의 뼈를 하얼빈 공원 곁에 묻어 두었다가 우리 국권이 회복되거든 고국으로 반장해 다오. 나는 천국에 가서도 마땅히 우리나라의 회복을 위해 힘쓸 것이다. 너희들은 돌아가서 동포들에게 각각 모두 나라의 책임을 지고 국민 된 의무를 다하며 마음을 같이 하고 힘을 합하여 공로를 세우고 업을 이루도록 말해 다오. 대한독립의 소리가 천국에 들려오면 나는 마땅히 춤추며 만세를 부를 것이다.

안중근이 두 동생에게 남긴 유언

국권이 회복되면 고국에 무덤을 만들어 달라는 안중근의 유언이 있었지만 일제는 사형집행 후 시체를 유기했고 지금까지도 그곳이 어디인지 밝혀지지 않았다. 한국과 북한, 심지어는 중국과 일본마저 안중근 의사의 유골을 찾으려는 시도를 해 왔지만 단서는 부족하고 시간은 지나고 있어 그리 쉽지 않을 듯하다.

안중근의 옥중 유묵

안중근은 몇 개월 동안 재판을 받으며 옥중에서 많은 묵서(墨書)를 남겼

묵서(墨書)
먹물로 쓴 글씨

사형집행 당일 간수들이 찾아오자 책을 읽던 안중근은 "읽던 책을 아직 다 읽지 못하였다. 5분만 기다려 달라."라고 말했다. 안중근이 수감 생활을 하며 친해진 일본인 간수가 있었다. 치바 도시치 간수는 안중근의 인품을 흠모하고 있었고 그의 사형선고 소식에 매우 슬퍼했다고 한다. 오히려 안중근이 치바 도시치를 위로했으며 낙담해하는 그에게 사형 당일 "위국헌신 군인본분(爲國獻身 軍人本分: 나라를 위해 헌신하는 것이 군인의 본분이다.)"이라는 휘호를 친필로 써서 남겨 주었다.

여기서 잠깐

위국헌신 군인본분

고, 이 중 31점이 '안중근의사 유물'이라는 이름으로 보물 제569호로 등록되었다.

見利思義 見危授命 / 견리사의 견위수명 / 이로움을 보았을 때에는 정의를 생각하고 위태로움을 당했을 때에는 목숨을 바친다.

孤莫孤於自恃 / 고막고어 자시 / 스스로 자만하는 것보다 더 외로운 건 없다.

國家安危 勞心焦思 / 국가안위 노심초사 / 국가의 안위를 노심초사 걱정한다.

極樂 / 극락 / 더없이 안락해서 아무 걱정이 없는 경우와 처지

東洋大勢思杳玄 有志男兒豈安眠 和局未成猶慷慨 政略不改眞可憐 / 동양대세사묘현 유지남아기안면 화국미성유강개 정략부개진가련 / 암담한 동양의 대세를 생각해 보니 뜻을 이루지 못하고 죽음을 맞이해야 하는 기개 있는 남아가 편안하게 눈을 감을 수가 없구나. 게다가 아직 동양 평화의 시국을 이루지 못한 것이 더욱 개탄스럽기만 한데 이미 야욕에 눈이 멀어 침략정책을 버리지 못하는 일본이 오히려 불쌍하다.

博學於文 約之以禮 / 박학어문 약지이례 / 글을 널리 배우고 예로써 절제한다.

百忍堂中有泰和 / 백인당중유태화 / 백 번 참는 집안에 태평과 화목이 있다.

思君千里 望眼欲穿 以表寸誠 幸勿負情 / 사군천리 망안욕천 이표촌성 행물부정 / 천 리 밖에 있는 님을 생각하며, 눈이 빠지도록 기다리고 있습니다. 작은 정성을 표하오니, 이 마음을 저 버리지 마시옵소서.

洗心臺 / 세심대 / 마음을 씻을 수 있는 대(臺)

歲寒然後 知松栢之不彫 / 세한연후 지송백지부조 / 날이 추운 뒤에야 소나무, 잣나무가 시들지 않음을 안다.

言忠信行篤敬 蠻邦可行 / 언충신행독경 만방가행 / 말이 성실하고 신의가 있으며 행실이 두텁고 삼감이 있으면 야만의 나라에서도 도를 실행할 수 있다.

年年歲歲花相似 歲歲年年人不同 / 연년세세화상사 세세연년인부동 / 해마다 꽃은 서로 비슷한데, 해마다 사람 모습은 같지 않네.

伍老峰爲筆 三湘作硯池 靑天一丈紙 寫我腹中詩 / 오노봉위필 삼상작연지 청천일장지 사아복중시 / 오로봉을 붓으로 삼고, 삼상을 연지로 삼고, 푸른 하늘만 한 큰 종이에 내 마음속의 시를 쓰리라.

欲保東洋 先改政略, 時過失機 迫悔何及 / 욕보동양 선개정략 시과실기 추회하급 / 동양을 보존하기를 바란다면 우선 침략정책을 버려야 한다. 때가 지나고 기회를 잃으면 후회한들 무엇 하랴.

庸工難用 連抱奇材 / 용공난용 연포기재 / 서투른 목수는 좋은 목재를 다룰 수 없다.

雲齋 / 운재 / '조선시대 문인들의 호'

爲國獻身 軍人本分 / 위국헌신 군인본분 / 나라를 위해 몸을 바치는 것이 군인의 본분이다.

忍耐 / 인내 / 참고 견디다.

人無遠慮 難成大業 / 인무원려 난성대업 / 사람이 멀리 생각하지 않으면 큰일을 이룰 수 없다.

人無遠慮 必有近憂 / 인무원려 필유근우 / 사람이 먼 생각이 없으면, 반드시 가까운 근심이 있다.

仁智堂 / 인지당 / 어질고 지혜로운 집

一日不讀書 口中生荊棘 / 일일부독서 구중생형극 / 하루라도 책을 읽지 않으면 입속에 가시가 돋는다.

日通淸話公 / 일통청화공 / 날마다 고상하고 청아한 말을 소통하던 분

臨敵先進 爲將義務 / 임적선진 위장의무 / 적을 만나면 먼저 진격하는 것이 장군의 의무이다.

丈夫雖死心如鐵 義士臨危氣似雲 / 장부수사심여철 의사임위기사운 / 장부는 비록 죽을지라도 마음은 쇠와 같이 단단하고, 의사는 위태로움에 이를지라도 기상은 구름같이 드높다.

第一江山 / 제일강산 / '우리나라를 일컫는 말'

志士仁人 殺身成仁 / 지사인인 살신성인 / 뜻이 있는 선비와 어진 성품을 지닌 사람은 자신의 몸을 희생하여 인의를 이룬다.

天與不受 反受其殃耳 / 천여불수 반수기앙이 / 하늘이 주는 것을 받지 않으면, 도리어 그 재앙을 받을 뿐이다.

恥惡衣惡食者 不足與議 / 치악의악식자 부족여의 / 허름한 옷과 거친 음식을 부끄러워하는 사람과는 함께 도를 논할 수 없다.

黃金百萬兩 不如一敎子 / 황금백만냥 불여일교자 / 황금 백만 냥을 자식에게 물려 주는 것이 자식을 제대로 가르치는 것만 못하다.

　　보물로 지정된 31점의 유묵 모두에 안중근은 네 번째 손가락이 잘린 손바닥의 수인을 찍었다.

유묵(遺墨)
생전에 남긴 글씨나 그림

안중근의 가족들

안중근의 가족을 이야기할 때 늘 제일 먼저 거론되는 분이 안중근의 어머니 조마리아 여사다. 그녀는 안중근이 국내에서 민족운동에 열을 올리고 있을 때 물질적, 가정적 지원을 아끼지 않았다. 조마리아 여사 또한 한 명의 당당한 독립운동가셨다. 안중근의 의거 후 일본의 계속된 탄압으로 국내에서 살기가 힘들어지자 그녀는 가족을 데리고 블라디보스토크로 이주했다. 그리고 그곳 한인 사회에서 정신적 지주 역할을 톡톡히 했다. 1919년 대한민국 임시정부가 수립되고 두 아들 안정근과 안공근이 임시정부에서 활동하면서 조마리아 여사도 거처를 상하이로 옮겼고 이곳에서 김구의 모친이었던 곽낙원 여사와도 친하게 지냈다. 1926년 대한민국 임시정부가 여러 가지 이유로 무너지고 있을 때 재정난을 타개하기 위해 조마리아 여사는 '대한민국 임시정부 경제후원회'의 임원이 되어 물질적 후원을 하기도 했으며, 이듬해인 1927년 위암으로 별세하셨다. 거물급 독립운동가들이 여사의 장례를 치러 주었지만 상하이 교민회 쪽 사람들의 실수로 묘소가 제대로 관리되지 않아 현재는 묘소를 찾을 수가 없다.

안중근에겐 1명의 여동생과 2명의 남동생이 있었다. 첫째 여동생 안성녀는 오빠의 죽음 이후 블라디보스토크에서 독립운동에 힘썼다. 구체적인 기록 없이 증언으로만 전해질 뿐인데, 블라디보스토크에서 남편과 함께 독립군에게 피복을 제공해 주었고, 남편 사후엔 만주로 넘어가 문서 정리 및 자금 조달 업무를 맡았다고 한다. 한국전쟁 때 부산으로 피란을 왔다가 이곳에서 숨을 거두어 묘소도 부산에 있다.

안중근의 남동생들인 안정근과 안공근은 안중근의 사형집행 후 둘 다 러시아군으로 입대하여 일본군과 싸우다 3.1운동 이후 대한민국 임시정부에 참여했다. 첫째 동생 안정근은 김구와 사돈 관계를 맺었으며 임시의정원의 의원이기도 했다. 그는 상하이와 북간도를 오가며 독립전쟁을 격려하고 주도했으며 형 안중근이 존경했던 안창호를 따르기도 했다. 그는 점차 몸이 안 좋아지면서 산둥반도의 웨이하이에서 어선 사업을 시작했고, 사업으로 모은 자금을 독립운동에 지원했으며 추후 독립군이 바

임시의정원
임시정부의 입법부

다를 통해 한반도로 들어갈 수 있도록 배를 건조하는 일에 몰두했다. 안정근은 웨이하이에서 홍콩으로, 그리고 다시 상하이로 거점을 옮겼는데 해방 후에도 몸 때문에 귀국하지 못하다가 1949년 상해에서 영면했다. 현재 그의 유해도 찾지 못하고 있다.

둘째 남동생 안공근의 초반 독립운동은 형 안정근과 비슷했다. 형 안정근처럼 대한민국 임시정부에서 활동했으며 안창호를 따르기도 했지만, 시간이 지나면서 안정근은 안창호와, 안공근은 김구와 더 밀접하게 활동했다. 러시아를 오가며 자금 조달을 도맡았으며 임시정부가 위기일 때 김구와 함께 한인애국단을 조직해 이봉창, 윤봉길 의사의 의거를 지원했다. 한때 김구의 참모라고도 불렸지만 후반기에 독립자금을 사적으로 유용했다는 의혹에 김구는 안공근을 멀리했다. 무엇보다 중일전쟁이 한창이던 와중 김구는 안중근의 가족을 보호해 주고 있었지만 상황이 여의치 못하자 안공근에게 안중근의 가족을 부탁했는데, 안공근이 제대로 돌봐주지 않으면서 김구와 더 사이가 멀어졌다고 한다. 대한민국 임시정부가 충칭으로 이동했을 때였던 1939년 안공근은 실종되었고 아직까지도 죽음의 의문이 풀리지 않고 있다. 실종 전 안공근이 마지막으로 만났던 사람이 하필 상해에 있던 김구의 주치의였던지라 각종 음모론만 무성하다.

안중근의 아내 김아려 여사는 남편의 의거 후 일제의 지난한 취조와 심문을 받았으며 남편 사후에는 헤이룽장성 무링에 숨어 살다가 시댁이 임시정부 활동을 위해 상하이로 갔다는 소식에 그곳으로 갔다. 대한민국 임시정부가 상하이 내 프랑스 조계지에 있었기에 김아려 여사는 프랑스 선교사들과 어울렸다고 한다. 중일전쟁이 한창이던 1937년 안중근의 둘째 동생 안공근이 상하이에 있던 안중근의 가족들을 데리고 나오지 않아서 김구와 멀어졌을 때, 그 가족이 바로 김아려 여사와 그녀의 아들들이었다. 이 때문에 김아려 여사는 일본군에게 잡혀가 협박과 감시에 시달려야만 했다.

안중근과 김아려 여사 슬하에는 2남 1녀의 자식이 있었다. 장남 안문생은 아버지의 사형 이후 가족이 다 같이 블라디보스토크로 넘어갔다

중일전쟁
1937년 7월 7일 일본의 중국 대륙 침략으로 시작되어 1945년 제2차 세계대전이 끝날 때까지 계속된 중국과 일본 사이의 대규모 전쟁이다.

가 얼마 안 있어 1911년 의문의 독살을 당했다. 범인은 밝혀지지 않았다. 누군가 건네준 과자를 먹고 즉사했으며 그의 나이 겨우 7살이었다. 남편과 아들의 죽음으로 김아려 여사는 독립운동의 결의보다는 위험성을 더 절실히 느끼게 되었다.

안중근의 딸 안현생은 아버지의 의거 후 명동성당에서 숨어 살다가 1914년 블라디보스토크에서 가족들과 합류한 뒤 임시정부가 있는 상하이로 넘어갔고 그곳에서 독립운동가 황일청과 혼인했다. 형 안문생의 의문사로 유일한 아들이 된 막내 안준생도 어머니 김아려 여사와 누나 안현생과 같이 생활하다가 1937년 중일전쟁 때 상하이에서 삼촌 안공근이 세 사람을 미처 챙기지 못해 일제에 체포되었다가 풀려난 바 있고 이후에도 거듭된 감시와 일제의 방해로 취업도 하지 못한 채 비참한 삶을 살아야 했다.

1939년 식민지 조선의 7대 총독이었던 미나미 지로가 상하이에 있던 안중근의 아들 안준생을 강제로 귀국시켰다. 그리고 서울 남산에 있던 박문사로 데리고 갔다. 안준생을 협박하여 아버지 대신 사죄하고 이토 히로부미에게 참배하도록 하기 위해서였다. 2년 후에는 누나 안현생과 남편 황일청도 강제로 귀국하여 역시 박문사에서 이토 히로부미에게 참배했다. 안준생과 안현생의 이토 히로부미 참배는 대서특필되었고 김구를 포함해 수많은 조선인들과 민족주의자들은 민족의 배신자라며 두 사람을 맹비난했다.

■■■■ **박문사**
이토 히로부미를 위령하는 사당

친일파 낙인이 찍혀 버린 안현생의 남편 황일청도 독립운동가들에게 살해됐다. 안준생과 안현생 남매도 독립운동가들의 표적이 되어 중국으로 도망쳤다가 해방 후에는 귀국하여 숨어 살아야만 했다. 안준생은 1951년 부산에서 폐결핵으로 사망했고, 누나 안현생은 그나마 천주교회의 도움으로 교편을 잡으며 생활하던 중 1959년 서울에서 사망했다. 안준생의 묘소는 혜화동 천주교 공원묘지에, 안현생의 묘소는 수유리 호텔 아카데미하우스 정문 한켠에 있다. 안중근의 아내 김아려 여사도 두 자식의 박문사 참배로 인해 위신이 땅에 떨어질 대로 떨어진 상황에서 중국 상하이에서 은둔생활을 하던 중 두 남매의 귀국 직전인 1946년 사망

안중근

했다. 김아려 여사의 무덤도 소재지를 정확하게 파악할 수 없다.

「동양평화론」

안중근은 옥중에서의 친필유묵과 더불어 미완의 걸작을 하나 더 남겼다. 한반도의 미래와 아시아 전체가 나아가야 할 방향에 대한 생각을 담은 「동양평화론」이다. 안중근은 총 5개 챕터를 구상했지만 이 중 두 번째 챕터까지밖에 쓰질 못했다. 비록 미완의 유작이지만 「동양평화론」을 보면 안중근의 의거는 인류 전체의 평화를 염원하는 숭고한 의지에서 연유했음을 알 수 있다.

■ 총 5개 챕터
1. 서론 / 2. 전감 / 3. 현상 /
4. 복선 / 5. 문답

대저 합치면 성공하고 흩어지면 패망한다는 것은 만고에 분명히 정해져 있는 이치이다. 지금 세계는 동서로 나뉘어져 있고 인종도 각각 달라 서로 경쟁하고 있다. 일상생활에서 농업이나 상업보다 실용기계 연구에 더욱 열중하고 있다. 그러나, 새 발명인 전기포, 비행선, 침수정은 모두 사람을 상하게 하고 사물을 해치는 기계이다. 청년들을 훈련시켜 전쟁터로 몰아넣어 수많은 귀중한 생명들을 희생양처럼 버려, 피가 냇물을 이루고, 고기가 질펀히 널려짐이 날마다 그치질 않는다.

(중략) 그 근본을 따져 보면 예로부터 동양민족은 다만 문학에만 힘쓰고 제 나라만 조심해 지켰을 뿐이지 도무지 한치의 유럽 땅도 침입해 뺏지 않았다는, 오대주 위의 사람이나 짐승, 초목까지 다 알고 있는 사실에 기인한다. 그런데 유럽의 여러 나라들은 가까이 수백 년 이래로 도덕을 까맣게 잊고 날로 무력을 일삼으며 경쟁하는 마음을 양성해서 조금도 꺼리는 기색이 없다. 그중 러시아가 유독 심하다. 그 폭행과 잔인한 해악이 서구나 동아에 어느 곳이고 미치지 않는 곳이 없다.

악이 차고 죄가 넘쳐 신과 사람이 다같이 성낸 까닭에 하늘이 한 매듭을 짓기 위해 동해 가운데 조그만 섬나라인 일본으로 하여금 이와 같은 강대국인 러시아를 만주대륙에서 한주먹에 때려눕히게 하였다. 누가 능히 이런 일을 헤아렸겠는가. 이것은 하늘에 순응하고 땅의 배려를 얻은 것이며 사람의 정에 응하는 이치이다.

(중략) 한국과 청나라 두 나라 국민은 일본 군대를 환영하고 그들을 위해 물건을 운반하고, 도로를 닦고, 정탐하는 등의 일의 수고로움을 잊고 힘을 기울였다. 이것은 무슨 이유인가.

거기에는 두 가지 큰 사유가 있었다.

일본과 러시아가 개전할 때, 일본의 천황이 선전포고하는 글에 '동양평화를 유지하고 대한독립을 공고히 한다'라고 했다. 이와 같은 대의가 청천백일(靑天白日)의 빛보다 더 밝았기 때문에 한국과 청나라 인사는 지혜로운 사람이나 어리석은 사람을 막론하고 일치동심해서 복종했음이 그 하나이다.

또한 일본과 러시아의 다툼이 황백인종의 경쟁이라 할 수 있으므로 지난날의 원수졌던 심정이 하루아침에 사라져 버리고 도리어 큰 하나의 애종당(愛種黨)을 이루었으니 이 또한 인정의 순리라 가히 합리적인 이유의 다른 하나이다.

통쾌하도다! 장하도다! 수백 년 동안 행악하던 백인종의 선봉을 북소리 한 번에 크게 부수었다. 가히 천고의 희한한 일이며 만방이 기념할 자취이다. 당시 한국과 청나라 두 나라의 뜻있는 이들이 기약없이 함께 기뻐해 마지않은 것은 일본의 정략이나 헤쳐 나감이 동서양 천지가 개벽한 뒤로 가장 뛰어난 대사업이며 시원스러운 일로 스스로 헤아렸기 때문이었다.

■■■■ **애종당(愛種黨)**
'인종을 사랑하는 무리'를 일컫는다.

여기까지 읽어 보면 안중근이 러일전쟁에서 일본의 승리를 긍정하고 있다는 사실에 당황할 수도 있다. 러일전쟁을 통해 대한제국의 주권이 일본에게 상당수 넘어갔지만 안중근을 포함해 당시 일부 사람들과 지식인들 중엔 러일전쟁을 아시아를 침략하려는 유럽 제국주의에 대항하여 일본이 대표로 싸우는 전쟁으로 인식한 사람들도 있었다. 일본이 러일전쟁에서 승리하면서 안중근은 평화를 위협하는 유럽 백인들의 간악하고 교활한 제국주의가 중단될 것이라고 굳게 믿었다. 그러나 이어지는 글에서 일본에 대한 안중근의 실망감이 직설적으로 드러난다.

슬프다! 뜻밖의 승리를 하고 개선한 후로 가장 가깝고 가장 친하며 어질고 약한, 같은 인종인 한국을 억압하여 조약을 맺고, 만주의 장춘 이남인 한국을 '조차를 빙자하여' 점거하였다. 세계 모든 사람의 머릿속에 의심이 홀연히 일어나서 일본의 위대한 명성과 정대한 공훈이 하루아침에 바뀌어 만행을 일삼는 러시아보다 더 못된 나라로 보이게 되었다. 슬프다. 용과 호랑이의 위세로서 어찌 뱀이나 고양이 같은 행동을 한단 말인가. 그와 같이 좋은 기회를 어떻게 다시 만날 수 있단 말인가. 안타깝고 통탄할 일이로다.

지금 서양 세력이 동양으로 뻗쳐 오는 서세동점의 환난을 동양 사람이 일치단결해서 극력 방어함이 최상책이라는 것은 비록 어린아이라도 아는 일이다. 그런데도 무슨 이유로 일본은 이러한 순리의 형세를 돌아보지 않고 같은 인종인 이웃 나라를 치고 우의를 끊어 스스로 방휼지세(蚌鷸之勢)를 만들어 어부를 기다리는 듯하는가. 한국과 청나라 양국인의 소망은 크게 깨져 버리고 말았다.

만약 일본이 정략을 고치지 않고 핍박이 날로 심해진다면 (중략) 스스로 백인의 앞잡이가 될 것이 불을 보듯 뻔한 형세이다. 그렇게 되면 동양의 수억 황인종 가운데 수많은 뜻있는 인사와 정의로운 사나이가 어찌 수수방관하고 앉아서 동양 전체가 까맣게 타 죽는 참상을 기다리기만 할 것이며 또한 그렇게 하는 것이 옳겠는가.

그래서 동양 평화를 위한 의전(義戰)을 하얼빈에서 개전하고, 담판하는 자리를 뤼순으로 정했으며, 이어 동양 평화 문제에 관한 의견을 제출하는 바이다. 여러분의 눈으로 깊이 살펴보아 주기 바란다.

1910년 경술 2월
대한국인 안중근
뤼순 옥중에서 쓰다.

■■■ **서세동점(西勢東漸)**
서양 세력이 동양의 세력 범위에 점차 침투하여 정치, 경제, 문화 등 여러 부문을 지배하는 것, 또는 그러한 시대적 흐름이나 경향을 말한다.

■■■ **방휼지세(蚌鷸之勢)**
도요새가 방합(조개)을 쪼아 먹으려고 부리를 넣는 순간 방합이 껍데기를 닫고 놓지 아니한다는 뜻으로, 대립하는 두 세력이 적대하여 버티고 양보하지 않음을 나타낸다.

여기까지가 「동양평화론」의 서문이다. 러일전쟁에서 일본의 승리를 기념비적으로 해석했던 안중근이었지만 러일전쟁 이후 일본이 대한제국과 만주에 대해 침략의 야욕을 드러내며 같은 인종의 두 국가를 핍박하던 일을 규탄하며 일본이 무찌른 러시아와 유럽 제국주의의 악행과 다를 바 없음을 역설하고 있다. 일본이 제국주의의 뒤를 따라가고 아시아 인종을 배신했기에 본인이 직접 이 '의로운 전쟁(義戰)'에 나섰다며 정당성을 밝히는 것으로 서문이 마무리된다.

서문에 이어 2부 전감이 이어진다.

전감
'이전의 일을 거울삼아 나를 비추어 보고 반성한다.'는 뜻이다.

전감(前鑑)

예로부터 지금에 이르기까지 동서남북의 어느 주를 막론하고 헤아리기 어려운 것은 대세(大勢)의 번복이고, 알 수 없는 것은 인심의 변천이다.

(중략) 만약 한국의 관민(官民)이 다같이 한목소리로 을미년(1895년)에 일본인이 한국의 명성황후 민씨를 무고히 시해한 원수를 이때 갚아야 한다고 사방에 격문을 띄우고 일어나서, 함경도와 평안도 사이에, 러시아 군대가 생각지 못했던 곳을 찌르고 나와 전후좌우로 충돌하며, 청국도 협동해서 들고일어나 청일전쟁의 묵은 원수를 갚겠다고 하면서 (중략) 유격기습을 벌여 나가 싸우고 물러가 지켰다면, 일본군은 남북이 분열되고 배후에 적을 맞아 사면으로 포위당하는 비탄함을 면하기 어려웠을 것이다.

(중략) 만약 이와 같은 지경이 되었다면 구미 열강이 아주 좋은 기회를 얻었다 해서 각기 앞을 다투어 군사를 출동시켰을 것이다. (중략) 그렇게 되면 일본은 별수 없이 밤새워 전국의 군사비와 국가재정을 통틀어 짠 뒤에 만주와 한국으로 곧바로 수송했을 것이다. 한편, 청국은 격문을 사방으로 띄우고 만주, 산동, 하남(河南), 형낭(荊囊) 등지의 군대와 의용병을 매우 급히 소집해서 용전호투(龍戰虎鬪)하는 형세로 일대 풍운을 자아냈을 것이다. 만약 이러한 형세가 벌어졌

안중근

다면 동양의 참사는 말하지 않아도 상상하고도 남겠다.

이때 한국과 청나라 두 나라는 그렇게 하지 않았을 뿐만 아니라 오히려 약장(約章)을 준수하고 털끝만큼도 움직이지 않아 일본으로 하여금 위대한 공훈을 만주땅 위에 세우게 했다. 이로 보면 한국과 청나라 두 나라 인사의 개명(開明) 정도와 동양평화를 희망하는 정신을 충분히 알 수 있다. 그러하니 동양의 뜻있는 인사들의 깊이 생각한 헤아림은 가히 뒷날의 경계가 될 것이다.

그런데 그때 러일전쟁이 끝날 무렵 강화조약 성립을 전후해서 한국과 청나라 두 나라 뜻있는 인사들의 허다한 소망이 다 부서지고 말았다. 러일 두 나라의 전세를 논한다면 한번 개전한 이후로 크고 작은 교전이 수백 차례였으나 러시아 군대는 연전연패로 상심·낙담하여 멀리서 모습만 바라보고서도 달아났다. 한편 일본 군대는 백전백승, 승승장구하여 동으로는 블라디보스토크 가까이 이르고 북으로는 하얼빈에 육박하였다. (중략) 그런데 무슨 이유로 도리어 은밀히 구구하게 먼저 강화를 청해, (화근을) 뿌리째 뽑아 버리는 방도를 추구하지 않았는지, 가히 애석한 일이다. 더구나 러일 강화 담판을 보더라도 천하에 어떻게 워싱턴을 담판할 곳으로 정하였단 말인가. 당시 형세로 말한다면 미국이 비록 중립으로 편파적인 마음이 없었다고는 하지만 짐승들이 다투어도 오히려 주객이 있고 텃세가 있는 법인데 하물며 인종의 다툼에 있어서랴. 일본은 전승국이고 러시아는 패전국인데 일본이 어찌 제 본뜻대로 정하지 못했는가. 동양에는 마땅히 알맞은 곳이 없어서 그랬단 말인가.

(중략) 일본이 한국에 대해서 이미 큰 욕심을 가지고 있었다면 어찌 자기 수단껏 자유로이 행동하지 못하고 이같이 유럽 백인종과의 조약 가운데 삽입하여 영원히 문제가 되게 만들었단 말인가. 도무지 어이가 없는 처사이다. 또한 미국 대통령이 이미 중재하는 주인이 되었는지라 곧 한국이 유럽과 미국 사이에 끼어 있는 것처럼 되었으니 중재자도 필시 크게 놀라서 조금은 기이하게 여겼을 것이다. 같은 인종을 사랑하는 의리로서는 만에 하나라도 승복할 수 없는

이치이다.

(중략) 지난날 러시아가 동으로 침략하고 서쪽으로 정벌을 감행해, 그 행위가 몹시 가증하므로 구미 열강이 각자 엄정중립을 지켜 서로 돕지 않았지만 이미 이처럼 황인종에게 패전을 당한 뒤이고 사태가 결판이 난 마당에서야 어찌 같은 인종으로서의 우의가 없었겠는가. 이것은 인정세태(人情世態)의 자연스러운 모습이다.

슬프다. 그러므로 자연의 형세를 돌아보지 않고 같은 인종 이웃나라를 해치는 자는 마침내 독부(獨夫)의 판단을 기필코 면하지 못할 것이다.

■■■■ **인정세태(人情世態)**
세상 사람들의 마음과 세상 물정

안중근은 일본이 아니라 일본의 '제국주의'를 공격의 대상으로 명확히 하고 있다. 그는 20세기 인류가 낳은 최악의 사상인 '제국주의'를 명명백백히 지탄하면서 평화를 위협하는 것으로 간주한다. 서양의 제국주의 국가들은 아시아로 진출하며 아시아 국가들을 핍박해 왔다. 따라서 포츠머스조약 이전의 러일전쟁에 대해서는 일본이 동양의 대표로 서양의 제국주의와 맞서 싸우는 것으로 인식했으나, 러일전쟁의 본질을 들여다보면 일본도 러시아나 미국처럼 '제국주의'에 근거하여 이웃나라를 해치고 있으니 더 이상 참을 수가 없다는 것이었다.

안중근은 아시아, 즉 동양 전체의 평화를 위해 서양과 동양 사이 힘의 균형이 이루어져야 하며 이를 위해 한중일이 각기 독립된 나라로서 힘을 합쳐야 한다고 굳게 믿었다. 다만 현재 일본이 잘못된 서양의 길을 걷고 있으니 일본인의 올바른 각성을 염원한다는 것이 「동양평화론」의 핵심이다. 나아가 이웃나라를 단순히 적으로만 규정하지 않고 안중근은 함께 나아가야 할 파트너로 인식할 것, 적으로 규정해야 할 사상과 이념을 정확히 할 것, 그리고 한중일이 전체의 평화를 위해 같은 생각을 가지고 동참할 것을 강조했다.

독립을 위해 타오른
또 하나의 영원한 불꽃 유관순

안중근의 사형이 집행되고 1910년 8월 29일 한일병합조약이 체결되면서 일제강점기가 시작되었다. 단 한 번도 주권을 빼앗긴 적이 없었던 조선 민중들은 1910년대 일제의 포악한 무단통치로 한 나라의 일원으로서의 자격과 권리와 생활과 재산을 모조리 수탈당했다. 조선 민중들의 불만과 분노가 걷잡을 수 없이 누적되어 갔고, 국권피탈 10년이 지난 1919년 1월 21일 고종황제가 사망하자 그의 독살설이 일파만파 퍼져 여론은 대단히 흉흉했다. 사회 유력 계층과 지식인들 사이에서 민족해방운동의 필요성이 대두되고 있던 차에 고종황제의 죽음은 그 열망을 더욱 고조시키는 데에 기폭제가 되었다. 주로 종교계 인물로 구성된 민족대표 33인과 청년학생들은 독립선언서 작성과 민족해방 만세운동을 기획했다. 이들이 처음 계획했던 독립선언식 날짜는 고종의 인산일인 3월 3일이었으나, 내부 이견으로 3월 1일로 결정됐다. 거사 하루 전인 2월 28일, 민족대표 33인 중 23명이 일의 최종 정리를 위해 손병희의 집에 모였다. 경성에는 그들이 예상했던 규모 이상의 사람들이 운집해 있었고, 이들은 계획대로 탑골공원에서 독립선언식을 진행하면 자칫 폭력시위로 변해 일제의 강경진압으로 이어질까 우려하지 않을 수 없었다. 결국 종로의 태화관이라는 음식점으로 장소를 바꾸어 독립선언서를 낭독하기로 했다. 거사일인 3월 1일, 민족대표들의 결정을 전달받지 못한 청년학생들은 탑골공원에 모여 민족대표들을 기다렸다. 민족대표들이 태화관에 있다는 소식을 들은 보성전문학교의 강기덕 학생이 태화관을 찾았다. 민족대표들은 강기덕을 잘 타일러서 보냈고, 강기덕은 이 소식을 탑골공원에 있던 다른 학생들에게 전했다. 학생들 여론은 해산하자는 쪽과 자기들끼리라도 진행하자는 쪽으로 갈렸다. 결국 경신학교의 정재용 학생이 큰 소리로 기미독립선언서를 낭독했다. 함성은 옆의 학생들에게, 또 그 옆의 학생들에게, 나아가 종로 거리에 있던 모든 조선인들에게로 퍼져나갔다. 이날 경성에서의 만세운동에 맞추어 평안도는 물론 그 외 한반도 북부의 평양, 의주, 해주, 원산 등지에서 13건의 만세운동이 동시다발적으로 일어났다. 그리고 다음 날인 3월 2일부터 만세운동이 한반도 북부 지역에 빠르게 확산되었다. 시위의 불씨, 아니 화염은 꺼질 줄 몰랐고 매일같이 경성에서 만세운동이 일어났다. 상점들은 파업 등의 철시시위를 전개했고, 학교들은 동맹휴학에 들어갔다. 경성에는 다양한 지역에서 유학을 온 학생들이 많았다. 경성의 3.1운동을 두 눈으로 목격한 고향이 남쪽 지역인 학생들이 고향으로 내려가면서 주로 한반도 북부에 집중되어 있던 만세운동이 남쪽으로까지 확산됐다.

　　그중 충청도 천안의 아우내(병천)에서 만세운동을 주도했던 16살의 여학생이 있었다. 대한 독립의 또 하나의 영원한 불꽃 유관순이었다. 개신교 집안에서 태어난 유관순은 충청도에서 나고 자랐다. 유관순은 학당을 다닐 무렵 미국인 감리교회 선교사의 권유로 서울의 이화학당으로 유학했다. 이화학당을 한창 다니던 중 유관순은 삼일운동을 목격했다. 삼일운동의 열화에 크게 감동받은 유관순은 이 만세시위운동을 고향인 아우내에 가서 알려야 한다는 사명감을 갖고 학교 휴학에 맞추어 고향으로 내려갔다. 3월 13일 고향에 내려온 유관순은 가족, 친척 및 동네의 어른, 선배들과 다함께 아우내 만세운동을 기획했다. 4월 1일 아우내에서 장이 열리는 날에 맞추어 '대한독립'이라고 적힌 깃발을 흔들며 약 3000명의 군중이 만세를 외쳤다. 일제는 순사들을 동원해 강경 진압했으며 현장에서만 19명이 사망했다. 이 중에는 유관순의 부모님도 있었다. 체포된 유관순은 공주지방법원에서 재판을 받았다. 만세운동을 하던 중 체포된 일반인들은 평균적으로 6개월~1년형을 선고받았다고 한다. 그러나 유관순은 재판 도중 판사의 굴욕적인 질문에 의자를 집어 던져 법정모독죄로 5년형을 구형받았고, 후에 항소심으로 최종 3년형이 선고되었다. 1919년 6월 30일 형이 확정되었고 유관순은 경성의 서대문형무소로 압송되어 7월부터 수감생활을 시작했다. 유관순을 체포하고 서대문형무소까지 끌고 간 친일 조선인 경찰 정춘영은 서대문형무소에서 유관순을 혹독하게 고문했다고 알려져 있다.

일제강점기 서대문형무소 안의 일들은 극비였기 때문에 구체적으로 유관순이 형무소 안에서 어떤 수감생활을 했는지 어떤 고문을 받았는지는 정확하게 알 수 없다. 서대문형무소에서 고문을 받은 생존자들의 증언과 남아 있는 고문도구 등을 통해 서대문형무소에서 어떤 고문들이 있었는지 유추할 뿐이다. 놀라운 것은 수감 생활 8개월 정도 되던 1920년 3월 1일 삼일운동 1주년을 맞이해 유관순이 같은 수감자들과 형무소 안에서 만세운동을 했다는 것이다. 다른 곳도 아닌 형무소 안에서 만세운동을 주도한 17살 소녀의 용기에 감탄할 따름이다. 한 달 뒤 영친왕 이은과 마사코 여사의 결혼 기념 특사령으로 수감자들의 형이 감형됐는데, 유관순도 이때 형이 1년 6개월로 감형됐다. 그러나 유관순은 모진 고문과 영양실조로 그해 9월 순국했다. 아직 17살이었고 이화학당의 교장선생님이 서대문형무소로부터 시신을 인도받아 이화학당에서 장례를 치러 주었다.

2019년 삼일운동 100주년을 맞이하여 3월 1일에 개봉한 영화 〈항거: 유관순 이야기〉는 유관순의 마지막 1년간의 수감생활을 다룬 흑백영화다. 서대문형무소에 입소한 유관순(고아성 역)은 수감자들이 많아 앉아 있을 수도 없이 서 있어야만 하는 좁은 옥에 수감된다. 비인륜적인 폭행과 정신적 압박에도 유관순은 굴하지 않고 오히려 저항과 독립의 의지를 다진다. 영화는 현재 시제의 이야기들을 모두 흑백으로 처리하고, 만세운동을 준비하고 주도했던 과거시제의 플래시백은 컬러로 전환한다. 흑백화면은 자유를 박탈당한 채 수감되어 있는 현재를, 컬러는 자유롭게 만세운동에 나섰던 과거를 나타낸다. 그러나 딱 한 장면 현재 시점에서 컬러로 바뀌는 장면이 있다. 영화의 마지막이다. 혹독한 고문을 받아 일어서 있기는커녕 앉아 있지도 못한 채 유관순은 쓰러져 허공을 바라본다. 무엇을 생각하는지 유관순은 옅은 미소를 머금고 화면은 컬러로 바뀌며 영화가 끝이 나면 유관순의 죽음을 알리는 자막이 뜬다. 컬러화면이 유관순의 죽음으로 이어지는 것이다. 유관순의 죽음은 비통하고 가슴 아픈 일이지만 그녀는 죽음으로 인해 비로소 자유를 되찾는다. 고아성 배우가 연기한 마지막 유관순의 그 얼굴은 되찾은 자유와 그녀의 죽음으로 반드시 독립운동의 불꽃을 지필 수 있다는 희망을 확신한 표정일 것이다. 흑백에서 컬러로 전환되며 영화의 비장미는 숭고미로 승화된다.

〈항거: 유관순 이야기〉는 '여성연대'를 다루는 페미니즘적 색채도 깔려 있다. 앉아 있을 수도 없는 좁은 방안에서 서로 짜증만 쌓이고 각자의 신세를 한탄하며 수감자들끼리도 부딪히지만 여성 수감자들은 유관순을 구심점으로 서로가 서로의 힘이 되어준다. 일제경찰들의 회유에 수감자 중 한 명이 유관순의 이름을 실토하여 유관순이 모진 고문을 받자 다른 여성 수감자가 "이게 다 네가 한 짓이야."라며 고발자를 원망한다. 이때 향화(김새벽 역)는 "왜놈들이 한 짓이지, 누굴 탓해요."라고 정정하며 그녀들을 갈라 세우려는 무리의 정체를 명확히 구분한다. 그리고 영화의 엔딩크레딧은 실제 여성 독립운동가들의 수감카드들이 같이 장식된다.

영화의 주제를 더 보편적으로 확장하자면 이 영화는 여성연대를 넘어 인류의 '연대'와 '상징'의 알레고리를 암시한다. 영화에서도 언급되지만 일제는 조선의 멸망 이유를 조선인들의 게으름과 내부 분열적 성향 때문이라고 우리 민족을 비하했다. 그러나 수감자들은 때로는 애국가로, 때로는 만세외침으로 한목소리를 내며 연대의 힘을 보여준다. 유관순이 주인공이지만 영화는 시종 다수의 민중이 합친 강인함을 선보인다. 혹자는 유관순의 유명세가 지나치게 과장되었으며 유관순 외에 더 많은 여성 독립운동가가 있다며 그녀들의 행적을 비교하기도 한다. 그러나 유관순을 기리는 역사적 추모와 존경은 유관순 한 명만을 기리고자 함이 아니다. 수많은 여성 독립운동가들과 어린 청년 독립운동가들을, 독립운동에 투신하여 순국하신 모든 이들의 이름을 알 수 없는 대신 '유관순'이란 이름으로 하여금 상징하게 하는 것이다. 그런 의미에서 "왜 이렇게까지 하는 거요?"라는 질문에 따른 "그럼 누가 합니까?"라는 답변을 곱씹어 보면 여러 해석이 가능하다.

일제강점기 배경의 한국영화들은 극단적 민족주의를 심어주거나 오락으로 소비되는 경우가 허다하다. 역사적 고찰 없이 악인으로 설정한 일본인들을 물리치는 통쾌감만이 목적이다. 〈항거: 유관순 이야기〉만큼은 과도한 뜨거움을 관객에게 강요하지 않는다. 푸석하고 건조한 영화라는 첫인상을 받을 수도 있지만 영화의 역사적, 인류적 메시지는 영화관 밖에서도 맴돈다.

1919년 삼일운동의 여파는 4월 말, 5월 초까지 이어져 전국적으로 약 1900건의 시위가 있었고 누적 시위 참여자는 120만 명 정도로 추정한다. 박은식의 『한국독립운동지혈사』의 기록에 따르면 200만 명까지 올라가고, 총독부는 106만 명으로 집산했다.

07

제갈량

모든 일의 시작은
시스템을
만드는 것부터

제갈량

#중국사 #삼국지 #제갈공명 #천하삼분지계 #삼고초려 #유비 #적벽대전 #주유
#조조 #손권 #이릉대전 #출사표 #읍참마속 #강유 #오장원 #추풍오장원 #사마의

제갈량의 연도별 주요 이슈

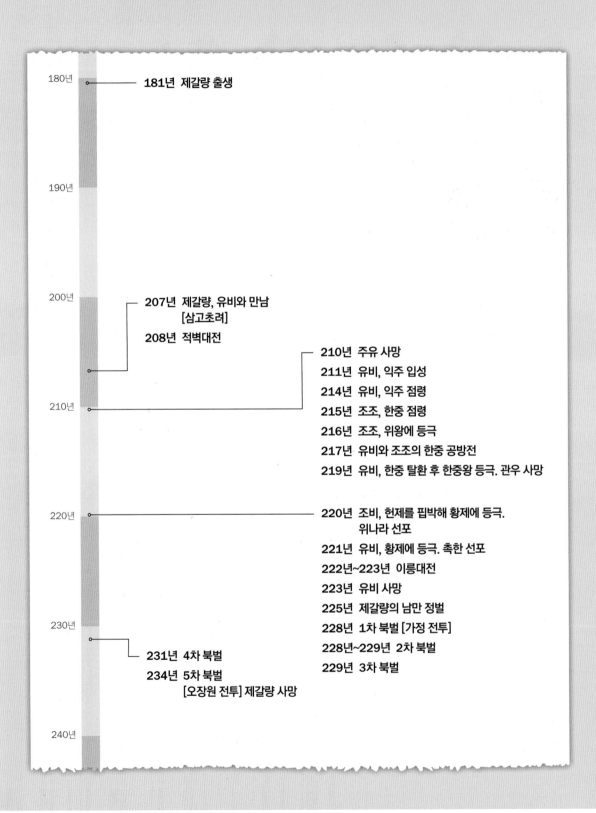

180년

181년 제갈량 출생

190년

200년

207년 제갈량, 유비와 만남
       [삼고초려]
208년 적벽대전

210년 주유 사망
211년 유비, 익주 입성
214년 유비, 익주 점령
215년 조조, 한중 점령
216년 조조, 위왕에 등극
217년 유비와 조조의 한중 공방전
219년 유비, 한중 탈환 후 한중왕 등극. 관우 사망

210년

220년

220년 조비, 헌제를 핍박해 황제에 등극.
       위나라 선포
221년 유비, 황제에 등극. 촉한 선포
222년~223년 이릉대전
223년 유비 사망
225년 제갈량의 남만 정벌
228년 1차 북벌 [가정 전투]
228년~229년 2차 북벌
229년 3차 북벌

230년

231년 4차 북벌
234년 5차 북벌
       [오장원 전투] 제갈량 사망

240년

뛰어난 지략가, 정치가, 행정가

제갈량이 등장하는 책 '삼국지'는 두 가지가 있다. 하나는 정사를 기록한 역사책 『삼국지』이고, 또 하나는 소설책 『삼국지연의』이다. 『삼국지연의』에서 제갈량은 모든 전쟁을 승리로 이끄는 천재로 묘사되는데, 이는 객관성보다 오락성을 추구하는 소설의 특성에 기인한 것으로 제갈량에 대한 과대평가를 경계해야 한다고 주장하는 이들도 있다. 그러나 이러한 우려에도 불구하고 제갈량이 역사적으로 뛰어난 지략가이자, 정치가이자, 행정가였다는 사실은 부인할 수 없으며 오늘날의 우리에게도 많은 배울 점을 안겨 준다.

삼고초려

제갈량의 자(字)는 공명, 후한 13주 중 서주 출신이다. 제갈량은 3남 2녀 중 차남으로, 어린 나이에 아버지를 잃고 삼촌의 손에서 성장했다. 서주는 조조, 여포, 유비, 원술 네 사람이 격전을 벌이는 전장의 복판이었고, 제갈량의 삼촌은 신변 안전을 위해 조카들을 데리고 더 남쪽으로 이동해 '예장'이란 곳의 태수가 되었다. 그곳에서는 손책과 유요가 강동의 패권을 두고 다투고 있었다. 유요와 싸우는 손책의 뒤에는 원술이 있었으며, 이 사실을 안 유요는 원술의 지지파였던 제갈량의 삼촌을 죽여 버렸다. 삼촌이 죽는 과정에서 제갈량 형제자매는 형주로 피신을 갔는데, 장남 제갈근은 함께 가지 않고 남아 있다가 추후 유요를 물리치고 강동을 제패한 손씨 일가에 합류한다.

■ **서주**
현재의 산둥성 남단과 중국 장쑤성 북단에 해당하는 곳

형 제갈근을 제외하고 제갈량 형제자매가 정착한 형주는 제갈량 같은 선비들이 살기에 좋은 곳이었다. 형주자사였던 유표는 소문난 유학자였으며 재야의 선비들을 우대했기에 전국의 많은 선비들이 형주로 몰려들었다. 그중 하나가 사마휘였다. 다만 유표는 사마휘를 높게 평가하지 않았으며 사마휘도 유표의 됨됨이를 가까이서 보고는 형주의 깊은 산야에 숨어 제자 양성에만 집중했다. 사마휘의 제자 중 가장 두각을 나타낸 사람이 제갈량이었다.

장성한 제갈량은 사마휘로부터 나와 형주의 '융중'이란 작은 산골 마을에서 책만 읽을 뿐 하릴없이 작게 농사만 지으며 생활하고 있었다. 이때 유비가 제갈량을 찾아왔다. 원래 장사꾼들과 어울리던 유비는 황건적의 난을 진압한 공로로 작은 벼슬을 받으며 세상에 모습을 드러냈다. 이후 조조, 공손찬, 도겸 등의 지지와 도움으로 점차 작은 군벌로 성장했는데, 백성들의 신망이 두터웠던 유비가 서주와 예주 2개 주를 차지하는 군벌로 커지자 조조, 원술, 여포 세 사람이 특히 그를 견제했다. 유비는 결국 조조의 밑으로 들어가 여포와 원술을 토벌하고는 다시 독립하여 조조와 상대하지만 단 한 번도 그를 이긴 적이 없었다. 모든 것을 잃은 유비는 우선은 형주로 내려가 유표에게 의탁하기로 했다. 중북부 조조의 성장을 마찬가지로 견제하던 유표는 방패막이로 삼을 요량으로 유비에게

황건적의 난
환관들의 전성기이자 전횡기였던 중국 후한 말기 좌절과 실의에 빠져 있던 농민들이 황건적이 되어 일으킨 대규모 농민 봉기

사마휘의 제자 시절 제갈량과 관련한 재미있는 일화들이 전해진다. 사마휘가 제자들에게 어떤 방식으로든 학식을 입증하여 자신의 입에서 나가도 좋다는 말이 나오게 만들어 보라고 했다. 제갈량이 벌떡 일어나더니 사마휘에게 무능하기 짝이 없는 스승이라며 욕을 하자 방통과 서서가 일어나 제갈량을 말렸다. 화가 난 사마휘는 방통과 서서에게 당장 제갈량을 끌고 나가라고 하자 세 사람은 시험에 통과했다며 기뻐했다고 한다. 또 한 번은 제갈량이 서서, 석도, 맹건 세 사람에게 "너희 셋은 커서 태수나 자사가 될 그릇이다."라며 칭찬을 하자 서서는 그렇다면 제갈량 본인은 어느 정도냐고 되물었다. 제갈량은 아무 말을 하지 않으며 씩 웃기만 했다고 한다. 제갈량은 세세한 부분에 몰두하기보다는 언제나 전체적인 맥락 살피기를 좋아했다. 사마휘는 제자들 가운데 제갈량과 방통을 가장 뛰어나게 평가했다.

여기서
잠깐!!

**말괄량이 제갈량의
어린 시절**

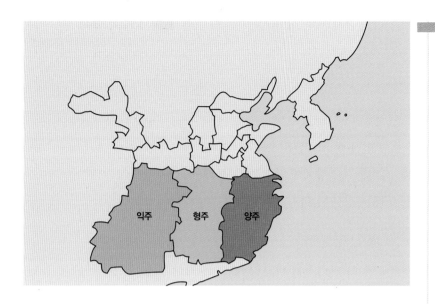

익주   형주   양주

형주 북부의 신야성을 맡겼다.

유비는 오래도록 신야성에만 안주하고 있었는데 세상은 그렇게 쉽게 평화를 주지 않았다. 중국 중북방을 모조리 제패한 조조는 남쪽으로 눈을 돌렸다. 당시 한나라는 황제 '헌제'가 있었지만 꼭두각시 황제였던지라 중앙정부의 영향력이 전국에 미치지 못한 채 남쪽의 군벌들은 중앙정부의 통제를 거부하며 독자적으로 각자의 지역을 운영하고 있었다.

중국 남방은 크게 서남쪽의 익주, 남쪽 중앙의 형주, 동남쪽의 양주 이렇게 세 지역으로 구성되어 있었다. 조조의 목표는 전략적 요충지인 형주였다. 유표는 조조의 남침을 걱정할 수밖에 없었다. 누구나 곧 형주에 전운이 덮칠 거란 걸 예상할 수 있었다. 유표의 신하들과 형주의 호족들은 조조와 싸우자는 쪽과 조조에게 투항하자는 쪽으로 나뉘었다. 한 치 앞을 내다볼 수 없는 상황에서 유비도 입장을 정해야만 했다. 형주에 있으면서 여러 선비들과 교류하던 유비는 우연히 사마휘를 만나 그의 제자 제갈량과 방통에 대해 듣게 되었다. 사마휘의 또 다른 제자 서서가 제갈량이 있는 곳을 안다고 하여 그에게 제갈량을 모셔 오라고 했으나, 서서는 좋은 인재를 영입하려면 정성을 보여야 한다며 유비가 직접 가기를 제안했다. 서서의 말에 유비는 융중에 있는 제갈량의 초가집을 찾아가지만 하필 갈 때마다 제갈량은 자리를 비우고 집에 없었다. 서기 207년 방문 세 번째 만에 겨우 유비는 제갈량과 조우했다. 여기에서 비롯된 고사가 '삼고초려'이다.

■■■ **삼고초려(三顧草廬)**
인재를 맞아들이기 위해 참을성 있게 기다린다는 뜻

천하삼분지계

중북부를 제패한 조조, 눈치를 보고 있던 형주의 유표, 그리고 그 사이에서 어찌 해야 할지 모르는 유비. 유비는 제갈량에게 앞으로 자신이 나아갈 길에 대한 혜안을 요청했다. 아래는 정사 『삼국지』의 「촉서」 – 제갈량전에 기록된 두 사람의 질의응답이다.

"한나라 황실은 기울고 무너졌으며, 간사한 신하들이 황제의 명령을 도용하여 황제께서 모욕을 당하셨습니다. 저는 덕행과 역량을 헤아리지 못하고 천하에 대의를 펼치려고 했지만 지혜와 모략이 부족하므로 좌절하고 실패하여 오늘 이 지경에 이르렀습니다. 그러나 뜻만은 아직 버리지 않았으니, 어떻게 하면 좋을지 말씀해 주십시오."

제갈량이 대답했다. "조조가 원소보다 명성이 희미하고 병력이 적지만 원소를 무찌르고 약자에서 강자가 될 수 있었던 까닭은 단지 시기적 운 때문만이 아니라 인간의 지모에 의지했기 때문입니다. 조조는 이미 백만 병력을 끌어안고 천자를 끼고 제후들에게 호령하고 있으니, 지금은 확실히 그와 역량을 다툴 수 없는 상황입니다. 손권은 강동을 지배한 지 벌써 세 대가 지났고, 나라가 튼튼하고 백성이 의지하며 현명한 사람이나 재간 있는 사람이 그에게 임용되고 있으니 그와 손잡을 수는 있으나 도모할 수는 없습니다.

형주는 북쪽에 한수와 면수가 있어 경제적 이익이 남해에까지 이르고, 동쪽으로는 오군과 회계군에 잇닿아 있으며, 서쪽으로는 파군과 촉군으로 통하니 이는 무력을 쓸 만한 나라이지만 유표는 지킬 수 없습니다. 이것은 아마 하늘이 장군에게 쓰도록 주는 것일 텐데 장군께서는 혹시 뜻이 있습니까? 익주는 요새가 튼튼하고 기름진 들판이 천 리나 되므로 천연의 보고이며, 고조께서는 이것을 기초로 하여 제업을 이루셨습니다. 그 땅의 주인 유장은 어리석고 유약하며, 장로가 북쪽에서 그를 위협하고 있고, 인구가 많고 나라는 부유하지만 백성을 보살피는 데 마음을 둘 줄 모르므로 지혜와 재능이 있는 사람은 현명한 군주를 얻기 원합니다.

장군은 이미 황실의 후예인 데다가 신의는 천하에 빛나고 영웅들을 널리 불러 받아들이며, 목이 마른 것처럼 현인들을 갈망하고 있습니다. 만일 형주와 익주를 점거하여 그 요충지를 지키고, 서쪽으로는 각 만족과 조화를 이루며, 남쪽으로는 이월을 위로하고, 밖으로 손권과 맹약을 맺고 안으로 정치를 개혁하면 천하에 변화가 생길 것입니다. 상장 한 명에게 명하여 형주의 군대를 완현과 낙양으로 진군시키고, 장군 자신은 익주의 병력을 이끌고 진천으로 출격한다면, 백성이 어찌 감히 대그릇에 담은 밥과 병에 넣은 장으로써 장군을 환영하지 않겠습니까? 진실로 이와 같다면 패업이 이루어지고 한나라 황실은 부흥할 것입니다."

제갈량은 유비에게 천하를 조조, 손권, 그리고 유비로 삼분하라는 천하삼분지계를 제시했다. 우리가 아는 삼국지는 자연스럽게 유비, 조조, 손권 세 세력으로 나뉜 것이 아니라 철저하게 제갈량의 시나리오에 따라 인위적으로 만들어졌다. 이는 수많은 군벌들 중에서 유비를 조조, 손권과 어깨를 나란히 할 수 있도록 하기 위한 것으로, 2인자와 손을 잡고 1인자를 경계하는 방책이었다. 더불어 틈새를 노리도록 했다. 아직 1인자(조조)와 2인자(손권) 어느 쪽도 장악하지 못한 '형주'와 '익주'라는 틈새를 노린다면 빠른 시간 내에 크게 성장할 수 있는 것이다.

흔히 '융중대'라고 불리는 천하삼분지계로 제갈량은 자신의 능력을 입증했다. 제갈량은 소설처럼 전투에서 계책을 쓰며 전쟁을 승리로 이끌어 가는 존재가 아니다. 전쟁은 군인이 맡아야 한다. 천하삼분지계처럼

천하삼분지계
오늘날의 경영과 마케팅에서도 활용되는 전략이다.

제갈량

제갈량 정도의 참모라면 전체적인 판도를 읽고 짤 줄 알아야 하며 청사진을 그릴 줄 알아야 한다. 말이 쉽지 이는 뛰어난 통찰력과 분석력을 요하는 능력이다.

그런데 제갈량은 왜 조조나 손권이 아닌 유비를 택했을까? 물론 유비의 인망이 두터웠기 때문일 수도 있다. 유비는 형주의 신야성에 오기까지 이리저리 떠돌아다녔기에 세력이 미미했다. 이미 조조나 손권에겐 참모진들이 많았기에 제갈량이 아무리 능력이 뛰어나도 두각을 못 보이거나 기회가 주어지지 않았을지도 모른다. 유비처럼 아무런 참모진이 없는 경우엔, 그만큼 부작용이나 시행착오도 많겠지만, 새로 발탁된 참모는 처음부터 재량권을 마음껏 발휘하며 그간 자신이 품어 온 이상도 자유롭게 펼쳐 보일 수가 있다. 유비를 따르기로 한 제갈량의 선택도 제갈량에겐 틈새시장 공략이었던 셈이다. 그리고 제갈량의 선택은 적어도 제갈량에게는 옳았다.

적벽대전

형주자사 유표에게는 서로 다른 아내와의 사이에 낳은 두 아들이 있었다. 장남 유기는 어머니의 출신을 정확히 알 수 없으나 어머니가 일찍 죽는 바람에 지지 세력이 약했다. 반면 차남 유종의 어머니이자 유표의 둘째 부인은 채씨 부인으로, 채씨 집안은 형주에서 가장 알아주는 대호족 가문 중 하나였다. 유표가 형주를 장악하는 데 있어 채씨, 괴씨 두 대호족 가문의 도움이 절대적이었다. 채모는 조카가 유표의 뒤를 잇게 하려고 유표에게 장남 유기를 끊임없이 모함하며 형주의 먼 지방 강하로 보내 버려 놓고 유종을 다음 형주자사의 후계자로 지목했다. 지방 호족은 본디 자신의 근거지가 전쟁터가 되기를 원하지 않는다. 채모는 개인적으로도 조조와 친분이 있었고, 형주의 대호족 집안인 채씨와 괴씨는 유표에게 조조를 따라야 한다며 친조조 성향을 강하게 내비쳤다. 정작 조조의 밑으로 들어가긴 싫고 그렇다고 형주 호족 가문의 입장을 무시할 수도 없던 유표는 제대로 된 입장을 표명하지 않은 채 서기 208년 병사했다.

이후 유종이 형주자사를 승계 받았다. 새롭게 형주자사가 된 유종은 어렸기에 외삼촌 채모가 모든 업무를 도맡으며 형주는 채모와 같은 친조조 성향의 사람들로 가득 찼다. 오로지 신야성에 있던 유비와 강하에 있던 유기 그리고 극소수의 일부만이 조조로부터 형주를 되찾아야 한다고 주장했다. 채모에게 휘둘리던 유종은 관할지를 전부 조조에게 넘겨주면서 조조는 형주도 장악했다.

형주 북쪽 신야성에 있던 유비는 조조가 형주를 넘겨받으러 온다는 소식에 제갈량의 제안에 따라 신야성을 나와 강하로 가서 유기와 세력을 합치기로 했다. 유비가 신야성에서 강하로 떠난다고 하자 조조의 지배를 받고 싶어 하지 않던 형주의 신야성, 번성, 양양성의 백성들이 대거 유비를 따라나섰다. 그 규모가 자그마치 10만 명이었고 대규모 행렬에 유비의 행군 속도가 차질을 빚었다. 조조가 보낸 기병대 '호표기'의 추격에 따라잡히고 말았고 장판파에서 유비 일행이 와해되어 버렸다. 다행히 유기가 직접 군사를 이끌고 마중 나와 주었고 유비도 조운과 장비의 활약으로 빠르게 전열을 재정비하여 장판파에서 도망쳐 손권의 세력지와 가까운 하구로 도망쳤다. 손권과 가까운 곳으로 이동한 건 조조가 형주를 장악한 상황에서 손권과의 동맹을 미룰 수가 없었기 때문이다. 제갈량은 손권 측 참모였던 노숙의 도움으로 혈혈단신 손권이 있던 건업(지금의 난징)으로 떠났다.

제갈량의 방문은 손권과 유비의 동맹 체결이 주된 목적이었다. 제갈량과 노숙의 설득에 손권은 유비와 동맹을 맺기로 하고, 신하들이 보는 앞에서 칼로 책상을 내리치며 항전의 의지를 다졌다.

주유는 3만의 병사로 수군을 이끌며 양쯔강을 따라 형주로 진격, 적벽이란 곳에 진을 쳤다. 이곳에서 유비의 군대와 합류했고 주유가 진격했다는 소식에 조조는 채모를 내세워 역시 강을 따라 진군했다. 그간 조조의 부대는 기병 중심이어서 강에서 싸우는 수전엔 약했기에 채모를 사령관으로 삼아 군대를 지휘하게 해서 주유군이 진을 친 적벽 건너편 오림에 약 16만 명 정도의 군대가 주둔했다. 양쯔강을 두고 주유군과 조조군이 대치하고 있었다. 병력은 조조가 5배나 많았지만 주유는 승리를 자신했다. 주유는 손권에게 조조를 이길 수 있는 이유 6가지를 올렸다.

■ 손권과 주유

소설 『삼국지연의』에는 제갈량이 뛰어난 언변으로 손권과 주유의 자존심을 자극해서 조조와의 싸움을 부추긴 것으로 나오지만 손권과 주유는 이미 조조와 싸울 의지를 불태우고 있었다. 손권의 신하들 사이에서 굳이 조조와 싸우지 말자는 온건파와 조조와 싸워 형주로 나아가자는 강경파로 나뉘었던 것은 정사나 소설이나 같다. 단 손권은 소설과 달리 확고했고 전쟁에 반대하는 온건파를 달래고 수습하고자 주유를 내세웠던 것이다.

제갈량

첫째, 수전에서는 우리 오군이 더 익숙하기 때문에 유리하다.

둘째, 조조에게는 아직 서북쪽의 양주군벌(마초)이 있어서 조조가 그들을 경계할 수밖에 없을 것이다.

셋째, 지금은 겨울이라 적의 주축인 기병대의 말을 먹일 건초가 충분하지 않다.

넷째, 중국 남방의 기후가 처음인 조조의 북방 병사들은 풍토병에 걸릴 것이다.

다섯째, 조조가 황제를 모시고 있지만 어디까지나 황제를 핍박하는 역적일 뿐 정통성은 오히려 조조와 싸우는 쪽에 있다.

여섯째, 손권은 손견의 아들이자 손책의 동생이다.

양쯔강을 사이에 두고 오림에 주둔한 조조와 적벽에 주둔한 주유는 대치만 할 뿐 이렇다 할 전투가 벌어지고 있지 않았다. 신중하면서도 밀어붙일 땐 확실하게 밀어붙이는 스타일의 조조가, 전쟁을 장기전으로 끌고 가 봤자 공격하는 쪽에 더 불리하다는 걸 뻔히 알면서도, 별다른 군사 행동을 하지 않고 있었다. 조조 진영에 무언가 문제가 있는 것이 확실했다. 주유는 진영 내 노장이었던 황개 장군을 시켜 거짓 항복을 하게 했다. 황개는 약속한 시간에 자신이 통솔하는 군함에 식량까지 실어 투항하겠다는 전언을 조조에게 보냈다.

사항계 전술
거짓 항복으로 적을 기만하는 전술

적벽대전도

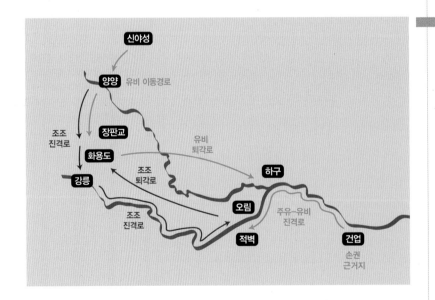

주유의 계략에 따라 항복하기로 한 날, 황개는 식량을 실은 군함 대신 짚 등 가연성 재료들을 가득 채운 빈 배를 먼저 조조의 진영으로 보냈다. 그런데 안개를 뚫고 오는 배의 속도가 지나치게 빨랐다. 조조는 수상함을 감지했지만 너무 늦었다. 짚으로 가득찬 배에 배후의 황개 군사들이 일제히 불화살을 퍼부었고, 불타는 화공선들이 그대로 조조군 군함에 가 닿았다. 마침 바람의 방향이 바뀌자 불은 삽시간에 번졌고, 적벽은 순식간에 불바다가 되어 버렸다. 이 전쟁이 208년 적벽대전이고 결과는 조조의 참패였다.

적벽이 불바다가 된 건 사실이지만 조조의 패인은 따로 있었다. 바로 전염병이었다. 주유가 출정 전 손권에게 예견했듯이 조조군은 익숙하지 않은 기후와 풍토로 인해 전염병을 앓고 있었다. 도저히 군사적 행동을 취할 수 없는 절망적인 상황에서 조조에게 황개의 항복 소식은 단비 같았고 의심할 여유가 없었다. 오나라 측 기록에도 적군은 전염병으로 군사 태반을 잃었다고 나와 있다. 다만 주유가 화공으로 사기가 떨어져 있던 조조군 병사들에게 준 심리적 충격은 매우 컸을 것이다. 조조는 기병대를 이끌고 부리나케 도망쳤다. 유비는 조조의 퇴로 곳곳에 군대를

여기서
잠깐!

연환계에 대한 오해

적벽대전에서 또 하나 유명한 전술은 배를 쇠사슬로 연결해 화공에 취약하게 만드는 '연환계'다. 방통이 병사들의 뱃멀미를 없애 주겠다며 조조를 속여 조조군 군함들을 쇠사슬로 묶어 버렸다는 소설 『삼국지연의』와는 달리 정사에선 방통은 등장하질 않는다. 조조군 군함을 쇠사슬로 연결하라고 아이디어를 낸 사람은 다름 아닌 조조였다. 또한 '연환계'라는 용어도 '배를 쇠사슬로 연결한다'는 뜻이 아니라 36가지 손자병법 중 35번째 계략으로 여러 가지 전략을 섞어 쓰는 전술을 뜻한다. 조조가 배를 쇠사슬로 연결해 병사들의 뱃멀미를 해결했지만 참모들은 혹시 모를 적의 화공에 취약할 수 있다고 경고했다. 그럼에도 조조는 바람의 방향이 주유 진영 쪽으로 불고 있어 그쪽에서 화공을 퍼부을 수는 없을 거라고 굳게 믿었다. 그러나 양쯔강 일대는 주유의 앞마당으로, 특정 시점에 바람의 방향이 바뀌는 그곳의 기후는 누구보다 주유와 오군의 병사들이 잘 알고 있었다. 소설 『삼국지연의』 속 제갈량의 멋진 동남풍 일화는 허구이며, 실제 바람의 방향을 계산한 사람은 주유였다.

매복시켜 두었고, 조조는 혼신의 힘을 다해 추격을 물리치며 화용도를 지나 형주를 포기한 채 다시 북방으로 도주했다.

형주와 익주를 차지하다

조조는 형주의 남군성에만 병력을 주둔시키고 본인은 북방으로 돌아갔다. 주유의 부대는 조조군을 추격하여 1년간 남군성에서 공방전을 이어 갔다. 1년을 싸우는 동안 주유는 어깨에 화살을 맞는 부상도 입었지만 남군성을 점령하는 데 성공했다. 그 사이 유비는 유표의 장남 유기를 형주자사로 추대하고 제갈량의 계획에 따라 무릉, 장사, 계양, 영릉 태수의 항복을 받아 형주 남쪽의 4군을 차지했다. 얼마 안 있어 유기가 사망하자 유비가 형주목이 되어 형주 내에서 가장 강한 영향력을 행사하는 군벌로 자리를 잡는다.

소설 『삼국지연의』에서는 이때 유비와 제갈량을 손권과 주유가 질투했다고 묘사되지만 실상은 아니었다. 오히려 손권은 차라리 유비를 더 키워 주어야 동맹의 힘이 강력해지고 조조에게 유효타를 먹일 수 있다고 판단해 유비에게 형주 일부를 직접 내어 주기도 했다. 손권의 이런 판단엔 친유비 성향이 매우 짙었던 노숙의 설득이 크게 한몫했다.

주유는 제갈량처럼 익주를 원했다. 제갈량이 천하삼분지계를 목표로 했다면 주유는 조조와 손권의 남북 구도인 천하이분지계를 원했고, 그에게 유비와 제갈량은 그 도구에 불과했다. 익주를 차지하면 주유는 조조를 공격할 수 있을뿐더러 여차하면 양옆에서 형주의 유비를 협공할 수도 있었다. 그러나 210년 주유는 익주 원정을 가던 중 남군성 전투 당시 입었던 상처가 도져 사망하고 말았다. 덕분에 유비와 제갈량은 익주를 노릴 수 있게 되었다.

익주자사는 유장이었다. 유장은 판단력이 흐리고 귀가 얇았다. 익주는 소수민족이 유독 많고 토착 호족들의 개성도 강했다. 익주는 유장이 통치하기에 너무 버거운 곳이었다. 유장의 무능한 통치력에 익주의 호족들은 불만이 많았고, 그중 하나가 '오두미교'라는 사이비 종교의 교주 장로였다. 장로는 아예 유장으로부터 독립해 익주 북방의 분지 지역

■ 익주
오늘날의 쓰촨성에 해당하는 지역

인 한중에서 유장의 익주를 노리고 있었다. 익주의 호족 장송과 신하였던 법정은 이런 장로와 싸우기 위해 구원 세력이 필요하다며 형주의 유비를 끌어들일 것을 유장에게 제안했다. 유장은 흔쾌히 수용했다. 그러나 이것은 사실 유장의 무능함에 불만을 품고 있던 장송과 법정이 구원을 빌미로 유비를 익주로 모셔 오려는 음모였다.

211년 유장의 구원 요청에 유비는 방통을 참모로 하여 익주로 향했고, 제갈량은 관우를 포함해 다른 제장들과 형주에 남았다. 유장은 법정에게 유비를 마중하도록 했는데, 정작 법정은 유비에게 유장을 쳐서 익주를 공략하자고 제안했다. 방통도 옆에서 부추겼으나 유비는 시기상조라며 이를 거부하고 오히려 주둔하고 있는 지역 내 백성들을 위무하는 일에 전념했다.

그렇게 시간이 흘러 조조가 손권을 공격하자 손권은 익주에 있던 유비에게 구원을 요청했다. 손권과의 동맹을 중요시한 유비가 그 요청에 응하려 하자 깜짝 놀란 장송이 유비를 말리기 위해 자신의 속내가 담긴 편지를 보냈다. 그런데 이 편지가 유비에게 닿기 전에 유장에게 발각되고 말았다. 유장은 장송을 참수한 뒤 익주에서 나가려는 유비에게 군대를 보냈고, 예기치 않게 전쟁으로 번지고 말았다.

대체로 유비가 이기는 형국이었지만 전투 도중 방통이 죽었고, 싸움이 일어났다는 소식에 형주에 있던 제갈량은 관우에게 형주를 맡기고 장비, 조운과 함께 익주로 진격해 순식간에 요충지들을 점령했다. 유비와 제갈량이 익주의 주도인 성도를 포위하자 유장은 항복해 버리고 말았다. 214년 유비는 익주목을 겸임하였고 이로써 북방의 조조, 강동의 손권, 그리고 익주와 형주를 차지한 서쪽의 유비, 이렇게 세 개의 판도가 구축되었다. 이로써 제갈량의 첫 목표였던 천하삼분지계가 완성되었다.

한편, 215년 한중의 장로는 조조에게 투항했다. 한중은 익주 북쪽에 붙어 있는 분지 지역으로 둘러싸고 있는 산세 덕에 천혜의 요새 역할을 해 주어 익주 방어에 대단히 중요했다. 조조는 한중을 점령했지만 기세를 타 익주로 진격하자는 사마의의 제안을 거절하고 하후연과 장합에게 한중 방어를 맡기고 돌아갔다.

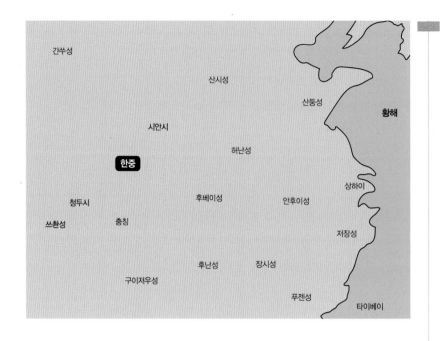

　217년 유비는 한중을 점령하기 위해 군대를 일으켰다. 탕구산 전투에서 장비가 장합의 부대를, 정군산 전투에서 황충이 하후연의 부대를 무너뜨렸다. 정군산 전투에서 하후연이 전사하자 분노한 조조가 직접 군대를 이끌고 한중으로 오지만 한중의 요지였던 정군산을 유비에게 빼앗기면서 조조가 할 수 있는 일이 그다지 없었다. 자존심 때문에 대치는 하지만 시간이 지날수록 이 소모적인 전투에 질린 조조는 219년 퇴각했고, 유비는 한중마저 점령했다. 한중 쟁탈전에서 유비를 따라 전투를 설계했던 참모는 소설과 달리 제갈량이 아니고 법정이었다. 그렇다면 제갈량은 어디 있었을까? 『삼국지』의 「촉서」 – 제갈량전에는 유비가 익주를 차지할 때의 제갈량의 역할에 대해 한 문장으로 압축해 놓았다.

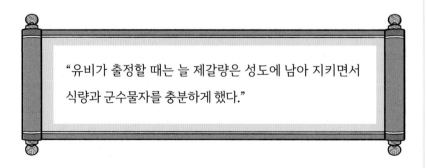

"유비가 출정할 때는 늘 제갈량은 성도에 남아 지키면서 식량과 군수물자를 충분하게 했다."

유비가 한중을 완전히 점령한 그 해에 제갈량을 포함해 신하들의 추대로 유비는 한중의 왕으로 등극했다. 이는 1년 전 위왕에 오른 조조를 견제하기 위함인 동시에 한나라를 건국한 시조 한 고조 유방이 한중에서 처음 시작했다는 역사적 상징성도 함의하고 있었다.

관우와 유비의 죽음

유비가 익주와 한중을 차지하자 그제서야 손권은 유비에게 위기의식을 느꼈다. 주유 사후 노숙이 대도독이 되어 유비와 손권을 중재했지만, 노숙이 죽자 그를 이어 대도독이 된 여몽은 달랐다. 여몽은 유비에게서 형주만큼은 되찾아야 한다고 생각했고, 손권도 마찬가지였다. 손권은 우선 제갈량의 친형이었던 제갈근을 외교관으로 여러 번 파견하여 형주에 대한 주권 논쟁을 이어갔지만, 제갈량과 형주를 지키던 관우는 대충 뭉뚱그리며 넘어가곤 했다. 외교로 해결이 안 되자 손권과 조조가 비밀리에 연합했다. 조조와 형주의 접경지역인 번성에서 조인이 관우를 공격하면 손권이 군대를 보내 관우의 뒤를 공격하기로 했다.

관우는 금세 번성에서의 공격 움직임을 포착해 먼저 치고 올라갔다. 관우는 번성을 포위하고, 조조의 우금, 방덕 군대마저 궤멸해 버렸다. 번성 함락은 시간문제였다. 손권은 대도독 여몽에게 관우의 배후를 치도록 하였다. 그러나 관우의 형주 방어선은 철통이었다. 여몽의 부하였던 육손이 전략을 세워 관우를 방심하게 했고, 방심한 관우는 번성 공략에 집중하고자 가용한 모든 병력을 번성에 투입했다. 형주성의 방어가 허술해진 틈을 타 육손은 첩자들을 통해 봉수대를 접수하고 곧바로 형주 곳곳의 성들을 하나둘 점령해 갔다. 당황한 관우는 곧바로 형주로 내려오지만 이미 형주는 여몽의 손아귀에 있었다. 관우는 유비가 있는 성도로 후퇴하려고 했으나 여몽의 포위망에 걸려 생포되고 말았다. 관우는 손권이 있는 건업으로 압송됐다. 유비에 대한 관우의 충정은 세간에 잘 알려져 있어서 손권도 관우의 항복을 크게 기대하지 않았다. 손권은 219년 관우를 참수했다.

한편 220년 북방에서는 조조의 아들 조비가 한나라 황제 헌제를 핍박하여 스스로 황제가 되어 위나라를 선포했다. 위 문제 조비는 폐위된 헌제의 노후를 보장해 주었지만 이상하게 유비에게는 조비가 헌제를 살해했다는 소식이 전해졌다. 221년 제갈량은 유비에게 황제가 되어 정통 한나라를 부활시키라고 제안했다. 유비는 촉한을 선포하며 황제 자리에 올랐고, 제갈량을 승상에 임명했다.

황제가 된 유비는 관우의 복수를 다짐했다. 손권과의 동맹을 깨면 안 된다고 제갈량이 극구 말렸으나 유비의 마음은 확고했다. 유비를 만나 천하삼분지계를 내놓은 이래 제갈량의 시나리오는 바뀐 것이 없었다. 유비가 익주와 형주를 차지하면 강동의 손권과 함께 아래 세 방향에서 치고 올라가 위나라를 공격할 수 있다. 그런데 유비는 그 동맹을 깨뜨리자는 것이었다. 관우의 패배 또한 손권과 위나라가 동맹을 맺어서였다. 손권과의 관계를 예전으로 돌릴 수는 없어도 전면전은 제갈량이 반대할 수밖에 없었다. 사실 손권이 관우를 제거하고 형주를 빼앗으면서 이미 제갈량의 시나리오에 차질이 생겼다. 형주를 되찾을 것인가, 손권과 동맹을 유지할 것인가를 두고 제갈량은 후자에 방점을 두려 했으나, 유비는 관우의 죽음으로 인한 분노까지 겹치면서 전자에 천착했다. 이때 유비가 동원한 병력 수는 정확하게 전해지진 않으나 10만 명이 살짝 안 되는 규모로 추정된다.

그러나 유비는 결코 감정적으로 진군하지 않았다. 221년에 출발한 유비는 222년이 되어서야 형주 내륙까지 도달했다. 이렇게까지 시간이 걸린 것은 보급 문제 때문이었다. 전쟁에서, 특히 공격하는 쪽에선 보급이 원활하게 이루어지지 않으면 뜻을 이루기 어렵다. 이번 전쟁은 관우의 복수전이면서 형주를 되찾기 위한 목적도 있어서 유비는 보급과 진군에 신중했다. 유비는 육군으로 전투부대를 편성하고, 수군에게 보급 업무를 담당하게 했다. 육군의 진군 속도를 양쯔강을 타고 오는 수군의 속도와 맞추다 보니 더뎠지만 빈틈이 없었다. 익주에서 형주까지의 요충지들을 하나하나 점령해 가며 유비는 형주의 내륙지방인 자귀에 육군을, 이릉에 수군을 주둔시켰다.

손권은 육손을 새로운 대도독으로 삼고 형주로 보내 유비를 막게 했

■ 승상
오늘날의 국무총리에 해당한다.

다. 전선에 도착한 육손은 정작 유비와 싸우려 들지 않았다. 유비는 여러 번 도발했으나 육손은 묵묵부답이었다. 몇 개월의 시간이 흐르자 슬슬 조급해지기 시작한 유비는 싸울 생각이 없는 육손의 부대를 지나치기로 했다. 속도를 높이고자 유비는 이릉에 있던 수군도 보급 업무를 중단시킨 채 육군으로 배치해 양쯔강 강변을 따라 길게 장사진을 쳤다. 진영 수십 개를 일자로 두어 각 진영별로 보급을 자체적으로 해결하거나 유사시 서로 협조할 수 있도록 하기 위함이었다. 강변을 따라 쭉 늘어선 진영은 50여 개였고 무려 700리에 달했다.

유비의 장사진은 장기전에 지친 그의 실책이었다. 수군을 육군에 섞어 버린 결정은 유비의 공고한 보급체계와 탄탄한 방어 태세를 무너뜨리는 일이었다. 육손도 유비가 조급해져 수륙병행 작전을 포기하게 하려고 일부러 장기전을 고집했던 것이며, 소식을 들은 위나라의 조비조차 일자 형태로 배치된 진영들이 대체 어떻게 서로 협조할 수 있겠냐며 유비의 패전을 예측했다.

육손은 50여 개나 되는 길고 긴 진영 사이사이를 화공으로 격파해 촉의 진영들이 서로 도와주지 못하게 하려 했다. 공격받지 않은 진영들은 육손의 예상대로 어딜 먼저 도와주러 가야 할지 판단을 하지 못한 채 우왕좌왕할 뿐이었다. 유비는 부랴부랴 군대를 이끌고 마안산으로 후퇴했으나 육손은 마안산을 포위하여 촉한의 진영을 전멸에 가까울 정도로 쓸어 버렸다. 유비는 인근의 백제성으로 후퇴했고, 육손은 백제성까지 추격은 했으나 위나라의 조비가 틈을 타 공격해 온다는 소식을 접하자 곧바로 군대를 돌렸다. 이릉 대전에서 유비의 패전으로 선봉장이었던 풍습을 비롯해 장남, 왕보, 부융, 정기 등의 명장들이 전사하고 그보다 훨씬 많은 수의 장수들이 오에 투항했다. 향후 촉한의 장래를 절단내 버린 최악의 패전이었다.

이릉 대전 후 굳이 촉한과 계속 싸워 봤자 좋을 것이 없다고 판단한 손권은 백제성에 사신을 보내 임시 화친을 맺었다. 패전한 입장에서 유비는 화친을 받아들일 수밖에 없었고 건강 상태도 하루가 다르게 나빠졌다. 223년 유비의 건강이 회복될 수 없는 상태가 되자 수도 성도에서 제갈량이 백제성까지 찾아가 유비의 마지막을 지켰다. 유비는 제갈량에게 다음과 같은 유언을 남겼다.

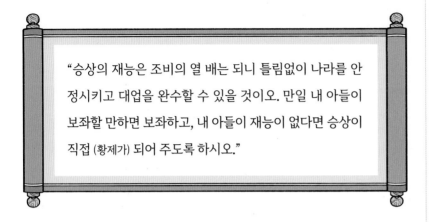

"승상의 재능은 조비의 열 배는 되니 틀림없이 나라를 안정시키고 대업을 완수할 수 있을 것이오. 만일 내 아들이 보좌할 만하면 보좌하고, 내 아들이 재능이 없다면 승상이 직접 (황제가) 되어 주도록 하시오."

제갈량의 출사표

유비 사후 아들 유선이 촉한의 2대 황제가 되었다. 유비가 죽자마자 제갈량은 제일 먼저 손권의 오나라와 동맹을 회복했다. 제갈량의 시나리오상 위나라를 끌어내리기 위해서는 손권과의 동맹이 무엇보다 중요했다.

유비가 죽었을 때 촉한은 내부적으로 많이 어지러웠다. 이미 언급했듯 익주는 소수민족 비율이 많고 토착성이 강했다. 유비가 죽으니 이곳저곳에서 소규모 반란들이 일어났다. 225년 지금의 윈난성, 구이저우성 일대에서 한나라 대호족이었던 맹획과 현지 원주민의 부족장 고정이 반란을 일으켰다. 제갈량은 곧바로 진압하러 남진했고 남만 정벌에서 맹획-고정과 싸워 7번을 체포했으나 7번 모두 풀어 주었다. 제갈량은 원주민 부족장이었던 고정을 처형했고, 대신 한나라인이었던 맹획에겐 오히려 관직을 제수해 현지 영향력을 보장해 주었다. 제갈량의 남만 정벌 목적은 위나라를 치러 갈 때 남쪽 국경선을 안정시키기 위함이지 남만인들을 정복해 영토 확장을 하려던 것이 아니었다. 만약 제갈량이 맹획을 죽였거나 항복을 강요했더라면 제갈량이 돌아간 후 또 전쟁을 일으킬 게 뻔했다. 관직까지 제수 받으며 영향력을 확보한 맹획은 제갈량과 촉한 정부에 충성했고 다시는 그곳에서 전쟁이 벌어지지 않았다.

226년 위나라의 조비가 사망하고 그의 아들 조예가 2대 황제로 등

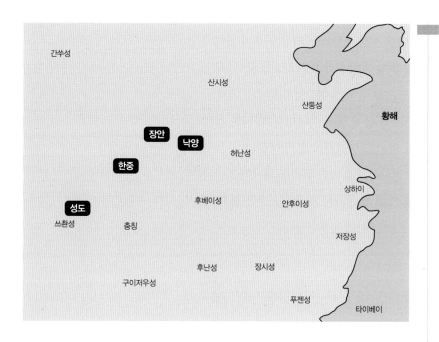

성도–한중–장안–낙양

극했다. 그동안 내부 국정을 튼튼하게 다지고 군사훈련에 박차를 가하며 북벌을 준비하던 제갈량에게 새로운 황제가 등극해 위나라가 어수선한 지금이야말로 북벌의 적기였다. 227년 제갈량은 유선 황제에게 북벌의 시작을 선언하는 소를 올리니 바로 출사표다.

출사표
유비를 처음 만난 후 21년간의 다사다난했던 지난 추억이 감정을 자극했는지 제갈량은 울먹이며 출사표를 읽었다고 한다.

"신은 본래 하찮은 선비로 남양의 땅에서 논밭이나 갈면서 난세에 목숨을 붙이고자 하였을 뿐, 제후를 찾아 일신의 영달을 구할 생각은 없었사옵니다. 하오나 선황제께옵서는 황공하옵게도 신을 미천하게 여기지 아니하시고 무려 세 번씩이나 몸을 낮추시어 몸소 초려를 찾아오셔서 신에게 세상의 일을 자문하시니, 신은 이에 감격하여 마침내 선황제를 위해 신명을 다하겠다 결심하고 그 뜻에 응하였사옵니다. 그 후 한 황실의 국운이 기울어 싸움에 패하는 어려움 가운데 소임을 맡아 동분서주하며 위험하고 험난한 상황에서 명을 받들어 일을 행해 온 지 어언 스무 해 하고도 한 해가 지났사옵니다.
선황제 폐하께옵서는 신이 삼가고 신중한 것을 아시고 승하하실 때 신에게 탁고의 대사를 맡기셨사옵니다. 신은 선황제의 유지를 받은

제갈량

이래 아침저녁으로 근심하며 혹시나 부탁하신 바를 이루지 못하여 선황제의 밝으신 뜻에 먹칠을 하진 않을까 두려워하던 끝에, 지난 5월에 노수를 건너 불모의 땅으로 깊이 들어갔었사옵니다. 이제 남방은 평정되었고 인마와 병기와 갑옷 역시 넉넉하니, 마땅히 삼군을 거느리고 북으로 나아가 중원을 평정해야 할 것이옵니다. 늙고 아둔하나마 있는 힘을 다해 간사하고 흉악한 무리를 제거하고 한나라 황실을 다시 일으켜 옛 황도로 돌아가는 것만이 바로 선황제 폐하께 보답하고 폐하께 충성드리는 신의 직분이옵니다."

바야흐로 북벌의 막이 올랐다. 목표는 위나라의 수도 낙양이었다.

제갈량의 1차 북벌과 읍참마속

228년 제갈량이 조운을 선봉장으로 하여 한중의 기곡으로 보내자 위나라에선 촉한 전선 담당이었던 대장군 조진이 기곡으로 가서 조운의 부대와 대치했다. 그러나 조운은 미끼였고 조진의 위나라 주력군이 기곡에서 조운 부대에 발이 묶인 틈을 타 제갈량은 크게 우회해서 옹주의 남안, 천수, 안정 세 군을 접수했다. 옹주자사 곽회와 천수태수 마준은 상규성에서 제갈량의 부대에 포위되어 마지막 저항을 하고 있었다. 위나라 본국에선 장합을 보내 상규성을 구원하게 했다. 장합이 상규성에 도착하면 전쟁이 장기화될 우려가 있어 제갈량은 반드시 그 전에 상규성을 무너뜨리고자 했다. 제갈량은 마속에게 가정으로 가서 잠시만 장합과 대치하며 시간을 끌어 주면 상규성을 무너뜨리는 대로 곧바로 합류하겠다고 했다. 제갈량이 마속에게 신신당부하기를, 마속의 임무는 시간을 끄는 것이지 싸우는 게 아니기 때문에 전면전을 피하라고 했다.

마속에게는 군인도 아니고 지휘를 해 본 경험도 없다는 결정적인 단점이 있었다. 그런 마속이 과욕을 부렸다. 시간을 끌라는 제갈량의 지시를 어기고 장합의 3만 군대와 맞서 싸워 대패하고 말았다. 마속은 산속에서 매복으로 기습하려 했지만 지나치게 높은 곳에 올라가는 바람에 장합이 식수로를 차단하자 고립되었고, 간단한 화공에도 전멸해 버리고 말았다. 이 전투가 가정 전투다. 장합이 상규성에 도착하자 인근 성들의 위나라 병사들이 모이는 바람에 제갈량은 후퇴할 수밖에 없었으며 기곡에 있던 조운도 군대를 물려야 했다. 야심차게 나선 제갈량의 1차 북벌은 마속한 사람의 실수로 허망하게 실패했다.

전투 후 도망간 마속이 붙잡혀 왔다. 제갈량은 마속을 참수했다. 총애했던 마속을 참수한 날 제갈량은 오열했다고 한다. 법의 공정함도 공정함이지만 제갈량은 법의 집행에 더 예민할 수밖에 없었다. 법을 만든 사람이 자신이기 때문이었다. 유비가 한중왕으로, 그리고 황제로 등극할 때 국가를 다스릴 기본 원칙, 행정, 법 등을 수립한 사람이 제갈량이었다. 촉한의 행정 수칙과 법을 직접 만들었기에 제갈량은 더욱 그 법에 예외를 둘 수가 없었다.

1차 북벌에 실패했지만 제갈량에게 수확이 전혀 없진 않았다. 바로 강유를 얻은 것이다. 강유는 본디 옹주자사 곽회와 천수태수 마준을 모셨다. 강유의 고향이 바로 옹주 천수군의 기현이란 마을이었다. 제갈량이 남안, 천수, 안정 세 곳을 기습적으로 점령할 때 많은 고을의 백성들이 자발적으로 항복하는 일이 비일비재했다. 그중 강유의 고향이었던 기현도 있었고 이에 곽회와 마준은 강유를 경계하며 내쳤다. 기현의 마을 사람들은 강유를 내세워 제갈량에게 완벽하게 투항하려 했으나 강유가 미처 결단을 내리기 전에 가정전투에서 패전한 촉한의 부대가 후퇴를 해 버렸다. 기현의 마을 사람들은 투항을 포기하고 다시 위나라로 돌아서면서 이전의 투항 계획을 강유의 독단인 양 강유에게 누명을 씌웠다. 오갈 데가 없어진 강유는 제갈량에게 귀순했다. 이는 향후 촉한의 역사를 뒤바꿀 기념비적인 투항이었다. 강유가 투항했을 때 제갈량은 이렇게 평했다.

> "강유는 이소, 마량을 뛰어넘는 재능을 가지고 있으며 양주 최고의 기린아다."
>
> 『삼국지』의 「촉서」 강유전

읍참마속(泣斬馬謖)
'울며 마속을 베다'라는 뜻으로 대의를 위해 눈물을 머금고 마속을 참수한 것에서 유래했다.

제갈량

북벌을 완수하라

제갈량의 1차 북벌이 무참히 실패하자 득의양양했던 위나라 황제 조예는 기세를 몰아 오나라 정벌을 지시했으나 1만 명의 사상자가 나오고 수만 명이 생포되며 완패했다. 오나라의 손권은 제갈량에게 서신을 보내 위나라가 패전의 후유증에 시달리고 있으니 이때 다시 한번 위나라를 공격하는 건 어떠냐고 제안했다. 제갈량은 절호의 기회라고 여기고 2차 북벌에 나섰다. 위나라의 수도는 낙양이지만 제갈량의 목표 지점은 장안이었다. 흔히 '관중'이라고 부르는 장안과 그 인근을 장악하면 수도 낙양이야 쉽게 무너뜨릴 수 있었다. 촉한에선 한중이 북벌을 위한 일종의 전진기지였는데, 1차 북벌 때 한중에서 장안까지 가장 빠른 루트로 곧장 진격하려는 것처럼 착각하게 만든 뒤 제갈량은 옹주를 우회해서 기산이란 산을 넘어 장안으로 기습할 계획이었다. 가정이 바로 기산에 있었다.

제갈량의 1차 북벌 이후 촉한 전선 담당이었던 대장군 조진은 제갈량이 다시 쳐들어올 때 활용할 수 있는 루트를 고민하고 또 고민했다. 제갈량이 올 수 있는 요충지마다 군사시설을 강화했고, 특히 기산 아랫자락에 있는 진창성의 중요성을 고려하여 그곳의 성주 학소와 함께 진창성 방어에 심혈을 기울였다.

조진의 예상은 적중했다. 제갈량은 이번에도 옹주를 우회하지만 1차 때처럼 기산을 넘기보단 기산 아래쪽으로 움직이며 진창성으로 향했다. 진창성에는 성주 학소와 고작 1천여 명의 병력밖에 없었으나 대비를 철저히 하고 있던 학소는 제갈량의 공격을 막아 냈다. 제갈량의 2차 북벌은 1차와 달리 준비가 부족했다. 더 이상 시간을 끌면 공격하는 쪽이 불리하기 때문에 제갈량은 포위 20여 일 만에 포위를 풀고 본국으로 돌아갔다.

229년, 북벌을 다시 준비 중이던 제갈량에게 희소식이 전해졌다. 진창성의 성주 학소가 지병에 걸렸다는 것이었다. 제갈량은 3차 북벌에 나섰다. 제갈량은 재빠르게 강유와 위연을 보내 진창성을 함락했다. 그런 다음 무도와 음평을 점령했다. 무도와 음평은 촉한과 위나라 국경지대에 위치한 곳으로 옹주와 양주를 접하고 있으며 저족, 강족 등 이민족들도 많이 분포되어 있어서 상대적으로 위나라에 대한 충성심이 약한 곳이었다.

조진은 옹주자사 곽회에게 무도와 음평을 탈환하게 하였으나 실패했다. 진창성부터 무도와 음평까지 점령되며 위나라에 심각한 위기 상황이 벌어졌다. 이때의 조진은 이미 요충지들을 빼앗긴 이상 방어에 전념하지 않고 차라리 공격에 나서기로 했다. 조진은 대규모 병력을 이끌고 곧바로 촉한의 수도 성도로 진격했다. 예상치 못한 조진의 공격에 촉한의 군대 상당수가 본국 수비에 투입되었다. 230년 조진은 세 갈래로 나누어 촉한의 수도 성도로 향했지만 장마철의 궂은 날씨 때문에 별 전투 없이 바로 철수해야만 했다. 동원한 병력 수는 많고 소득이 없는 만큼 경제적, 물질적 피해가 컸고 이 충격 때문인지 1년 후 231년 조진은 병사했다. 그간 늘 촉한 전선의 담당자는 조진이었다. 그런 조진이 죽고, 그의 후임으로 들어선 인물이 사마의였다.

231년 제갈량은 4번째 북벌을 감행했다. 제갈량은 북방의 선비족을 부추겨 위나라의 북방을 침략하게 함과 동시에 '목우'라는 독특한 목조 조형물로 식량을 운송했다. 보급물자를 실은 바퀴 달린 수레를 소 모양으로 만들어 안전하고 신속하게 병참을 전달하기 위함이었다. 2차, 3차 때는 기산을 지나쳐 진창성으로 향했지만 4차 때는 1차 때 실패했던 기산을 다시 목표로 설정했다.

위나라에선 사마의가 나섰다. 제갈량과 사마의는 기산의 상규 지역에서 맞닥뜨렸는데 상규 지역엔 대규모 보리밭이 있었다. 상규가 제갈량에게 넘어가면 촉한의 군량미만 채워 주는 셈이니 상규 일대의 보리밭을 베어 버리려고 했으나 위나라 황제 명제 조예가 이를 허락하지 않았고 사마의에게 상규 일대를 기필코 사수하라는 명을 내렸다. 그러나 사마의의 판단이 옳았다. 제갈량은 상규를 점령하고 보리를 수확했다. 사마의는 상규로 다시 진격해 근처의 노성에서 치열한 전투가 벌어졌고 결과는 무승부였다. 제갈량을 상대로 무승부를 만든 사마의 또한 결코 만만하지 않다는 걸 입증해 보인 전투였다. 노성전투 이후 하필 장마철이 겹쳐 대치가 장기화되자 제갈량은 철군을 지시했다. 근본적인 이유는 보급선이 매끄럽지 못했기 때문이었다.

제갈량이 여러 차례 북벌을 나가 있는 동안 촉한 내부는 이엄이 국

제갈량

사를 전담하고 보급까지 책임지고 있었다. 이엄은 내정에 관한 한 제갈 량이 가장 믿는 사람 중 하나였다. 왕이 되라는 둥 사마의와 친하다는 둥 가끔 돌발 발언으로 제갈량을 당황하게 만들 때도 있었지만, 이엄의 정 치 수완만큼은 의심할 바가 없었다. 그런 이엄이 4차 북벌 때 무슨 이유 에서인지 보급 업무를 매끄럽게 진행하지 못했다. 구체적으로 어떤 식으 로 보급에 차질을 주었는지 기록되어 있지는 않다. 제갈량은 돌아온 뒤 이엄을 탄핵했다.

추풍오장원

234년 제갈량은 마지막 5차 북벌을 떠났다. 동원한 병력만 자그마치 10 만. 역대 북벌 가운데 최다 병력이었다. 병력 수만으로 제갈량이 이 북벌 을 마지막 전쟁이라고 각오했음을 유추해 볼 수 있다. 제갈량은 그간의 실패를 교훈 삼아 기산을 우회하기보다는 최단 루트로 장안으로 곧장 진 격했다. 그리고 제갈량이 한 가지 더 믿는 구석이 있었는데 오나라였다. 그간 촉한과 오가 동맹국이었음에도 긴밀한 양동작전을 펼치지 못했으 나 이번에는 양측이 동시에 위나라를 공격하기로 했다.

한중에서 출발한 제갈량의 촉한 부대가 최단 루트를 통해 장안으로 직진하는 길에는 평지로 가는 방법과 산을 통해 가는 방법 두 가지가 있 었다. 위나라의 장수들과 참모진은 산지였던 무공산에 매복해서 제갈량 의 부대를 기습하자고 했다. 그러나 사마의는 평지 지형이 더 승산이 있 다고 판단, 무공산에 몇몇 부대를 배치해 놓고 과장하며 마치 무공산에 위나라 군대가 매복해 있는 것처럼 꾸며 놓곤 제갈량의 부대를 평지 지 형으로 유인했다. 제갈량은 평지 쪽 길을 택했고 그렇게 장안 인근의 오 장원에 진을 쳤다. 사마의도 계획에 따라 금세 진영을 두며 방어선을 구 축했다. 사마의의 전략은 간단했다. 싸우지 않는 것이었다. 제갈량은 장 기전에 예민하게 반응했고 사마의도 이 점을 잘 알았다. 전쟁이 길어지 면 공격하는 쪽이 불리해지고 특히나 제갈량은 보급에 민감했기에 사마 의는 이런 제갈량의 약점을 활용하고자 수세 전략을 굳혔다. 몇 번의 도 발에도 사마의는 꿈쩍도 하지 않았다. 제갈량에게 아무런 계책이 없었던 것은 아니다. 보급에 민감했던 제갈량은 4차 때부터 활용한 우마와 더불어 군사들에게 직접 농사를 짓게 하여 보급을 현지에서 충당하는 '둔전제'를 통해 장기전에 대비하고 있었다. 그렇게 양 진영은 100여 일을 대치했다.

확실히 시간은 제갈량 편이 아니었다. 제갈량은 과도한 부담을 짊어지고 있었다. 제갈량이 처리해야 할 일은 북벌만이 아니었다. 유선 황제는 무능했기에 외정에 나와 있으면서도 제갈량은 내정 업무까지 돌봐야 했다. 이엄이 탄핵된 뒤로 그의 업무까지 떠맡아 업무량이 상당했다. 제갈량의 업무 상태를 알게 된 사마의가 제갈량의 죽음을 장담할 정도였다. 하루가 다르게 제갈량의 몸 상태가 나빠졌다. 그러던 중 제갈량에게 비보가 전해졌다. 함께 공격하기로 했던 오나라 군대가 합비신성 전투에서 대패하고 말았던 것이다. 가뜩이나 사마의와의 장기 대치전에 조금씩 조급해지던 제갈량은 오나라에 걸었던 희망마저 사라지자 그대로 쓰러져 버렸다. 제갈량은 회복하지 못한 채 오장원에서 눈을 감았다.

제갈량이 죽기 전 강유를 불러 본인이 죽은 이후의 철수작전을 알려주었다. 제갈량이 사망하자 그의 유언대로 강유는 제갈량의 죽음을 아군에게조차 감추고 각 부대별로 천천히 철수했다. 촉한의 부대 동태를 꼼꼼하게 체크하던 사마의는 촉한의 철수 움직임을 포착하고 제갈량의 죽음을 직감했다. 사마의는 총공격을 감행했는데, 제갈량의 유언에 따라 가장 마지막에 철수하기 위해 아직 진영에 남아 있던 강유가 군대를 이끌고 반격에 나서자, 제갈량이 죽지 않았다고 착각한 사마의는 군대를 뒤로 물렸고, 그 사이에 강유까지도 완전하게 철수에 성공했다.

제갈량의 능력

기록에 의하면 "제갈량은 키가 8척에, 용모가 매우 훌륭하여 당시 사람들이 뛰어난 인물로 여겼다."라고 나와 있다. 8척은 180cm가 조금 넘는 키이니 제갈량은 거구였다. 제갈량은 공학적 재능도 있었다. 보급품을 운송하는 바퀴 달린 수레 목마와 유마를 직접 설계하고 제작했으며, 대형 화살을 동시다발로 발사할 수 있는 연발식 쇠뇌도 만들었다고 한다.

■■■ **추풍오장원**
소설 『삼국지연의』에선
제갈량의 죽음을 '오장원에
부는 가을 바람'이라는 뜻에서
'추풍오장원'이라고 묘사한다.

병법에 통달하였으며 '팔진도'라는 진법을 고안하기도 했다. 이는 역사서에 명시된 사실이다. 그중 제갈량의 가장 뛰어난 재능은, 어릴 적 제갈량의 공부법이기도 했던, 전체를 파악하고 주무를 줄 아는 능력이다.

제갈량은 천재적인 행정관이었다. 유비가 익주에 들어와 익주의 주인으로 군림하고 나라까지 세웠을 때, 소수민족의 비율이 높아 각종 이해관계가 복잡하게 얽힌 지역을 단기간에 안정적으로 자리 잡게 만든 건 행정의 힘이었다. 유비 사후 제갈량이 마음껏 수도를 비우고 북벌에 나섰고 그 사이 촉한 내부적으로 이민족들의 반란이 없었다는 것까지 고려하면 제갈량이 구축해 놓은 행정과 질서가 얼마나 완벽했는지를 짐작할 수 있다.

제갈량은 소설에서처럼 유비에게 매 전투에 개입해서 작전만 짜는 군사 참모가 아니었다. 실제 역사 속 제갈량은 유비에게 미래를 설계해 주는 동시에 시스템을 체계화했다. 촉한의 토대를 닦은 제갈량의 행정력에서 우리는 "모든 일의 시작은 시스템을 만드는 것부터!"라는 교훈을 얻을 수 있다. 그리고 이 시스템은 일의 전체를 파악하는 데서 시작된다. 유비가 제갈량을 만나기 전 제대로 날개를 펼쳐 보지 못하고 이리저리 떠돌아다녔던 건 군사 참모가 없어서가 아니었다. 관우나 장비도 소설과 다르게 전략 짜는 일에 일가견이 있었다. 단 유비에겐 행정관이 없었다. 당장에 주어진 일만 하는 업무 방식은 초창기 유비처럼 작은 성과를 낼 순 있어도 무너지기 쉽다. 그러나 시스템을 만들어 놓은 뒤 일을 하면 제갈량을 만난 후 유비처럼 설령 실패하더라도 다시 일어날 수 있고 빠른 속도로 큰 성과를 낼 수 있다. 어떤 일에 문제가 생겼을 때 전체적인 맥락을 이해하고 시스템의 문제가 있는 건 아닌지 점검해 봐야 하는 이유다.

수단이 목적을 집어삼킬 때

이홍장

이홍장의 연도별 주요 이슈

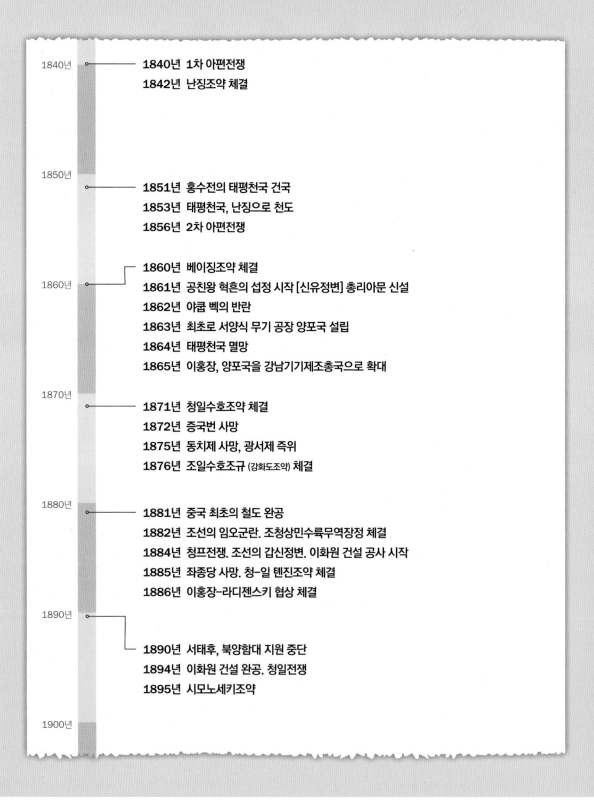

1840년
- **1840년 1차 아편전쟁**
- **1842년 난징조약 체결**

1850년
- **1851년 홍수전의 태평천국 건국**
- **1853년 태평천국, 난징으로 천도**
- **1856년 2차 아편전쟁**

1860년
- **1860년 베이징조약 체결**
- **1861년 공친왕 혁흔의 섭정 시작 [신유정변] 총리아문 신설**
- **1862년 야쿱 벡의 반란**
- **1863년 최초로 서양식 무기 공장 양포국 설립**
- **1864년 태평천국 멸망**
- **1865년 이홍장, 양포국을 강남기기제조총국으로 확대**

1870년
- **1871년 청일수호조약 체결**
- **1872년 증국번 사망**
- **1875년 동치제 사망, 광서제 즉위**
- **1876년 조일수호조규 (강화도조약) 체결**

1880년
- **1881년 중국 최초의 철도 완공**
- **1882년 조선의 임오군란. 조청상민수륙무역장정 체결**
- **1884년 청프전쟁. 조선의 갑신정변. 이화원 건설 공사 시작**
- **1885년 좌종당 사망. 청-일 텐진조약 체결**
- **1886년 이홍장-라디젠스키 협상 체결**

1890년
- **1890년 서태후, 북양함대 지원 중단**
- **1894년 이화원 건설 완공. 청일전쟁**
- **1895년 시모노세키조약**

1900년

청나라 말기 최고 권력자의 패착

청나라의 굴욕적인 개항

청나라는 중국 역사의 마지막 전근대 왕조였다. 엄밀히 말하자면 청나라는 중국의 것이 아니라 만주족이 건국한 나라로, 중국 한족으로부터 영토를 빼앗아 중국 역사상 최대 판도의 강역을 구가했다. 청나라는 300년이 조금 안 되는 기간 동안 중국을 지배했다. 청나라는 강대국이었으나 과잉 자의식에 취해 이제 막 태동하는 동서양 국제화의 흐름을 거부했다. 지배층은 사치 풍조가 만연했고 사회적 병폐들이 조금씩 쌓여 갔다.

청나라 말기의 흑역사는 국제화의 흐름을 무시하면서 시작되었다. 신대륙 무역에 뛰어든 서양 국가들은 끊임없이 아시아의 새로운 시장을 물색하고 있었다. 아시아에서 가장 영토가 넓었던 청나라에서는 유럽은 상상도 할 수 없는 양의 많은 물자들이 유통되고 있었던 만큼 유럽 각국이 가장 공략하고 싶어 했던 시장이 청나라였다. 그러나 청나라는 오로지 광저우에서만 제한된 무역을 허용하는 등 해외 무역에 매우 엄격하여 서양 상단의 불만이 쌓여 가고 있었다.

주된 무역 상대국인 영국의 주요 수입품은 중국의 차였다. 영국 내에서 동양의 차 열풍이 불고 있어 영국의 수요가 압도적으로 중국의 공급보다 많았다. 차 가격은 점차 올랐고 수익을 충분히 내지 못한 영국의 동인도회사는 인도산 마약인 아편을 청나라 지하시장에 내다 팔며 부족한 수익을 보충했다. 아편은 빠르게 청나라 전역으로 퍼졌고 심지어 청나라 황제까지 아편에 중독되었다. 노인에서 어린아이까지 아편 중독이

이홍장

심각한 사회문제가 되자 청나라 황제는 이를 악물고 강경한 아편 금지령을 내렸다. 확실한 수입원이었던 아편 무역이 단속되자 이에 불만을 품은 영국과 청나라 사이에 전쟁이 벌어졌다. 제1차 아편전쟁이었다. 아편전쟁은 청나라가 몸집만 클 뿐 그 어떤 사회적 발전도 하지 못한 늙은 호랑이에 불과하다는 것이 전 세계에 까발려진 굴욕적인 전쟁이었다. 난징조약으로 청나라는 광저우에 추가로 4개의 항구를 강제 개항했고, 홍콩을 영국에 할양해 주었으며, 전쟁배상금은 물론 아편 무역 단속으로 인한 피해 금액까지 보상해 주어야 했다. 이후 청나라를 노리는 유럽의 국가들이 많아졌고, 청나라는 그렇게 하이에나들의 좋은 먹잇감이 되었다.

제1차 아편전쟁
1840년 발발하여 청나라가 일방적으로 당하기만 하다가 1842년 난징조약으로 마무리되었다.

회군의 이홍장

제1차 아편전쟁 이후 청나라는 대규모 민간 종교 반란을 겪었다. 중국 남부 지방이 초토화되었던 태평천국운동이다. 중국 최남단 광저우의 한 마을에서 태어난 홍수전이 거듭된 과거 낙방에 좌절하다가 크리스트교에 빠지곤 '배상제회'라는 종교 단체를 만들었다. 사회가 어지러우면 사이비종교가 확산되기 쉬운 법이다. 배상제회는 중국 남쪽 지방을 중심으로 빠르게 퍼져 갔고 5년 만에 신도 수가 10배 이상 뛰었다. 홍수전은 배상제회를 토대로 '태평천국'이라는 독립된 국가를 선포하고 자신을 천왕이라고 칭했다.

홍수전의 태평천국은 '만주족을 멸하고 한족을 부흥시킨다'라는 뜻의 '멸만흥한'을 주창하며 청나라 타도를 외쳤다. 청나라와의 전쟁을 고려했을 때 광저우는 지리적으로 적합하지 않아 홍수전은 난징으로 향하기로 했다. 청나라는 진압군을 투입했지만 번번이 태평천국군에게 깨지거나 싸워 보기도 전에 도망치기 일쑤였다. 태평천국군을 몰아세운 부대는 각 지방별 자치 향촌 부대였다. '향용'이라고도 불렸던 이 부대는 정규군이 아닌, 각 지방의 신사 계층이 자체적으로 지휘했던 일종의 자경단이었다.

태평천국군이 광저우에서 궐기하여 난징으로 이동하기까지 크게 활약했던 부대가 '상군'이라고 불렸던 후난성 향용 부대였다. 상군을 지휘

중국의 신사 계층
명·청 시대 학식이 풍부하여 사회적 인망이 두터웠던 엘리트를 일컫는다. 이들은 한족의 명나라 때는 우대받으며 고위 관료까지 역임했으나 만주족의 청나라가 들어서면서 상당수가 정계 진출을 거부하고 고향으로 내려가 학자로서의 체면과 사회적 입지를 유지해 가고 있었다.

하던 신사는 증국번이었다. 증국번은 후난성 갑부 농가 출신의 한족 신사다. 그는 과거에 합격한 후 조정에 발탁되어 특유의 뛰어난 학식을 인정받고 있었는데, 모친상이 있고는 잠시 휴직하고 고향에 내려와 머무르고 있었다. 이때 태평천국운동이 발발했다. 증국번의 고향이었던 후난성은 태평천국운동이 최초로 일어났던 광저우–광시 지역과 지리적으로 가까웠다. 당시 청나라의 9대 황제였던 함풍제는 증국번에게 편지를 보내 향용을 조직해 맞서 싸워 달라고 부탁했고, 증국번은 후난성 일대의 모든 향용들을 모아 후난성을 상징하는 '相(상)' 자를 따 '상군'이라 불렀다.

난징으로 가는 태평천국군에게 증국번의 상군이 큰 피해를 주었지만 끝내 홍수전은 난징에 정착했고 태평천국의 새로운 수도로 삼았다. 한때 태평천국군의 매서운 기세에 증국번의 상군이 상하이까지 내몰리기도 하였다. 하지만 태평천국 내부에서 분열이 일어나 서로 학살하는 일들이 연이어 일어났고, 10만에 달하는 태평천국의 주력부대는 이런 정치 싸움에 환멸을 느끼고 이탈해 버렸다. 이 사이 증국번은 상군의 전열을 재정비하고 군의 규모를 더욱 강화했다. 무엇보다 새로운 인재들을 영입했는데, 바로 좌종당과 이홍장이었다.

이홍장은 안후이성 출신의 한족 신사로 증국번의 제자였으며, 한족에 대한 만주족의 차별을 딛고 스승 증국번처럼 과거에 합격한 엘리트였다. 이홍장은 20대에 관직에 처음 진출했는데 당시로서는 매우 어린 축에 속했다. 그는 젊은 시절 이미 촉망받는 인재였다. 태평천국운동이 발발하자 조정은 이홍장에게 증국번을 도우라는 지시를 내렸다. 청나라 만주족의 정규군이 제 구실을 못하니 한족 지배층들을 내세워 군대를 동원해 활용하려던 목적이었다.

증국번은 이홍장에게 차라리 고향 안후이성에서 별도의 향용을 조직하라고 제안했다. 스승의 제안에 따라 이홍장은 안후이성 내 향용들을 전부 합쳐 안후이성을 상징하는 '淮(회)' 자를 따 군대 이름을 회군(淮軍)이라고 불렀다. 안후이성에선 이홍장이 이끄는 회군이, 상하이에선 증국번이 좌종당과 함께 이끄는 상군이 양동작전으로 태평천국을 옥죄어 갔다.

난징은 두 향용 부대에 포위되었다. 태평천국의 수도 난징에서는 마

안후이성

안휘성(安徽省). 중국 동부 장강(長江)을 가로질러 있는 근해의 내륙 성(省)이다.

이홍장

지막 명장이었던 이수성이 끝까지 항전했다. 1860년에는 서양인 장교로 구성된 '상승군'이 난징 함락전에 투입되었다. 무슨 배경으로 서양인 장교가 지휘하는 상승군이 갑자기 나타났을까?

제2차 아편전쟁과 상승군 투입

난징조약 이후로도 영국의 동인도회사는 여전히 적자에 시달렸다. 제1차 아편전쟁 이후 중국인들의 반서양 감정이 고조되어 서양인들의 물건을 불매했고 아무리 아편 수익이 좋아도 어찌 됐든 지하경제였기에 무역회사가 마약 판매 하나만으로 운영되기는 어려웠다. 영국이 자랑하는 면직물 또한 청나라 산보다 질이 낮아 중국인들이 굳이 비싼 가격에 영국 산을 살 이유가 없었다. 게다가 청나라 황제가 영국 몰래 자체적인 아편 생산을 지시하는 바람에 아편 바이어들 중 상당수가 영국이 파는 아편보다 중국에서 파는 아편을 구매하면서 동인도회사의 수익은 반토막이 나 버렸다. 사정이 이렇다 보니 영국 내에서는 다시 전쟁을 통해 청나라로부터 더 확실한 이권을 보장받아야 한다는 분위기가 고조되었다.

1856년 광저우에서 사고가 터졌다. 해적 혐의를 받던 중국인이 '애로호'라는 상선에 숨어들었다. 애로호는 영국제 배이긴 했으나 중국이 사들인 중국 소유의 배였고 선원 모두 중국인이었다. 선장만 영국인이었다. 해적 혐의를 받던 중국인을 체포하고자 청나라 당국의 병사들이 애로호를 검문하는 과정에서 배에 게양되어 있던 영국 국기가 훼손되었다. 영국은 이 '애로호 사건'을 2차 전쟁을 위한 좋은 빌미로 삼고는 출병을 결정했다. 같은 시기 프랑스 선교사 살인사건까지 벌어지자 프랑스도 개입, 영국과 함께 연합군을 조직했다.

1856년 영프 연합군이 중국 광저우와 동남부 일대에 무차별 폭격을 퍼부었다. 제2차 아편전쟁의 시작이었다. 청나라 정부는 매우 당황해했다. 태평천국운동 내전과 겹치던 시기였기 때문이었다. 청나라는 영프 연합군에게 속절없이 무너졌고 1860년 수도 베이징까지 점령되는 초유의 사태가 벌어졌다. 제2차 아편전쟁은 개항 항구를 10개로 늘리고, 크리스트교 포교 합법화, 외국인 공사관 주재, 그리고 배상금 지불을 약속

■ 프랑스 선교사 살인사건
1856년 광서성(廣西省) 서림(西林) 지역에서 비밀리에 선교 활동을 하던 프랑스인 샵들렌느(A. Chapdelaine) 신부가 피살된 사건

가장 쉬운 역사 첫걸음

하는 베이징조약으로 마무리되었다.

제2차 아편전쟁이 끝나고 베이징조약 체결 후 서양의 국가들은 태평천국운동 진압 전쟁에 참전하기로 했다. 처음엔 태평천국이 서양인들의 종교인 크리스트교 기반이었기에 서양의 국가들이 호감을 가지고 지켜보고 있었으나 결국은 사이비에 불과한 종교였으며 무엇보다도 태평천국의 수도 난징이 상하이와 지나치게 가까워 상하이를 위협하고 있었다. 상하이를 지키기 위해 소수의 서양 병력과 다수의 중국 병력 그리고 서양인 장교들이 이끄는 상승군이 조직되어 난징 포위전에 투입되었다. 상승군의 지휘관은 영국인 해군 소령 C.G. 고든이었다. 상승군은 주로 이홍장의 회군과 연합작전을 펼쳤는데 고든 소령과 이홍장은 지휘 계통을 두고 자주 다투었다. 그러는 한편 이홍장은 서양식 무기와 장비 사용법, 그리고 서양식 군사훈련에 눈을 뜨게 되었다.

4년이나 흐른 뒤 태평천국 진압 전쟁은 1864년에 끝을 맺었다. 홍수전은 1864년 남경이 함락되기 한 달 전 사망했다. 홍수전 사후 그 아들이 이수성과 함께 한 달여 정도 버텼지만 1864년 7월 수도 난징이 함락되면서 태평천국은 공식적으로 멸망했고 이수성은 체포되어 처형당했다.

신유정변

제2차 아편전쟁에서 베이징이 함락되기 직전 당시 9대 황제였던 함풍제는 베이징을 나와 열하로 부리나케 도망갔고, 수도 베이징의 자금성에는 함풍제의 이복동생이었던 공친왕 혁흔이 남았다. 공친왕 혁흔은 영프 연합군의 강요에 따라 베이징조약을 체결해 제2차 아편전쟁을 끝냈다. 그는 자금성에 남기로 결정할 때부터 이미 더 이상의 전쟁은 무리라고 판단하고 있었다. 오히려 근대적 조약을 통해 청나라를 변화시킬 필요성을 고민하고 있었다.

공친왕 혁흔은 개혁과 개항에 대해 어느 정도 깨어 있었다. 함풍제가 즉위하기 전 아직 황태자였던 시절 이복동생이었던 혁흔으로 황태자를 교체해야 한다는 여론이 청나라 조정에 강력하게 형성될 정도로 공친왕 혁흔은 유능했고 정치적 지지 세력의 층도 두터웠다. 함풍제가 베이

상하이

상하이는 영국과 프랑스가 아편전쟁을 통해 주요 항구도시로 키우고 있던 중이라 보호해야만 했다.

이홍장

징에서 나와 열하로 이동하면서 청나라 조정 대신들도 베이징의 자금성에 남아 있는 측과 황제를 따라 열하로 가는 측으로 나뉘었다. 주로 자금성에 남아 있던 세력은 공친왕 혁흔을 지지하던 세력으로 공친왕처럼 개항에 대해 어느 정도 열린 마음을 가지고 있었다. 반면 함풍제를 따라 열하로 간 세력들은 전쟁의 책임을 회피하려고 황제를 보필한다는 명목하에 도망친 이들로 함풍제를 지지하던 세력이었으며 기존 청나라의 기득권과 체제를 맹목적으로 과시하였다.

제2차 아편전쟁이 종료된 후에도 함풍제는 환궁을 차일피일 미루다 이듬해인 1861년 유언을 남기고 사망했다. 함풍제에겐 아들이 딱 한 명 있었다. 황비인 자안태후가 아니라 후궁의 소생이었다. 그 아들이 함풍제의 뒤를 이어 청나라의 10대 황제 동치제로 즉위했는데, 당시 나이 6살이었다. 동치제의 생모는 비록 후궁이었으나 친아들이 황제가 되자 '자희태후'라는 작위를 받았다. 이후 청나라는 자안태후와 자희태후 두 어른이 섭정을 맡았다. 함풍제는 생전에 일찍이 자희태후의 야심과 야욕을 견제했다. 어린 아들이 황제가 되면 생모인 자희태후의 권력이 막강해져 그녀가 청나라의 조정을 좌지우지할까 우려했던 것이다. 함풍제는 죽기 전 최측근이자 열하파의 대표였던 숙순을 불러 어린 황제를 잘 보필해 달라는 부탁과 함께 자신의 죽음 이후 자희태후가 조정을 농단하거나 수상한 움직임을 보이면 바로 그녀를 처단하라는 유언을 남겼다.

장례식이 끝나고 함풍제의 시신을 베이징의 자금성으로 운반하는 와중이었다. 운구 행렬에 갑자기 군사들이 들이닥쳐 숙순을 비롯한 열하파 세력들을 일제히 체포했다. 군사들을 지휘한 사람은 공친왕 혁흔이었다. 자희태후가 열하파의 정적이었던 공친왕과 베이징파 세력들을 끌어들여 선수를 쳤던 것이다. 자희태후와 공친왕의 협작은 대성공이었다. 숙순을 비롯한 열하파 세력들 대부분이 숙청당했다. 황제는 어렸고 바야흐로 자희태후와 공친왕의 섭정 체제가 시작됐다. 이 사건이 신유정변이다. 공친왕 혁흔은 자신의 지지자들을 기반으로 본격적인 청나라 개혁을 계획했다. 이를 위해서는 인재들이 필요했다. 공친왕은 개혁을 주도할 인재들로 태평천국운동 진압전에서 활약하고 있는 증국번, 좌종당, 이홍장 등 한족 출신의 신사층을 등용했다. 그리고 그들이 주도한 개혁이 청나라의 첫 근대화 운동인 양무운동이다.

양무운동

공친왕은 1861년 서양 국가들과의 업무를 총괄하는 기구로 '총리각국사무아문'을 신설했다. 총리아문은 서양 국가와의 외교 등을 비롯해 유학생 파견, 기술 및 차관 도입 등 서양과 관련된 모든 업무를 도맡는 기구였다. 총리아문을 중심으로 공친왕이 전개한 근대화 개혁을 '서양의 힘과 능력을 배워 키운다'는 뜻에서 양무운동이라고 부른다.

증국번, 좌종당, 이홍장 등 양무파 관료들은 1864년 태평천국의 수도 난징이 함락되고 나서부터 양무운동에 적극적으로 참여하기 시작했다. 이들의 주된 관심사는 군사와 기술 분야였다. 1863년 총리아문은 쑤저우에 중국 최초로 서양식 무기 공장인 양포국을 만들었다. 2년 후에 이홍장이 이것을 상하이로 옮겨 가면서 대폭 확대하여 강남기기제조총국으로 개칭했다. 같은 해 난징에는 금릉기기국을 만들어 역시 서양식 무기들을 제작했다. 1866년에는 좌종당의 주도하에 푸저우 선정국에서 '윤선'이라는 증기선이 만들어졌고, 1867년과 1870년에는 톈진에 각각 천진기기국과 군화기기총국이 문을 열었다. 강남기기제조총국, 금릉기기제조국, 천진기기국, 군화기기총국을 양무운동의 4대 군수공장으로 꼽는다. 이 외에도 전국적으로 총 24개의 중소 군수공장들이 있었다고 한다.

이홍장은 지금의 허베이성인 '직례성'을 책임지는 직례총독에 임명되었다. 공친왕 혁흔은 총리아문에서 외교 업무를 담당하는 '통상대신'을 '북양대신'으로 바꾸고 직례총독이 북양대신을 겸하게 했다. 이로써 직례총독이자 북양대신인 이홍장이 청나라의 외교 업무를 담당하게 되었다. 선임 직례총독은 증국번이었지만 그가 오늘날의 장시성과 안후이성을 담당하는 양강총독으로 부임하면서 그의 제자인 이홍장이 그 자리를 이어받았다. 증국번은 1872년 양강총독의 사무실이 있던 난징에서 병으로 사망했다. 스승 증국번이 한 시대를 풍미하고 떠나자 이제 이홍장-좌종당 세대가 양무운동의 총책임자가 되었다.

1870년대 양무운동은 산업 분야에서도 근대화를 추진했다. 군수공장을 가동하기 위해서는 절대적으로 필요한 자원이 석탄이었다. 양무파 관료들의 강력한 주청으로 청 정부는 적극적으로 탄광을 개발해서 1875년 대만에 중국 최초의 근대식 탄광인 '기륭탄광'을 발족했다.

점점 몸집이 커지는 근대화 정책에 따라 자금 조달의 필요성을 절감한 공친왕 혁흔과 양무파 관료들은 근대적 기업을 육성해 보기로 했다. 민간에서 회사를 창업해 경영하면 정부가 감독하는 이른바 관독상판 방식으로 운영하는 근대적 기업들이 등장했다. 기업 육성 시 정부의 재정만으로는 부족하여 대상인들로부터 투자를 모집했는데, 이때 상하이 매판 자본가들이 대거 투자하면서 정경유착을 통해 자본가들이 엄청난 갑부로 성장했다. 비록 정부의 도움과 관리·감독이 전제되어야 했지만 민간에서 회사를 만들고 경영하는 전례는 중국 사상 최초였다. 따라서 양무운동을 중국의 산업혁명이라고도 해석할 수 있다.

1880년대가 되면서 양무운동은 여러 방면에서 더욱 박차를 가하게 된다. 1881년 국가의 탄광 사업을 관리하는 개평 광무국이 독립되었고, 같은 해 약 10km 거리를 잇는 중국 최초의 철도 공사가 끝이 났다. 해당 철도는 시간을 거듭하면서 노선이 연장되었으며 이와 동시에 중국의 기술력도 우수해지자 서양 자본과 투자가 필요했던 초기와 달리 나중에는 중국의 기술력만으로도 철도 확장이 가능해졌다.

1879년 양무파 관료 중 한 사람이었던 성선회가 이홍장에게 전보 사업을 건의해 1880년대부터 본격적으로 청나라 각지에 전보·전신을 까는 사업이 진행되었다. 성선회의 노력으로 1881년 북경과 천진 사이에 전신이 연결됐고, 다음 해인 1882년에는 상해, 광저우, 닝보, 푸저우와 샤먼 등 중국 남부 지역 주요 도시에 전신이 연결됐다. 양무운동으로 청나라는 완전히 새로운 나라로 변하고 있었다.

1870년대에는 양무운동의 쌍두마차였던 이홍장과 좌종당 사이에 향후 청나라 군사력 강화의 방향성을 두고 의견 분쟁이 발생했다. 이홍장은 해군을 창설해서 해군력을 키우자는 해방 강화론을 펼쳤다. 서양인들이 바다를 통해 중국 동남해안으로 밀려오고 1874년 일본이 대만에 강제

중국 최초의 철도
탕쉬 철도. 허베이성 탕산을 기점으로 하여 쉬거좡(현 허베이성 펑난)까지 이르는 총 연장 9.7km의 노선으로 현재 베이징 선양 노선의 일부이다.

적으로 군대를 주둔시키면서 해양 경계에 대한 위기의식을 느낀 것이다.

반면 해양 세력보다는 러시아의 진출을 더 신경 썼던 좌종당은 육군력을 강화하자는 육방 강화론을 강력하게 주장했다. 육방을 강화하자는 좌종당의 군사정책은 당장에 빛을 볼 수 있었다. 1862년 산시성에서 일어난 회교도의 반란이 아직까지 제압되지 못하고 있었다. 아직 양무운동이 본격화되지 못한 시점이었기에 회교도의 반란은 점점 확산되었고 신장 위구르의 튀르크계 무슬림들도 참가하여 독립운동을 함께 전개했다. 튀르크의 야쿱 벡이 반란을 지휘하며 카슈가르 지방으로 공격해 들어가 신장 전 지역을 대부분 지배했다. 청나라 진출을 호시탐탐 노리던 러시아가 야쿱 벡의 반란을 지원해 주었고 좌종당이 진압전에 투입되었다. 1877년 야쿱 벡이 사망했고 좌종당은 양무운동 덕에 강화된 군대로 튀르크의 반란을 진압했다. 육군에서 큰 성과를 내며 좌종당의 육방 강화론에 힘이 실리는 듯했으나 오히려 공친왕 혁흔은 북방 문제가 해결되었다고 보고 이후 이홍장의 뜻에 따라 해군력 강화에 예산을 투자했다. 좌종당도 해방 강화론을 마냥 반대할 수만은 없었던 국제적 배경이 있었다. 바로 일본의 부상이었다.

회교도
이슬람교를 믿는 한족

조선을 차지하라

1860~70년대에 동아시아는 조선을 제외하고 청나라와 일본 모두 근대화의 길로 접어들었다. 일본의 근대화 정부인 메이지 정부는 1870년 6월 중국과 근대적 국교를 체결하기 위해 중국으로 대사들을 파견했다. 일본 대사들은 증국번, 이홍장 등을 만났고 청일 간 근대적 조약의 체결 필요성을 상호 인정했다. 1871년 9월 13일 청나라에서는 이홍장이, 일본에서는 다테 무네나리가 전권대사로 톈진에서 조약에 합의하는데, 이것을 청일수호조약이라고 한다.

청일수호조약이 체결되고 몇 개월 후인 1871년 말, 대만에 표류됐던 류큐인 54명이 대만 원주민들에게 살해되는 사건이 있었다. 대만은 청나라의 영토였고 청나라인들의 대만 왕래가 자유로웠던 건 맞지만 어느 정도 자치권과 독립성을 갖고 있었다. 오늘날의 오키나와에 해당하는 류큐는 일본과 청나라 모두에 조공을 하는 독립국으로 일본과의 관계가 상대적으로 더 가까웠다. 대만에서 벌어진 류큐인 살해 사건으로 일본은 청나라 정부에 자국민 살해에 대한 보상을 요구했다. 대만의 모든 업무를 청나라가 관장하지 않는다며 이홍장이 보상 요구를 거절하자 일본에선 대만 침공이 이슈로 떠올랐다. 애당초 일본은 청나라의 거절을 예견했다. 배상금 요구는 어디까지나 의례적인 행위였고 대만 침공을 위한 명분 만들기였다.

1874년 5월 3천 명의 일본 원정군이 보복을 명분 삼아 대만을 침공해 군대를 주둔시켰다. 하지만 일본과 청 모두 낙관적인 상황이 아니었다. 일본은 청과의 이해관계를 염려한 서구 열강의 비판을 받았고, 대만 섬의 열대성 질병으로 원정군 중 5백여 명이 죽기도 했다. 청나라도 양무개혁이 한창이었고 북방의 러시아나 튀르크 반란을 진입하느라 일본과 전쟁을 할 여력이 없었다.

일본의 대만 침공은 청 주재 영국 공사의 중재로 청이 일본에 배상금 50만 냥을 지급하는 것으로 일단락되었다. 청나라의 배상금 지불은 청나라가 암묵적으로 류큐인이 일본인이라는 점을 시인하는 꼴이 되었다. 류큐는 동남아와 태평양으로 나아갈 수 있는 중간지 역할을 할 수가 있어서 근대화가 한창이었던 일본이 탐내던 곳이었다. 1875년 일본의 메이지 정부는 류큐에 사람을 보내 청나라와의 조공-책봉 체제의 단절을 요구했다.

일본은 대만과 류큐만 노린 것이 아니었다. 남쪽 바다로 나아갈 야심과 동시에 북쪽으로는 대륙 진출을 노리고 있었다. 바다로 진출하기 위해 대만과 류큐가 필요하다면 대륙 진출을 위해서는 조선이 필요했다. 일본 내에서는 조선을 정벌하러 가자는 정한론이 대두되었다. 1875년 일본은 강화도에서 운요호 사건을 일으켰고, 소위 '포함외교'로 1876년 강화도조약을 체결해 강제로 조선을 개항시켰다. 조선에 대한 이홍장의 기존 외교적 입장은 불간섭이었다. 일본에 의한 강제적 불평등 조약이었던 강화도조약은 사실 사전에 일본의 메이지 정부가 이홍장에게 협의를 한 부분이었다. 이홍장은 이를 반겼고 고종에게도 강화도조약을 적극 권했

운요호 사건
일본 군함 운요호(雲揚號)의 강화해협 불법 침입으로 발생한 한일 간의 포격 사건

다. 그러나 막상 강화도조약이 체결되자 그 내용에 이홍장은 위기의식을 느꼈다. 강화도조약의 "조선은 자주국이다."라는 1조문은 청과의 '조공—책봉' 관계를 부정하는 문구이기 때문이었다. 이홍장은 더더욱 해방 강화론의 필요성을 주장했다.

류큐의 사례에서 느꼈듯 조선도 뺏길지 모른다는 위기감에 이홍장은 조선에 대한 간섭과 통제를 강화하는 등 조선 내부 정책에 적극적으로 개입하는 태세로 전환했다. 그는 차라리 여러 서양 열강들이 조선과 근대 조약을 체결하도록 부추겨 일본의 입지를 축소하고자 했다. 이제 막 친정을 시작한 데다 우유부단했던 고종은 이홍장에게 크게 의지하고 있었다. 고종이 영의정 이유원을 통해 자문을 구하자 이홍장은 이이제이 논리를 근거로 서양 각국과 조약을 맺어 일본을 견제하자고 제안했고 미국과 조선의 근대 조약 체결을 주선하기로 했다.

1880년 주일 청나라 공사의 하여장과 황준헌은 수신사 자격으로 일본에 와 있던 김홍집을 부추겼다. 1881년 고종은 청나라의 양무운동을 보고 배우라는 취지에서 김윤식, 어윤중 등을 영선사로 삼아 청나라로 파견하기도 했다. 취지는 군사 부문 견학이었으나 실제로는 김윤식이 이홍장과 만나 미국과의 근대 조약 초안을 논의하게 하려는 목적이었다. 그렇게 1882년 5월 이홍장의 주재로 영선사 김윤식과 미국의 해군제독 슈펠트 사이에 조미수호통상조약이라는 근대적 조약이 체결되었다. 미국도 미국이지만 그전에 청나라와 조선 사이의 관계도 다시 한번 재정립할 필요가 있었다. 조공—책봉 체제는 조금씩 해체되어 가고 있었다. 그럼에도 청나라는 조공국 조선을 놓치기 싫었고 근대적 조약이란 허울 속에 사실은 기존의 종속 관계를 유지한다는 장정을 체결하기로 했다. 조선은 애시당초 청나라에 조공하는 관계였으니 이 장정 체결에 큰 거부감이 없었다. 반면 청나라는 조선을 일본에게 빼앗기지 않기 위해 조선의 경제력을 예속하고자 하는 동상이몽을 꾸고 있었다.

1882년 7월 조선에서는 신식 군대 창설에 따른 차별에 분노한 구식 군인들이 폭동을 일으켰다. 이에 명성황후 민씨는 청나라에 구원병을 요청했고, 이홍장은 마건충을 조선으로 급파했다. 마건충을 만난 흥선대

■■■ 조약과 장정
'조약'은 평등한 두 나라가 맺는 근대적 협약이고, '장정'은 수직적 관계를 인정하는 선에서 맺어지는 협약이다.

■■■ 폭동
임오군란

이홍장

원군은 보수적인 쇄국정책의 외교 노선을 걷겠다는 뜻을 다시금 밝혔다. 청나라 입장에서는 흥선대원군의 쇄국정책을 용인할 수 없었다. 이에 마건충은 무력을 사용해 대원군을 납치하여 마산포로 싣고 간 뒤 톈진으로 호송했다.

이홍장은 휘하 측근들을 조선에 추가로 파견했다. 그중 원세개는 군대를 이끌고 왕궁을 점거했다. 임오군란을 일으킨 군인들과 민중들이 이태원과 왕십리에서 항전을 벌였지만 금세 진압되었다. 임오군란을 기점으로 청나라는 3천 명의 군대를 한양에 주둔시키는 등 대놓고 조선에 대한 종주권을 강화했다. 임오군란으로 잠시 장정 체결 건이 주춤했으나 1882년 10월 청나라 자본이 물밀듯 조선에 들어오도록 하는 조청상민수륙무역장정이 체결되었다. 청나라의 급작스러운 영향력 확대로 강화도조약 이후 조선 침투를 노리던 일본의 입지가 많이 축소될 수밖에 없었다.

북양함대, 남양함대, 복건함대

일본의 부상은 확실히 청나라 정부에 위기로 다가왔다. 이홍장은 발 빠르게 여러 조약을 주관해 조선 내 일본의 영향력을 대폭 축소하는 동시에 해방 강화론에 힘을 더 실었고 총리아문은 해군력 증강에 투자를 활성화했다. 그간 양무운동의 노력들이 누적되어 청나라의 해군 조직은 빠른 속도로 모습을 갖추어 나갔고 북양함대, 남양함대, 복건함대 3개의 함대가 조직되었다. 이홍장이 막 양무운동을 시작했을 무렵 영국인들이 청나라 해군 전체를 좌지우지하며 월권 행사를 일삼았다. 이에 이홍장은 청나라가 영국으로부터 구입한 군함 8척을 전부 환불해 버렸다.

이홍장은 청나라 자체 군함 생산을 목표로 1860년 중후반부터 강남제조국과 복주선정국 등을 통해 미약하게나마 근대식 조선업을 시작했다. 하지만 청나라에서 자체 제작하는 증기선과 군함은 형편없었다. 1870년대가 되어 자체 제작보다는 다시 외국으로부터 군함을 사 와야 한다는 의견에 힘이 실렸다. 공친왕 혁흔은 은 400만 냥의 예산을 확보해 철갑선과 각종 근대식 무기들을 구매했다.

구매한 무기들과 청나라의 각종 해군 장비는 3개의 함대 중 이홍장의 입김이 가장 강했던 북양함대에 집중되어 있었다. 이홍장의 주도로 청나라 정부는 1878년 군함 4척, 1881년 순양함 2척을 사들였다. 청나라 해군은 이홍장의 오른팔 정여창이 실무자로 있으면서 외국인 장교들을 초빙해 근대적 해군의 모습을 갖추어 나갔다. 1884년 이전까지 북양함대의 군함은 총 14척이었고, 순양함에 이어 은 340만 냥으로 독일로부터 철갑선 2척을 구매했다. 이홍장이 구매했던 독일제 철갑선은 기동성은 약해도 화력이 우수했으며 일본 측이 외국에서 구매한 철갑선보다 훨씬 강력했다. 반면 좌종당의 입김이 강하게 들어가 있던 복건함대는 아직도 복주선정국에서 자체 제작한 함선이 대부분이었으며, 남양함대도 상황이 유사했다. 좌종당이 군함 구매에 대해 회의적이었기 때문이다. 삼양수사라 불리던 3개의 함대는 중앙정부의 통제보다는 함대 지휘관의 재량이 더 절대적이었다. 증국번 사후 증국번의 상군은 서서히 사라졌지만 이홍장의 회군은 그대로 북양함대로 흡수되었다.

삼양수사
태평천국 전쟁 당시 진압에 투입되었던 향용 부대가 해산하지 않고 삼양수사로 이어졌다.

청프전쟁

청나라가 조선만큼이나 조공국으로 지키려고 했던 나라가 베트남이었다. 베트남을 포함해 라오스와 캄보디아까지 인도차이나반도엔 프랑스가 진출해 있었다. 베트남의 저항도 격렬했다. 베트남 왕조의 정규군 외에도 여러 민간 조직에서 베트남인들이 테러, 암살, 게릴라전 등을 전개하며 프랑스 군대와 싸웠다.

1882년 프랑스군이 베트남의 중요 경제도시였던 하노이를 점령하자 위기의식을 느낀 베트남은 청나라에 도움을 청했다. 청나라는 곧바로 베트남과 청나라 국경지대에 대규모 병력을 주둔시켰다. 프랑스는 청나라에게 베트남 분할 통치를 제안했으나 청나라는 이를 거절했다. 프랑스도 인도차이나 영유권을 두고 청나라와 맞붙을 수 없음을 알고 본국에서 베트남 쪽으로 군대를 계속 증원해 1884년까지 베트남에 프랑스군 16500명이 주둔하고 있었다.

1883년 프랑스의 아르망과 쿠르베가 베트남의 수도였던 후에 근교를 모두 점령하자 베트남 응우옌 왕조는 프랑스의 종속국임을 인정하는

이홍장

아르망조약(후에조약)을 체결했다. 청 정부는 베트남이 청나라의 조공국이므로 청나라가 허용한 조약이 아니면 인정할 수 없다며 제1차 후에조약을 전면 부정했다.

이홍장과 공친왕 혁흔은 외교적인 방법으로 프랑스의 침입을 제어하려고 했다. 1884년 5월 이홍장과 프랑수아 푸르니에는 톈진에서 만나 앞으로 프랑스가 베트남과 체결하는 조약을 존중은 하겠지만 상호 베트남 내 군대 주둔은 하지 말자는 이른바 간명조약을 체결했다. 양무운동의 또 하나의 기둥이었던 좌종당은 온건적인 이홍장의 태도를 강하게 비난했다. 청나라는 일련의 양무운동 개혁으로 강한 군사력을 보유했으니 충분히 싸워 이길 수 있다고 판단했기 때문이었다.

하필 이때 문제가 터졌다. 간명조약이 체결되었으나 그 내용을 제대로 통보받지 못한 국경지대의 청나라 일부 부대가 철수를 하지 않았다. 프랑스는 간명조약을 어기고 철수하지 않는 청나라를 비난했고 명령을 받지 못한 현장의 청나라 부대와 프랑스 부대가 소규모 전투를 벌였다. 이 전투로 400명의 사상자가 나오자 프랑스는 청나라에 무려 2억 5천만 프랑의 배상금을 요구했고, 이에 분기탱천한 좌종당이 조정에 강경 여론을 조성하여 청나라는 1884년 프랑스에 선전포고를 했다.

청프전쟁은 청나라가 양무운동으로 강화한 해군력을 실험해볼 기회였다. 위치상 전장에 가장 인접해 있던 복건함대가 투입됐다. 복건함대는 총 11척의 함선을 보유하고 있었다. 이 때문에 복건함대가 주둔하고 있던 마미항구가 프랑스의 제1표적이 되었다.

프랑스의 사령관 쿠르베는 마미항에 정박해 있다가 선전포고가 이루어지자 1884년 8월 프랑스군을 이끌고 대만의 기륭항을 공격했다. 8월 23일 복건함대가 출동했고 마미항에서 본격적인 해전이 벌어졌다. 프랑스의 함대는 대포가 77문에 구경이 전부 190밀리 이상이었던 반면, 복건함대는 대포가 45문 정도, 가장 큰 구경이 160밀리였다. 당연히 승리는 프랑스의 것이었다. 복건함대의 군함도 복주선정국에서 나름 근대식으로 만든 것이었지만 프랑스 군함에는 대적할 수 없었다.

마강해전의 패배로 복건함대는 궤멸되었고 복주선정국도 파괴되었

■ **마강해전**
마미항을 마강이라고도 불러서 붙여진 이름이다.

다. 쿠르베는 마강해전에서 승리했지만 정작 대만의 기륭항은 현지인들의 저항으로 함락하지 못하고 대신에 대만의 북부와 서부의 각 항구를 봉쇄했다. 군함, 무역선 할 것 없이 대만 항구와 인근 지역에서의 정박과 항해를 금지했으며 이를 어길 시 무조건 발포하여 침몰시키겠다며 엄포를 놓다. 대만을 봉쇄한 뒤 쿠르베는 청나라 본토 광저우에서 대만으로 운송되는 식량까지 차단했다.

쿠르베는 청나라의 동남부 연안을 따라 북상해 1885년 2월 14일 석포만에서 청나라 군함 2척을 발견해 격침했다. 프랑스군의 다음 상대는 청나라의 남양함대였다. 저장성의 전하이(진해)에서 청나라 남양함대가 프랑스군을 기습하여 1885년 3월 1일부터 약 이틀간 교전을 치렀다. 쿠르베는 진해 해전에서 막혀 다시 남하했다. 결과는 청나라의 승리였으나 단지 프랑스군의 북상을 막아 냈을 뿐 피해자나 사상자 규모는 오히려 청나라 측이 더 컸다.

청프전쟁은 바다뿐 아니라 베트남 북부 내륙에서도 전개되었다. 양국 군대가 일진일퇴를 거듭하다가 1885년 3월 랑 썬 전투에서 프랑스가 청나라에게 대패해 후퇴했다. 하지만 이번에도 사상자 수만 놓고 보면 청나라 군인의 수가 훨씬 많았다.

청나라 조정은 복건함대의 궤멸 이후로 좌종당의 강경 여론에서 이홍장의 온건 여론으로 전환되고 있었다. 공친왕 혁흔은 이홍장에게 프랑스와의 화약을 통해 전쟁을 마무리하도록 지시했다. 1885년 6월 이홍장과 파트노트르 장관이 톈진에서 만나 1년 전 체결한 간명조약의 내용을 재확인하는 수호통상화평조약을 체결했고, 베트남과는 제2차 후에조약으로 베트남에 대한 청나라의 종주권을 완전히 포기했다. 이렇게 청프전쟁은 청나라의 패전으로 끝이 났고 베트남은 프랑스의 식민지로 전락해 버렸다. 입지를 완전히 잃은 좌종당은 청프전쟁이 끝나고 몇 개월 안 되어 복건함대가 있던 곳에서 사망했다.

수호통상화평조약
이른바 월남신약

충돌의 땅, 조선

청프전쟁은 조선에도 영향을 주었다. 임오군란 이후 청나라와 일본은 조

이홍장

선 땅에 각각 군사 3000명을 주둔시키고 있었는데, 청프전쟁으로 인해 청나라 병력 1500명이 본국으로 소환되었다. 개항 이래 조선의 개화파들은 외교 노선을 두고 친청이냐, 친일이냐로 나뉘어 있었다. 명성황후 민씨는 대표적인 친청파였다. 조선 내 청나라의 영향력이 커지며 친청파 개화파들의 입지가 올라가고 있었던 반면 친일 외교 노선의 개화파들은 점점 위상이 추락하고 있었다.

친일 외교 노선의 젊은 개화파들인 김옥균, 박영효, 홍영식, 서광범, 서재필 등이 1884년 주조선 일본공사관과 협력하여 쿠데타 갑신정변을 일으켰다. 명성황후가 조선에 주둔하고 있던 청나라 사령관 원세개에게 지원을 요청했고, 원세개가 바로 나서서 갑신정변은 3일 만에 종결되어 버렸다.

■ **친일 외교 노선의 젊은 개화파**
급진개화파라고도 불렸다.

창덕궁 후원에서 청나라 병력과 일본 병력 사이에 소규모 접전이 벌어졌지만 일본군이 일방적으로 밀리자 다케조에 공사가 군대를 물렸다. 크지는 않지만 청일 간에 무력 충돌이 빚어지자 일본 메이지 정부의 강경파 대표였던 야마가타 아리토모는 청나라와의 전쟁을 강력하게 주장했다. 반면 온건파의 대표였던 이토 히로부미는 조선을 중립화하는 쪽이 일본의 국익에 더 도움이 된다고 판단해 청과 일본 양측이 모두 조선에서 군대를 철수시켜 갈등을 완화해야 할 필요성을 주장했다. 조선에 대한 방침을 두고 그간 다소 온건 쪽에 가까웠던 이노우에 가오루는 갑신정변을 계기로 강경 쪽으로 돌아섰다.

■ **야마가타 아리토모**
흔히 야마가타 아리토모, 이토 히로부미 그리고 이노우에 가오루를 메이지 정부의 세 거물로 꼽는다.

결국 갑신정변에 대한 처리 문제로 이노우에 가오루와 이토 히로부미는 서로 다른 조약을 체결했다. 우선 이노우에 가오루는 조선과의 한성조약을 통해 갑신정변에 대한 배상금을 받아 냄과 동시에 조선은 청나라와 별개의 독립적인 국가이며 한성조약은 조선이 청나라의 허락과 무관하게 자주적으로 맺은 조약임을 강조했다. 반면 이토 히로부미는 청나라의 이홍장과 톈진조약을 체결해 청나라와 일본 양 군대가 조선에서 철수하며 앞으로 조선에 군대를 파견할 상황이 오면 반드시 상대국에 통보하기로 했다.

톈진조약으로 동아시아에는 잠시나마 소강 상태가 찾아왔다. 조선의 고종은 청나라와 일본 두 나라 모두를 꺼려했다. 그는 청나라와 일본 사이 힘의 균형을 맞추고 싶어 했고, 서양의 다른 나라도 이 판에 끼워 넣어 한반도를 둘러싸고 여러 세력이 부딪혀 서로가 서로를 견제하게 하려고 했다.

고종이 선택한 대안은 러시아였다. 갑신정변이 마무리된 1884년 말 고종은 최초로 러시아와의 동맹을 주장했던 이한직을 러시아로 밀파해 자신의 생각을 전달하기도 했다. 또한 청나라가 내정간섭을 위해 조선에 파견했던 독일인 묄렌도르프는 어느덧 조선의 안위와 미래를 걱정하기 시작했고, 그 역시 조선이 살 길은 러시아를 끌어들이는 것이라고 생각했다. 다만 고종의 친러시아 외교 노선은 대단히 조심스럽고 은밀하게 진행되어야 했다. 고종 대신 묄렌도르프가 주일 러시아 공사 다비도프와 만나 고종의 뜻을 러시아에 전달했다. 다비도프 공사는 고종의 친러 의향을 크게 환영하며 비밀리에 움직였으나 이 사실을 안 일본은 바로 청나라에 공문을 보냈다. 청나라가 파견한 독일인이 조선과 러시아의 동맹을 돕고 있다는 사실에 화가 난 이홍장은 묄렌도르프를 해임했다. 이것이 제1차 조러밀약(1885) 사건으로, 이후 일본의 이노우에 가오루는 이홍장에게 일본과 청이 동시에 조선을 분할하여 다스리는 게 어떻겠냐고 제안했으나 이홍장은 거절했다.

조선과 러시아의 밀약 시도에 화를 낸 다른 나라도 있었다. 영국이었다. 영국은 러시아의 극동아시아 진출을 극도로 경계하고 있었다. 러시아 입장에서는 유럽은 이미 강대국들에게 막혀 있어 진출할 수 없으니 극동아시아 쪽이 대안이었으며, 만주와 한반도는 추운 겨울에도 바다가 얼지 않아서 태평양으로 나아가기 위한 발판이 될 수 있었다. 조선의 협조로 러시아가 더 진출하자 긴장한 영국은 1885년 조선 남해안에 있던 섬 거문도를 불법 점령했다. 조선과 청나라가 영국에게 국제법을 어기고 있다며 거문도에서 물러날 것을 요구했으나 영국은 러시아가 한반도로 진출하지 않겠다는 서약을 하지 않으면 물러나지 않겠다며 막무가내로 버텼다.

그 사이 고종은 다시 한번 러시아와의 관계 도모를 은밀히 진행했다. 처남 민영익을 시켜 조선의 러시아 공사 베베르와 몰래 접촉하게 했으나 조선에 남아 있던 청나라 사령관 원세개에 의해 발각되었다. 이 사건이 제2차 조러밀약(1886)이다. 원세개는 이홍장에게 사건을 바로 보고했고, 이홍장은 계속 조선과 관계를 유지하면 영국이 거문도에서 나가지 않을 거라고 러시아에 경고했다.

1886년 청나라의 이홍장과 러시아의 라디젠스키가 만나 청–러시아–일본 3국은 조선에 대해 더 이상의 확장 및 진출을 하지 않을 것과 조선 불가침을 선언하는 이홍장–라디젠스키 구두계약을 체결했다. 이 협상으로 조선에 대한 러시아의 입장을 확인한 영국은 그제서야 거문도에서 군대를 풀었다.

동아시아에서는 일시적으로 힘의 균형이 이루어졌다. 청나라의 해군력도 만만치 않았다. 이홍장의 북양함대에 있는 독일제 정원함과 진원함은 배수량 7천 톤에 막대한 화력을 보유하고 있었다. 청나라는 북양함대 증강에 온 힘을 쏟아부어 1888년에는 25척의 함선을 보유함으로써 영국이나 독일의 해군과도 맞먹는 규모가 되었다. 그러나 북양함대의 영광은 여기서 끝이었다.

북양함대
동아시아에서는 가장 강한 함대였다.

서태후

양무운동이 30년간 진행되면서 청나라 황실은 그 피폐함이 썩어 곪고 있었다. 당시 황제였던 동치제는 생모인 자희태후보다 선대 황제의 황비였던 자안태후를 더 따랐다고 한다. 자희태후는 어린 동치제를 엄하게 교육한 반면 자안태후는 동치제에게 살갑게 대했기 때문이었다.

동치제
청나라 10대 황제

1872년 15살이 된 동치제의 황후 간택이 있었는데, 여러 후보들을 거쳐 2명으로 추려졌다. 이때 자안태후와 자희태후가 원하는 며느리 후보가 서로 달랐다. 동치제는 생모가 아닌 자안태후가 선택한 여인을 황비로 결정했다. 동치제의 선택이 불만이었던 자희태후는 새로 들인 며느리를 몹시 싫어하여 구박하고 폭행하기 일쑤였다.

1873년 동치제가 친정을 시작했다. 친정과 동시에 생모 자희태후는 동치제에게 과거 아편전쟁 당시 훼손되었던 청나라 황실의 동물원인 '원명원'의 복원을 건의했다. 동치제는 원명원 중건 계획을 발표했으나 공친왕 혁흔을 포함해 대부분의 신하들은 비용이 너무 많이 든다며 강하게 반대했다. 이에 노발대발한 자희태후는 공친왕 혁흔이 가지고 있던 황실의 작위 대부분을 박탈했고, 자희태후와 자안태후 사이 갈등의 골도 점점 깊어져 갔다.

친정을 시작하고 겨우 1년여 만에 동치제는 천연두로 사망했다. 동치제가 죽자마자 자희태후는 며느리에게 자결을 강요했다. 그리고 동치제의 4살짜리 사촌동생을 청나라의 11대 황제인 광서제로 옹립했다. 광서제의 나이가 어려 동치제 때처럼 자희태후와 자안태후가 공동 섭정을 하기로 했는데, 세간 사람들은 자안태후의 처소가 자금성 기준 동쪽에 있어서 '동태후', 자희태후의 처소가 자금성 기준 서쪽에 있어서 '서태후'라고 불렀다. 광서제 즉위 7년 후 동태후가 여러 의문점을 남기고 사망하면서 청나라 황실은 비로소 서태후의 것이 되었다.

서태후는 원명원보다 더 큰 규모의 황실 후원을 만들라는 명령을 내렸다. 그래서 건설된 후원이 이화원인데, 공사에 투입된 자본 규모가 어마어마했다. 이화원 건설은 국가 재정에 엄청난 타격을 주었고 양무운동도 영향을 받았다. 1890년에는 북양해군에 투입되었던 재정 지원이 중단되었다. 이화원 건설 기간이 1884~1894년으로, 한창 청나라와 일본 사이가 악화일로를 걷는 시기였다. 이런 상황에서 청일전쟁이 터졌다.

청일전쟁

1894년 조선에서 대규모 농민 봉기인 '동학농민운동'이 벌어졌다. 조선의 관군은 동학농민군에게 속절없이 무너졌고 전라도 전주마저 빼앗기자 명성황후는 이번에도 청나라에 구원 요청을 했다. 이홍장은 회군 소속이었던 섭지초에게 육군 천여 명을 주고 조선으로 파병하면서 톈진조약에 의거해 일본 측에 파병 사실을 통보했다. 이미 일본 의회는 몇 차례의 사건으로 반청 여론이 걷잡을 수 없을 정도였고, 정치적으로 의회의 지지를 받지 못하던 온건파 이토 히로부미는 통합을 위해 의회가 원하는 전쟁 개시를 지시했다. 청나라 섭지초의 육군 천여 명이 이미 배를 타고

■■■ 동치제 사망
매독으로 사망했다는 이야기도 있다.

이홍장

충청도 아산만에 상륙했고, 일본은 무려 8천 명을 파견해 인천에 상륙시켰다. 이는 노골적으로 조선의 수도 한양을 노리겠다는 뜻이었다. 아니나 다를까 일본의 오시마 요시마사가 이끄는 혼성 제9여단은 7월 23일 경복궁을 점령했다. 한편 아산에 먼저 상륙했던 청나라 군대는 충남 공주로 진격해 있었고, 아산에는 북양함대의 제독 정여창의 해군 3천 명 정도가 정박해 있었다. 인천에 상륙한 일본군의 병력이 더 많으니 청나라도 세 번에 걸쳐 증원군을 파병하기로 했다. 1차 증원군은 무사히 아산에 상륙했으나 2차 증원을 오고 있던 청나라 함선 2척이 풍도에 매복해 있던 일본 함선 3척의 기습에 1척이 격침되고 1척이 나포되었다. 풍도해전은 선전포고도 없는 일본의 일방적 기습이었고, 청일전쟁의 첫 포성이었다.

■ **풍도**
지금의 안산 대부도 앞의 섬

충청도에서 육군을 이끌던 섭지초는 1500명의 병력을 공주에 모아두고, 증원받은 병력 3500명을 천안의 성환에 주둔시키고 있었는데, 풍도해전 바로 다음 날 일본군 4000명이 성환에 있던 청나라군을 기습했다. 성환 전투로 500명의 전사자를 낸 청나라 육군은 전열을 재정비한 후 평양으로 후퇴했다.

8월 28일 청나라 육군은 가까스로 평양성에 도착하지만 고된 행군으로 지쳐 있는 상태였다. 9월 14일에서 15일로 넘어가는 새벽 일본군 제5사단과 혼성 제9여단이 평양성을 포위하고 공격을 감행했다. 비록 평양으로 몰렸지만 화력 수준은 청나라가 압도적이었다. 일본군의 피해가 컸다. 더욱이 최후의 격전지는 평양성에서 방어에 최적화되어 있던 을밀대였다. 청나라 병력은 을밀대 주변에 집결해서 최후의 항전을 벌일 계획이었으나 9월 16일 소극적이었던 섭지초가 항전을 포기하고 평양성을 탈출했다. 사실 섭지초의 탈출은 본인의 의지에 따른 것이 아니었다. 성환 전투 패배 이후 이홍장은 섭지초에게 평양으로 들어가 무리한 작전을 펼치지 말고 수비만 하다가 상황이 여의치 않으면 무조건 퇴각하라는 명령을 내렸었다.

이홍장의 자랑인 북양함대도 마찬가지였다. 이홍장은 북양함대를 이끄는 정여창 제독에게 군이 먼저 나서서 싸우려 들지 말고 황해 바다만 사수하라고 지시하면서 섭지초의 군대를 본국으로 후송하라는 명령을 내렸다. 섭지초의 청나라 육군이 압록강에서 후송할 배를 기다리고 있을 때 일본 해군이 청나라 병력을 호송하던 북양함대 일부를 급습했다. 9월 17일 약 6시간 동안 치러진 전투 끝에 일본 군함은 4척이 손상을 입었고 청나라 군함은 5척이 침몰했다. 정여창의 북양함대는 요동반도의 뤼순(여순)과 산둥반도의 웨이하이웨이(위해위)에 숨어 버렸다.

　　그러는 사이 오야마 이와오는 일본군을 둘로 나누어 한쪽이 심양으로 진격해 청나라군을 유인하는 사이 본인은 본군을 이끌고 최종 목표였던 뤼순으로 향하기로 했다. 10월 25일 압록강을 넘은 일본군은 요동반도를 휩쓸더니 오야마 이와오는 뤼순으로 곧장 진격했고 11월 18일부터 뤼순에서 본격적인 전투가 진행되었다. 뤼순에 있던 청나라 송경과 휘하 제장들이 처절하게 저항했지만 11월 21일 무너졌다. 뤼순 공방전이 한창일 때 정여창의 북양함대가 얼마든지 바다에서 지원 포격을 할 수 있었지만 이홍장은 구태여 명령을 내리지 않았다.

　　일본 본국은 일본군이 육로로 중국 내륙까지 진출하길 원했으나 이미 일본군이 지칠 대로 지쳐 있던 상태라 현장 지휘관들이 이를 거부했다. 뤼순에 있던 오야마 이와오는 중국 내륙 진출 대신 해군으로 산둥반도의 웨이하이웨이를 공격하자는 제안을 본국에 올렸다. 이 의견에 설득된 이토 히로부미는 웨이하이웨이 작전을 허가했다.

■■■ 웨이하이웨이
산둥반도 끝자락에 위치한 북양함대의 본진이었다.

　　1895년 1월 19일부터 웨이하이웨이 앞바다에서 치열한 해전이 벌어졌다. 북양함대는 13척, 일본의 함대는 20척이 넘었다. 일본 함대는 야간 기습으로 효과를 봤고 2월 4일경엔 북양함대의 자랑인 정원호가 좌초되었다. 전세는 북양함대에게 불리했다. 일본의 제독들은 여러 방면

■■■ 야간 기습
훗날 태평양 전쟁에서도 일본 해군의 주특기가 된다.

11월 22일부터 25일까지 패잔병 탐색과 소탕이라는 명분으로 일본군은 뤼순에서 대학살을 자행했다. 포로들조차 가리지 않고 전부 살상했으며, 심지어 민간인들까지 죽었다. 이것이 뤼순 대학살 사건이다. 이때 학살된 청나라인은 군인, 민간인 구분하지 않고 약 2만여 명으로 추산된다.

여기서
잠깐

뤼순 대학살

으로 투항을 요구했지만 정여창은 거듭 거절하다가 상황의 불리함을 알고 12일 음독자살을 했다. 웨이하이웨이 해전은 일본 함대의 승리로 끝이 났다. 정원함을 포함해 13척의 북양함대 중 6척이 침몰했고 나머지 배들은 일본 해군이 나포했다. 1885년 2월 이홍장의 북양함대는 이렇게 궤멸했다.

시모노세키조약

웨이하이웨이 해전 패배 후 1895년 2월 22일 황제가 주관하는 어전회의를 통해 이홍장이 직접 일본을 방문하기로 결정되었다. 3월 19일에 이홍장을 대표로 하는 강화 사절단이 시모노세키에 도착했다. 일본 측 대표는 전권을 위임받은 이토 히로부미와 외무대신이었던 무쓰 무네미쓰였다. 이홍장은 즉각적으로 정전을 요구했고, 일본은 정전 조건을 제시했으나 이홍장이 받아들이지 않으면서 회담은 난항을 겪었다.

3월 24일 저녁 숙소로 귀가하던 이홍장이 일본 극우파 젊은 청년에게 암살당할 뻔한 테러가 있었다. 총알은 이홍장의 눈 1인치 아래 왼쪽 뺨에 박혔으나 다행히 생명에는 지장이 없었다. 메이지 정부는 황가의 어의를 보내면서 청나라 정부에 대한 공식 사과문을 발표했고, 이홍장이 테러의 이유로 본국으로 귀국해 버리면 일본 측 요구 사안이 제대로 반영되지 않을까 우려했던 이토 히로부미와 무쓰 무네미쓰는 부랴부랴 청나라 측의 제안을 수용하는 수정안을 내놓았다.

부상당한 이홍장 대신 그의 양자였던 이경방이 서명하면서 4월 17일 '시모노세키조약'이 체결되었다. 이 조약에 따라 청나라는 조선에 대한 영향력을 완전히 포기하고 요동반도와 대만을 일본에게 공식적으로 할양했다. 요동반도는 러시아의 압박으로 일본이 할양해 가지 못했지만 대만은 이때부터 조선보다 먼저 일제 식민의 역사가 시작되었다. 청나라 측이 배상해야 했던 전쟁배상금은 세입의 2년분이었다고 한다.

청일전쟁은 이홍장의 야심작 북양함대의 몰락과 더불어 30년에 걸친 양무운동의 비극적 종말이었으며 청나라 멸망 카운트다운의 시작이었다. 양무운동으로 아편전쟁 직후의 오합지졸 청나라를 동아시아 최강 군대로 키운 북양함대는 어떻게 이렇게 속절없이 무너졌을까? 1차 원인은 분명 서태후에게 있었다. 서태후가 권력을 독점한 이래 이화원 건설 등 불필요하게 지출되는 국가 재정이 컸고 1890년 이후론 북양함대에 대한 재정적 지원을 중단하는 바람에 무기 관리가 제대로 이루어지지 않았다. 청일전쟁의 여러 전투에서 포탄이 불발하는 경우도 허다했다. 북양함대는 겉만 번지르르할 뿐이었다.

이홍장 역시 청일전쟁 패전의 책임에서 자유로울 수 없었다. 청일전쟁 이전까지 이홍장은 청나라를 지탱하는 유일한 사람이자 청나라 부흥의 주역이었다. 이홍장이 힘겹게 이끈 덕에 양무운동은 분명 엄청난 성과를 보였다. 그렇게 쌓아 온 북양함대의 위력을 이홍장은 정작 선보이질 않았다. 애당초 이홍장은 시종일관 전쟁을 회피하고자 했다. 이홍장이 보수적인 자세로 일관한 이유는 역설적이게도 북양함대가 동아시아 최강이기 때문이었다. 그에게 북양함대는 남은 모든 것이었고 권력의 기반이었다. 그래서 어떤 상황에서든 북양함대의 피해를 최소화하려고 했고, 그 결과는 북양함대 전멸이라는 역효과를 냈다. 청나라의 패권을 되찾고 부강하게 하고자 북양함대를 키웠지만 이 북양함대를 지키려다 청나라의 패권을 잃어버렸다. 수단이 목적을 집어삼켜 버린 것이다.

이홍장과 청나라의 최후

이홍장은 청일전쟁 패전의 책임을 물어 좌천되었다. 북양함대의 전멸과 함께 양무운동이 끝나고 이홍장도 정계의 핵심에서 물러날 수밖에 없었다. 새로운 세상을 꿈꾸는 젊은 세대들에게 경계 대상 1호로 찍혀 재기의 기회도 살리지 못했다. 이홍장은 청나라가 서양의 열강들에게 물어뜯기는 꼴을 지켜만 보다가 1901년 베이징에서 사망했다. 이홍장이 물러나 있을 때 그가 이끌던 군벌들은 그가 키운 원세개에게 넘어갔고, 원세개는 북양군벌의 거두가 되어 이홍장 사망 10년 후 청나라를 멸망시켰다.

무너진 청나라의 마지막 황제에서
민족의 반역자로

이탈리아의 영화 감독 베르나르도 베르톨루치의 영화 〈마지막 황제〉는 청나라의 마지막 황제이자 중국의 마지막 황제였던 선통제 푸이(존 론 역)의 '전락의 서사'를 다룬다. 실제 자금성에서 촬영이 허락된 최초의 외국영화인 〈마지막 황제〉는 제60회 아카데미 시상식에서 작품상, 감독상, 촬영상, 음악상을, 골든 글러브에서 감독상, 각본상을 수상했다. 동양인 배우들이 중국사를 배경으로 하는 영화에서 영어를 쓰는 것에서 이질감이 느껴지긴 하지만 시간이 지난 오늘날에도 사랑받고 있는 불후의 명작이다.

청일전쟁 패전 후 실권을 잃은 이홍장의 직위는 위안스카이[원세개]에게로 넘어갔다. 위안스카이는 북양대신 겸 직례총독이 되어 청나라의 군권을 쥐고 있었다. 한편 서태후로부터 벗어나려고 몸부림치던 청나라의 젊은 황제 광서제는 독살의 의혹을 가득 남긴 채 1908년 38세의 나이로 사망했다. 서태후는 광서제의 조카였던 3살짜리 황자 푸이를 청나라의 12대 황제로 지목하고 다음 날 병환으로 사망했다. 서태후도 없고 황제도 어려 경친왕(혁광)이 섭정을 맡지만 그는 외우내환의 청나라를 이끌고 갈 위인이 못됐다. 정부가 제 기능을 하지 못하자 청나라 곳곳에서 혁명의 외침이 멈출 줄 몰랐다. 누군가는 헌법 위에 황제를 인정하자는 입헌정을, 누군가는 군주제에서 탈피하자는 공화정을 주장했다. 최종 승자는 공화정을 지향하는 혁명파들이었다. 1911년 신해혁명이 발발하자 혁명파의 상징과도 같던 쑨원[손문]이 난징을 임시 수도로 삼고 중화민국을 수립했다. 청나라 정부는 혁명파를 토벌하고자 위안스카이를 파병했다. 중화민국은 아직 체계적인 군사조직을 갖추지 못했기에 위안스카이와 전면전을 벌인다면 그 결과를 장담하기 어려웠고, 쑨원은 중화민국의 대총통 자리를 약속받은 후 위안스카이를 혁명의 동지로 받아들였다. 위안스카이는 황족들로만 구성된 경친왕 내각에 불만이 많았던 터라 베이징으로 회군했고, 경친왕을 협박하여 다음의 여덟 가지 조건을 약속하며 선통제 푸이를 퇴위시켰다. 첫째, 청나라 황제 선통제 푸이는 자금성에 여전히 거주할 수 있으며 계속 황제의 대우를 받는다. 둘째, 황제에게 세금 4백만 냥의 경비를 지급한다. 셋째, 얼마간 자금성에 머물다가 황제는 이화원으로 거처를 옮길 것이며 근위부대는 계속 사용할 수 있다. 넷째, 청나라 황제는 앞으로도 계속 종묘에 제사를 지낼 수 있다. 다섯째, 선대 황제인 광서제의 무덤은 황제의 예로써 제작한다. 여섯째, 환관을 더 이상 고용할 순 없되 기존에 있는 환관들은 계속 황제를 모실 수 있다. 일곱째, 현재 황제가 소유하고 있는 개인재산을 인정한다. 여덟째, 궁궐수비대는 중화민국의 부대에 편입한다. 1912년 청나라가 공식적으로 멸망했고 이때 푸이의 나이 7살이었다.

위안스카이는 쑨원을 배신했다. 중화민국의 대총통 자리를 주고 공화정을 지켜주겠다고 약속했지만 위안스카이는 1915년 스스로 황제 자리에 오르며 전제군주제를 부활시켰다. 혁명의 배신자 위안스카이를 끌어내리겠다며 전국적으로 '호국전쟁'이라는 혁명전쟁이 발발했다. 신경이 쇠약해질 대로 쇠약해져 있던 위안스카이는 1916년 군주제 철회를 공식적으로 선언하고 얼마 안 가 사망했다. 위안스카이를 타도하겠다며 전국적으로 봉기한 지방별 혁명부대들은 해산하지 않았으며, 위안스카이의 휘하 장교들도 서로 위안스카이의 뒤를 잇겠다며 전쟁의 규모를 키웠다. 중국은 각 지방별 군벌이 형성되어 군벌들 간의 각축전이 전개되는 격랑의 시대로 접어들었다. 이후 군벌 중 하나인 장쉰이 베이징을 점거하고는 1917년 푸이를 복위시켰고 본인은 북양대신이 된다. 그러나 고작 12일 후 다른 경쟁자였던 돤치루이가 베이징을 점령한 후 장쉰을 내쫓으면서 푸이는 다시 폐위되었다.

이맘때쯤 푸이는 영국인 레지널드 존스턴을 개인 영어교사로 초빙했다. 존스턴과 푸이가 얼마나 가까운 유대관계를 맺었는지 정확히 알 순 없지만 훗날 존스턴은 끊임없이 중국에서 군주제를 옹호하고 푸이의 폐위를 안타까워했다. 1922년 푸이는 효각민황후 완룽과 혼인하였다. 완룽은 엄밀히 말하면 청나라가 멸망한 후 푸이와 결혼했기에 황후라고 할 수 없으나 청나라의 마지막 황후로 인정받고 있다. 완룽은 서양식 교육과 취미에 큰 흥미가 있었고, 혼인 직후에는 푸이와 젊은 부부의 애틋한 사랑을 키워 갔으나 둘의 행복은 거기까지였다. 베이징을 점령한 또 다른 군벌이었던 펑위샹이 옛 청나라의 관습 그 어떤 것도 용납할 수 없다며 푸이와 황실을 자금성에서 완전히 추방했다. 푸이는 텐진에 있던 일본 공사관에 몸을 의탁했다. 1925년 쑨원이 죽고 그의 국민당은 장제스가 계승했다. 국민당을 이끈 장제스의 위세는 실로 위풍당당했다. 장제스는 쑨원보다 훨씬 더 과격했다. 장제스의 국민당은 중국의 여러 군벌들을 하나둘 통합해 갔고, 일부 세력이 청나라 황실의 무덤을 파헤쳐 도굴하는 만행을 저지르기도 했다. 영화에서도 묘사되듯 푸이는 조상들의 무덤이 파헤쳐졌다는 소식에 노발대발했고, 이 사건은 푸이가 중국 국민당을 마음 깊이 불신하는 계기가 됐다. 청나라 황실은 중국 한족이 아닌 만주족이었던 만큼 국민당과 군벌들이 지향하는 공화정과 본인은 결코 공존할 수 없을 거라는 생각에 푸이는 중국인 자체를 꺼려했고 일본 쪽에 더 의지하기 시작했다.

푸이를 도구적 존재로만 인식한 건 일본도 크게 다르지 않았다. 1931년 일본은 만주를 침략하는 만주사변을 일으켰고 1932년 만주에 괴뢰국 만주국을 세운 뒤 1934년 푸이를 만주국의 황제로 옹립했다. 푸이가 어떤 심정으로 황제가 되었을지는 몰라도 일제는 푸이를 꼭두각시 황제로 부려먹었다. 시간이 지나면서 푸이도 꼭두각시로서의 정체성을 순순히 인정할 수밖에 없었다. 푸이의 아내 효각민황후 완룽도 만주국의 황후가 되었으나 이미 텐진에서 생활하던 때부터 푸이와 사이가 벌어졌다. 완룽도 푸이처럼 견디기 힘든 역사의 무게에 정신이 무너지며 아편중독자가 되었다. 1945년 일제가 패망하고 만주에 소련군이 입성했다. 이때 푸이와 완룽 모두 소련군의 포로가 되면서 둘은 헤어졌다. 완룽은 포로생활 이후 풀려났으나 아편을 끊지 못했고 그

이홍장

녀의 최후에 대해서는 1946년 사망했다는 사실 외에 제대로 알려진 바가 없다. 소련군은 포로의 신분임에도 푸이를 극진히 대접했다. 푸이는 개인적으로 소련군 포로 시절을 좋게 기억한다고 한다. 그러나 1950년 소련은 푸이를 중국 공산당에 인계했다. 푸이는 푸순 전범교도소에서 억압적인 취조와 사회주의 사상교육을 받으며 10년을 복역했다.

영화 〈마지막 황제〉는 바로 이 시점, 1950년 푸이가 푸순 전범교도소로 인계되고 취조되는 시간대를 현재로 삼는다. 한 번도 겪어보지 못한 누추한 수감생활에 푸이는 괴로워한다. 3살이란 나이에 황제로 즉위했을 때부터 만주국 패망 후 소련군에게 잡힐 때까지의 플래시백들이 푸이의 현재 시점에 틈입해온다. 달리 말하면 이 영화는 푸이의 집념이 흩어져 있는 과거의 사건들이 현재의 괴로움까지 따라오는 구성으로 되어 있다. 푸이는 언제나 주체적으로 살지 못했고 힘 있는 자들에게 이용만 당했다. 서태후에게, 위안스카이에게, 각종 군벌 세력들에게, 그리고 믿었던 일본에게까지. 푸이는 본인의 의지와 상관없는 서명만 하던 누군가의 허수아비였다. 수용소의 소장이 푸이에게 "당신이 한 행동에만 책임을 지는 것이오."라고 일갈하지만 푸이는 평생을 자신이 저지르지 않은 행동에 책임을 졌다. 단 한 번만이라도 자기 인생의 주인공이 되고 싶어했던 푸이는 근대적인 사상을 지향하면서도 때로는 권위적이기도 한 이중적인 모습을 보인다.

한편, 푸이는 평생 '갇힌 존재'였다. 자신의 운명이 걸린 결정들에 대해서도 가장 늦게 안다. 이는 청나라의 황제였을 때도 만주국의 황제였을 때도 마찬가지다. 푸이의 환관과 측근들이 되뇌는 '자금성 내에 있을 때만 황제다.'라는 말은 푸이가 황제자리를 원하건 원하지 않건 그는 늘 어딘가에 갇혀 있어야만 한다는 그의 숙명을 함의한다. 푸이가 자금성 밖으로 나가려고 하자 문이 닫히며, 문을 열라는 황제의 명에도 문은 열리지 않는다. 푸이는 허망하게 굳게 닫힌 문을 바라만 볼 뿐이다. 이 장면은 만주국의 황제가 돼서 아내 완룽이 병환으로 푸이를 떠날 때에도 반복된다.

푸이의 과거들이 현재 시점을 따라잡으면 영화의 현재는 미래를 향해 전진한다. 1967년 이제는 늙고 수척해진 푸이가 티켓을 끊고 한때 자기가 앉아 있었던 자금성의 권좌를 바라본다. 그리고 권좌에 앉으려는 푸이를 경비원의 아이가 뛰어나와 막자, 푸이는 아이에게 자신이 이 나라의 마지막 황제였다면서 그 증거로 숨겨두었던 작은 통을 건넨다. 아주 오랜 시간 작은 통 안에 갇혀 있던 귀뚜라미가 그제서야 밖으로 나와 자유를 찾는다. 장면이 바뀌어 청나라의 마지막 황제가 선통제 푸이였다는 가이드의 해설과 함께 카메라가 빈 권좌를 비추고 화면의 색감이 과거 장면의 색감으로 바뀌면서 영화가 마무리된다. 이제야 통에서 나온 귀뚜라미와 색감이 전환되는 권좌의 이미지는 푸이의 비장미를 자아낸다. 〈마지막 황제〉는 푸이의 일대기에 따라 여러 역사적 사건을 배경으로 삼지만 스토리를 위해 언급만 될 뿐 부연 설명이 누락되어 있다. 오로지 푸이의 생애만을 따라가는 이 영화는 거창한 역사가 아닌 개인의 삶으로 바라봐야 온전한 감상이 될 것이다.

09

칭기즈칸

충성은 의심하고 능력은 믿는다

#몽골 #유목민족 #보르지기트 #테무친 #토오릴칸 #자무카 #십삼익전투 #호라즘왕국
#옹칸 #카라칼지드전투 #발주나맹약 #차키르마우트전투 #사준사구 #금나라 #서하

칭기즈칸의 연도별 주요 이슈

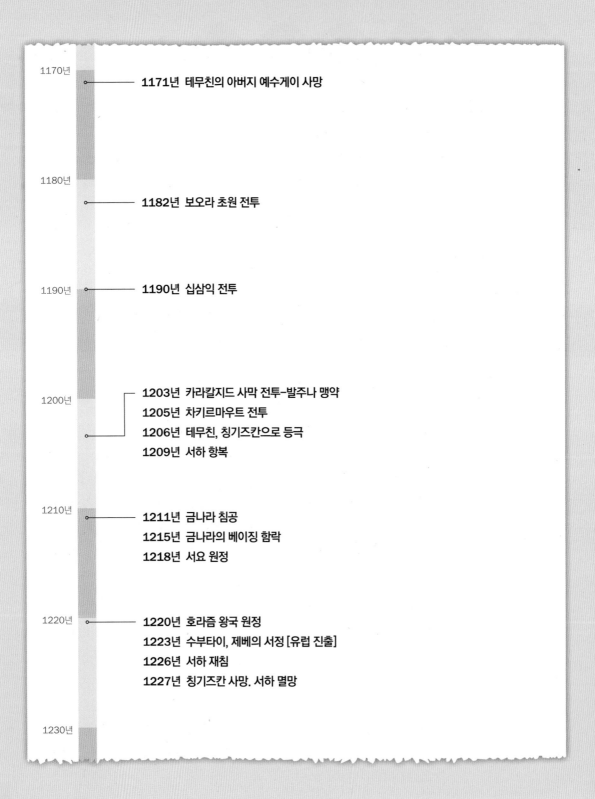

1170년

1171년 테무친의 아버지 예수게이 사망

1180년

1182년 보오라 초원 전투

1190년

1190년 십삼익 전투

1200년

1203년 카라칼지드 사막 전투-발주나 맹약
1205년 차키르마우트 전투
1206년 테무친, 칭기즈칸으로 등극
1209년 서하 항복

1210년

1211년 금나라 침공
1215년 금나라의 베이징 함락
1218년 서요 원정

1220년

1220년 호라즘 왕국 원정
1223년 수부타이, 제베의 서정 [유럽 진출]
1226년 서하 재침
1227년 칭기즈칸 사망. 서하 멸망

1230년

몽골제국을 일으킨 담대한 리더십

몽골족의 기원

'몽골족'이라는 민족의식은 칭기즈칸 때 처음 형성되었다. 중국 북방의 초원 지대에는 저 오랜 옛날부터 다양한 민족들이 유목생활을 하며 척박한 환경에 적응하고 있었다. 이들은 때때로 통합하여 거대한 유목제국을 만들기도 했다. 7세기 중앙아시아를 주름잡던 위구르 제국이 멸망하면서 북방 초원 지대는 공백의 상태가 되었다. 이 틈을 타 9~11세기에 걸쳐 아르군강에 거주하던 몽올실위라는 유목 민족이 서쪽의 몽골 초원 지대로 이주하였다. 바로 몽골족의 전신이다.

그렇다고 벌써부터 몽올실위들이 민족적 자의식을 가졌던 건 아니다. 애당초 수많은 부족 단위로 살아가는 유목 민족들에게 민족의식은 강하지 않았다. 당시 몽골 초원 지대와 중앙아시아엔 몽올실위 이외에도 튀르크계 유목 민족들이 나라 혹은 부족을 뜻하는 다양한 '울로스(Ulus)'들을 조직하며 살아가고 있었다. 부족 단위의 울로스들이 하나로 합쳐져 거대한 울로스로 부상하면 남쪽의 중국에게도 여간 골치 아픈 일이 아닌지라 중국의 역대 왕조들은 언제나 유목제국이 들어서지 않게 부족 단위의 유목 민족들을 이간질하며 서로를 물어뜯게 했다. 철저한 약육강식의 논리 속에서 지배되는 유목사회에서 몽골 초원 지대로 이주한 몽올실위들끼리의 경쟁도 치열했다. 훗날 칭기즈칸이 여러 부족 단위의 몽올실위를 통합하고 몽골족이라는 하나의 민족의식을 만든다. 칭기즈칸, 그의 본명은 테무친이다.

아르군강
지금의 에르구네강

몽올실위
몽올실위의 발흥지가 만주의 아르군강이고 칭기즈칸의 활동지는 몽골 초원의 서쪽이라 몽올실위가 서쪽으로 이동했다는 설과 몽올실위와 몽골은 발음만 비슷할 뿐 무관한 민족이라는 설이 있다.

테무친의 성장기

숲이 우거진 동쪽의 유목 세계에서 서쪽의 초원 지대로 이주한 몽올실위들을 '카마그 몽골'이라 불렀다. 카마그 몽골이란 이 지역에 거주하는 유목 민족의 여러 부족들을 통칭할 뿐 하나로 통합된 거대한 조직체는 아니었다. 테무친은 카마그 몽골의 여러 울로스 중 오논강 근처에 살던 '보르지긴'이라는 부족 출신으로 아버지 예수게이가 부족장이었다.

테무친이 10살 안팎이었을 때 예수게이는 또 다른 울로스 '콩기라트' 부족장의 딸과 테무친을 혼인시키려고 했다. 그런데 두 사람의 결혼이 성사되기 전에 예수게이가 타타르인들에게 독살되었다. 약육강식의 유목사회에서 부족장이 살해당하는 일은 비일비재했다. 10살짜리 테무친에게 아버지의 죽음도 충격이었지만 그보다 더 가혹했던 것은 친인척들과 아버지의 수많은 부하들이 전부 등을 돌려 버린 것이었다. 어리고 힘이 약한 꼬마 테무친을 부족장으로 모실 수 없다는 이유에서였다.

테무친은 어머니와 동생들을 데리고 부족의 핵심에서 튕겨져 나왔고 불우한 성장기를 보냈다. 그에게는 이복동생을 포함하여 5명의 동생들이 있었다. 이들은 죽은 부족장 예수게이의 자식들이라는 이유로 암살당할 뻔하거나, 타 부족에게 잡혀 포로 생활을 하기도 했고, 당장에 먹을 게 없어서 굶어 죽기 직전이었다. 오죽하면 자기가 낚은 생선을 이복형 한 명이 훔쳐서 몰래 먹자 테무친이 활로 쏴 죽인 일도 있었다. 이렇게 불우한 청소년기를 보낸 테무친은 유목사회에서 힘이 없으면 어디까지 비참해질 수 있는지 뼈저리게 실감했다.

힘든 시간을 거쳐 테무친의 가족들은 어렵게 모은 말 9마리로 겨우 입에 풀칠을 하고 살 수 있게 되었다. 그런데 말들을 도둑맞는 일이 생겼다. 다행히 테무친은 우연히 범인을 목격한 또래 아이와 함께 도둑을 잡는 데 성공했다. 테무친이 사례하려고 하자 이 아이는 당연한 일을 했다며 사양했다고 한다. 이 사건을 계기로 두 사람은 둘도 없는 절친이 되었는데, 이 아이의 이름이 보오르추였다.

당장 후원자가 필요했던 테무친은 예전에 혼사 이야기가 오갔던 옹기라트 부족을 다시 찾아가 약속대로 부족장의 딸 보르테와의 혼인을 요

테무친의 출생 연도
설이 분분한데 지금의 몽골에서는 1162년으로 삼고 있다.

타타르
튀르크 계열의 한 분파로 초원 지대에 터전을 두고 카마그 몽골인들과 경쟁하던 유목 민족이었다.

보오르추
평생 테무친의 옆을 지키며 오른팔 역할을 한다.

가장 쉬운 역사 첫걸음

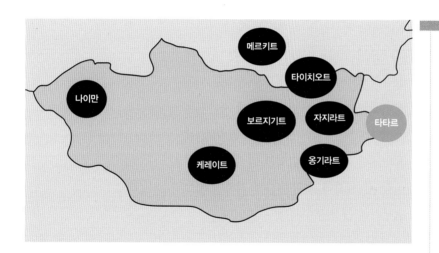

12세기 몽골 초원 지도

구했다. 두 부족 간의 결혼동맹에선 상당한 지참금이 왔다 갔다 해야 하지만 테무친은 한 푼도 없었다. 하지만 옹기라트의 부족장은 일찌감치 테무친의 비범함을 알아보았다. 어린 테무친의 눈에서 빛이 나고, 얼굴에선 광채가 나는 것을 보았던 것이다. 테무친에 대한 믿음이 있었던 옹기라트의 부족장은 딸 보르테와 테무친을 혼인시켰다.

토오릴칸을 찾아가다

보르테와 결혼하면서 옹기라트로부터 받은 지참금을 가지고 청년 테무친은 케레이트 부족을 찾아갔다. 케레이트의 부족장은 테무친의 아버지 예수게이와 의형제를 맺었던 토오릴칸이었다. 토오릴칸은 숙부에게 부족을 빼앗길 뻔했을 때 예수게이의 도움으로 케레이트 부족을 지킬 수 있었다. 이때의 연으로 토오릴칸은 예수게이와 '안다의 맹약'을 체결하며 이렇게 말했다고 한다. "당신의 자손의 자손에 이르기까지 반드시 은혜를 갚겠다."

안다
안다(Anda)는 몽골어로 '의형제'를 뜻한다.

토오릴칸은 예수게이와 형제의 연을 맺은 것처럼 테무친과는 부자의 연을 맺고는 앞으로 무슨 일이 있어도 테무친을 보호해 줄 것을 약속했다. 테무친이 케레이트 부족의 토오릴칸을 만나고 얼마 안 되어 메르키트 부족이 테무친의 아내 보르테를 납치했다. 테무친은 바로 케레이트 부족을 찾아갔고, 이때 토오릴칸은 테무친에게 2만의 군대를 빌려 주었다.

메르키트 부족
12세기 몽골 초원의 5대 부족 중 하나이다.

토오릴칸이 빌려 준 군대와 더불어 테무친의 복수전에 함께 가담한 부족이 있었는데 자지라트 부족의 자무카였다. 자무카는 어릴 적 이미 테무친을 만난 적이 있으며 서로 안다의 맹약을 체결할 정도로 가까운 사이였다. 테무친이 아버지를 잃은 뒤 힘든 시간을 보내고 있을 때 자무카는 토오릴칸과의 친분을 이용해 자지라트 부족의 세력을 키우고 있었다. 테무친은 토오릴칸이 빌려 준 부대와 친구 자무카가 합세한 병력으로 메르키트 부족이 있는 곳으로 쳐들어갔고, '보오라 초원'에서 승리하며 메르키트 부족을 와해시켜 버렸다. 테무친의 첫 전투이자 첫 승리였다.

> "나의 안다 테무친의 아내 보르테가 납치되었다는 소식을 듣고 내가 다 마음이 아팠다. 그대의 가슴이 찢어졌다는 것을 알고 내 간이 아팠다. 복수를 위해 메르키트족을 섬멸하고 보르테 부인을 구해오자. 모든 메르키트족을 쳐부수고 보르테 부인을 되찾자. (중략) 오논강을 거슬러 올라가서 보오라 초원의 약속의 땅에서 만나자."
>
> 저자 미상, 유원수 역, 『몽골비사』, 사계절, 2004

자무카와 첫 승부, 십삼익 전투

메르키트족 섬멸 후 테무친은 자신의 가족과 보르지긴 부족 가운데 자신을 따르던 '키야트'라는 씨족 사람들을 데리고 자무카의 자지라트 부족에

보오라 초원에서의 승리로 테무친은 유목사회에 나름대로 이름을 알릴 수 있었고 납치되었던 아내 보르테를 되찾았다. 그러나 되찾은 아내 보르테는 옛날의 보르테가 아니었다. 임신을 한 상태였던 것이다. 테무친의 아들일 수도 있지만 앞뒤 사정상 아닐 가능성도 있었기에 수군대는 뒷말들이 많았다. 보르테가 임신한 이 의문투성이의 아이가 테무친의 첫째 아들 주치다.

여기서
잠깐

주치의 출생의 비밀

게 가서 약 1년간을 같이 지냈다. 그러나 자지라트 부족 내 테무친의 입지가 점차 높아지고, 키야트가 아닌 사람들까지 테무친을 따르자 자무카와 테무친의 사이가 벌어지기 시작했다. 늘 보르지긴 부족을 온전히 되찾겠다는 꿈을 꾸어 왔던 테무친은 결국 본인을 따르는 무리들과 함께 자무카로부터 독립한다. 이때 약 3천 명 정도가 테무친과 동행했다.

독립한 테무친은 흩어져 있던 키야트를 통합했고, 키야트 외 보르지긴의 여러 귀족 부족장들을 찾아가 세력을 포섭했다. 테무친의 아버지 예수게이 사후 보르지긴 부족이 지리멸렬이 되어 과거의 영광을 모두 잃어버리자 귀족 부족장들은 보르지긴 부족을 다시 한데 모을 수 있는 절대자의 필요성을 느끼고 있었다. 오히려 귀족 부족장들이 테무친을 찾아와 이렇게 제안했다.

> "그대를 우리 칸으로 삼고자 한다. 그대가 칸이 된다면 우리는 수많은 적 앞에서 가장 먼저 나아가 아름다운 처녀나 부인을 약탈해 그대에게 줄 것이며, 귀족의 궁전 같은 게르나 평민의 게르도 모두 그대에게 줄 것이고, 엉덩이가 좋은 거세마도 모두 약탈하여 그대에게 줄 것이다. 놀라 도망치는 짐승들을 유인하여 그대에게 몰아 줄 것이다. 전쟁할 때 우리가 그대의 명령을 듣지 않는다면 우리를 씨족으로부터 분리하여 우리의 검은 머리를 땅에 내던져라. 우리가 평화를 깬다면 우리를 죽여 사람이 살지 않는 들판에 내다 버려라."
>
> 저자 미상, 유원수 역, 『몽골비사』, 사계절, 2004

1189년 테무친은 귀족 부족장들의 추대로 보르지긴의 칸이 되었다. 이로써 보르지긴 울로스가 재탄생했다. 테무친의 칸 추대에 가장 기뻐했던 사람은 토오릴칸이었다. 토오릴칸의 케레이트 부족이 당시 유목사회에서 가장 강력한 울로스 중에 하나임은 틀림없었으나 자무카의 부족이 점점 커지고 있었다. 이에 경계를 늦출 수 없었던 토오릴칸은 세력을 회복한 테무친이 자무카의 대항마 역할을 할 수 있을 것으로 기대했다.

어느 날 테무친이 관리하는 말 목장에 도둑이 들어와 말을 훔쳐 갔다. 병사들이 곧바로 추격해 범인을 잡았는데 자무카의 친척 동생이었다. 유목사회에서 경제생활의 토대인 말을 훔치려고 한 것은 선전포고나 다름없었다. 테무친은 말을 훔치려 한 자무카의 친척 동생을 죽였고 둘 사이의 충돌은 불가피해졌다. 테무친과 자무카는 전투태세에 돌입했다. 양쪽 모두 각각 13개의 '익(翼)'을 구성했다. 양측 병력 수는 대동소이했으며, 자무카는 테무친의 부족과 악연이 있는 타이치오트 부족까지 끌어들였다. 1190년 테무친과 자무카는 달란 발주트 초원에서 맞붙었다. 테무친과 자무카의 첫 정면승부였고 양측이 서로 큰 피해를 봤지만 도주한 쪽은 테무친의 부대였다. 전투 후 자무카는 테무친에게 붙은 치노스족의 포로들 70명을 끓는 가마솥에 넣어 죽여 분풀이를 했다. 테무친과 자무카가 13익의 부대로 싸웠다고 해서 이 전투를 십삼익 전투, 혹은 싸움이 일어난 장소를 따서 달란 발주트 전투라고 한다.

> **익(翼)**
> 유목사회에서 원형으로 군대를 구성하는 부대 단위로 13익은 약 3만 정도로 추정된다.

십삼익 전투 후 테무친을 따랐던 13익 중 절반 이상이 테무친을 떠났다. 이후 몇 년 간 테무친의 행방이 묘연하다. 이 때문에 숱한 추론들만 무성한데 그간 테무친은 와해되어 있던 부족을 어떤 식으로든 복구하는 데 힘을 쓴 것은 틀림없다. 그런 테무친이 재기에 성공해 다시 자신의 이름을 떨친 것은 1196년의 일이었다.

토오릴칸(옹칸)과 싸우다

1196년 중국 북방의 금나라가 케레이트의 부족장 토오릴에게 연락을 취했다. 당시 중국은 북방과 남방으로 쪼개져 북방에는 여진족이 세운 금나라가 있었고, 남방에는 정통 중국 한족의 남송이 있었다. 몽골과 붙어 있던 금나라는 초원의 유목 부족들을 통제해야 했다. 금나라가 토오릴에게 연락을 취한 것 역시 그런 목적이었다. 금나라는 토오릴에게 유목 민족사회의 전체 칸으로 공식 임명할 테니 튀르크계 유목민들이었던 타타르인들을 섬멸해 달라고 했다. 원래 자신들의 끄나풀 같은 존재였던 타타르인들이 배신하자 금나라는 이들과 경쟁하던 몽골계 유목 민족을 이용하려는 속셈이었다.

토오릴은 금나라의 제의를 받아들였고, 금나라는 토오릴칸에게 '유목사회의 왕'이란 뜻의 '옹칸'이라는 작위를 하사했다. 몽골계 유목민 전체를 지배할 수 있는 자격을 갖게 된 옹칸은 1198년부터 타타르에 대한 대대적인 공세를 펼쳤는데, 그때 내세운 선봉장이 테무친이었다. 테무친은 개인적으로도 타타르인들에게 불만이 많았다. 아버지 예수게이를 살해한 것이 그들이었다. 테무친은 타타르인들을 궤멸하고 약탈했다.

■■■■ **테무친의 타타르 약탈**
기록에 따르면 가축을 비롯해 약탈할 수 있는 것은 뭐가 되었든 전부 몰수했다고 한다.

테무친의 성공적인 타타르 원정으로 위상이 더 높아진 옹칸은 그런 테무친을 총애했다. 이제 옹칸은 실질적으로 모든 몽골계 부족들을 통합하고자 했다. 옹칸은 이번에도 테무친을 내세워 본격적으로 통합 전쟁에 나섰다. 모든 전투에서 테무친이 부대를 지휘했으며 점차 테무친의 전투 경험과 역량도 발전해 갔다. 이런 테무친의 승승장구가 신경 쓰인 자무카는 본인의 자지라트 부족을 포함하여 자신을 따르는 기타 부족들의 추대를 받아 1201년 스스로 칸이 되었다. 자무카를 칸으로 추대한 부족들은 하나같이 테무친과 싸우거나 악연이 있는 부족들이었다.

테무친이 또 하나의 거대 부족인 나이만족과 전투 중일 때였다. 자무카가 옹칸에게 테무친이 나이만 적장과 내통한 정황이 있다며 두 사람을 이간질했다. 과거 나이만족에게 크게 패배한 적이 있던 옹칸은 테무친을 멀리하기 시작했다. 심지어 전투 도중 테무친의 부대만 놓고 말도 없이 철수하는 일도 있었다. 그럼에도 테무친은 1201년 쿠이텐 전투에서 자무카와 나이만족 연합군을 상대로 크게 승리했다. 쿠이텐 전투로 나이만족에게 복수할 수 있게 도와준 고마움 때문인지 아니면 쿠이텐 전투 후 실력자로 부상한 테무친에게 위기의식을 느껴서였는지 옹칸은 테무친과 재차 부자의 연을 맺으며 관계를 회복하려 했다. 그리고 자신의 딸과 테무친의 아들을, 또 자신의 손자와 테무친의 딸을 혼인시키려고 했다. 그러나 옹칸의 아들이 이를 거부해 테무친을 욕보였고, 심지어 결혼식을 이용해 테무친을 암살하려 했던 옹칸의 계획이 밝혀지면서 두 사람의 관계는 더욱 악화되었다. 옹칸은 자신의 지위를 이용해 초원 지대의 부족들을 불러 모았다. 매우 빠른 속도로 대군이 조직되었고, 자무카의 세력 또한 옹칸에게 합류했다.

칭기즈칸

1203년 옹칸의 연합군은 카라칼지드 사막에서 테무친의 부족을 공격했다. 수적으로 열세였던 테무친은 대패한 뒤 도망쳤고, 그의 유능한 측근들도 전사했다. 테무친은 치욕스러운 도주를 하며 발주나 호수에 이르러서야 겨우 숨을 돌릴 수 있었다. 이때 테무친과 함께 무사히 도망친 사람은 고작 19명이었다. 폭우와 피로로 만신창이가 된 이들은 흙탕물을 마시고 자신들이 타고 온 말들을 죽여 겨우 목숨을 연명하면서 반드시 치욕을 갚자는 발주나 맹약을 다짐했다.

이후 테무친이 굽타산에 세운 깃발을 보고 모여든 인원이 2600명 정도였다. 테무친은 결사대를 조직한 다음 연회 중이던 옹칸을 기습해 3일 동안 싸웠고 케레이트족을 궤멸했다. 옹칸과 그의 아들 셍굼, 그리고 자무카는 재빨리 도주했지만, 셍굼은 부하의 배신으로 살해당했고, 옹칸은 나이만족에게 갔으나 그를 알아보지 못한 나이만 병사들에게 죽임을 당했다. 자무카만이 무사히 도망쳤고 아직 남아 있던 반 테무친 부족들은 전부 나이만족 쪽으로 집결했다. 이제 테무친에겐 나이만 부족과의 전투만이 남아 있었다.

19명
이들은 테무친이 끝까지 평생을 책임져 준다.

"칭기즈칸이 옹칸의 군대를 공격하여 그와 그의 아들을 패주시키자 케레이트 종족들은 그에게 복속했고, 그는 그 나라와 울루스를 장악했다. 그해(1203년) 겨울에 테멘케헤레라는 곳에서 사냥을 하고, 승전고를 울리고 귀환하며 기쁘고 편안한 마음으로 축복받은 자신의 오르두들에 도착했다. 그가 이처럼 커다란 승리를 거두었기 때문에 군주의 대업이 그에게 확정되었고, 주변에서 종족들이 그에게 귀순해 들어왔다. 거대한 회의를 열고 크나큰 은총에 감사하면서 준엄하고 자비로운 법령들을 선포했다."

라시드 앗 딘 저, 김호동 역, 『집사』「칭기즈칸기」, 사계절, 2003

차키르마우트 전투

나이만 부족의 부족장은 타양칸이었다. 타양칸과 테무친의 이번 싸움은 몽골계 유목민 사회의 유일한 패권을 건 전투이면서, 테무친과 자무카의 오랜 싸움에 종지부를 찍는 전투이기도 했다. 양측 병력을 정확히 알 순 없지만 테무친의 병력이 훨씬 적었던 것으로 추정된다. 테무친은 병사들에게 야밤에 모닥불을 많이 피우도록 해 병력 수가 많아 보이게 교란했다. 한편 타양칸은 테무친의 부대를 산속으로 유인할지, 평원에서 정면 승부를 할지 고민하다 산기슭에 진을 치고 자신의 아들을 평원으로 보냈다. 테무친은 차키르마우트 평원에서 넓게 진을 치고 궁병들을 활용해 화살 공격에 집중했다. 사방에서 화살을 쏘아 적의 전열을 흐트러트린 다음 정예 기병대를 투입해 나이만족 선봉대를 완전히 무너뜨렸다. 이후 나이만족 본대가 일제히 진격했으나 선봉대를 무너뜨린 테무친의 부대는 사기충천하여 타양칸이 있는 산기슭까지 그들을 몰아붙였다. 전세가 불리해지자 나이만족은 후퇴하지만 그 과정에서 수많은 병사들이 절벽에서 떨어져 목숨을 잃었다. 1205년 차키르마우트에서 벌어진 이 전투에서 테무친은 기념비적인 승리를 거둠으로써 몽골계를 통일해 냈다.

> "패배한 사람들은 극도의 두려움으로 말미암아 험한 산지로 들어갔다. 나쿠 쿤이라는 가파르고 거친 산에서 밤중에 수많은 나이만 병사들이 미끄러지고 굴러떨어져 죽었다. 이 일화는 몽골인들 사이에 아주 유명하다. 그 전투에서 두르벤, 타타르, 카타킨, 살지우트 종족들이 모두 귀순하여 칭기즈칸의 어전으로 왔다. 메르키트는 오지 않고 도망쳤다."
>
> 라시드 앗 딘 저, 김호동 역, 『집사』「칭기즈칸기」, 사계절, 2003

자무카는 러시아까지 도망치다가 부하들의 배신으로 포박된 채 테무친에게 압송되었다. 테무친은 자무카를 배신한 부하들을 죽이고 자무카는 살리려고 했으나 그는 죽음을 요구했다. 다만 피를 흘리지 않게 해 달라는 자무카의 부탁에 테무친은 그를 말에 밟혀 죽게 했다.

칭기즈칸

차키르마우트 전투를 끝으로 옹기라트, 타이치오트, 케레이트, 자지라트, 메르키트, 나이만 등 한때 이름을 알렸던 강성 울로스들이 모두 테무친에게 포섭되거나 복속되었다. 1206년 몽골계 유목사회의 족장들이 모여 연 회의에서 테무친을 몽골계 유목사회 전체를 대표하는 칸으로 옹립하자는 여론이 모아졌다. 테무친은 마침내 칭기즈칸이 되었고 국가의 이름을 대몽골제국(Yeke Mongol Ulus)이라 하였다.

회의
'쿠릴타이'라고 하며 '족장대회의'라는 뜻이다.

> "상서로움과 축복으로 호랑이해가 찾아왔다. 초봄에 칭기즈칸은 9개의 다리를 지닌 흰 깃발을 세우고, 많은 사람들과 함께 장엄하게 쿠릴타이(족장대회의)를 열어, 축복을 받으며 보좌에 앉았다. 이 칭호를 정한 사람은 콩코탄 종족 출신인 뭉릭 에치게의 아들 쿠케추였다. '칭'의 뜻은 '강하고 단단하다'는 것이며, '칭기즈'는 그 복수형이다."
> 라시드 앗 딘 저, 김호동 역, 『집사』「칭기즈칸기」, 사계절, 2003

칭기즈칸의 세력 확대는 다만 말발굽과 칼끝에만 있지 않았다. 그

칭기즈칸에겐 친위부대 '케식'도 있었다. 처음엔 케식의 인원이 얼마 안 됐지만 1만 명까지 늘어나기도 했다. 케식에 소속된 병사는 지위가 천호장보다 높아 엄청난 영광을 누릴 수 있었다. 또 다른 부대 조직도 있었다. 유목인들은 필연적으로 행정력이 부족할 수밖에 없었다. 칭기즈칸은 몽골계 유목민들의 이런 한계를 깨닫고 위구르인들로 구성된 행정부대 '타마'를 조직했다. 위구르인들은 과거에 위구르제국을 건국하고 운영한 경험이 있기 때문에 누적된 행정자료가 많았다. 위구르인들이 대몽골제국의 공직자로 임명되면서 몽골은 행정체계를 만들고 법령을 반포하는 등 빠르게 문명화되어 갔으며, 위구르 문자를 받아들여 사용하다가 추후 이를 바탕으로 몽골 고유의 '파스파 문자'를 만들기도 했다.

여기서
잠깐

칭기즈칸의 특수 조직, '케식'과 '타마'

는 부족을 구성하는 조직 체계를 개혁했다. 군사 체제와 행정 체제를 일원화했다고 말할 수 있는데, 칭기즈칸의 군사행정 편성 제도는 십진법에 따라 구성하였다. 기병 10명을 묶어 '십호', 십호 10개를 묶어 '백호', 백호 10개를 묶어 '천호' 그리고 천호 10개를 묶어 '만호'라고 했다. 십호, 백호, 천호, 만호 각각에는 장을 두었다. 칭기즈칸이 갓 대몽골제국을 수립했을 당시 총 4개의 만호와 95개의 천호가 있었다. 각 호의 장들은 그 내부에서 능력 있는 자가 선출되었다. 적합하지 않은 호장들은 바뀌기도 하였다. 각 호장들은 귀족적 특권이 아닌 능력으로 평가받았기에 이로써 귀족적 사회체제는 사라졌으며 호장들은 호 내에서 구성원들로부터 큰 지지를 받았다.

십진법 편성 제도
유목 사회에서 내려오던 전통을 흡수·확장한 것으로 추정되며 이후 만주족 팔기군 형성에 큰 영향을 주었다.

몽골계 유목 부족들은 씨족끼리 모여 부족을 이루었기에 가문이 비대하게 커져 귀족으로 고착화될 가능성이 있었다. 십진법 단위의 구성 방식으로 칭기즈칸은 특정 가문(부족)의 권력 독점을 미연에 방지했다. 그는 또한 십진법 구성을 가급적 슬기롭게 조직하여 불평등을 최소화하고 끈끈한 단결력을 도모했다. 그간 몽골 통일전쟁은 여러 부족들이 배신과 동맹을 반복하고, 또 연합해서 싸우는 경우가 대부분이었기에 칭기즈칸은 효율적인 전투를 이끌어 낼 수 있는 조직력에 대해 계속 고민해 왔다. 사실 십진법 단위 구성은 나이만 부족과의 최종 전투인 차키르마우트 전투 직전에 선포한 것이었다. 십진법 단위 구성의 효과는 차키르마우트 전투에서 입증되었다. 불평등 없는 다채로운 조직 구성이 전체의 성과를 높였고, 위로부터의 명령도 일사불란하게 전달되었다.

사준사구

칭기즈칸에겐 '사준사구'라 불리던 8명의 맹장들이 있었다. 이들은 충성심은 물론 전투 지휘력에 용맹함까지 갖춘 칭기즈칸의 비장의 무기였고, 항상 최전선에서 싸웠다. 네 마리의 사냥개는 제베, 수부타이, 쿠빌라이, 젤메 등으로 기록에는 '칼 채찍을 갖고 다니며 말이 아닌 바람을 타고 다니고 사람의 고기를 먹는다.'고 묘사되어 있다. 이들 중 대장은 제베였다. 그는 칭기즈칸의 부하들 중 가장 싸움을 잘했다고 하는데, 원래는 칭기

사준사구
네 마리의 준마와 네 마리의 사냥개라는 뜻

즈칸을 죽이려던 암살범이었다. 타고 있던 말에 화살을 맞혀 칭기즈칸을 낙마시켰는데 붙잡히고도 당당한 모습에 칭기즈칸은 '화살촉'이라는 뜻의 '제베'라는 이름을 내려 주고 그를 지휘관으로 삼았다. 두 번째 사냥개는 수부타이로, 한번 전쟁에 임하면 미친 사람이 되었다고 하며 지나가는 곳마다 초토화되었다고 한다. 그는 평생 칭기즈칸을 따라다니며 32개의 나라를 정복하고 61번의 전투에서 승리했다. 세 번째는 쿠빌라이. 훗날 원나라를 만드는 쿠빌라이칸과는 동명이인으로 한때 자무카의 부하였다. 마지막은 젤메. 수부타이의 친형이다. 원래 대장장이 출신으로 어릴 적부터 칭기즈칸과 어울렸으며 동생 수부타이를 소개해 준 사람이 젤메였다. 젤메는 칭기즈칸이 전투 중 독화살에 맞자 입으로 독을 전부 빨아낼 정도로 충정이 갸륵했다. 그러나 1206년 몽골제국에 저항하는 소수 부족들을 토벌하는 중에 전사하고 말았다.

네 명의 사냥개가 싸움꾼들이었다면 네 마리의 준마는 부대 통솔 능력을 갖춘 지휘관이었다. 가장 먼저 칭기즈칸이 어렸을 적 말을 도둑맞았을 때 도와주었던 보오르추가 있다. 칭기즈칸이 테무친이었던 시절 여러 번 암살당할 위기가 있을 때마다 보오르추가 경호 역할을 해 주었다. 점차 보오르추는 테무친의 오른팔이자 브레인으로 거듭났고 몽골제국 수립 당시 4명밖에 없던 만호장 중 한 명이었다. 보오르추는 화가 난 칭기즈칸을 유일하게 진정시킬 수 있었다고 한다. 두 번째 준마는 무칼리. 칭기즈칸은 몽골제국의 군대를 좌익, 우익, 중앙군으로 나누었는데 좌익 담당 지휘관이 무칼리였다. 무칼리는 몽골군들의 지나친 학살에 대해서 문제를 제기하기도 했다고 한다. 세 번째 준마는 보로클. 그는 카라칼지드 사막 전투에서 칭기즈칸과 그의 아들들을 목숨 걸고 구한 이력이 있다. 보로클은 주로 군량미를 운송하는 보급부대를 책임졌다. 마지막 준마는 집념의 사나이 티라운이다. 티라운은 칭기즈칸마저 놀랄 정도로 전투에 있어서 아무리 불리한 상황이 오더라도 물러남이 없었다고 한다.

사준사구 중에는 한때 칭기즈칸을 죽이려 했거나 적장의 부하 출신도 있었다. 칭기즈칸은 혈연, 인맥, 출신 등 배경이 아닌 실력과 패기, 그리고 충성심만으로 사람을 발탁했다.

▇▇▇ 보오르추의 가문
훗날 원나라에서 가장 유력한 권세가문이 된다.

중국으로, 중앙아시아로

칭기즈칸은 칸으로 등극한 후 키르기스족과 몽골 북서부의 오이라트족을 통합했다. 이들은 칭기즈칸이 중앙아시아로 진출할 수 있는 길목을 틀 수 있게 해 주었다.

몽골 초원 장악을 기점으로 칭기즈칸의 몽골제국은 중국과 국경을 접하게 되었다. 당시 중국의 중북방을 장악하고 있던 나라는 여진족의 금나라였다. 만주에서 발흥한 여진족은 거란족을 몰아내고 금나라를 건국했으며, 송나라를 남방으로 내쫓고 중국의 화북 지방을 차지하고 있었다.

칭기즈칸은 금나라와의 결전 이전에 짚고 넘어가야 할 다른 나라가 있었다. 서하였다. 티베트 계열의 탕구트족이 세운 서하는 칭기즈칸 등장 전까지 실크로드 무역을 통해 막대한 경제적 이익을 누리고 있었다. 칭기즈칸이 몽골 초원을 통일하면서 서하와도 국경을 접하게 되었다. 서하가 금나라를 도와 협공해 온다면 칭기즈칸은 손쓸 도리가 없었다. 칭기즈칸은 서하부터 공략하기로 한다.

1207년 칭기즈칸은 서하로 쳐들어갔다. 그러나 서하는 강했고, 몽골군은 고전을 면치 못했다. 칭기즈칸은 1209년 한 번 더 서하를 쳤다. 이번에는 서하의 수도를 포위하고 지구전으로 끌고 갔다. 대외무역 의존도가 높았던 서하는 지구전에 취약할 수밖에 없었고 결국 항복했다. 칭기즈칸이 서하 공략에 애를 먹은 이유 중 하나는 몽골족은 공성전 경험

■ 키르기스족
오늘날 키르기스스탄을 이루는 튀르크계 유목 민족

■ 서하
오늘날의 중국 간쑤성과 칭하이성 등 중국 서부에 위치했던 나라

■ 공성전(攻城戰)
성이나 요새를 빼앗기 위하여 벌이는 싸움

■ 키르키스와 오이라트

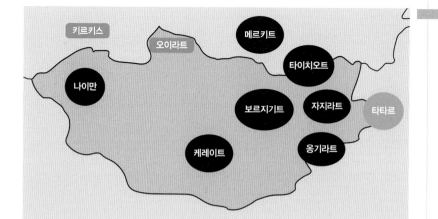

이 없었기 때문이었다. 공성전에 걸맞은 새로운 편제와 무기가 필요했다. 칭기즈칸은 서하 원정 경험을 바탕으로 공병대 육성과 공성 무기 제작에 힘을 쏟았다. 아울러 서하 원정을 통해 위구르인들이 대거 몽골 사회로 유입되면서 행정관료로 발탁되었다.

서하 원정 후 비로소 칭기즈칸은 금나라에 신경을 집중할 수 있었다. 통일된 몽골제국을 금나라가 가만둘 리 없었다. 금나라 황제는 사신단을 통해 칭기즈칸에게 알아서 복속하라는 서신을 보냈으나, 칭기즈칸은 사신 대우조차 제대로 해 주지 않았다.

1211년 칭기즈칸은 본격적으로 금나라와의 전쟁에 나섰다. 서하는 낙타를 제공하는 등 경제적으로 돕게 했고, 금나라가 멸망시킨 요나라의 잔당들인 거란족을 부추겨 금나라에 대항하게 했다. 금나라가 요나라를 멸망시킬 때 잔학무도한 짓들을 많이 저질렀기에 거란족은 늘 금나라에 복수의 칼을 갈고 있었다.

테무친이 칭기즈칸으로 등극했을 당시 95개였던 몽골제국의 천호 수가 거듭된 전쟁과 포섭으로 129개까지 늘어나 있었다. 비록 금나라가 큰 나라인 것은 맞지만 칭기즈칸의 군대 규모 또한 무시 못 할 대군이었다. 1211년 야호령 전투에서 칭기즈칸의 10만 병사가 총사령관 완안승유가 이끄는 40만 금나라군을 격파했다. 후퇴한 완안승유는 회하보에서

12세기 동아시아

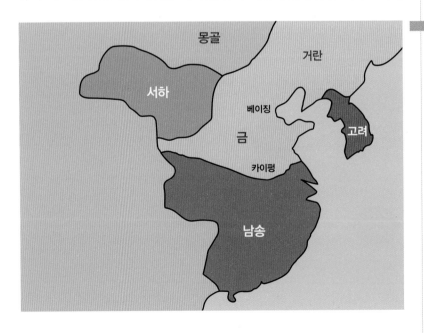

전열을 재정비하고 몽골군과 다시 맞붙었고 3일간의 치열한 전투 끝에 금나라의 정규군 전체가 크게 와해되고 말았다. 거의 전멸 수준이었다.

이후 칭기즈칸은 금나라 북방의 여러 도시들을 파괴해 갔다. 그런데 이번엔 거란족이 말썽이었다. 거란족은 몽골족과 함께 금나라 전쟁에 가담했지만 정작 금나라의 기세를 꺾곤 더 이상 몽골족의 통제를 받지 않겠다며 1213년 요하 부근에 요나라를 재건국했다. 칭기즈칸은 사준 중 한 명이었던 무칼리에게 만주 정벌을 명령했다. 대부분의 거란족은 몽골군과 싸우다 절멸했지만 과거 요나라 황족 출신의 야율초재는 칭기즈칸에게 귀순하면서 몽골제국의 정치 기강을 바로세우는 데 일조했다.

■■■ 야율초재
오늘날에는 몽골제국의 명재상으로 평가받는다.

거란족까지 해결한 몽골군은 1214년 베이징을 포위했다. 금나라에선 황제가 교체되었고 막대한 돈을 배상받는 조건으로 칭기즈칸은 포위를 풀었다. 이때 금나라의 보호를 받던 수많은 소수민족들이 칭기즈칸을 따라갔다. 얼마 안 있어 금나라 황제가 수도를 베이징에서 카이펑으로 옮기자 칭기즈칸은 금나라의 천도를 전투준비로 간주해 다시 한번 베이징을 포위했다. 몽골족이 베이징을 포위하고 외부로의 길을 전부 차단하자 베이징은 기아에 시달렸다. 비록 이제는 수도가 아니었지만 베이징 수비 사령관이 스스로 목숨을 끊으면서 1215년 베이징이 칭기즈칸에게 함락되었다.

칭기즈칸은 1215년 베이징 함락 후 더 이상 금나라 깊숙이 진격하지 않았다. 과거 칭기즈칸이 나이만 부족을 상대로 최종 승리를 거둘 때 타양칸의 아들 쿠츨루크가 도망쳐 서하 서쪽의 나라 '서요'에서 칭기즈칸을

만주 쪽에서 거란족에 대한 토벌이 계속되자 거란족 일부가 1216년 고려로 도망쳐 왔다. 그리고 이들을 추격하던 몽골군도 고려로 들어왔다. 고려와 몽골의 첫 접촉이었다. 당시 고려는 군부독재 시기로 국왕을 꼭두각시로 삼던 최충헌의 지시하에 고려와 몽골 연합이 1218~19년 서경(평양) 북쪽의 강동성에서 항전하던 거란족을 토벌했다. 이로써 고려와 몽골은 연합으로 처음 연을 맺었으나, 이후 몽골은 고려에 거듭 사신을 보내며 조공을 요구했다. 충돌을 피하기 위해 최충헌은 조공을 보내기로 했지만 해마다 그 양이 도를 넘어섰다.

여기서 잠깐

고려와 몽골의 첫 접촉

호시탐탐 노리고 있었기 때문이었다. 서요의 황제는 도망쳐 온 쿠츨루크를 받아 주었는데, 쿠츨루크는 쿠데타를 일으켜 황위를 찬탈해 버렸다. 칭기즈칸은 쿠츨루크의 반역을 명분으로 1218년 서요로 진격했다. 서요의 백성들 상당수가 이슬람교였는데 쿠츨루크는 이들을 혹독하게 탄압하여 민심을 잃고 있었다. 이때 칭기즈칸의 '네 마리 사냥개' 중 제베가 2만의 군대를 이끌고 서요로 진격했다. 서요 백성들은 몽골군을 환영했고 서요는 순식간에 무너졌다. 쿠츨루크도 죽으면서 비로소 나이만의 마지막 흔적까지 사라졌다. 서요까지 무너뜨리며 칭기즈칸은 서역, 즉 중앙아시아로 나아갈 수 있는 통로를 하나 더 마련했다.

호라즘 정복

서요 옆에 '호라즘 왕국'이라는 이슬람 국가가 있었다. 오늘날의 이란-아프가니스탄-투르크메니스탄-우즈베키스탄을 아우르던 호라즘 왕국은 이슬람 서아시아의 패권국가였다. 호라즘과 몽골 사이에 서요가 있었다. 몽골기병의 말발굽에 서요가 속절없이 무너지는 걸 보고 두려움에 찬 호라즘의 술탄 무함마드 2세가 먼저 몽골에 사절단을 보냈고, 이후 호라즘과 몽골은 서로 사절단을 주고받게 되었다. 그런데 호라즘 왕국 내 '오트라르'의 영주가 몽골 사신단을 습격해 재산을 탈취하는 일이 벌어졌다. 자신의 대리인이 살해당하는 모욕을 좌시할 수 없었던 칭기즈칸은 20만의 병력과 함께 호라즘으로 친정을 떠났다. 가장 먼저 오트라르로 들어가 민간인을 포함한 대학살을 벌였고, 사건의 발단인 영주에게는 얼굴에 금 녹인 물을 부어 죽였다.

■ **몽골 사신단 습격**
오트라르 영주가 왜 몽골 사신단을 습격했는지는 정확하게 알려지지 않았다.

　　호라즘의 무함마드 2세도 40만 병력을 동원해 칭기즈칸을 막으려 했지만 몽골기병을 당해 낼 수 없었다. 무함마드 2세는 아들의 도움으로 간신히 수도 사마르칸트로 도망쳤다. 호라즘 왕국의 병력이 몽골보다 두 배였지만 부대를 지방 곳곳에 배치하는 바람에 의미 없는 방어선이었다. 급기야 무함마드 2세는 코끼리까지 동원하지만 칭기즈칸 부대의 압박에 사마르칸트도 얼마 못 가 함락되었다. 무함마드 2세는 도망쳤고 그의 아들 잘랄 웃 딘이 인도에서 반격을 준비했다. 칭기즈칸은 제베와 수부타이에게 무함마드 2세를 추격하게 하는 한편 본인은 직접 인도의 갠지스 강까지 가서 잘랄 웃 딘의 세력을 궤멸했다. 잘랄 웃 딘은 끝까지 투항을 거부하며 탈출했는데, 그의 결의를 높이 산 칭기즈칸은 굳이 그를 수색하지 않았다. 도망치던 무함마드 2세는 폐렴으로 사망했다.

> "(사마르칸트의) 도시와 성채를 폐허나 마찬가지로 만들고 수많은 아미르와 병사들을 죽인 뒤, 다음 날 남은 사람들의 수를 헤아렸다. 그 무리들 가운데 3만 명을 직인이라는 명목으로 정하여 아들, 카툰, 아미르들에게 나누어주었고 그와 같은 숫자를 징용대로 정했다. 나머지 사람들은 떠나도 좋다는 허락을 받았으나 생명을 건진 대가로 20만 디나르가 지정되었다. (중략) 징용대 가운데 일부는 후라산으로 데리고 가고, 일부는 아들들과 함께 호라즘 쪽으로 보냈다. 그 뒤 몇 차례 더 징용대를 요구했다. 그 징용대들 가운데 목숨을 보전한 사람은 거의 없었고, 그런 까닭으로 그 지방은 완전히 황폐해졌다."
>
> 라시드 앗 딘 저, 김호동 역, 『집사』 「칭기즈칸기」, 사계절, 2003

무함마드 2세가 죽었으니 추격 임무를 맡던 제베와 수부타이의 작전도 끝이 나야 했지만 호라즘 왕국 평정으로 중앙아시아까지 진출한 김에 두 사람은 1221년 2만 5천의 기병대를 이끌고 지금의 아제르바이잔과 그루지야(조지아)를 거친 후 러시아 스탈린그란드가 있는 볼가강까지 진출했다.

키이우 루스 공국은 캅카스 일대 유목 민족들과 연합해 우크라이나 드네프르강에서 몽골군과 대치했다. 키이우 루스 공국의 병사들은 드네프르강에서 몽골군을 공격하며 볼가강까지 내쫓았는데, 도망치는 몽골군을 쫓아 볼가강을 건넌 것이 실수였다. 이는 전형적인 몽골군의 망구타이 전술이었다. 매복해 있던 몽골 기병들이 일제히 공격했고 키이우 루스 공국 병사들은 볼가강에서 드네프르강까지 쫓겨났으며 퇴각하는

그루지야
당대 유럽에서 알아주던 그루지야 기사단이 제베와 수부타이에게 와해되어 준비하고 있던 십자군 전쟁에 참여하지 못했다고 한다.

과정에서 혼비백산하여 자멸하는 병사의 수가 많았다. 키이우 루스 공국과 연합했던 캅카스 유목 민족 병사들이 대열을 이탈하는 과정에서 아군인 키이우 루스 병사들이 압사하는 일까지 벌어졌다.

이후 몽골군에게 끝까지 대항하려던 루스족은 지금의 우크라이나 서부로 몰려들었고, 몽골군에게 협조적인 루스족은 모스크바를 중심으로 모스크바 공국을 만들었다. 전투 후 제베와 수부타이는 귀국하지만 귀국 도중 1224년 제베가 사망하고 1225년 수부타이가 칭기즈칸과 합류해 다시 몽골로 돌아왔다. 이로써 칭기즈칸의 서정(西征, 서쪽 정벌)은 일단락되었다.

■ **모스크바 공국**
모스크바 공국은 훗날 러시아로 발전하고, 우크라이나 서부로 쫓긴 루스족이 우크라이나의 기원이 된다.

역참제

몽골군이 이토록 뛰어난 기동력을 보이며 압도적 파괴력까지 갖춘 것은 전술도 전술이지만 무기의 활용도가 높았던 덕분이다. 몽골족이 사용한 활 각궁은 유럽인들의 활과 성능이 비교가 되질 않을 정도로 사정거리가 길었다. 칼은 직도보다 곡도를 사용하여 기병이 말을 타면서 살상력을 높일 수 있도록 했으며 같은 이유로 도끼와 철퇴도 애용했다. 방패는 '칼칸'이라 하여 작은 원형 방패로 휴대하기 편하게 했다. 즉 기동과 공격이 동시적으로 이루어질 수 있었다. 본디 칭기즈칸이 몽골 초원에서 싸울 때 기병들인 경기병 위주였지만 서역으로 나가던 전쟁에서 중기병들의 수도 비중이 증가했다. 말은 거세마를 최대한 활용했고 마구는 가벼움을 추구했다. 속도와 위력을 모두 갖추고 망설임 없이 돌진하기에 막을 도

몽골군을 포함해 유목민들의 주력은 당연하게도 기병이었다. 먼저 말을 탄 궁병들이 화살을 퍼붓고 적의 대열을 자극한 뒤 파르티안 샷(배사법)을 구사하며 후퇴하면 대기하고 있던 기병 주력군들이 추격해 오는 적군을 섬멸하는 '망구다이(치고 빠지기)'가 유목민의 전형적인 전술이었다. 여러 겹의 대열을 만들어 각 대열별로 순서대로 치고 빠지기를 반복하는 것이다. 후퇴와 반격에 나서는 타이밍 잡기는 전적으로 지휘관의 역량에 달려 있다. 전술 지휘와 판단 면에서 칭기즈칸은 매우 탁월했다.

여기서
잠깐
!!

유목민의 전술

가장 쉬운 역사 첫걸음

리가 없었다. 모든 무기 활용과 기마술, 전술엔 기본적으로 혹독한 훈련이 수반되었다.

　서정에서는 공성 무기의 덕을 크게 봤다. 몽골군은 서하-금과의 전쟁에서 공병대의 필요성을 절감하고 공성전에 대한 경험치도 누적되어 공성 무기 활용에 능수능란했다. 공병대는 중국인 한족부터 아랍인, 페르시아인, 아르메니아인 등 공성 능력이 출중한 민족으로 구성했다. 공성 무기로는 대형창을 발사할 수 있는 발리스타, 다양한 형태의 투석기, 그리고 각종 누대들이 있었다. 몽골 공병대는 각종 도로와 교각 공사 등에 있어서도 맹활약을 했다. 또한 공병대만큼이나 몽골군이 잘 운영했던 부대는 정보부대와 탐색부대였다. 몽골군의 연전연승은 전투 전 철저한 탐색의 결과였다. 정보원의 경우 비밀 유지를 위해 몽골 병사보다는 실크로드의 상인들을 포섭하여 활용했다.

　전쟁에서 무엇보다 중요한 것이 보급체계다. 보급이 순조롭지 않은 군대는 승리할 수 없다. 전통적 유목 민족들이 중국 병사들을 이길 수 있었던 것은 현지조달, 즉 약탈로 보급을 충당했기 때문이었다. 물론 몽골군도 약탈로 보급을 현지에서 해결하기도 했지만 중앙아시아-서아시아-러시아까지 진격할 때는 약탈만으로는 한계가 있었다. 몽골군의 보급체계의 핵심은 '잠'이라고 불리던 역참이었다. 칭기즈칸은 정복한 영토 내 교통 요충지마다 역참을 설치하여 전령들이 말을 교체하거나 보급품을 전달할 수 있게 했다. 역참제가 운영되는 한 몽골군의 보급은 문제없었다.

칭기즈칸의 마지막

제베와 수부타이가 원정을 중단하고 귀국한 이유는 서하의 반란 때문이었다. 칭기즈칸이 가장 싫어하던 것 중 하나가 배신이었다. 칭기즈칸은 수부타이와 함께 1226년 서하를 멸망시킬 요량으로 재침공하여 수도를 제외한 나머지 도시들을 분쇄했다. 그런데 서하의 수도만 남은 상황에서 60세의 노구였던 칭기즈칸이 낙마 사고를 당한 후 회복하지 못했다. 병사와 신하들은 치료를 위해 정벌을 중단하고 귀국할 것을 제안했지만 칭기즈칸은 끝까지 거부하며 자신이 죽을 경우 죽음을 비밀에 부치라고 하였다. 1227년 칭기즈칸은 눈을 감았다. 그의 마지막 유언은 서하 수도 절멸이었다. 칭기즈칸의 유언에 따라 몽골군은 서하의 황족을 포함하여 전 주민을 학살했다.

> "칭기즈칸은 그 병으로 말미암아 자신이 죽으리라는 것을 확신하고 아미르들에게 '나의 죽음을 알리지 말라. 적이 알지 못하도록 하기 위해 절대로 곡을 하거나 애도하지 말라. 탕구트의 군주와 백성들이 기간에 맞추어 밖으로 나오면 그들을 모두 없애 버려라!'라고 유언했다. 돼지해 가을 가운뎃달 보름(1227년) 그는 보좌와 왕국을 명망 높은 후손들에게 남겨 주고 덧없는 세상을 떠났다. 아미르들은 그의 명령에 따라 칸의 죽음을 은폐했다가 그 종족이 밖으로 나오자 그들 모두를 죽인 뒤, 그의 관을 모시고 귀환했다. 관을 운반할 때까지 도중에 마주치는 모든 피조물들을 죽였다. 부근에 있던 왕자들과 카툰들과 아미르들이 모두 모여 장례를 치렀다."
>
> 라시드 앗 딘 저, 김호동 역, 『집사』 「칭기즈칸기」, 사계절, 2003

칭기즈칸 사후 몽골제국은 그의 세 번째 아들 오고타이칸이 이어받았다. 다른 형제들은 어떻게 됐을까? 우선 장남 주치는 평생 아버지의 정

칭기즈칸의 무덤은 아직까지도 찾지 못했다. 『원사』에는 기련곡에 칭기즈칸을 매장했다고 하지만 기련곡의 위치를 파악하기가 힘들다. 칭기즈칸은 생전 보르칸 칼도산에 묻히고 싶다고 했다는데, 추측일 뿐 명백한 증거는 없다. 당시 칭기즈칸에 대한 대우 및 평가를 고려해볼 때 그의 무덤을 조성했다면 전 세계인이 보고 놀랄 정도의 웅장한 무덤을 만들었을 것이다. 그러나 현대의 유능한 고고학자들도 무덤의 흔적조차 찾지 못하고 있다. 칭기즈칸의 무덤에 대해 후대인들이 갖는 환상은 순전히 농경민 입장에서의 관점일 수 있다. 유목 민족들은 애당초 무덤 조성에 그렇게 큰 비중을 두지 않았다. 바람 따라 자연 따라 이동하는 이들이기에 누구보다 자유로웠다.

여기서 잠깐!!

베일에 감추어진 칭기즈칸의 무덤

체를 알 수 없다는 뒷말에 시달려야 했지만 칭기즈칸은 그에게 공을 세울 수 있는 기회를 여러 번 주었고 주치도 칭기즈칸의 기대에 부응했다. 아버지 칭기즈칸은 주치의 출생을 문제 삼지 않았지만 주치의 동생 차가타이는 그를 친형으로 인정하지 않았다.

제베와 수부타이의 서정이 끝나고 칭기즈칸은 아들들에게 영토를 각각 분봉해 주었는데 장남 주치에게는 러시아와 러시아로 이어지는 캅카스 지역을 분봉했다. 주치가 분봉 받은 영지는 주치의 아들 바투에게 이어졌으며 바투는 동유럽까지 원정 후 킵차크 칸국을 세운다.

칭기즈칸의 차남이자 주치와 사이가 좋지 않았던 차가타이는 몽골제국의 법전 편찬 및 집행을 담당했다. 그는 엄격한 법치주의자였으며 그 누구에게도 법의 특혜를 두지 않았다. 차가타이는 칭기즈칸에게 남부 중앙아시아를 분봉 받았고 그의 손자가 그 영지를 차가타이 칸국으로 발전시켰다.

칭기즈칸의 셋째 아들은 오고타이로, 술을 과하게 좋아했다지만 그나마 형제들 가운데 가장 융통성 있고 성격이 온화해 주변에 적이 없었다고 한다. 칭기즈칸의 후계를 두고 주치와 차가타이가 경쟁할 때 두 아들의 대립에 신물이 난 칭기즈칸은 오고타이를 후계로 지목했다. 그렇게 오고타이가 몽골제국의 2대 칸으로 즉위했다.

칭기즈칸의 막내아들은 툴루이다. 그는 오고타이와 같이 후계 후보이기도 했었다. 대족장들 가운데 오고타이보다 툴루이를 지지하는 수가 더 많았지만 아버지 말을 가장 잘 들었던 툴루이는 결과에 승복하고 불만을 품지 않았다. 훗날 툴루이의 아들 훌라구가 서남아시아를 정복한 후 일 칸국을 세웠다.

칭기즈칸의 리더십은 지금까지도 리더십의 표본으로 인정받고 있다. 전투력, 전술 지휘 능력도 대단했지만 그는 대체불가의 경영자였다. 칭기즈칸의 경영술은 단순명료했다. '당연하게' 여겨지는 충성심은 철저히 의심하고 오로지 능력만을 평가했다. 아버지의 죽음 이후 테무친에게 등을 돌린 부족민들, 숙적으로 돌아선 어릴 적 친구 자무카, 아버지처럼 따랐지만 커 버린 테무친을 암살하려고 했던 옹칸. 이렇게 불우한 성장기를 거친 칭기즈칸은 휴머니즘보다 약육강식의 원리를 따랐다.

칭기즈칸은 인재 발탁에 있어 가족, 출신, 민족, 종교 등을 전혀 따지지 않았다. 오로지 능력만으로 판단하여 필요한 곳에 활용했다. 천호·만호장 제도에서 볼 수 있듯 오히려 특권이 고착화될 수 있는 폐쇄성을 해체하려고 했다. 칭기즈칸은 자신을 암살하려고 했던 사람도, 자신이 평정한 적국의 사람이라도 능력이 있으면 발탁했다. 누구에게나 성공의 기회를 열어 두었다. 칭기즈칸은 성과 분배도 합리적이었다. 유목사회에선 부족장 혹은 칸이 전리품을 분배하는 일이 대단히 중요하다. 전리품 분배가 합리적이지 못하면 금방 반란이 터지기 때문이다.

칭기즈칸의 사람들은 불만을 품지 않았다. 칭기즈칸에게 '당연한' 의리를 지키기 위해서가 아니라 언제 어디서든 기회만 살리면 그에 합당한 실질적인 이익이 돌아왔기 때문이다. 이러한 칭기즈칸의 담대한 리더십 덕분에 수많은 이민족들이 몽골 사회에 쉽게 융화되었고 몽골제국의 발전에 이바지할 수 있었다.

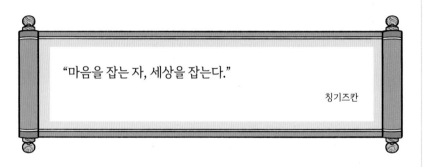

"마음을 잡는 자, 세상을 잡는다."

칭기즈칸

여기서 잠깐!!

『몽골비사』와 『집사』

칭기즈칸과 그가 통치하던 몽골제국을 기록한 두 가지 대표적인 사서가 있다. 하나는 『몽골비사』로, 저자는 알 수 없지만 몽골어로 쓰인 몽골인들의 역사서라는 의의가 있고 개성 있는 사관이 흥미롭다. 13세기에 만들어졌고 서사시 같은 문체로 되어 있다. 다른 하나는 일 칸국 출신의 페르시아 학자 라시드 앗 딘이 저술한 『집사』다. 풍부한 학식 덕에 라시드 앗 딘은 일 칸국의 여러 사회정책을 관장하는 업무를 맡으며 명재상이 되었다. 역사에도 능통했던 라시드 앗 딘은 동료 학자들과 함께 5년에 걸쳐 몽골제국을 포함해 유라시아 여러 민족의 역사, 정치, 사회, 종교, 식생을 아우르는 3부 구성의 『집사』를 편찬했다. 이름부터가 '모든 것을 모은 역사'라는 뜻으로 흔히 '최초의 세계사'라고 불리며 이슬람 사서의 걸작으로 평가받고 있다.

10

오다 노부나가

인습에서 벗어나 세상을 바라보는 시선

오다 노부나가

#센고쿠시대 #전국시대 #사무라이 #막부 #다이묘 #도쿠가와이에야스 #나가시노전투
#엔랴쿠지방화사건 #아즈치성 #혼노지의변 #도요토미히데요시 #루이스프로이스

오다 노부나가의 연도별 주요 이슈

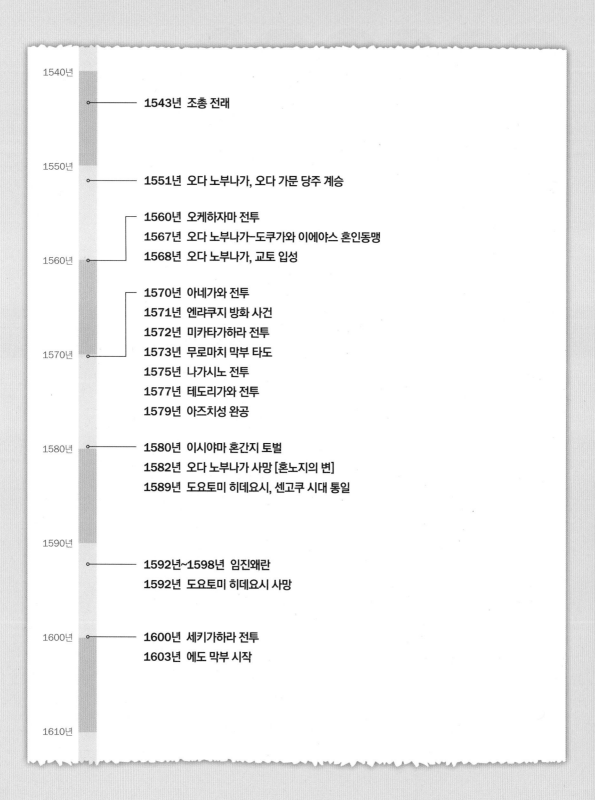

1540년

1550년

1560년

1570년

1580년

1590년

1600년

1610년

1543년 조총 전래

1551년 오다 노부나가, 오다 가문 당주 계승

1560년 오케하자마 전투
1567년 오다 노부나가-도쿠가와 이에야스 혼인동맹
1568년 오다 노부나가, 교토 입성

1570년 아네가와 전투
1571년 엔랴쿠지 방화 사건
1572년 미카타가하라 전투
1573년 무로마치 막부 타도
1575년 나가시노 전투
1577년 테도리가와 전투
1579년 아즈치성 완공

1580년 이시야마 혼간지 토벌
1582년 오다 노부나가 사망 [혼노지의 변]
1589년 도요토미 히데요시, 센고쿠 시대 통일

1592년~1598년 임진왜란
1592년 도요토미 히데요시 사망

1600년 세키가하라 전투
1603년 에도 막부 시작

새로운 패러다임으로 변화를 꾀하다

일본은 가마쿠라 막부를 시작으로 총 3번의 막부정치 시대, 이른바 사무라이의 시대를 거쳤다. 이 중 두 번째 무로막치 막부와 세 번째 에도 막부 사이에 군웅할거의 시대인 센고쿠 시대(전국시대)가 있었다. 오다 노부나가는 센고쿠 시대를 풍미한 불세출의 사무라이였다. 센고쿠 시대는 무로막치 막부 말기부터 일본 전역의 다이묘들이 1인자 자리를 두고 각축전을 벌였던 시대로, 일본사에서 가장 격동적인 시대 중 하나였다. 이 정글 같던 시대에 사실상 종지부를 찍은 사람이 오다 노부나가였다.

오와리의 오다 노부나가

오다 노부나가의 가문은 일본 중부 아이치현 오와리 지역의 다이묘 집안이었다. 오와리 내 다이묘들은 세 파벌로 나뉘어 있었는데, 노부나가의 아버지는 다른 두 파벌의 따가운 시선을 느끼면서도 오와리를 노리는 외부 다이묘들의 압박까지 받아야 했다. 아버지 사후 노부나가가 가문의 지위를 상속했다.

오다 노부나가가 가문을 이어받은 직후에는 오와리 내 세 파벌의 분열이 더 심해질 수밖에 없었다. 당장에 노부나가의 계파 내부에서도 동생과 분열이 일어나기 직전이었다. 노부나가는 자신을 지지하는 사람들과 동생을 더 지지하는 사람들을 구분하며 본인만의 세력을 형성해 갔다. 그러던 중 오와리 다이묘의 세 계파 중 하나가 자신을 암살하려 한다는 것을 눈치챈 노부나가는 곧바로 군사를 일으켜 해당 계파를 멸문시켜

■ 아버지 사후
노부나가는 어릴 적부터 돌발적인 행동을 즐겨 '오와리의 바보'라는 별명으로 불렸다고 하는데, 아직 매장이 익숙한 일본 사회에서 아버지의 시신을 화장해 버렸다는 일화가 있다.

오다 노부나가

버렸으며, 얼마 안 있어 다른 계파의 우두머리 또한 의문의 죽음을 맞으며 그 계파가 쇠락했다. 오다 노부나가는 아버지 사후 3년 안에 오와리의 어지러운 파벌을 하나로 정리했다.

오다 노부나가의 세력 형성에 큰 도움을 주었던 사람이 그의 장인인 사이토 도산이었다. 노부나가가 아직 가문을 승계하기 전에 미노 지역 사이토 도산의 힘을 원했던 노부나가의 아버지가 노부나가와 도산의 딸 노히메를 정략결혼시켰다. 그러나 사이토 도산은 1556년 자신의 아들에게 죽임을 당하고 말았다. 이제 막 오와리 지역을 정리한 노부나가는 장인의 복수를 명분으로 미노를 점령하기 위해 군대를 일으켰다.

■ **사이토 도산**
미노 지역의 다이묘로, 자신을 낳아 준 어머니를 죽인 이력 때문에 '살무사'라고 불렸다.

사무라이의 막부시대

일본은 아주 오래 전부터 덴노(천황)가 지배했다. 단 오늘날과 달리 고대와 중세 일본은 지방분권적인 봉건제 개념이 강했다. 1180년 각 지방의 일본 사무라이 무사들이 반란을 일으켜 조정을 장악했다. 사무라이의 우두머리는 덴노로부터 '쇼군'이라는 직책을 하사받았다. 덴노는 상징체에 불과한 꼭두각시로 전락했고, 일본의 모든 정사는 쇼군이 좌지우지했다. 사무라이 시대 막부 지배구조의 정점에 있던 존재가 쇼군이었다. 쇼군의 정부라는 뜻에서 사무라이의 시대를 '막부시대'라고 부른다.

최초의 막부는 가마쿠라 막부였다. 가마쿠라 막부는 여몽 연합군의 공격에 대비한다는 명목으로 수많은 군사비를 지출하는 과정에서 민심을 잃었고, 이 틈을 타 덴노가 쇼군으로부터 정권을 탈환하려는 소요가 일어났다. 가마쿠라 막부는 타도되었으나 사무라이들도 친덴노냐 반덴노냐를 두고 남조와 북조로 나뉘었고, 북조의 반덴노 사무라이 아시카가 다카우지가 1338년 스스로 새로운 쇼군이 되어 두 번째 막부인 무로마치 막부를 개창했다. 이후 다카우지의 손자가 남조를 통일했고 이로써 무로마치의 아시카가 가문이 쇼군 가문이 되었다.

■ **여몽 연합군**
고려와 몽골제국의 연합군

사무라이들에겐 부하 무사들에게 영지를 분할해 주는 풍습이 있었다. 각 계급별 사무라이들은 다시 휘하 사무라이들에게 내리 분봉하며 일본식 봉건제가 이루어졌다. 일본의 전 국토에서 분봉되는 영지들이 많아질수록 지방 영주들의 세력이 커졌다. 이 지방 영주들을 '다이묘'라고 불렀다. 다이묘들은 영지의 일부를 사무라이들에게 다시 분봉해 주어 자신들을 주인으로 모시게 했다. 다이묘를 호위하는 최측근 사무라이들을 '가신' 혹은 '고케닌'이라고 부르는데, 본래 고케닌은 쇼군을 모시는 사무라이만을 지칭했으나 다이묘들에 의해 전국 각지의 군웅들이 할거하며 다이묘의 친위 사무라이들을 통칭하게 되었다. 시간이 지나면서 무로마치의 쇼군들은 전국의 다이묘들을 효과적으로 제어하지 못했고 오히려 다이묘들이 쇼군 계승 분쟁에 개입했다. 수도 교토에선 다이묘들 사이에 내전이 벌어졌고, 지방의 다이묘들까지 가세하면서 전국 각지가 전장이 되었다. 결국 쇼군은 덴노처럼 쓸모없는 존재로 전락했고 센고쿠 시대가 개막했다.

■■■ **잇키**
전 국토가 싸움터가 되니 마을 단위로 '잇키'라고 불리는 무장한 자치 공동체, 일종의 자경단들이 조직되기도 하였다.

오다 노부나가와 도쿠가와 이에야스

오다 노부나가는 미노 지역을 점령하고자 군사를 일으켰으나 사이토 도산의 아들과 싸워 성과를 내지 못하고 밀리다 결국 퇴각했다. 원정 실패와 사이토 도산이라는 후원자의 상실로 노부나가를 얕본 그의 동생이 반

■■■ **오와리, 미노, 스루가**

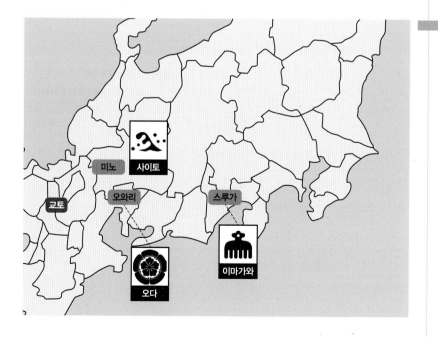

기를 들었다. 노부나가는 암살자를 보내 동생을 죽였다. 이후 노부나가는 반대파들을 더 색출해 숙청하며 오다 가문을 확고부동하게 장악했다.

집안싸움을 정리한 노부나가는 오와리의 다이묘로 부상했지만 그 기반이 안정적이진 않았다. 오와리 바로 옆 '스루가'의 다이묘 이마가와 요시모토가 호시탐탐 오와리를 노리고 있었다. 이 두 가문의 대립은 고질적이었다. 노부나가가 오다 가문을 장악했다는 소식이 전해지자 1560년 이마가와 요시모토가 병력을 동원해 오와리로 쳐들어왔다. 이마가와는 오와리 영지의 두 요새를 점령하면서 초기 큰 승세를 보였다. 노부나가는 이상하리만치 움직임이 없었다. 다만 태평하게 춤만 출 뿐이었다. 이를 답답히 여긴 가신 한 명이 멋대로 군대를 이끌고 이마가와를 치러 갔다가 오히려 격파당하고 말았다.

연이은 승리에 자신감에 차 있던 이마가와는 '오케하자마'라는 계곡에서 잠시 진을 치고 쉬고 있었다. 그때 노부나가가 갑자기 출정 명령을 내렸고 2천의 별동대를 꾸려 오케하자마로 돌격했다. 공격 직전 노부나가는 병사들에게 "적이 많다고 두려워하지 말라. 운은 하늘에 달려 있다."라고 말했고, 정말 폭우가 내렸다고 한다. 앞을 못 볼 정도의 폭우로 인해 정찰력이 약해진 이마가와 진영을 폭우가 그치자마자 숨어 있던 노부나가가 습격했다. 노부나가는 이마가와 요시모토부터 찾아 죽였다. 다이묘의 죽음에 이마가와 가문 병사들은 전부 도망쳤는데, 그 계곡이 하필 늪지대였다. 심지어 폭우까지 내린 상황. 이마가와의 병사들은 늪에서 허우적대며 처절하게 죽어 갔다. 이후 이마가와 가문은 재기불능 상태로 쇠락하다가 소멸했다.

이마가와 가문이 풍비박산 나자 이들을 따르던 가신들도 뿔뿔이 흩어졌다. 그중 약소 세력이었던 마츠다이라 가문은 늘 이마가와에게 시달려 왔다. 말이 가신이지 사실상 인질이나 다름없었다. 마츠다이라 모토야쓰는 이마가와 가문의 몰락 후 새 출발을 다짐하는 마음에서 마츠다이라 이에야스로 개명했다. 마츠다이라 이에야스는 미카와 지역에서 세력을 불리며 오다 노부나가의 영지를 거듭 침략했다.

오케하자마 전투 후 노부나가의 신경은 전부 미노 지역에 쏠려 있던

오케하자마 전투
1560년의 오케하자마 전투는 노부나가의 첫 승리였다.

터라 이에야스와 동맹을 제안하며 1562년 서로 침략하지 않겠다는 '기요스 동맹'을 체결하였다. 노부나가와 전투를 걱정할 필요가 없던 이에야스는 점차 세력을 확대해 가며 1566년 조정의 허가를 받아 성씨도 마츠다이라에서 도쿠가와로 바꾸었다. 도쿠가아 이에야스는 기요스 동맹을 공고히 하고자 1567년 자신의 아들과 노부나가의 큰딸 도쿠히메를 혼인시켰다.

오케하자마 전투에서 이마가와 가문을 격퇴한 후 오다 노부나가는 1561년 장인의 영지 미노로 다시 한번 진격했다. 그는 미노 지역 내 사무라이들과 강가에서 배를 털어 먹는 도적떼들을 포섭해 반란을 일으키게 했고, 사이토 가문 중 일부 가신들의 배신을 부추겨 혼란한 틈을 타 1567년 미노를 장악했다. 그리고 거점을 오와리에서 미노로 옮겼다. 스루가의 이마가와 가문과 미노의 사이토 가문을 모두 복속한 노부나가의 인지도가 어느 정도 올라가자 근처 교토에 있던 덴노가 노부나가를 불러 치하하고 충성을 보장받았다고 한다.

교토 장악

오다 노부나가가 미노 지역에서 한창 싸우고 있던 1565년 쇼군 아시카가 가문에 큰 위기가 닥쳤다. '에이로쿠의 변'이 일어난 것이다. 이때 살해된 쇼군의 동생 아시카가 요시아키가 노부나가에게로 도망쳐 몸을 의탁했다. 노부나가는 쇼군의 의를 저버린 미요시 가문과 마쓰나가 가문을 비난하며 1568년 아시카가 요시아키를 쇼군으로 옹립하겠다며 진군했다.

미요시 가문과 마쓰나가 가문은 교토 부근 기나이 지방의 다이묘들을 불러 모아 노부나가의 군대와 맞섰다. 그런데 미요시 가문과 갈등을 빚던 마쓰나가 가문이 노부나가 쪽으로 붙어 버렸다. 마쓰나가 가문에서 보내 주는 정보와 노부나가의 지휘술이 합쳐져 기나이 지방 다이묘 연합군은 대패했다. 미요시 가문과 그들이 옹립한 쇼군은 도망치고 노부나가는 본인에게 의탁했던 아시카가 요시아키를 쇼군으로 추대하며 수도 교토에 입성했다.

오다 노부나가의 교토 입성은 상징적이었다. 전국 다이묘들의 이목

■■■ 에이로쿠의 변
조정의 미요시 가문과 마쓰나가 가문이 합심하여 쇼군을 살해하고 새로운 쇼군을 옹립한 사건

■■■ 사카이 항구 독점권
노부나가는 부쇼군의 직위를 내려 주겠다는 쇼군의 제안을 거절했고, 대신에 사카이 항구 독점권을 보장받았다.

이 쇼군의 후견인이 된 노부나가에게로 쏠렸다. 이제 그는 만인의 표적이 될 수밖에 없었다. 더군다나 교토와 오사카에서 바다로 나아갈 수 있는 사카이 항구를 통해 경제권까지 장악한 노부나가를 다른 지방의 다이묘들은 경계하지 않을 수 없었다. 미요시 가문은 본인들이 다이묘로 있는 근거지 가와치와 아와에서 반격을 준비하고 있었다. 교토에 입성한 노부나가였지만 아직 기나이 지방엔 그에게 반대하는 세력이 많았다. 노부나가는 한동안 기나이 지방 토벌전에 나섰다.

1차 노부나가 포위망

에치젠 지역의 다이묘 아사쿠라 가문과 오미 지역의 다이묘 아자이 가문이 연합해서 교토를 옥죄어 왔다. 아자이 가문은 본디 노부나가의 측근이었으나 에치젠의 다이묘에게 붙어 버렸다. 노부나가도 본인을 도와줄 다른 지방 다이묘의 힘이 필요했다. 그가 생각해 낸 파트너는 독립 후 미카와의 다이묘로 세력을 다져 놓고 있던 도쿠가와 이에야스였다. 기요스 동맹을 체결한 바 있던 도쿠가와는 군대를 이끌고 1570년 노부나가와 합류하여 전투준비에 돌입했다.

1차 노부나가 포위망 ①

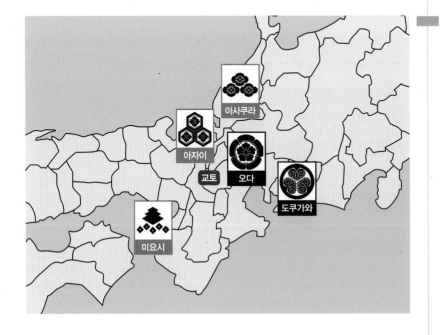

오다–도쿠가와 가문 연합과 아사쿠라–아자이 가문 연합이 아네가와에서 맞닥뜨렸다. 도쿠가와 군대가 먼저 아사쿠라 군대를 강 밖으로 쫓아내는 데 성공했다. 도쿠가와는 부대를 둘로 쪼개 하나는 아사쿠라를 추격하게 했으며, 다른 하나는 아자이 군대를 상대로 고전하고 있던 오다의 군대를 지원했다. 아사쿠라가 패퇴했고 도쿠가와 지원병이 도착하자 아자이 군대도 후퇴할 수밖에 없었다.

전쟁에서 패해 세력이 크게 꺾였지만 아직 평정되지는 않은 아사쿠라 가문과 아자이 가문은 계속 오다 노부나가의 영지를 침범하고 있었다. 아사쿠라–아자이 가문만이 아니었다. 쇼군의 후견인 자리를 빼앗겼던 미요시 가문은 기나이 지방에서 다시 세력을 규합해 노부나가에게 대항했다.

막부시대 또 하나의 막강 세력은 사찰의 승려들이었다. 막부시대 승려들은 종교적인 차원을 넘어서 지방 다이묘들과 결탁해 현실 정치에 강력하게 개입하고 있었다. 승려는 절대 건드리면 안 된다는 당대 일본인들의 불문율이 있었기에 아무리 강력한 다이묘들도 승려를 함부로 할 수 없었다. 그러나 오다 노부나가는 1571년 아사쿠라 가문에 협조했던 엔랴쿠지 절을 잿더미로 만들어 버렸다.

오다 노부나가에게 예상치 못한 적이 튀어나왔다. 바로 쇼군이었다. 노부나가가 추대한 쇼군 아시카가 요시아키는 쇼군의 권력이 바로 서는 막부의 시대를 원했다. 노부나가의 입지가 자신을 넘어서는 듯하자 위기의식을 느낀 쇼군은 전국의 다이묘들에게 노부나가를 토벌하라는 밀서를 뿌렸다. 주변의 다이묘들이 노부나가를 상대로 성과를 못 내니 쇼군 아시카가 요시아키는 일본 최강의 다이묘인 간토 지방 가이의 다이묘 다

엔랴쿠지 방화 사건
이 사건으로 오다 노부나가는 불적, 마왕, 살인마와 같은 이름을 얻었으나 봉건질서를 타파하는 개혁적인 사건으로 평가하는 이들도 있다.

도쿠가와 이에야스와 함께 도쿠가와 가신단의 명성도 대단했다. 도쿠가와 가신단을 '도쿠가와 사천왕'과 여기에 12명을 더 추가해 '도쿠가와 16신장'이라고 부른다. 아네가와 전투에서 활약한 사천왕 중 혼다 타다카츠에게 오다 노부나가는 "중국 장비에 비견되는 용맹함"이라는 극찬과 함께 상을 하사했으며, 그 유명한 핫토리 한조 또한 16신장의 일원이었다.

여기서 잠깐

도쿠가와 사천왕과 도쿠가와 16신장

오다 노부나가

케다 신겐에게 지원을 요청했다. '가이의 호랑이'로 불렸던 다케다 신겐은 그간 오다 노부나가가 싸웠던 다이묘들과는 비교 자체가 불가능한 레벨이었다.

노부나가 이전 센고쿠 시대의 주요 전장은 간토 지방이었다. 간토 지방의 패권을 두고 가이의 호랑이 다케다 신겐과 에치고의 용 우에스기 겐신이 경쟁하고 있었다. 호랑이와 용의 대결에서 좀처럼 승부가 나지 않았지만 누가 이기든 승리하는 쪽이 센고쿠 시대를 통일해 낼 것을 누구도 의심치 않았다. 그중 하나인 다케다 신겐이 오다 노부나가를 토벌하러 교토로 향했다.

설상가상 잠시 소강상태를 유지하던 미요시 가문과 마쓰나가 가문이 다시 연합해 쇼군을 보호한다는 미명하에 오다 노부나가 타도를 외치며 궐기했다. 왼쪽에서는 미요시 가문이, 오른쪽에서는 다케다 신겐이 노부나가를 동서로 포위했다. 또한 북쪽에서는 아자이–아사쿠라 동맹의 잔당들이 노부나가를 노리고 있었다. 1차 노부나가 포위망이었다.

노부나가는 서부 전선을 담당하기로 하고, 다케다 신겐이 오고 있는 동부 전선은 도쿠가와 이에야스에게 맡기기로 했다. 1572년 도쿠가

1차 노부나가 포위망 ②

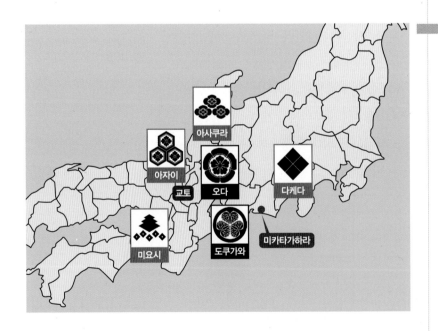

와 이에야스는 1만의 미카와 병력을 이끌고 2배 이상의 병력을 가진 다케다 신겐을 막으러 출격했다. 도쿠가와도 상황의 불리함을 알고 노부나가에게 추가 지원을 요청했지만 그도 여력이 없었다. 절망적인 포위망이었다. 병력이 부족하다면 방어에만 매진하는 편이 낫다고 판단한 도쿠가와는 성 안에서 수성전으로 버티려고 했지만, 다케다 신겐은 도쿠가와의 성을 지나치고 곧장 교토로 향했다. 도쿠가와는 대담하게도 다케다 신겐의 배후를 공격하기 위해 성을 나왔다. 도쿠가와가 추격해 온단 소식에 다케다 신겐은 미카타가하라 평원에 진을 쳤다. 그리고 3만이 안 되는 병력으로 '어린진'이라는 화살표 모양의 대형을 짰다. 반면 도쿠가와는 부채꼴 모양으로 적을 감싸는 '학익진'을 펼쳤다. 학익진의 목적은 적군을 포위하기 위함이다. 단 이를 위해선 아군의 병력이 더 많아야 한다. 적은 병력으로는 포위가 되지 않고, 오히려 뾰족한 대형의 다케다 부대가 적군을 돌파하기에 더 적합했다. 1572년 12월 미카타가하라 전투의 결과는 도쿠가와 이에야스의 대패였다. 다케다 신겐은 도쿠가와의 영지 미카와를 점령했고 오다 노부나가의 출신지인 오와리를 위협했다.

1573년 5월 오다 노부나가와의 결전을 앞두고 다케다 신겐이 결핵으로 사망했다. 지휘관을 잃은 가이의 군대는 군사행동을 중단했다. 노부나가는 이 틈을 타 포위망을 하나둘 물리쳐 갔다. 가이, 미요시-마쓰나가 동맹, 아자이-아사쿠라 동맹, 쇼군 네 세력이 노부나가를 포위했지만 그들끼리의 연합과 협조는 제대로 이루어지지 않았다. 노부나가에게 패한 미요시 가문은 기나이 지방을 빼앗기고 시코쿠섬으로 밀려났다. 마쓰나가 가문은 노부나가에게 충성을 다짐했다. 이어 노부나가는 아사쿠라 가문을 친 뒤 전원을 할복시켰고, 이에 아자이 가문도 할복하며 그들의 영지 에치젠과 오미를 노부나가가 장악했다.

이 모든 사태의 원흉인 쇼군 아시카가 요시아키는 교토를 탈출했다. 그는 무로마치 막부의 마지막 쇼군이었고 1573년 오다 노부나가가 교토의 단독 주인이 되면서 무로마치 막부는 공식적으로 종말을 고했다.

할복한 다이묘들
노부나가는 할복한 아사쿠라, 아자이 다이묘들의 목을 가져와 해골에 금칠을 하고 술잔으로 만들었다.

"오다 노부나가는 교토 주변에 군영을 둔 후 4일간에 걸쳐 계속 사자를 쇼군에게 보내 그의 마음을 누그러뜨려 전쟁을 피할 수 있는지 확인해 보려고 하였다. 그렇지만 쇼군이 반응을 보이지 않았고, 노부나가는 상경 주민에 대하여 반감을 갖고 있었으므로 그들이 바친 은괴 1500매를 수리하지 않고 즉시 그곳을 방화하였다. 가공할 만한 참사가 전개되어 상경은 깊은 밤부터 다음 날까지 그곳에 있던 모든 사원, 신, 불, 재보, 가옥 모두가 소실되었고 확인한 바에 따르면 교토 주변 평지 2~3리에 걸친 마을 쉰 개 정도가 불타 심판의 날의 정경과 흡사하였다. 쇼군의 성 안 사람들은 이미 상경의 시가지가 모두 파괴되고 불타 버린 것을 목격하였기 때문에 그곳에서 들은 공포와 끊임없는 아우성 소리에 압도되어 크게 경악하였다."

루이스 프로이스 저, 박수철 역, 『오다 노부나가와 도요토미 히데요시는 어떤 인물인가:
16세기 예수회 선교사 루이스 프로이스의 기록』, 위더스북, 2017

2차 노부나가 포위망

아직 기나이 지방에 퍼져 있던 반 오다 노부나가 세력은 '혼간지'라는 절을 구심점으로 모여들었다. 쫓겨난 쇼군 아시카가 요시아키는 주고쿠의 다이묘였던 모리 테루모토에게 의탁하면서 모리 가문의 힘을 빌려 재기를 꾀했다. 모리 가문은 혼간지를 후원하고 있었다. 센고쿠 시대의 통일 전쟁은 비단 다이묘들만의 싸움이 아니었다. 각 마을 단위로 무장화한 자치 공동체 잇키들이 있었기에 잇키들을 포섭하는 일 또한 중요했다. 오다 노부나가는 기나이 지방 중심으로 다이묘들을 물리치면서 각 마을의 잇키들은 노부나가를 따르는 잇키들과 그렇지 않은 잇키들로 나뉘었다. 노부나가를 가장 괴롭혔던 잇키는 잇코잇키였다. 잇코잇키 역시 혼간지 사찰 교단이 조직한 잇키로, 그 배후에는 반 노부나가 세력의 본부라고 할 수 있는 혼간지가 있었다. 1574년 혼간지의 지원하에 잇코잇키들은 나가시마, 에치젠, 이시야마 세 방면에서 반기를 들었다. 노부나가

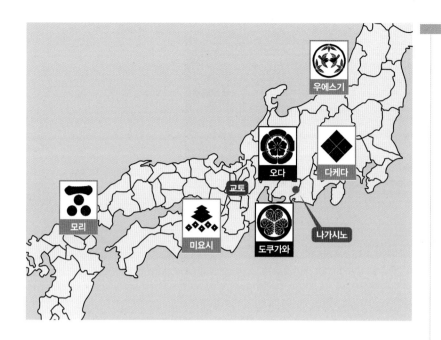

는 나가시마부터 토벌하였다. 에치젠은 잇키들 사이에서 내분이 일어나 자멸했고, 혼간지 본부가 있던 이시야마를 남겨 둔 상황에서 또 하나의 적이 몰려오고 있었다.

다케다 신겐 사후 가이 지역의 병사들을 그의 아들 다케다 가쓰요리가 수습한 뒤 재공격에 나선 것이었다. 다케다 가문의 군대는 동쪽에서 내려오기 때문에 필연적으로 도쿠가와 이에야스의 영지에서 또 한 번 결투를 벌여야만 했다. 도쿠가와는 일전에 귀순한 다케다 가문의 가신에게 나가시노성을 맡겼었다. 재출전한 다케다 가쓰요리는 배신자부터 처벌하겠다며 1575년 나가시노성을 포위했다. 나가시노성에는 병사가 고작 500명밖에 없었다. 500의 병사로 1만 5천의 적을 막아 내기란 불가능에 가까웠다. 나가시노 병사들은 요새의 지형적 장점을 활용해 농성에 목숨을 걸었지만 압도적 병력 차를 극복하기 힘들었다. 일부 성벽이 무너지고 군량미까지 바닥난 절체절명의 순간, 구원하러 나선 도쿠가와의 군대 8천 명, 그리고 노부나가의 군대 3만 명이 도착했다. 나가시노성은 그 많은 병력을 수용할 수가 없어 오다-도쿠가와 연합군 3만 8천 명은 성 밖 들판에 진지를 구축했다. 이들은 장장 2km에 달하는 방책을 3중 구조로

쌓고 대치했다. 겁을 먹은 다케다의 가신들은 철수하려 했으나 다케다 가쓰요리의 결심은 단호했다. 다케다 군대의 주력은 센고쿠 시대를 주름 잡았던 기병대였다. 이 기병대가 오다-도쿠가와가 세운 방책을 향해 돌격했다. 그러나 이 방책 사이사이에는 3천에 달하는 조총부대가 대기하고 있었고 다케다의 기병대는 이들에게 8시간 동안 난사당해 전멸했다. 이때 전사자 수가 1만 2천에 달했다고 한다. 이 전투가 나가시노 전투이다.

나가시노 전투
대량의 조총으로 승리했다고 전해졌지만 일련의 고고학적 발굴에 의하면 다소 과장된 기록으로 보인다. 다케다 부대가 회복이 불가할 정도로 대패한 것은 맞지만 실제 오다 노부나가의 승리 요인은 그가 지휘한 야전술이라는 주장에 힘이 실리고 있다.

  막강했던 다케다 가문을 몰락시켰지만 오다 노부나가는 한숨 돌릴 여유가 없었다. 나가시노 전투 전 반기를 든 잇코잇키들 중 이시야마가 남아 있었다. 이시야마 잇코잇키들은 자신들만의 세력으로는 노부나가를 이길 수 없어 당장은 항복을 하는 척하며 모리 가문의 후원을 받아 노부나가를 기습하였다. 노부나가는 부랴부랴 군대를 동원해 이시야마를 포위했다. 이때 모리 가문의 600척의 함선들이 이시야마 잇코잇키들을 구원하러 상륙했다. 노부나가는 300척의 함선을 보내 모리 가문의 수군을 막게 했으나 키즈가와 바다에서 모리 수군의 화공에 당해 도망치면서 이시야마 포위전은 장기전이 되었다.

  그리고 마침내 '에치고의 용' 우에스기 겐신이 움직였다. 그는 가이의 다케다 신겐과 말 그대로 용호상박을 이루던 또 하나의 거대한 대 다이묘였다. 그가 오다 노부나가를 토벌하기 위해 1576년 남하를 시작해 1577년 노부나가가 있는 곳 근처까지 다다르고 있었다. 나가시노 전투에서 패전한 다케다 가쓰요리의 잔당도 우에스기 겐신 쪽으로 합류했다.

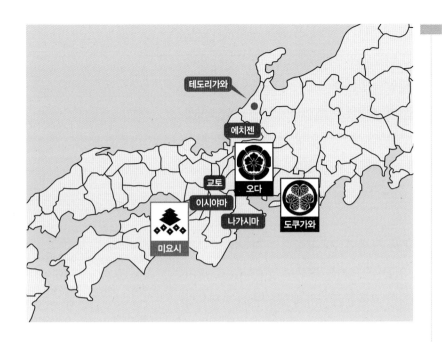

노부나가는 두 명의 유능한 가신에게 무려 7만 명의 병사들을 주고 겐신의 부대를 막게 했다. 수적으로는 오다 가문의 부대가 두 배였지만 이미 겐신은 유리한 지형을 점하고 있었다. 테도리가와에서 오다 가문의 7만 부대가 겐신의 부대에게 몰살당했다. 그런데 폭설이 내려 겐신의 진군이 잠시 멈출 수밖에 없었는데, 1578년 3월 날이 풀리자 대대적인 공세를 준비하던 에치고의 용 겐신이 뇌출혈로 급작스레 사망했다. 노부나가는 다시 이시야마 전선에 집중할 수 있었다.

1578년 오다 노부나가는 훗날 임진왜란 때 일본 수군 총사령관이 되는 구키 요시타카에게 함선에 철갑을 덧대게 하여 출격시켰다. 키즈가와 바다에서 모리 수군은 이번에도 화공으로 공격했으나 철갑에는 소용이 없었다. 구키 요시타카는 충각전으로 모리 수군을 격파해 제해권을 장악했고 이시야마를 점령했다. 이시야마성은 1580년 알 수 없는 화재로 전소되었다. 이로써 잇코잇키들이 전부 평정되었다.

아즈치성과 루이스 프로이스

오다 노부나가의 역사적 가치는 전쟁사에만 국한되지 않는다. 그는 일본 사회를 완전히 뒤바꾸어 놓았다. 노부나가는 일본을 중세 사회에서 근세 사회로 전환시킨 가장 결정적인 인물로 평가받는데, 새로운 사회와 신문물에 호기심과 관심이 대단히 많았고 일본을 개방하려고 했기 때문이다. 노부나가가 꿈꾼 사회는 1576년에 시공해서 1579년에 완공된 아즈치성에 집약되어 있다. 아즈치성은 일본의 성이 더 이상 산지가 아니라 평지에 세워진다는 점, 나고야성과 오사카성 등 일반적인 일본 성들의 기본 모델이 되었다는 점에서 일본 건축사적으로도 의미가 있지만 사회경제사적으로도 대단히 중요한 의미를 지니고 있다.

아즈치성은 노부나가가 근세 경제도시의 표상으로 작정하고 만든 곳이었다. 아즈치성은 교토와 인근 큰 도시를 도로로 연결하였고, 강이 있는 곳엔 다리를 대량으로 만들어 교통을 편리하게 했으며 산이 있으면 뚫어 버렸다. 각 도시의 관세와 통행세도 전부 폐지했다. 교통과 통신의 발달은 상업의 촉진으로 이어졌다. 노부나가는 아즈치성을 포함해 자신의 세력권 내 도시들에서 물자의 자유로운 유통을 촉진했고 상인들에게 적극적인 지원을 해 주었다.

대표적인 도시가 사카이로, 당대에도 상거래가 가장 많이 이루어지는 최대의 경제도시였다고 기록되어 있다. 다만 그만큼 해적들과 강도들의 수가 많았는데 노부나가가 이곳을 제패한 이후 해적들과 강도들을 소탕해 치안을 유지하고 사카이를 기반으로 상업을 더욱 장려했다. 아울러 지방 다이묘들로부터 토지 실태, 생산량, 토지 소유자, 경작자 등을 철저히 보고받아 국가의 통제력을 높이는 동시에 세수도 더 많이 확보할 수 있었다.

오다 노부나가가 몇 번의 큰 패배를 겪고도 계속 많은 수의 병사들과 군량미를 모을 수 있었던 배경에는 그의 경제개혁이 있었다. 오다 노부나가 이후 일본 사회는 이전과는 비교도 되지 않을 정도로 개방적으로 변해 거대한 부를 창출하는 상인들이 성장하고 여기에 유럽 문화까지 수용하면서 문화가 다채로워졌다. 노부나가는 불교의 힘을 약화하고자 '남만사'라는 교회를 만드는 등 예수회 선교사들의 선교활동을 보장해 주기도 했다.

아즈치성
천수각에 올라가서 내려다보면 한쪽으로 산기슭에 커다란 호수가 펼쳐져 각양각색의 배가 왕래하고, 다른 편으로 고개를 돌리면 논과 들이 끝없이 펼쳐진 가운데 성과 많은 촌락이 보였다고 한다.

사카이
현재까지도 일본의 제2의 공업지대로 불린다.

"이전에는 여러 국에서 일행이 없이 혼자 여행하는 경우 낮이라도 그다지 안전하지 않았지만, 노부나가 시대가 되자 사람들은 특히 여름에는 늘 밤에 여행을 했다. 그들은 짐을 곁에 두고 노숙을 하여도 마치 자기 집처럼 안전하였다. 아즈치성은 사람들의 분주함과 웅성거림, 일터의 소리, 각국에서 노부나가의 정청에 모여든 귀인들의 왕래, 건축물의 명성과 고귀함에 이끌려 멀리서 구경하러 온 방문객, 매일 밤중까지 주고받는 선물의 숫자, 서쪽과 남쪽에서부터 노부나가에게 보낸 크고 작은 배, 관동에서 가져온 훌륭한 말, 가신들의 훌륭한 태도와 청결함으로 가득 차 있었다."

루이스 프로이스 저, 박수철 역, 『오다 노부나가와 도요토미 히데요시는 어떤 인물인가: 16세기 예수회 선교사 루이스 프로이스의 기록』, 위더스북, 2017

정청(政廳)
정무(政務)를 보는 관청

루이스 프로이스는 센고쿠 시대 포교를 위해 일본을 방문했던 예수회 소속의 포르투갈 출신 선교사였다. 그는 규슈섬에서 활동했다. 갓 교토에 입성하고 아시카가 요시아키를 새로운 쇼군으로 섬겼을 무렵 오다 노부나가는 일부 선교사들의 교토 입성을 허가해 주었다. 그가 쇼군에게서 얻은 사카이 항구에 대한 독점권 덕에 섬나라인 일본에서 항구를 통해 교토로 왕래하기가 용이했다. 이때 루이스 프로이스도 교토로 입성했다. 노부나가는 루이스 프로이스를 포함해 선교사들의 포교 활동을 보장해 주었고 두 사람은 좋은 관계를 이어 나갔다. 천주교 신자도 아니었던 오다 노부나가가 아즈치성에서 선교사들의 자유로운 활동을 보장해 준 데에는 정치적 의도가 깔려 있었다. 노부나가는 무교였다지만 현실 사회에 적극적으로 개입하며 다이묘 간의 각축전에도 끼어 있던 불교 사찰 세력들을 몹시 꺼려했다. 이에 불교에 대한 견제책으로 천주교의 선교를 보장한 것이다.

오다 노부나가는 반골이었다. 구체제, 인습, 전통이라는 이름으로 굳은 사회적 폐단을 태생적으로 못 견디는 무사였다. 오와리의 다이묘가 되고 나서도 마찬가지였다. 노부나가가 시대의 전환점을 만든 장본인이

불교 견제책
오다 노부나가가 엔랴쿠지 절을 불태워 버린 일도 비단 자신에게 반기를 들었던 사찰이란 이유뿐 아니라 불교계에 대한 강경한 경고 메시지였다.

노부나가의 개방정책으로 일본의 문화사도 새로운 길로 흘러갔다. 노부나가 이후의 일본 문화를 노부나가의 아즈치성에서 따와 '아즈치·모모야마 문화'라고 부른다. 아즈치는 노부나가 치세의, 모모야마는 훗날 도요토미 히데요시 치세의 일본 문화를 가리킨다. 이 중 아즈치 문화라 함은 기존 불교문화의 입지가 쇠퇴하고 유럽 문화 등 다채로운 문화가 들끓었던 화려한 격동의 문화였다. 임진왜란 이후로는 조선의 성리학과 도자 문화까지 전래되어 일본은 유례없는 문화적 각성을 이루었고 그 토대는 노부나가가 다져 놓은 업적에서 기인했다.

아즈치 문화

라 평가받는 이유는 그가 언제나 인습에서 벗어나 세상을 바라봤기 때문이다. 노부나가는 고인 체제를 타파하고자 했고 그래서 항구를 열었다. 새로운 패러다임을 끊임없이 일본 사회에 유입시켜 기존의 체제에 변화를 주고자 했다. 기존의 체제가 공고해지면 공고해질수록 작은 변화에도 둔해지기 마련이다. 다수의 시선이 한 방향으로만 수렴될 때 새로운 방식과 관점으로 다른 곳을 바라볼 줄 아는 존재가 필요하다. 언제나 세상을 새로운 시선으로 봤기에 노부나가는 한 시대의 불세출의 풍운아가 될 수 있었다.

조총의 역사

센고쿠 시대의 중요한 맹점 중 하나는 조총의 수입이다. 중국에서 만들어진 화약이 유럽으로 전래된 후 스페인에서는 '아쿼버스'라는 화승총이 만들어졌다. 한창 아시아 시장으로 나가고 있던 포르투갈에겐 화승총이 더없이 효과적인 무기였다. 포르투갈에 의해 동남아시아에 먼저 화승총이 전래되었다.

화승총
대포를 휴대하기 편한 소형으로 개량하고 방아쇠로 화약을 터뜨린다는 발상에서 시작되었다.

　16세기 남중국해를 주름잡던 '왕직'이라는 중국의 대해적이 있었다. 해적이면서 남중국해의 무역을 관장하고 있었는데 1543년 왕직 휘하의 선박 한 척이 일본의 다네가시마에 표류했다. 선박에는 포르투갈인 3명이 있었고 그들은 화승총을 보유하고 있었다. 중국이 이미 화포를 가지고 있었기에 일본도 화포에 대해 알고는 있었으나 비용 때문에 쉽게 쓸

수가 없었다. 다네가시마의 일본인들은 화승총의 존재를 보고 감탄하지 않을 수 없었다. 이 섬의 도주는 매우 비싼 값에 화승총 2정을 구매하여 마을의 대장장이 야이타 긴베에게 주고 자체 제작법을 연구하게 했다. 야이타 긴베는 딸과 함께 포르투갈인들에게서 비법을 알아냈고, 재료를 얻을 수 있는 창구까지 알아내면서 화승총의 종류인 조총 제작법을 터득했다.

조총의 등장과 함께 전국의 다이묘들과 사무라이들은 이것을 하루 빨리 도입해야 한다는 쪽과 전통적인 검의 자존심을 지켜야 한다는 쪽으로 나뉘었다. 조총은 주로 부유한 사찰의 승병들이 사용했다. 10대 때 조총을 처음 본 오다 노부나가는 조총의 도입을 적극 주장하여 그의 가문에서 많은 양의 조총을 구입했다. 이 시점이 조총이 실전에 투입되기 전이었다는 점에서 오다 노부나가의 선구자적 변화 수용 능력을 엿볼 수 있다.

조총의 도입은 전술의 변화를 불러왔다. 신무기가 들어오면서 더 많은 병사들에게 무기를 제공할 수 있었다. 기존의 냉병기에 조총까지 사용하니 더 많은 농민들을 징집할 수 있었고, 점차 조총의 성능이 발전하면서 더 많은 병사들이 조총을 사용했으며 기병의 중요성은 떨어지고 보병의 활용도가 높아져 갔다.

혼노지의 변

센고쿠 시대 통일을 목전에 둔 상황에서 이제 남은 다이묘는 서쪽 주고쿠 지방의 모리 가문이었다. 1580년 노부나가는 가신 하시바 히데요시를 주고쿠 지방으로 보내 모리 가문을 토벌하게 했다. 한편 시코쿠섬에선 미요시 가문이 조금씩 회복해 가고 있었다. 노부나가는 시코쿠섬의 다른 다이묘였던 쵸소카베 가문을 지원하며 미요시 가문을 견제하고 있었다. 그런데 정작 쵸소카베 가문이 미요시 가문을 몰아내고 시코쿠를 장악하자 노부나가는 본인에게 투항한 미요시 가문의 미요시 야스나가를 시코쿠에 파견하였다. 노부나가의 토사구팽이었다.

1582년 다케다 가문의 잔당을 이끌던 다케다 가쓰요리는 가이 지역

조총

처음에는 조총을 '다네가시마 뎃포(철포)'라고 불렀지만 원래 명칭보다는 '날아가는 새도 떨어뜨릴 수 있다'는 뜻의 '조총'이라는 별칭이 더 보편화되었다.

조총의 도입

성능이 처음부터 우수했던 것은 아니다. 살상력은 높았지만 습기만 차도 불발되는 경우가 허다했고 유효 사거리도 100m 안팎이었다. 이런 문제 때문에 초기 사무라이들은 조총을 대단하게 생각하지 않았으며, 훗날 임진왜란 이전 조선에서도 각궁보다 위력이 떨어진다며 조총의 도입을 서두르지 않았다.

냉병기

화약의 힘을 이용하지 않는 무기

오다 노부나가

에서 여전히 반격의 기회를 보고 있었다. 다케다 가문 내부에서 반란이 터지자 오히려 기회로 삼은 오다 노부나가는 다케다 가문의 마지막 숨통을 끊으러 도쿠가와 이에야스와 연합해 무려 10만 명을 데리고 가이로 진군했다. 다케다 가쓰요리는 덴모쿠산에서 항전하지만 불리함을 깨닫고 할복했다. 이로써 막강했던 다케다 가문도 멸문되었다.

덴모쿠산에서 다케다 가문을 완전히 토벌한 이후 오다 노부나가는 먼저 시코쿠에 보낸 미요시 야스나가에 이어 본인도 시코쿠섬으로 넘어가 그곳을 직할지로 삼을 생각이었다. 그런데 서부 전선에서 모리 가문과 싸우던 하시바 히데요시가 노부나가에게 구원병을 요청했다. 시코쿠섬보다 모리 가문이 더 큰 적이었기에 노부나가는 모리 가문부터 평정하기 위해 전투준비에 돌입했다. 교토의 덴노는 노부나가를 불러 쇼군, 관백, 태정대신 중 원하는 관직을 하사하겠다고 했으나 노부나가는 모리가문 토벌 후 받겠다며 교토를 떠났다.

1582년 6월 오다 노부나가는 교토 인근의 '혼노지'라는 절을 모리 가문과의 전투 본부로 삼고 서열이 꽤 높았던 가신 아케치 미쓰히데에게 구원병을 이끌고 하시바 히데요시가 있는 곳으로 가게 했다. 그리고 출정을 격려하고자 아케치에게 열병식을 치를 테니 교토를 들렀다 가라는 서신을 보냈다. 교토로 가던 아케치는 돌연 군대의 방향을 돌려 노부나가가 있는 혼노지로 향했고, 노부나가가 자고 있던 야심한 밤 혼노지를 불태워 버렸다. 아케치의 병력은 1만 3천이나 되었지만 혼노지에는 100여 명의 근위대 뿐이었다. 혼노지가 화염에 휩싸이자 노부나가는 활로 싸우다 화살이 다 떨어지자 창을 휘두르며 끝까지 싸웠지만 온몸이 창칼에 베이고 휘두르던 창도 이가 나가 버렸다. "어쩔 수 없군." 이 한마디를 남기고 오다 노부나가는 불 속으로 뛰어들었고 이후 그의 모습도 그의 시체도 볼 수 없었다. 이 사건이 혼노지의 변이다.

아케치 미쓰히데와 하시바 히데요시

아케치 미쓰히데가 노부나가를 암살한 이유는 역사의 미스터리로 남아있다. 아케치는 원래 오다 노부나가의 장인인 사이토 도산을 모시던 가

■ 혼노지의 변

"목소리뿐만 아니라 이름만으로도 만인을 전율케 한 그가 머리카락 한 올, 뼈 한 조각 남김없이 모두 재로 변하여 이 세상에서 흔적도 없이 사라졌다."
– 루이스 프로이스 저, 박수철 역, 『오다 노부나가와 도요토미 히데요시는 어떤 인물인가:16세기 예수회 선교사 루이스 프로이스의 기록』, 위더스북, 2017

신이었다. 사이토 도산이 아들에게 암살당하자 스루가로 가서 이마가와를 모셨고 그마저 노부나가와의 오케하자마 전투에서 패배하자 쇼군 가문을 모셨다. 미요시 가문이 반란을 일으켜 쇼군을 교체할 때 죽은 쇼군의 동생 아시카가 요시아키를 구출한 장본인이 아케치였다. 탈출에 성공한 아시카가 요시아키는 오다 노부나가와 손을 잡고 교토에 입성해 마지막 쇼군이 되었고, 둘의 동맹으로 인해 자연스레 아케치도 노부나가와 함께하게 되었다. 쇼군 아시카가 요시아키가 노부나가를 견제하고자 전국의 다이묘들에게 연락해 노부나가 포위망을 암암리에 구축하려 했을 때 이를 노부나가에게 알려 준 사람도 아케치였다.

아케치 미쓰히데는 혼노지에서 사변을 터뜨리고는 곧이어 교토에 있는 노부나가의 아들 노부타다를 치러 갔다. 노부타다는 소식을 듣자 곧바로 아즈치성이 아닌 니조성으로 들어갔다. 아직 아케치 미쓰히데가 아즈치성을 점령하지 못했는데 노부타다는 아즈치성으로 가는 길이 차단됐을 것이라고 지레 겁을 먹은 것이다. 아케치 미쓰히데는 곧바로 쫓아가 니조성을 불태웠다. 노부타다는 항전하다가 할복했다. 아케치는 교토 장악 후 교토 내 노부나가의 측근들을 수색하여 처형했다. 오다 노부나가가 없는 아즈치성은 무정부상태로 전락했다. 아케치 미쓰히데와 그 병사들은 아즈치성에서 무슨 일이 일어나든 끔찍해진 치안을 그대로 방치할 뿐이었다. 그 사이 도쿠가와 이에야스는 무엇을 하고 있었을까? 그는 오다 노부나가의 가신이 아니라 동맹 다이묘였기에 이 소요를 오다 가문 내부의 일로 치부하고 개입하지 않으려고 했다.

한편 주고쿠 지방(일본의 서쪽)에서 모리 가문과 대치하던 노부나가의 가신 하시바 히데요시는 주군이 사망했다는 소식에 곧바로 모리 가문과 화친을 맺은 뒤 교토로 회군했다. 히데요시는 오사카 부근에서 오다 노부나가의 셋째 아들 오다 노부타카와 합류했다. 하시바 히데요시의 부대와 아케치 미쓰히데의 부대는 야마자키에서 맞붙었다. 히데요시의 군대는 3만가량, 아케치의 부대는 1만. 아케치는 충분히 더 많은 병력을 모을 수 있었지만 그간 본인이 우호적이라고 생각했던 다른 가신들과 동맹 다이묘들이 그의 출병 요청에 모두 묵묵부답이었다. 결국 야마자키 전투에서 대패한 아케치 미쓰히데는 도망치고 말았다.

하시바 히데요시는 오다 가문이 영주로 있던 오와리에서 태어났다. 그의 부친은 정확하진 않지만 일개 병사였다고 하며, 부친 사후 모친이 오다 노부나가를 시중드는 승려와 재혼했다. 하시바 히데요시가 처음부터 사무라이였던 것은 아니었다. 하인에 더 가까운 일을 하던 히데요시의 일 처리가 마음에 들었던 오다 노부나가는 여러 업무를 그에게 맡겼다. 그는 노부나가를 따라다니며 거의 모든 전투에 참여하였다. 아자이-아사쿠라 가문 동맹이 급습하여 '가네가사키 퇴각'을 할 때 목숨을 바쳐 노부나가를 호위해 주었고, 아네가와 전투에서도 큰 활약을 하여 노부나가로부터 오오미의 일부 영지를 하사받았다. 이때부터 히데요시는 성을 '하시바'로 고쳤다.

아케치 미쓰히데

"불쌍한 아케치는 숨어 다니면서 백성들에게 금 막대를 줄 테니 자신을 사카모토성으로 데려다 줄 것을 부탁했다. 그렇지만 그들은 금을 받고 나서 도검도 갖고 싶다는 욕심에 그를 찔러 죽이고 목을 베었다.
– 루이스 프로이스 저, 박수철 역, 『오다 노부나가와 도요토미 히데요시는 어떤 인물인가:16세기 예수회 선교사 루이스 프로이스의 기록』, 위더스북, 2017

"히데요시는 오와리 출신으로 가난한 백성의 아들로 태어났다. 어렸을 때는 산에서 나무를 해다가 팔아 생계를 꾸렸다. 그 일은 지금까지도 비밀로 할 수 없기 때문에 그는 아주 가난할 때 낡은 돗자리 이외에 몸을 덮을 것이 없었다고 술회한다. 그러나 그는 용감하고 책략에 뛰어났다. 그리하여 그런 천한 일을 그만두고 전사로서 봉사하기 시작해 점점 출세하여 오다 노부나가에게 주목을 받아 전쟁할 때 발탁되기에 이르렀다. 노부나가는 미노국 정복이 끝나자 히데요시가 뛰어난 전사이자 기사임을 인정하고 봉록을 늘려 주어 오다 가문 안에서 평판도 높아졌다. 그러나 원래 미천한 소생이라 중요 무장들과 말을 타고 이동할 때 그는 말에서 내렸고, 다른 귀족들은 그대로 말을 타고 갔다. 그는 키가 작고 추악한 용모를 지녔으며 한 손은 손가락이 6개였다. 눈은 튀어나오고 중국인처럼 턱수염이 적었으며 아들이나 딸을 얻지 못했으나 빈틈없는 책략가였다."

루이스 프로이스 저, 박수철 역, 『오다 노부나가와 도요토미 히데요시는 어떤 인물인가: 16세기 예수회 선교사 루이스 프로이스의 기록』, 위더스북, 2017

야마자키 전투에서 하시바 히데요시가 아케치 미쓰히데에게 주인의 복수를 한 이후 세간의 화두는 누가 오다 노부나가의 뒤를 이을 것인가였다. 승계 건을 두고 기요스 회의가 열렸다. 노부나가의 아들들 중 한 명이 오다 가문을 이어받아야 했는데 장남 노부타다는 죽었고 둘째 노부카츠와 셋째 노부타카가 승계 자리를 두고 경쟁하게 되었다. 둘은 모두 하시바 히데요시를 멀리했다. 혼노지의 변으로 인한 혼돈을 수습한 히데요시는 노부나가의 두 아들이 아닌 죽은 장남의 아들, 즉 노부나가의 손자를 후계로 밀었기 때문이다. 특히 셋째 노부타카가 히데요시를 노골적으로 멀리하자 히데요시가 먼저 노부타카를 공격했다. 노부타카는 몇 번이고 저항하려 했으나 모두 실패하고 할복했다. 둘째 노부카츠는 도쿠가와 이에야스에게로 도망쳤다.

■■ **기요스 회의**
1582년 7월 16일에 열린 오다 가문의 후계자 문제 및 영지 재분배를 논의하기 위한 회의

세 마리의 두견새

그간 오다 가문 내의 일이라며 개입하려 하지 않았던 도쿠가와 이에야스였지만 하시바 히데요시가 오다 가문의 사람들을 물리치는 상황만큼은 좌시할 수 없었다. 1584년 도쿠가와 이에야스와 하시바 히데요시가 맞붙었다. 도쿠가와는 고마키산에 진을 치고 히데요시와 장기간 대치했다. 장기전에 불안했던 히데요시는 별동대를 꾸려 몰래 고마키산을 우회해 도쿠가와의 본거지인 미카와를 곧장 공격하게 했으나 도쿠가와 군대의 매복에 걸려 전멸하고 말았다. 그러나 수적으로 도쿠가와 부대가 밀렸기 때문에 별동대 격파 후에도 도쿠가와는 전면전에 나서지 않고 지난한 대치전만 이어갔다. 문제는 오다 노부나가의 차남 노부카츠였다. 마땅한 결론이 나지 않자 도쿠가와 이에야스를 의심한 노부카츠가 하시바 히데요시에게 항복해 버렸다. 도쿠가와는 오다 가문을 부흥시키겠다는 전쟁의 명분을 잃어 버렸다. 히데요시도 도쿠가와를 상대로 승리가 어렵다고 판단하여 두 세력은 강화를 맺고 전투를 중단하였다. 도쿠가와 이에야스는 하시바 히데요시의 여동생 아사히히메와 혼인하였고, 히데요시가 있는 오사카로 들어와 그를 섬기기로 했다. 히데요시는 덴노로부터 원래 노부나가가 받으려던 직위인 태정대신 겸 관백에 임명되었다. 이렇게 제일의 존재가 된 하시바 히데요시는 1586년 '도요토미'로 성을 바꾸었다.

도요토미 히데요시는 오다 노부나가가 마무리 짓지 못했던 시코쿠섬, 주고쿠 지방, 규슈섬까지 점령하여 1589년 센고쿠 시대를 통일했다.

훗날 일본의 민중들은 오다 노부나가, 도요토미 히데요시, 도쿠가와 이에야스 세 사람을 두견새에 비유하며 이렇게 노래를 불렀다고 한다.

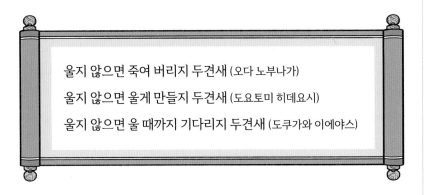

울지 않으면 죽여 버리지 두견새 (오다 노부나가)

울지 않으면 울게 만들지 두견새 (도요토미 히데요시)

울지 않으면 울 때까지 기다리지 두견새 (도쿠가와 이에야스)

센고쿠 시대를 통일한 도요토미 히데요시는 조선과 대륙 침략을 위해 임진왜란을 일으켰다. 그는 도쿠가와 이에야스를 어떻게든 조선에 투입하려고 했다. 도쿠가와가 직접 출정하진 못하더라도 도쿠가와 가문의 군사 지원은 받으려고 했다. 시간이 갈수록 조선에서 전선이 일본 쪽으로 불리하게 돌아가고 있었기에 도쿠가와 가문의 도움이 필요했을뿐더러 막강한 도쿠가와의 군사력을 조선에서 약화할 수도 있었기 때문이었다. 속셈을 모두 알고 있던 도쿠가와 이에야스는 간토(관동) 지방의 다이묘들이 자꾸 반란을 일으키니 이들을 진압한다는 명분으로 파병을 차일피일 미루었다. 임진왜란으로 쇠퇴한 건 도리어 도요토미 히데요시의 세력이었다. 임진왜란은 도요토미 히데요시의 죽음으로 끝이 났다.

도쿠가와 이에야쓰는 이번에는 발빠르게 움직였다. 도요토미 히데요시의 가신들과 전국 다이묘들 중 과거 오다 노부나가와 더 가까웠던 세력들을 포섭한 뒤 1600년 세키가하라 전투에서 도요토미 히데요시를 잇겠다는 잔당들을 모두 격파하며 도쿠가와 이에야스가 최종 승리자로 거듭났다. 도쿠가와 이에야스는 세키가하라 전투 후 덴노로부터 쇼군직을 이어받았다. 이로써 막부시대가 다시 탄생했고 일본은 세 번째 막부시대인 '에도 막부' 시대로 접어들었다.

그림자들의 시대였던,
일본의 센고쿠 시대

카게무샤란 '그림자 무사'라는 뜻으로, 배신과 음해공작이 판을 치던 센고쿠 시대에 다이묘나 사무라이들이 적을 속이기 위해 본인들로 위장시킨 가짜 대행인들이었다. 센고쿠 시대에는 이름을 남기지 못한 카게무샤들이 무수히 많았다. 오즈 야스지로, 미조구치 겐지, 나루세 미키오와 더불어 일본 영화의 역사를 대표하는 고전주의 거장 감독 구로사와 아키라의 〈카게무샤〉는 센고쿠 시대를 배경으로 하여 '가이의 호랑이' 다케다 신겐과 그의 카게무샤(나카다이 타츠야 역)를 소재로 허구의 이야기를 입힌 내용이다. 실제 다케다 신겐에겐 수많은 카게무샤들이 있었다고 하며 구로사와 아키라는 신겐을 위해 존재하던 카게무샤들과 신겐 사후 다케다 가문의 몰락으로부터 영화를 착안했다고 한다.

　　영화의 소재가 된 시대적 배경을 살펴보면 다음과 같다. 교토를 장악한 오다 노부나가를 토벌하고 교토로 입성하려고 했던 다케다 신겐은 자신을 저지하려고 하던 도쿠가와 이에야쓰의 세력을 패퇴시켰다. 그러나 오다 노부나가에게 최후의 일격만을 남겨둔 시점에서 1573년 5월 다케다 신겐이 결핵으로 병사했다. 다케다 신겐의 허무한 최후에 그의 죽음을 둘러싸고 이런저런 소문이 돌았다. 그중 가장 많이 사람들 입에 오르내린 루머는 전투 도중 도쿠가와 이에야쓰 부대의 한 저격병에게 총상을 입고는 상처가 번져 죽었다는 것이다. 영화 〈카게무샤〉에서는 이 소문을 그대로 가져와 부상에 기력을 잃어 가던 다케다 신겐이 가신들에게 이런 대사를 남긴다. "교토를 장악하고 수도에 내 기치를 세우는 것이 평생 소원이었다. 그러나 내가 죽는다면 그 소원은 잊도록 해라. 그저 꿈으로 남겨두라. 명심해라. 내가 죽으면 알리지 말라. 적어도 3년간은 비밀로 해야 할 것이다. 영지 방어에만 힘쓰고 절대 움직이지 마라. 절대로."

　　다케다 신겐의 정확한 사인은 결핵이었다. 그는 평소 결핵을 앓고 있었고, 점점 몸이 나빠지고 있음을 자각한 다케다 신겐은 유언을 통해 가신들에게 자신의 죽음을 3년 동안 비밀에 붙이고 무모한 군사적 행동은 삼가라고 지시했다. 심지어 언제든 행정 문서로 사용할 수 있도록 신겐의 인장이 찍힌 백지 3년 치 분을 남겨두기도 했다. 다케다 신겐은 동생 다케다 노부카도에게 카게무샤가 되어 자신인 양 연기하도록 했다고 한다. 영화 〈카게무샤〉는 형 신겐의 카게무샤 노릇에 지친 노부카도(야마자키 츠토무 역)가 신겐과 똑같이 생긴 좀도둑 한 명을 데려와 신겐의 카게무샤로 세우는 것이 설정이다. 몇 명의 가신들만 알고 있을 뿐 다케다 신겐의 카게무샤는 영지로 가 아내와 첩, 그리고 손자에게도 정체를 속인다. 다케다 가문의 적인 오다 노부나가와 도쿠가와 이에야쓰는 분명 다케다 신겐의 죽음을 본능적으로 직감하지만 다케다 신겐의 카게무샤를 보며

오다 노부나가

신겐의 생존을 확인하고 혼란스러워한다.

연기만 하면 그만인 신겐의 카게무샤는 점점 다케다 신겐이 되어간다. 다케다 신겐의 사소한 행동과 습관을 따라하고, 신겐이 아끼던 손자와도 정서적으로 가까워지며 두 개의 자아를 구분 짓지 못한다.

유려한 영상미로 유명한 구로사와 아키라의 인장은 이 영화에서 특히 환상적이고 몽환적인 느낌을 만든다. 선명한 색채감으로 영화를 낭만적으로 장식하기보다 충격을 주는 비주얼리티는 꿈 시퀀스와 전쟁 시퀀스에서 더욱 돋보인다. 이 영화에서 꿈과 전쟁은 영화의 주제를 내포한다. 영화에서는 '꿈'이라는 메타포가 자주 거론된다. 신겐이 유언을 남기는 장면에서는 교토를 장악하려던 자신의 소원은 꿈으로만 남겨두라고 신신당부를 한다. 꿈은 곧 허상이다. 그리고 허상은 전쟁 시퀀스에서도 이미지적으로 반복된다. 영화 중반부 야간전투 장면에서 피아를 식별하기 어려운 조건에 적군조차 보이지 않고 제대로 된 싸움 장면 없이 총성과 함성만이 영화를 가득 채운다. 그저 전사자들만 비출 뿐이다. 말하자면 보이지 않는 적, '허상'의 유령적 존재들과 싸우고 그 결과로 죽음만이 남는다. 영화는 점점 현실과 허상의 경계를 무너뜨리는 방식으로 디자인된다. 신겐의 카게무샤도 죽은 신겐의 유령과 언제 들킬지 모르는 위기감, 그리고 신겐이 되고 싶어 하는 욕구에 시달린다. 가만히 있으면 들키지 않을 수 있었건만 카게무샤는 완전한 신겐이 되겠다며 사납기 그지없는 신겐의 애마를 타다가 낙마하여 정체를 들키고 내쫓긴다.

다케다 신겐의 죽음이 만천하에 드러나자 신겐의 아들 다케다 가쓰요리가 가이 지방의 다이묘를 계승한다. 역사적 논란이 많지만 다케다 신겐은 아들 가쓰요리가 아니라 손자 다케다 노부카츠를 후계로 지목했었다고 한다. 아들 가쓰요리에게는 그저 손자가 클 때까지 후견인 역할을 맡겼다는 것이다. 그러나 신겐 사후 신겐의 죽음을 비밀로 유지하면서 실질적인 영주 역할은 가쓰요리가 도맡고 있었다. 그 사이 신겐의 죽음을 어느 정도 예측하고 있던 도쿠가와 이에야쓰는 세력을 조금씩 팽창하고 있었다. 신겐의 유언대로 3년간 별다른 전쟁을 주도하지 않다가 1575년 가쓰요리는 오다 노부나가―도쿠가와 이에야쓰 동맹과 최종전을 벌일 각오로 대규모 군대를 동원했다.

이 영화에서 꿈은 허상과 동의어다. 각본 또한 구조적으로 잘 짜인 이 영화에서는 내내 허상과도 같은 꿈을 좇으려다가는 몰락하고 만다는 복선들이 여러 번 제시된다. 가신들의 반대를 만류하고 나가시노로 떠난 다케다 가쓰요리(하기와라 켄이치 역)는 나가시노 전투에서 대패하고 다케다 가문은 멸망한다. 나가시노 전투 장면 역시 독특하게 연출되었다. 공격하는 모습만 보일 뿐 총에 맞아 부대가 궤멸되는 장면은 나오지 않는다. 병사들이 죽는 장면은 그 광경을 보며 통탄해하는 다케다 가쓰요리의 표정으로 대체된다. 역시 총성의 사운드만 메아리친다. 죽은 병사들을 비추는 건 전투가 다 끝나고 핏빛이 낭자한 시체들이 들판에 가득 깔려 있는 장면이다. 이 장면은 유독 길게 비춘다. 마치 허상에 대한 집념의 결과가 얼마나 비극적인지를 잔인하리만치 각인시키려는 듯이 말이다.

스스로 다케다 신겐의 정체성에서 헤어나지 못한 신겐의 카게무샤는 멀찍이서 나가시노 전투를 목격한다. 다케다 가문의 부대가 전멸하자 죽은 신겐 만큼이나 비통해하며 죽은 시체들을 넘으며 홀로 적진을 향해 뛰어든다. 이 순간만큼은 카게무샤는 신겐 그 자체가 되겠다는 허상에 사로잡힌 유령이다. 그리고 죽은 신겐의 꿈을 꾸는데, 카게무샤가 말한 '나 홀로 100만 대군에게 포위되는 꿈을 꾸었다.'라는 말이 실현되는 장면이기도 하다.

영화의 기본 설정을 고려하면 허상에 사로잡혀 몰락을 맞이하는 결말은 필연적인 운명이었을지 모른다. 카게무샤란 '그림자 무사'다. 실체는 없지만 실체에 붙어 다니는 그림자 같은 존재다. 카게무샤 자체가 이미 허상인 셈이다. 그림자 같은 존재는 신겐의 카게무샤 한 명만이 아니다. 아버지로부터 인정받지 못하고 평생을 아버지의 영예에 그늘져 살아왔다고 말하는 다케다 신겐의 아들 다케다 가쓰요리 또한 허상의 결말이 예고된 그림자적 존재다. 카게무샤를 고용한 가신들도 마찬가지다. 신겐의 카게무샤로 신겐의 죽음을 감추려는 것도 그림자를 만드는 허상의 행위다. 끝내 나가시노 전투에서 카게무샤를 내세운 다케다 4명 중 야마가타 마사카게(오타키 히데지 역), 바바 노부후사(무로타 히데오 역), 나이토 마사토요(시우라 타카유키 역) 3명이 전사한다.

영화적 감상으로만 끝내지 않고 역사적 테제로까지 확대해 본다면 고민해 봐야 한다. 이름을 남기지 못한 그림자적 존재들이 얼마나 더 많이 있었을까. 영화는 카게무샤 한 명을 다루지만 실제 신겐은 굉장히 많은 카게무샤를 두었다. 그리고 그림자적 존재들은 카게무샤들만이 아니었다. 영화의 전투 장면에서 가장 공을 들여 비추는 전사자들도 그림자적 존재들이었다.(영화에서도 역광 조명으로 병사들의 검은 실루엣만 보여주는 장면들이 많다.)

이름대로 본질대로 살아갈 수 없었고 그저 그림자로서, 허상으로서, 유령으로서밖에 존재할 수 없었던 시대가 센고쿠 시대였다. 어디 그런 시대가 센고쿠 시대뿐이었을까. 전쟁이 당연시되던 시대는 언제나 존재자들에게 잔인한 시대였다. 구로사와 아키라 감독은 언제나 전쟁의 비인간성과 허망함을 규탄해왔다.

나가시노 전투 패전 후 다케다 가쓰요리는 몇 번이나 재기를 노리지만 번번이 실패했다. 우에스기 겐신과 힘을 합해도 봤지만 운명은 그의 편이 아니었다. 몇 년이 흘러 1582년 다케다 가쓰요리는 16살의 아들 다케다 노부카츠와 함께 할복했다. 이로써 다케다 가문은 끊어졌지만 적이었던 도쿠가와 이에야쓰가 다케다 신겐의 외손자에게 '다케다' 성씨를 하사하며 다케다 가문을 부활시켜 주었고, 외손자마저 후사 없이 죽자 도쿠가와 이에야쓰는 자신의 아들에게 '다케다' 성씨를 내려 다케다 가문을 보존해 주었다.

영화 〈카게무샤〉는 1980년 4월 26일에 개봉했으며 칸 영화제 황금종려상을 수상했고 그 외

다수 영화제에서도 수상했다. 이 영화는 특히 일본문화 개방에 맞춰 우리나라에서 공식적으로 첫 번째로 개봉할 뻔한 일본 영화였다가 프린트를 다시 뜨는 작업에 시간이 지나치게 걸리는 바람에 한국 최초 개봉의 영광은 기타노 다케시 감독의 〈하나비〉에 돌아갔다.

영화 〈카게무샤〉는 구로사와 작품 가운데 유일하게 실존했던 센고쿠 시대 장수에 관한 이야기를 다룬 스펙터클 거작이며, 1983년 이전까지 일본에서는 일본 영화 역대 흥행 순위 1위를 기록했다.

11

라마 4세와
라마 5세

조선은 실패했지만 태국은 가능했던 중립국

라마 4세와
라마 5세

#태국역사 #동남아시아역사 #방콕왕조 #짜끄리왕조 #라마4세 #몽꿋
#마그하푸자 #왕과나 #라마5세 #쭐랄롱꼰 #중립국 #근대화 #대나무외교

라마 4세와 라마 5세의 연도별 주요 이슈

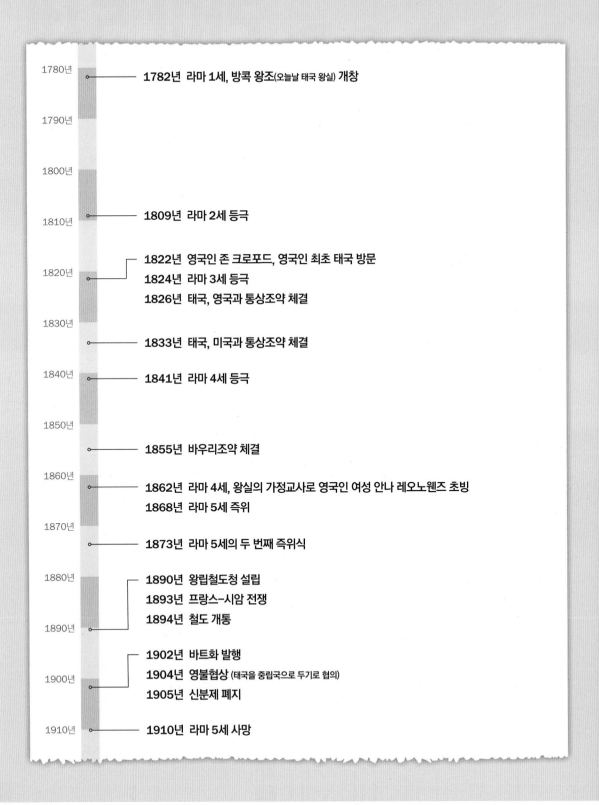

1780년

1782년 라마 1세, 방콕 왕조(오늘날 태국 왕실) 개창

1790년

1800년

1810년

1809년 라마 2세 등극

1820년

1822년 영국인 존 크로포드, 영국인 최초 태국 방문
1824년 라마 3세 등극
1826년 태국, 영국과 통상조약 체결

1830년

1833년 태국, 미국과 통상조약 체결

1840년

1841년 라마 4세 등극

1850년

1855년 바우리조약 체결

1860년

1862년 라마 4세, 왕실의 가정교사로 영국인 여성 안나 레오노웬즈 초빙
1868년 라마 5세 즉위

1870년

1873년 라마 5세의 두 번째 즉위식

1880년

1890년 왕립철도청 설립
1893년 프랑스-시암 전쟁
1894년 철도 개통

1890년

1902년 바트화 발행
1904년 영불협상 (태국을 중립국으로 두기로 협의)
1905년 신분제 폐지

1900년

1910년

1910년 라마 5세 사망

중립국을 지켜낸 준비된 리더

태국은 어떤 나라일까?

국기의 흰색이 상아를 상징한다고 말할 만큼 코끼리를 신성시하고 다양한 열대 동물들이 서식하는 나라 태국은 방콕, 치앙마이, 파타야, 푸켓 등 전 세계인들이 휴양을 즐기러 오는 도시들과 더불어 팟타이, 똠양꿍, 쏨땀 등 독특한 양념의 요리를 자랑하는 동남아시아의 대표적인 관광 국가다. 또한 태국은 내륙의 산간문화와 반도의 해양문화를 동시에 가지고 있고, 국교는 불교이되 민간신앙의 전통도 남아 있어 이색적인 분위기를 물씬 풍기는 매력적인 나라이기도 하다. 동남아시아에서 1인당 GDP로는 4위이고, 인구도 네 번째로 많다. 무아이타이의 종주국이자 '세팍타크

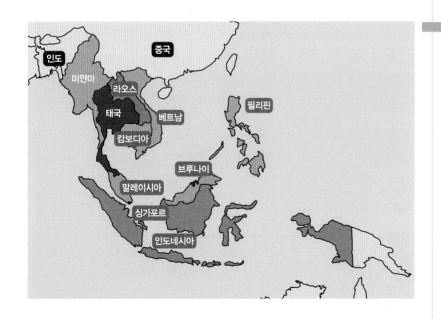

동남아시아 지도

라마 4세와 라마 5세

로'라는 고유 스포츠와 화려한 전통무용을 가지고 있기도 하다. 마지막으로 태국은 동남아시아 국가들 중 유일하게 식민 통치를 경험하지 않았다. 지구 전체로 봐도 제국주의 국가가 아니면서 독립을 유지한 몇 안 되는 국가 중 하나다. 태국은 도대체 어떻게 혼돈의 제국주의 식민지 쟁탈전을 피할 수 있었을까?

태국의 역사

지금의 태국을 구성하는 민족은 타이족(시암족)이다. 엄밀히 따지자면 타이계 제족(따이족)의 일부 계파다. 타이계 제족은 타이족뿐 아니라 라오스를 구성하는 라오족, 미얀마를 구성하는 버마족, 묘족, 광족, 리족, 백족 그리고 지금의 중국 윈난성과 광둥—광시 인근에 퍼져 살던 민족들을 아우른다. 이들 타이계 제족은 처음부터 동남아시아에 거주하던 원주민이 아니라 원래는 중국 남부에 퍼져 살던 남부 소수민족이었다.

타이계 제족
타이족을 지칭하는 민족과 인종은 광범위하다. 그래서 '모두 제(諸)' 자를 써서 '타이계 제족'이라고도 부른다.

649년 중국 기준 당나라 시대에 타이계 제족들이 연합하여 중국 남부에 남조국이라는 독자적인 국가를 건립했다. 그러나 남조국은 10세기경부터 내부 분열로 혼란을 겪다가 1253년 원나라에게 멸망당했다. 남조국이 혼란기를 거쳐 멸망할 때까지 약 3백 년에 걸쳐 타이계 제족들은 조금씩 와해되어 동남아 여러 곳으로 남하했다.

이렇게 남하한 타이족이 지금의 태국 땅으로 들어갔을 때 북부는 미얀마가, 중부는 캄보디아의 국가였던 크메르 제국이, 그리고 남부는 말레이시아 계열의 민족들이 차지하고 있었다. 타이족은 작은 도시국가들을 건설하며 강대국 사이사이를 비집고 들어왔다. 이런 작은 도시국가들을 '므엉'이라고 한다. 여러 므엉은 세력을 불려 주변의 므엉들을 통합해갔고, 그중 가장 강력한 세력으로 성장한 것이 수코타이 왕국이었다.

남하한 타이계 제족
라오족은 지금의 라오스 영토에서 란쌍 왕국을, 버마족은 지금의 미얀마 영토에서 바간 왕국을 세웠다.

1238년 건국된 수코타이 왕국은 3대 왕인 람캄행 대왕 시절 번성했다. 그 시절 남조국이 멸망하면서 그 유민(망해 없어진 나라의 백성)들이 대거 유입돼 수코타이 인구가 증가했다. 수코타이 왕국은 굳이 원나라와 척을 지지 않았다. 처음부터 원나라에 머리를 조아리고 조공을 바치며 국체를 보존했다. 람캄행이 스스로 남긴 비문에는 "물에는 생선이, 들판

람캄행 대왕
지금의 태국 문자의 원형을 만들었으며 태국 사회에 불교를 적극적으로 퍼뜨리기도 했다.

에는 쌀이 가득하며, 누구든지 자유롭게 무역하고 다니고 통행세는 거두지 않았다."라는 자화자찬의 글이 있다. 그러나 수코타이 왕국은 1438년 다른 므엉이었던 아유타야 왕국에게 태국의 패권을 내어 주고 말았다. 수코타이 왕국을 통합한 아유타야 왕국은 캄보디아의 크메르 제국으로 진격해 수도 시엠립을 함락하는 기염을 토했다.

아유타야 왕국은 명나라에도 자발적으로 조공을 바치면서 동아시아 국제질서에 적극적으로 편입되려고 노력했다. 외교에 소질이 남달랐던 아유타야 왕국은 명나라를 넘어서 조선에까지 조공을 바쳤다. 아유타야의 성장 배경에는 강한 군사력과 수완 좋은 외교술도 있었지만 더 결정적인 것은 경제적 성장이었다. 태국판 한강이자 태국의 젖줄이라고 할 수 있는 '짜오프라야강'은 바다로 이어진다. 수운 교통로인 이 강을 이용해 당시 아유타야 왕국의 수많은 상인들이 바다를 누비며 막대한 부를 얻었다. 이뿐만 아니라 짜오프라야강은 태국에 비옥한 토지를 만들어 주어 그야말로 전근대 태국의 부의 원천이었다.

아유타야 왕국이 전성기를 누릴 수 있었던 것은 북부에 '미얀마'라는 강대국이 없어서이기도 했다. 그러나 미얀마에 새로운 왕조가 들어서면서 1563년 일시적으로 아유타야 왕국을 점령했다. 아유타야 왕실의 왕자였던 나레쑤언이 흩어져 있던 타이족들을 불러 모아 부흥 운동을 일으켜 1581년 다시 아유타야 왕국을 회복했다. 미얀마는 멈추지 않고 태국의 아유타야 왕국을 압박하지만, 나레쑤언은 코끼리 위에서 2m가 넘는 장총으로 적장을 명중시키고, 입에 칼을 물고 혼자서 적진을 휘젓고, 적군에게 포위되었을 땐 직접 코끼리를 조련하며 포위를 뚫고, 자신을 암살하러 온 적국의 자객들을 1:1로 싸워 제압하는 등 미얀마의 모든 공격을 막아 냈다. 심지어 나레쑤언은 임진왜란이 터진 조선에 군사 증원을 자원하기까지 했다. 나레쑤언 사후 아유타야 왕국은 더 이상 발전하지 못하고 1767년 미얀마의 공격을 받아 멸망했다.

태국의 아유타야를 멸망시키긴 했지만 그곳을 관리할 여력이 없던 미얀마는 자국 군대를 전부 태국에서 철수했다. 태국이 주인 없는 카오스 상태가 되자 중국 상인들의 지지를 받던 '딱 신'이 혼란을 수습하고

시엠립 함락
이를 계기로 크메르 제국은 수도를 시엠립에서 프놈펜으로 옮겼고, 현재 캄보디아의 수도가 프놈펜이다.

미얀마의 공격
오늘날 아유타야 유적지의 불탑에는 황금 상당수가 뜯긴 흔적들이 있는데 이는 18세기 미얀마 군대가 뜯고 찢어 간 자국이라고 한다.

라마 4세와 라마 5세

타이족들을 규합해 1768년 '톤부리'라는 곳에 새롭게 나라를 개창했다. 그러나 딱 신은 평민 출신이고 아버지가 중국인인 혼혈이라 태국 토착 귀족들에게 환영받지 못했다. 태국은 토착 귀족들의 힘과 토착 민간 신앙의 힘이 강력하게 발휘되던 사회였다. 딱 신은 토착 귀족들과 알력 다툼을 하는 과정에서 폭군으로 변했고, 1782년 그의 최측근 중 한 명이었던 군 장교 짜끄리에게 암살당했다. 짜끄리는 자기가 섬겼던 딱 신과는 달리 태국 토착 귀족 가문 출신이라 어렵지 않게 새로운 왕으로 등극했다. 짜끄리가 라마 1세이며, 라마 1세가 수도를 방콕으로 옮기면서 그 수도가 오늘날까지 이어지고 있다. 현 태국의 왕실이 이렇게 시작됐다.

라마 1세는 적극적인 팽창정책을 추진했다. 캄보디아가 베트남과의 전쟁에서 패배하자 캄보디아의 왕이 태국의 라마 1세에게 몸을 의탁하면서 캄보디아 본토에선 왕이 부재하는 사태가 벌어졌다. 이때의 일로 캄보디아는 태국 방콕 왕조의 내정간섭을 받았다. 라오스도 라마 1세의 거듭된 침략에 시달리다가 매년 엄청난 양의 조공을 바치는 대가로 전쟁은 피했지만 역시 내정간섭에 시달렸다.

라마 1세는 미얀마의 왕조와도 우열을 가릴 수 없을 정도로 팽팽하게 맞붙었다. 한번은 미얀마의 정복군주 보도파야 왕이 무려 14만 명을 동원해 태국을 공격했는데 라마 1세가 이를 막아 냈다. 라마 1세는 베트남 내전에도 개입하여 응우옌 왕조가 베트남을 통일하는 데 큰 도움을 주었다. 라마 1세의 방콕 왕조 상승세는 거침이 없었다. 라마 1세 치세의 태국은 현 태국의 영토보다도 넓었을 만큼 전성기를 구가했다.

1809년 라마 1세 사후 왕위는 라마 2세에게, 이어 1824년 라마 3세에게 넘어갔고 비록 라마 1세만큼은 아니었지만 두 군주 모두 전성기의 태국을 잘 관리했다. 라마 2세 때는 포르투갈의 서양 선교사들이 최초로 태국 땅을 밟았다. 1822년에는 영국인 존 크로포드가 사절단으로 태국을 방문하여 문호 개방에 대해 라마 2세와 이야기를 나누었지만 당시에는 별다른 진척이 없었다. 태국과 영국의 공식적인 첫 접촉이었다. 라마 2세는 왕자들에게 다양한 국가 업무들을 맡겼는데, 개방적인 왕자들을 필두로 태국은 서양의 여러 문물을 수용했다. 그렇게 성장한 라마 3세는

짜끄리 왕조
라마 1세의 짜끄리 왕조를 수도의 이름을 따서 '방콕 왕조(짜그리 왕조)'라고 했으며, 외국에선 '시암'이라고도 불렀다.

가장 쉬운 역사 첫걸음

1826년 영국과 통상조약을 체결했는데, 태국 역사상 서양 국가와 최초의 공식적인 수교였다. 1833년에는 미국과도 통상조약을 체결했다.

　　라오스는 태국에 마지막 회심의 일격을 날리지만 태국의 우돈타니에서 라오스 군대가 격파되었고, 라오스 국왕은 방콕에서 처형당했다. 라오스는 태국 군대에게 유린당했고 회복하기 어려울 정도로 쇠퇴했다. 그간 우호적이었던 베트남과는 캄보디아의 종주권을 두고 갈등이 점화되고 있었다. 그러나 태국에게 더 큰 그림자가 드리우고 있었는데, 영국과 프랑스라는 서양의 제국주의 국가들이었다.

영국과 프랑스

18세기 영국은 산업혁명을 일구어 내고 신대륙 시장에 대한 주도권도 네덜란드로부터 빼앗았다. 영국의 가장 큰 아시아 시장은 단연코 인도였다. 영국의 동인도회사는 인도 곳곳에 상관을 설치하여 인도 무역을 유럽에서 독점했다. 특히 인도의 면직물이 무역의 주력 상품이었다. 인도산 면직물은 영국 내에서 압도적인 인기를 누렸다. 영국 동인도회사의 인도 무역은 국가 대 국가의 자유로운 무역이 아닌 무력을 동반한 강제 무역이었다. 프랑스도 인도 진출에 발을 들여놓고 있었지만 1757년 벵골 지역의 경제권을 두고 영국과 프랑스가 플라시 전투를 벌였다. 전투에서 승리한 영국은 프랑스를 내쫓고 벵골 지역에 대한 조세권까지 획득했다. 그렇게 18세기가 끝날 무렵까지 동인도회사는 인도를 식민화했다.

　　19세기 들어 영국의 산업은 더욱 고도화되었으며 인도는 완벽한 영국 동인도 회사령 식민지로서 영국의 무역에 동원되고 있었다. 문제는 인도를 식민 통치하다 보니 경영비와 군사비 지출이 막대하여 동인도회사는 만성적인 적자에 시달렸다. 영국은 청나라와 시장을 뚫었지만 청나라의 폐쇄적이고 제한된 무역으로 인해 오히려 적자의 폭이 더 늘었다.

　　동인도회사는 세금을 늘리고 플랜테이션 농업을 확대하며 인도인들을 더 핍박했다. 경제적으로도 동인도회사는 인도로부터 면직물을 구입할 여력이 되지 않아 반대로 영국산 면직물을 인도에 수출해서 그 이익에서 적자를 메꾸려 했다. 영국산 면직물이 대거 인도로 들어와 인도의

▪▪▪ 플랜테이션 농업
서양의 기술력과 자본, 현지의 값싼 노동력, 좋은 토지로 이루어지는 기업적인 농업 경영 방식

라마 4세와 라마 5세

면직물 내수산업이 휘청거릴 정도였지만, 여전히 동인도회사의 적자는 회복되지 않았다. 1814년 영국 의회는 동인도회사의 인도 무역 독점권을 철회하고 대인도 무역 자유화 방침으로 전환했다. 더 많은 회사들이 인도에 진출하고 인도를 넘어 새로운 시장까지 개척할 수 있는 가능성이 생긴 것이다. 동시에 동인도회사도 회사 유지를 위한 새로운 방법을 모색해야 했다. 1819년 동인도회사는 오늘날의 싱가포르 지역을 점거하고 영국령으로 삼아 항구도시로 개발했다.

인도에 이어 영국이 진출한 나라는 인도와 인접한 미얀마였다. 1817년 미얀마는 인도와의 사이에 있는 아삼 지방까지 영토를 확장했다. 이때 미얀마 내부에서 반란이 일어났다. 정부군이 반란군을 토벌하면서 일부 잔당 세력이 인도로 도망갔다. 미얀마의 군대는 국경을 넘어 인도까지 들어와 잔당을 섬멸했는데, 이 사건이 화근이 되었다. 영국의 동인도회사는 이것을 영국령에 대한 선전포고로 간주했다.

1824년 영국인 동인도회사 직원들이 코끼리 사냥을 하다가 미얀마로 들어왔다. 미얀마 국경의 군인들은 이 영국인들을 체포했다. 영국의 동인도회사는 함대를 보내 미얀마의 양곤을 점령하고 이라와디강을 따라 내륙 안쪽까지 들어왔다. 미얀마는 저항했지만 근대화된 영국군과 싸워 이길 수 없었고 1826년 얀다보에서 굴욕적인 조약을 체결했다.

제1차 미얀마-영국 전쟁에서 영국과 협력하여 미얀마와 싸운 나라가 있었다. 바로 라마 3세 치세의 태국이었다. 영국의 지원 요청에 그간 미얀마와 갈등의 골이 깊었던 라마 3세가 코끼리 부대와 수군을 지원해 주었다. 그렇다고 태국과 영국이 마냥 친할 수만은 없었다. 일찌감치 싱가포르를 점거하고 북상하던 영국과 태국은 말레이반도를 두고 신경전을 벌이고 있었기 때문이다. 그럼에도 태국이 영국을 지원한 것은 미얀마로 진출하여 획득한 점령지에 대해선 태국의 영토로 보장해 주겠다는 영국의 약속 때문이었다.

제1차 미얀마-영국 전쟁이 끝나갈 무렵 영국은 미얀마로 성공적인 진출을 했으니 태국과도 관계를 확실히 짚기 위해 동인도회사의 헨리 버니를 태국에 파견했다. 그리고 그를 통해 태국과의 근대 조약 체결을 추

얀다보조약

이 조약에 따라 미얀마는 아라칸 지역 등을 영국에 할양하고 수도였던 잉와에 영국군의 주둔을 허용했다.

진했다. 그 결과 1826년 영국과 태국 간에 버니조약이 체결되었다. 영국은 미얀마나 태국 자체보다는 중국으로 진출하기 위한 여러 가지 루트를 확보하는 것이 목적이었으므로 거듭된 전쟁과 협박으로 시간을 끌기보다 상호 우호적인 조건으로 협상을 체결하는 편이 나았다. 영국은 이후 중국 청나라로 진출하였고 아직도 적자를 벗어나지 못한 동인도회사는 청나라에 아편을 풀기 시작했다.

동인도회사의 적자는 만성적이었다. 따라서 공격적인 시장 팽창에 집중해야만 했다. 1850년 제임스 브룩이 라마 3세에게 버니조약을 무시한 불평등 조약을 요구했으나 실패했다. 무력을 동원해야 한다는 여론이 영국 내에 대두되었고 태국을 침입하려면 미얀마 장악이 우선되어야 했다. 때마침 명분으로 삼을 만한 사건이 미얀마에서 터졌다. 미얀마의 관리가 영국 상선의 선장들을 꾸짖은 적이 있는데 동인도회사는 이를 빌미로 1852년 제2차 미얀마-영국 전쟁을 일으켰다. 미얀마 남부의 경제권까지 장악하기 위해 억지로 트집 잡아 일으킨 명백한 침략전쟁이었다. 미얀마의 국왕은 전세가 밀리고 있음에도 계속 영국과 전쟁을 하려다 국내 온건파들에게 살해당했다. 온건파들에 의해 새로이 추대된 미얀마의 국왕은 공식적으로 영국에 패배를 선언하고 미얀마 남부 지방의 주요 항구도시들을 전부 영국에 넘겼다.

한편 프랑스는 영국보다 한발 늦게 아시아 시장에 진출했다. 프랑스도 인도 시장 진출을 도모했지만 1757년 플라시 전투에서 영국에 패배하면서 좌절되었다. 프랑스 왕정의 사치와 1789년 프랑스 대혁명, 그리고 나폴레옹 정복전쟁 등 어수선한 국면이 계속되며 프랑스는 아시아 진출의 꿈을 잠시나마 미루어야만 했다.

프랑스의 군사적·경제적 침투 이전에 동남아시아에는 종교적인 목적으로 선교사들이 이미 두루 분포하고 있었다. 분열되어 있던 베트남은 프랑스 선교사들의 중재로 프랑스의 지원을 받아 응우옌 왕조로 통일되었었다. 그 덕에 응우옌 왕조 초기엔 프랑스 선교사들의 포교 활동을 보장했지만 조금씩 탄압 방침으로 바뀌어 갔다. 1825년 베트남은 프랑스를 포함한 모든 서양인들의 선교활동을 금지했다. 그런데도 프랑스 선교사

버니조약

이 조약으로 태국은 영국의 페낭 점령을 인정했고, 그 대가로 영국은 말레이반도의 도시들(케다, 빨릿, 케란탄, 뜨랑가누)에 대해 자국 상선의 자유로운 무역을 보장하는 조건으로 태국의 점령을 인정하기로 했다.

들의 선교활동이 중단되지 않자 1836년 선교사 살인은 살인죄로 적용하지 않겠다는 교서를 내릴 정도로 대대적인 가톨릭 탄압 정책을 밀어붙였다.

프랑스가 본격적으로 아시아에 패권을 발휘하기 시작한 것은 나폴레옹 3세가 황제로 등극하고부터였다. 나폴레옹 3세의 프랑스가 처음으로 자리 잡은 동남아시아 국가는 캄보디아였다. 캄보디아는 태국의 방콕 왕조와 베트남의 응우옌 왕조 사이에 껴서 내정간섭을 당하며 시달리고 있었다. 캄보디아는 국내에 있던 프랑스 선교사들을 통해 프랑스에 구원을 요청했고 1856년 프랑스는 캄보디아를 보호한다는 명목으로 병력과 행정 인력을 투입했다. 더불어 나폴레옹 3세는 1857년 '코친차이나 위원회'를 구성해 동남아시아에 대한 적극적인 팽창 의사를 내보였다.

■■■ 나폴레옹 3세
나폴레옹의 조카

1858년 나폴레옹 3세는 2500명의 병력을 베트남 다낭으로 보냈다. 베트남 병력의 끈질긴 항전, 서양인들에겐 익숙하지 않았던 동남아 향토 및 기후로 인해 프랑스군은 고전을 면치 못했다. 프랑스는 베트남 침공과 더불어 중국에서 제2차 아편전쟁도 치르고 있었다. 1860년 제2차 아편전쟁이 끝나자마자 프랑스는 추가 병력을 베트남에 투입했고 이때부터 베트남도 무너지기 시작했다. 프랑스는 베트남에 불평등 조약을 강요했고 1862년 가톨릭 포교 합법화, 3개의 항구도시 개항, 코친차이나 동부 3성 할양, 배상금 지불 등을 내용으로 하는 제1차 사이공조약이 체결되었다. 1867년 프랑스는 코친차이나 서부 3성까지 병합했다. 캄보디아에 거점을 둔 프랑스는 이제 라오스를 노렸다. 하지만 라오스는 태국 방콕 왕조의 지배를 받고 있었기에 프랑스는 태국과의 충돌을 피할 수 없었다.

라마 4세

1851년 라마 3세 사후 라마 4세가 등극했다. 라마 4세의 본명은 몽꿋으로, 라마 2세가 왕자들에게 여러 가지 국가 업무를 분담시켰을 때 라마 4세 또한 그 한 왕자로서 외래문화 수용에 앞장섰다. 몽꿋은 라마 3세 이전부터 유력한 왕위 계승 후보였다. 라마 3세가 몽꿋보다 형이긴 하지

■■■ 라마 4세
라마 2세의 아들이자 라마 3세의 동생

만 서자였기 때문이다. 라마 2세는 경험이 더 많으면 판단력도 더 현명하리란 생각으로 서자인 라마 3세를 즉위시키되 몽꿋은 승려로 출가시켰다. 유력한 왕위 계승 후보가 국왕이 되지 못하면 정치 보복을 당할 가능성이 크다. 물론 20살이 넘은 성인 남성은 일정 기간 반드시 승려 생활을 해야 한다는 태국의 전통을 따른 것이기도 했지만 몽꿋에게는 승려 생활에 전념하는 것이 목숨을 부지할 수 있는 방법이었다.

몽꿋의 법명은 와지라나노였다. 몽꿋의 승려 시절은 그에게 중요한 자양분이 되었다. 이곳저곳 여행도 많이 다니고, 무엇이든 배우고 익히며 다양한 사람들을 만나 세상을 알고, 승려임에도 기독교 선교사들과 교류하며 서양의 역사, 문물, 정치와 경제 등을 배우고 터득했다. 라틴어와 영어, 서양의 수학과 과학까지도 섭렵했다고 한다. 몽꿋은 승려로 있으면서 태국 불교계의 폐단을 고치고 바로잡았다. 국제적으로 어지러웠던 시대였던 만큼 동남아시아의 불교계는 사회에 적극적으로 개입하려는 종파와 종교적 활동에만 전념하자는 종파로 나뉘어 있었다. 엄격한 규율과 구원의 고행을 중요시 여겼던 몽꿋은 후자 쪽이었다.

그렇다고 몽꿋이 절대 사회를 등졌던 것은 아니다. 그는 종교에 대해 고민하고 선교사들과도 활발히 토론하며 종교의 보편성을 추구했다. 서양의 근대적 합리성과 과학을 신봉했던 몽꿋은 그간 태국 사회에 팽배해 있던 통속적이고 대중적인 불교를 지양했다. 잡설이라 생각한 불교의 미신과 전설적인 요소는 전부 배제하고 철저히 불교 경전에 입각한 불교 본질의 원리를 되살려야 한다고 주장했다. 몽꿋은 불경이 태국어로 번역되는 과정에서 쓸데없이 추가된 주석과 해석이 문제라 판단하고 불경의 원어인 팔리어 탐구의 중요성을 강조했다. 다소 엘리트주의라는 비판을 받기도 하지만 몽꿋은 동양의 불교가 서양의 크리스트교와 비교했을 때 결코 뒤떨어지는 종교가 아니라는 점을, 동양도 동양에 맞는 합리적 종교가 있음을 설파하고 싶었던 것이다. 몽꿋은 서양인들에게도 동양의 불교가 존중받으려면 불교 고유의 원초성을 부각해야 한다고 생각했다.

1851년 라마 3세가 죽자 방콕 왕조의 토착 귀족 분낙의 적극적인 지지에 힘입어 몽꿋은 라마 3세의 아들들을 제치고 라마 4세로 추대되었

탐마윳 종파
몽꿋이 즉위한 이후 그의 사상이 '담마유티카 니까야(탐마윳)'라는 종파로 발전한다.

라마 4세와 라마 5세

다. 새로운 국왕의 등극에 태국과 팽팽한 기싸움을 하던 영국도 기민하게 반응했다. 라마 4세 즉위 이전 제임스 브룩의 교섭 실패로 영국에선 다소 강경한 방식으로 태국으로부터 불평등 조약을 끌어내야 한다는 분위기가 조성되고 있었다. 1855년 영국은 홍콩에 있던 영국인 존 바우링을 방콕으로 보냈다. 라마 4세는 존 바우링을 환대했고 심지어 정성껏 직접 영어로 편지를 써서 바우링에게 보내기도 했다.

앞서 영국에서 불평등 조약을 거론한 적이 있기에 존 바우링의 방문 목적을 태국 조정에서도 눈치채고 있었다. 그런데 오히려 존 바우링을 극진히 환영할 준비를 하는 라마 4세에게 조정 내부에서 반발이 심했다. 그러나 라마 4세의 의지는 확고했고, 존 바우링은 위협할 생각으로 방콕을 방문했는데 정작 극진한 환대를 받자 성심성의껏 대답하면서 우호적으로 협상 테이블에 임했다. 1855년 치외법권 인정, 관세 인하, 최혜국 대우 인정 등 최초의 불평등 근대 조약인 바우링조약이 체결됐다. 만약 라마 4세가 불평등 조약에 호의적이지 않으면 영국은 무력을 동원할 계획이었다. 세계정세를 제대로 분석하고 있던 라마 4세는 영국이 미얀마와 청나라를 어떻게 유린했는지, 또 서양의 근대식 무기들이 얼마나 막강한지 아주 잘 파악하고 있었다.

라마 4세는 자신이 즉위한 이듬해인 1852년 일어난 제2차 미얀마-영국 전쟁을 주시했다. 그는 영국 등 서양의 제국주의 국가들이 아시아의 여러 나라들을 강제 개항시키는 패턴을 알고 있었다. 라마 4세는 섣부르게 자존심을 지키며 싸우기보다는 처음부터 서양의 제국주의 국가들의 요구를 들어주고 백성의 희생을 최소화하는 길을 선택했다. 그렇다고 마냥 서양 국가들에게 퍼주려는 것은 아니었다. 라마 4세는 과거 체결한 조약에 불만이 많던 미국을 시작으로 프랑스, 덴마크, 프로이센, 포르투갈, 네덜란드, 벨기에, 이탈리아, 노르웨이, 스웨덴, 오스트리아, 헝가리 등 여러 국가들과 불평등 조약을 체결하면서 서양 국가들끼리 경쟁하게 하는 '이이제이'를 꾀했다. 제국주의 국가를 역이용한다는 작전이었다.

라마 4세는 외교로만 서양 국가들을 상대하려고 하지 않았다. 국내적으로도 근대화를 추진해 태국의 국력을 끌어올리고자 했다. 적극적인

라마 4세의 편지

"친애하는 당신께,
그대가 이곳 시암(태국)을 방문한단 소식을 듣곤 매우 기뻤습니다. 그대의 소중한 방문에 접견할 준비를 마쳤습니다. 그대가 시암을 방문할 날만을 간절히 기다리고 있겠습니다."

강제 개항 패턴

개항을 요구한다. → 아시아에서 거절한다. → 군대를 동원해 무력으로 불평등 조약을 체결한다.

쇄신을 통해 서양 국가들이 다른 여타 동양 국가들처럼 태국을 무시하지 못하게 하기 위함이었다. 라마 4세의 근대화 기본 원리는 온고지신이었다. 근대화도 좋지만 토착 귀족들을 달랠 필요도 있었다. 라마 4세는 토착 문화를 반영한 대규모 불교 축제 '마그하 푸자'를 개최했다. 이 축제로 전통 불교를 존중하고 귀족들을 우대하는 동시에 국가의 공력을 중앙 집권화할 수 있었다. 태국 도처에 깔려 있는 불교의 교단을 하나로 일원화할 수도 있었다. 라마 4세는 동양의 전통적 불교를 사상적으로 체계화한 뒤 이를 이념으로 근대화 정책을 추진했다.

마그하 푸자
지금까지도 이어지는 마그하 푸자는 태국 불교계에서 가장 중요하고 규모가 큰 축제 중 하나로 석가모니와 1250명 아라한들의 만남을 기린다.

라마 4세는 부왕 핀클라오를 앞세워 귀족들에게 서양식 복식을 강요했고, 근대식 무기와 훈련법을 수용하여 태국의 군대를 개편했으며, 서양인 행정 관료들을 초빙했다. 미국인 선교사 단 비치 브래들리를 통해 태국 최초의 영어−태국어 혼용 신문 〈방콕 리코더〉를 출간하기도 했다. 선교사들을 지원해 근대식 서양 학문을 가르치는 교육기관 건설에도 힘썼는데 라마 4세는 서양의 지리학과 천문학 교육에 유독 관심을 보였다. 라마 4세의 개혁은 근대화와 더불어 왕권 강화를 목표로 하고 있었다. 태국은 유독 토착 귀족들의 힘이 강력했다. 라마 4세는 귀족들의 힘을 견제하기 위해 마냥 싸우기보다 교묘하게 국왕의 권위를 세우려고 했다.

라마 4세가 핀클라오와 함께 한창 근대화 개혁을 추진하고 있을 무렵 프랑스의 나폴레옹 3세가 캄보디아에 둥지를 틀고 베트남과 제1차 사이공조약을 체결했다. 프랑스의 다음 타깃은 라오스였기에 라마 4세는 대프랑스 방침을 정해 두어야 했다. 여기서 라마 4세의 외교술이 빛을 발했다. 라마 4세는 영국을 통해 프랑스를 견제하고자 했다. 그는 친영국적

라마 4세의 근대화 정책에 행동대장이 되어 주었던 사람이 있었다. 태국의 방콕 왕조엔 국왕과 국왕을 보좌하는 부왕(副王) 제도가 있었다. 라마 4세는 동생 핀클라오를 부왕으로 발탁했는데, 핀클라오는 태국 내 개화파를 상징하는 왕실 사람이었다. 바우링조약도 핀클라오가 라마 4세를 옆에서 지지해 주었기에 가능한 일이었다.

여기서
잠깐

라마 4세의 부왕 핀클라오

라마 4세와 라마 5세

인 자세를 영국에 강하게 어필하며 프랑스의 진출을 경고했다. 가장 경계해야 하는 적국 하나와 도움을 청할 수 있는 국가 하나를 상정해 두는 전략이었다. 그렇다면 왜 라마 4세는 영국이 아닌 프랑스를 적으로 간주했을까? 여러 가지 이유가 있겠지만 영국이 탐내던 미얀마는 태국도 한창 싸우던 적국이었다. 반면 프랑스가 탐내는 캄보디아와 라오스는 태국의 간접 지배를 받는 종속국이었다. 태국 입장에선 프랑스와 친하게 지내면 더 많은 것을 내주어야 했다. 하지만 아직까지 영국과 프랑스는 직접적인 충돌을 하지 않았고, 그 사이 1867년 태국은 프랑스의 압력에 캄보디아에 대한 영향력을 완전히 포기하겠다는 조약을 체결했다.

1866년 부왕 핀클라오가 죽고 2년 후인 1868년 라마 4세도 세상을 떠났다. 천문학에 관심이 많던 라마 4세는 개기일식을 예측해 냈고 이를 실험하고자 태국 서부의 쁘라쭈압 키리 칸을 방문했다가 그만 말라리아에 걸렸던 것이다.

라마 4세의 유언

"내 형제, 내 아들, 내 손자들이여, 나라를 구하려고 생각하는 지도자 모두가 왕이 될 수 있을 것이다. 스스로의 의지로 결정하라!"

라마 4세를 이야기할 때 빼놓을 수 없는 사람이 안나 레오노웬즈다. 1862년 라마 4세는 왕실의 가정교사로 영국인 여성 안나 레오노웬즈를 초빙했다. 그녀는 6년간 라마 4세의 왕자들을 교육했다. 라마 4세의 뒤를 이어 즉위하는 라마 5세도 그녀의 교육을 받았던 왕자였다. 안나는 라마 5세의 근대화 정책들이 전부 그의 왕자 시절 자신이 가르쳤던 근대적 사상 때문이라고 회고했다. 안나는 태국 왕실에서 가정교사로 일했던 경험을 "시암 궁전의 영자 영어 가정교사(The English Governess at the Siamese Court)"라는 제목의 다이어리로 펴냈다. 이것을 작가 마거릿 랜든이 1944년 〈안나와 시암의 왕〉이란 제목의 소설로 출간했다. 소설은 라마 4세와 안나 레오노웬즈의 로맨스를 가미한 멜로 장르였다. 이 소설은 선풍적인 인기를 끌었고 미국 브로드웨이에서 판권을 사들여 1951년 〈왕과 나〉라는 제목의 뮤지컬로 제작되었다. 뮤지컬 역시 토니상을 수상하는 등 큰 인기를 얻어 1956년엔 영화사 이십세기폭스가 동명의 제목으로 영화로 만들었다. 월터 랭 감독의 〈왕과 나〉는 원작 소설보다는 뮤지컬을 영화화한 것이며 흥행에 성공했다. 라마 4세 역할을 맡은 율 브리너는 아카데미 시상식에서 남우주연상을 수상했으며 두 남녀가 〈Shall We Dance?〉라는 테마곡에 맞춰 춤을 추는 장면은 영화의 가장 아름다운 장면이 되었다. 영화 〈왕과 나〉는 몇 번이나 리메이크될 정도로 영화로도 뮤지컬로도 불후의 명작으로 남아 있다.

여기서 잠깐

〈왕과 나〉

라마 5세

라마 4세 사후 그의 아들 쭐랄롱꼰이 라마 5세로 즉위했다. 태국 근대화의 시작은 라마 4세부터였지만 이를 완성한 사람은 라마 5세였다. 교육열이 높았던 라마 4세는 자녀들에게 태국의 전통 교육과 함께 영어 등 서양식 교육을 받게 했고, 덕분에 왕자 쭐랄롱꼰은 서구의 신문물을 배우며 근대적 교육을 받았다. 15살 어린 나이에 즉위한 라마 5세는 국왕의 신분이지만 전통에 따라 승려 생활을 하기로 했다. 그동안 분낙 가문의 태국 토착 귀족 수리야웡이 섭정을 맡았다. 5년 후 라마 5세가 돌아왔다. 1873년 20살이 된 라마 5세는 두 번째 즉위식을 갖고 친정을 시작했다.

라마 5세에게 주어진 과업은 첫째 국왕 중심의 중앙 집권화를 완성하고, 둘째 부친에 이은 근대화 개혁으로 태국의 부국강병을 도모하며, 셋째 영국과 프랑스로부터 태국을 지켜 내는 것이었다. 친정을 시작한 라마 5세는 경악스러운 명령을 내렸다. 신하가 왕에게 절하는 풍습을 금지한 것이다. 전근대적 풍습이라는 것이 이유였다. 이것은 라마 5세의 근대화를 예고하는 선언과도 같았다. 이어 세금 제도를 개혁했다. 방콕 왕조의 태국은 지방의 세금을 각 지방의 토착 귀족들이 거두어들여 중앙정부에 납부하는 형태였다. 중간에 세금이 토착 귀족들에게 샐 수밖에 없는 구조였다. 라마 5세는 조세 징수권을 토착 귀족들로부터 빼앗고 전국으로 파견한 감찰관들이 세금을 징수하게 했다. 어떤 정책이든 재정이 뒷받침되어야 가능하기 때문에 세수부터 제대로 확보하려 한 것이다. 라마 5세가 꿈꾸는 근대화는 라마 4세 때보다 더 완강한 서구화였다. 라마 5세는 근대식 교육기관을 더 확대했고 근대식 우편 기관과 병원을 설립했다.

라마 5세는 중앙 집권화를 위해 정치제도를 획기적으로 개혁하고 행정구역을 재편했다. 오래도록 특정 지역의 호족이었다는 이유만으로 지배층이 되는 것이 아닌 전문 행정 집단에게만 권력을 부여하는 근대식 정치제도를 도입하기 위해 태국 최초로 내각제를 실시했다. 부왕 제도를 철폐하고 내각에 힘을 실어 주었으며 '추밀원'이라는 정치기구와 각 부처 장관 제도를 설치했다. 지방 행정구역은 단위를 '성-주-군-면-리' 5개로 체계화하여 각 성에는 토착 귀족이 아닌 왕이 임명한 총독을 파견했다. 지방 행정구역 재편으로 라마 5세는 세수를 더 철저하게 확보할 수 있었으며 징병제가 가능하게 되었다. 이 밖에도 각종 사회간접자본 설치에 집중하였고, 1890년에는 왕립철도청을 만들었으며, 1894년에는 몇몇 주요 도시를 잇는 철도를 개통하였다. 라마 5세 치세의 태국은 동남아시아에서 가장 발전된 나라였다.

프랑스–시암 전쟁

영국과 프랑스는 1880년대에 들어서고부터 더 요동쳤다. 영국은 미얀마 전체를 원하고 있었다. 인도의 봄베이와 미얀마 사이의 무역을 관장하던 '봄베이–미얀마 무역회사'라는 영국 회사가 있었다. 이 회사가 미얀마의 자원을 지나치게 수탈하자 화가 난 미얀마 왕은 이 회사에 막대한 벌금을 부과했는데, 이에 반발한 영국은 1885년 군대를 파견해서 제3차 미얀마–영국 전쟁을 일으켰다. 영국군은 만달레이를 함락한 뒤 도덕성을 문제 삼아 미얀마 국왕을 폐위하고 인도의 봄베이로 압송했다. 영국은 차기 국왕을 옹립하지 않고 미얀마 전체를 영국의 식민지로 삼았다.

만달레이
미얀마의 마지막 왕조인 꼰바웅 왕조의 수도

　한편 프랑스는 라마 4세의 치세기였던 1864년 캄보디아 정부의 요청에 따라 캄보디아를 보호국으로 삼았다. 캄보디아 정부가 자처한 것이었기에 왕정은 그대로 있었지만 사실상 프랑스의 식민 국가로 전락해 버린 셈이었다. 베트남에 대해서도 프랑스는 더 강력한 무력을 사용했다. 1873년 베트남에 주둔하던 쥘–마리 뒤프레 제독이 청나라 남부에 주둔하던 프랑시스 가르니에를 부추겨 하노이를 점령하게 했다. 베트남 쪽의 매복 기습으로 가르니에가 전사하자 프랑스 군대는 일단 하노이에서 철수했다. 진상 조사 및 사후 수습을 담당하도록 프랑스 본국에서 폴 필라스트르를 파견했다. 폴은 온건파였고, 1874년 제1차 사이공조약을 다소 수정하는 제2차 사이공조약을 체결했다. 더불어 제1차 사이공조약 때 지불하기로 했던 배상금을 부분적으로 면제해 주었다. 제2차 사이공조약은 제1차 사이공조약의 강도를 다소 낮추긴 했지만 베트남의 응우옌 왕조는 절대 프랑스를 믿지 않았다.

하노이 점령
뒤프레와 가르니에의 이 작전은 프랑스 본국 정부로부터 승인을 받지 않은 것이었다.

제2차 사이공조약 내용
코친차이나 전 지역에 대한 프랑스의 점령을 합법화하고, 하노이를 점령하지 않는 대신 프랑스 외교관을 두는 것이었다.

아니나 다를까 1882년 프랑스는 베트남 내 자국민을 보호한다는 명목으로 베트남에 대규모 병력을 주둔시켰다. 1883년 베트남 황실 문제를 빌미로 프랑스 군대가 수도 후에를 강제 점령하고는 제1차 후에조약을 체결했다. 프랑스는 베트남에 대한 야욕을 노골적으로 드러내기 시작했다. 프랑스 본국에서 군대를 계속 증파하여 1884년에는 약 16500명의 프랑스 군인이 베트남에 주둔하고 있었다. 이때 청나라가 나섰다. 베트남의 응우옌 왕조는 청나라에 거듭 구원을 요청했고, 양무운동 후 성공적인 근대화의 길을 걸으며 청나라도 자신만만할 때였다. 청나라는 프랑스에게 그간 프랑스—베트남 간에 체결되었던 모든 조약을 인정해 줄 테니 베트남에 주둔하고 있는 프랑스 군대는 철수시키라고 제안했다. 이는 양무파 관료 가운데 온건파였던 이홍장의 판단이었는데, 강경파였던 좌종당은 프랑스와의 전쟁을 추진했다. 그렇게 1884년 청프전쟁이 터졌고 결과는 청나라의 패배였다. 청나라는 더 이상 베트남에 영향력을 행사하지 않기로 했고, 1885년 프랑스는 베트남을 식민지로 삼았다.

제1차 후에조약

이 조약으로 베트남은 외교권을 프랑스에 양도한다.

태국이 가장 예민하게 반응했던 라오스에 대해서도 1886년 프랑스가 라오스의 루앙프라방에 멋대로 부영사관을 설치했다. 캄보디아와 베트남에 이어 라오스까지 프랑스의 식민지가 되자, 태국의 라마 5세는 거듭 영국에게 프랑스를 견제해야 한다고 설파했다. 그러나 영국은 프랑스와 전면전을 벌일 생각이 없었다. 라오스의 부영사 오귀스트 파비는 오히려 태국의 라마 5세에게 라오스에 대한 프랑스령을 인정하라고 요구해 왔다. 라마 5세는 국경지대의 군사력을 강화했다. 1893년 영사로 승진한 오귀스트 파비는 국경지대의 태국 군대를 철수하라고 요구했지만 라마 5세가 거절했다. 오귀스트 파비는 태국으로 군대를 보냈고 메콩강 유역에서 전투가 벌어졌다. 예상외로 프랑스군이 고전하고 있었다. 오귀스트 파비는 군함 두 척을 짜오프라야강을 통해 태국의 수도 방콕으로 곧장 향하게 하여 왕궁을 위협했다. 1893년 10월 라마 5세는 별수 없이 배상금을 물어 주고 라오스에 대한 지배권을 완전히 포기했다. 이렇게 해서 미얀마는 영국의 식민지가, 캄보디아와 베트남과 라오스는 프랑스의 식민지가 되었다. 태국만이 유일하게 주권국가로 남아 있었다.

대나무 외교

19세기 말에 즉위한 라마 5세는 20세기 들어 더 급진적인 근대화 정책을 추진했다. 1902년 라마 5세는 근대적 개념의 태국 화폐를 발행했다. 바로 바트화의 시작이었다.

영국과 프랑스는 전쟁까지 벌이며 태국을 두고 다툴 것인지, 아니면 태국을 반씩 나누어 가질 것인지 합의점을 찾아야만 했다. 1901년 영국은 에드워드 7세가 국왕으로 즉위했는데, 그는 소문난 평화주의자였다. 프랑스는 성공적으로 인도차이나반도를 병합했지만 거듭된 국내 경제 불황으로 아시아에 대한 확장 정책에 국고가 지나치게 소모된다며 내부적으로 숱한 비판이 일고 있었다. 결국 영국과 프랑스는 독일을 견제하기 위해 묵은 원한은 잠시 내려놓고 서로 동맹을 맺는 방안을 모색했다.

1904년 영국과 프랑스는 일명 '영불협상'을 체결하고, 그간 전 세계 곳곳에서 두 나라가 벌여 왔던 식민지 쟁탈 경쟁을 그만두기로 했다. 영국이 이집트를, 프랑스가 모로코를 식민화하며 차지한 서아프리카 해안에서도 각자 항해의 자유를 보장하기로 했다. 태국에 대해서는 그간 영국과 프랑스가 점령했던 일부 지역은 서로 인정하되 그 이상은 넘보지 않기로 했다. 태국을 완충지대 중립국으로 두기로 한 것이다. 태국의 영토를 두 나라가 마음대로 인정하고 말고를 정하는 협상이 불합리해 보이지만 20세기 제국주의 시대는 힘으로 정의가 결정되던 시대였다. 라마 5

바트화의 시작

이전에도 근대적 화폐 발행을 위한 노력이 있었으나 국제 환율로 난항을 겪다가 비로소 1바트당 은 15그램으로 정한 바트가 탄생했다.

1905년 라마 5세는 공식적으로 노예제도를 철폐했다. 이와 관련해서 일화가 전해진다. 1880년 라마 5세의 첫째 아내였던 수난타 왕비가 임신한 몸으로 짜오프라야강에 빠지는 일이 있었다. 이 광경을 본 노예들이 많았지만 혹시 천한 신분에 왕실 사람에게 신체적 접촉을 했다가 화를 당할까 봐 구경만 할 뿐이었다. 결국 왕비는 익사하고 말았다. 이 일을 계기로 라마 5세가 신분제 폐지를 단행했다고 하는데 어디까지나 전해지는 일화일 뿐이다. 라마 5세는 왕자 시절부터 근대 사상에 깨어 있었기에 일찌감치 신분제 폐지를 계획하고 있었을 수도 있다. 라마 5세의 왕자 시절 그의 가정교사였던 영국인 안나 레오노웬즈는 라마 5세의 신분제 폐지가 자신의 가르침이었다고 말했다.

여기서 잠깐!!

신분제 폐지

세 역시 영토 일부를 포기하고라도 국가의 주권을 지키는 쪽을 택했다.

영불협상에 따라 태국은 1907년 캄보디아에 대한 태국의 권리를 모두 프랑스에게 양도했으며 1909년에는 말레이시아에 대한 권리도 영국에 넘겼다. 영국과 프랑스도 이렇게 동맹의 길을 찾은 뒤 러시아와 함께 3국 협상을 통해 독일을 옥죌 수 있었다. 영국과 프랑스 사이를 조율하며 줄 것은 내주고 최악을 피하려고 했던 라마 5세의 외교를 '대나무 외교'라고 한다. 19~20세기 제국주의 열강 사이에서 라마 5세는 대나무 외교를 통해 태국의 자주를 지켜 냈다.

■■■ **태국 방콕 왕조의 영토**
라마 1세 이후 라마 5세에 이르기까지 태국 방콕 왕조의 영토는 현 태국의 영토보다 훨씬 넓었다. 라마 5세가 일부 영토에 대해 영국과 프랑스의 점령을 허용하고 나머지 지역에 대해선 태국의 자주권을 국제적으로 공인하면서 현 태국의 국경선이 확정되었다.

■■■ **대나무 외교**
바람에 이리저리 흔들리긴 하지만 꼿꼿함은 유지하는 대나무의 특성에 빗댄 표현이다.

끝까지 식민 통치를 피한 라마 4세와 라마 5세

태국은 아시아의 다른 나라들과 달리 제국주의 열강들로부터 독립을 지켜 냈다. 이는 라마 4세와 라마 5세의 덕이 크다. 그 이유를 3가지 정도로 정리해보면 다음과 같다.

첫째, 라마 4세와 라마 5세는 준비된 사람들이었다. 일찍이 서양인들과 교류하며 근대화에 눈을 떴고 스스로 개혁에 대한 확고한 이념도 가지고 있었다. 라마 5세는 근대화 개혁을 추진하는 와중에도 1897년과 1907년 두 번이나 유럽을 순방하는 등 국제 정세 파악에 적극적이었다.

■ **라마 4세와 라마 5세**

두 번째는 내줄 건 내주고 취할 건 취하는 외교의 '기브 앤 테이크' 전략이다. 주권을 잃은 식민 국가가 되어 백성들이 외국의 지배를 받으며 수탈당하는 사달을 피하기 위해서는 어느 정도 열강들에게 내줄 건 내주어야만 했다. 라마 4세와 라마 5세는 영국과 프랑스에게 자발적으로 태국의 이권과 영토 일부를 넘겨주었다. 대신 요구조건을 명확히 했다. 이를 두고 후대의 사람들은 '살기 위해 꼬리를 자른 도마뱀', '육체의 일부는 잃되 정신은 챙길 수 있었다.'라고 표현하기도 한다. 라마 4세와 라마 5세는 국토 일부를 넘겼을지언정 국민은 지켜 낼 수 있었다.

세 번째는 안정적인 중앙 집권화이다. 라마 4세와 라마 5세는 일의 순서를 알았다. 급진적인 근대화와 외교 방침을 수행하기 위해서는 중앙 집권화가 완성될 필요가 있었다. 라마 4세는 종교적인, 라마 5세는 정치적인 중앙 집권화를 도모했다. 태국 내에 두 국왕의 개방성에 불만을 품은 세력들이 있었지만 라마 4세와 라마 5세는 국론을 하나로 모아 냈다.

■■■ **라마 5세**
1910년 서거했다. 라마 5세는 현재까지도 태국인들이 가장 존경하는 인물 가운데 하나이며, 태국 최고 대학교가 그의 이름을 딴 '쭐랄롱꼰대학교'이다.

조선은 실패하고 태국은 가능했던 중립국

식민지 역사를 거친 한국은 고민해 볼 필요가 있다. 왜 조선은 중립국이 되지 못했고 태국은 중립국으로 남을 수 있었을까? 왜 고종은 실패했고 라마 4세와 라마 5세는 가능했을까? 태국을 넘본 국가는 영국과 프랑스. 조선을 넘본 국가는 일본과 청나라와 러시아. 조선을 노리던 국가가 더 많으니 조선은 이용해 먹을 수 있는 국가가 더 많다는 이점이라면 이점이 있었다. 일단 고종은 한 사람인데 태국엔 라마 4세와 라마 5세 두 사람이나 있었으니 고종 입장에서 억울할 순 있겠다. 고종은 아버지 흥선대원군과 아내 명성황후라는 변수들까지 있었다. 그러나 라마 4세와 라마 5세 중 단 한 사람만 비교를 해도 고종은 비교 대상이 될 수밖에 없다.

힘으로 세계정세가 좌지우지되던 시대에 중립국으로 남기 위해선 국제적 운도 물론 따라야 했다. 태국을 두고 영국과 프랑스가 최종 결정을 내려야 하는 순간 두 나라는 싸우지 않고 동맹하는 쪽을 선택했다. 반면 조선을 두고 일본, 청나라, 러시아는 중간중간 타협의 제안들이 오고 갔지만 마지막엔 싸우는 길을 선택했다. 조선과 태국을 넘본 나라들의 서로 다른 최종 선택은 조선이나 태국이나 어찌지 못하는 요인들이었다. 분명 국제 정세가 태국에겐 운이 좋았고, 조선에겐 불운했던 배경도 있었다. 단, 역사의 비극을 운으로만 결론지을 수는 없다. 조선의 식민화는 고종의 탓도 크며, 태국의 중립국 지위 유지는 라마 4세와 라마 5세의 덕도 크다. 그 차이는 무엇일까?

첫 번째로 라마 4세와 라마 5세는 준비된 자들이었다. 반면 고종은 준비되지 않은 자였다. 고종은 본디 왕이 될 왕족이 아니었다. 아버지 흥선대원군이 강제로 추대한 왕이었고 즉위 당시 고종의 나이 12살이었다. 고종은 흥선대원군의 섭정을 거치고 재위 10년째에 접어들었을 무렵 친정을 시작했다. 흥선대원군은 당장은 물러나지만 이후 재기의 기회만 노리며 권력에 대한 미련을 버리지 못했다. 즉 섭정을 했던 10년간 흥선대원군은 자기 권력에 심취해 정치를 했을 뿐 어린 국왕을 유능한 군주로 키울 계획 따윈 없었다. 세도정치기 60년과 흥선대원군의 10년간의 섭정으로 조선은 국제관계에 대한 문을 닫았고 고종이 친정에 나설 때 그런 폐쇄적 조선을 물려받았다.

라마 4세는 왕위 서열에서 이복형 라마 3세에게 밀려난 뒤 승려가 되어 전국을 여행하고 서양인들과 교류하며 사상적으로나 물질적으로나 신문물을 접하여 스스로 확고한 이념을 가지고 있었다. 라마 5세도 어릴 적 근대 교육을 받았고 왕으로 즉위했을 때 고종처럼 나이가 어렸지만 승려로 출가하여 아버지처럼 이곳저곳을 누비며 무엇이든 배우고 익혔다. 고종은 10년의 의미 없는 세월을 보낸 반면 라마 5세는 값지고 소중한 5년을 보냈다. 준비된 자는 환난이 찾아와도 슬기롭게 해결책을 찾아가지만, 준비되지 않은 자가 갑자기 무언가를 떠맡으면 작은 환난에도 크게 접질리기 마련이다. 라마 5세는 재위 기간 두 차례나 유럽을 순방했다. 고종은 러시아 공사관으로 도망칠 때를 빼곤 단 한 번도 궁궐을 벗어나 본 적이 없었다. 이뿐만 아니라 훗날 순종이 되는 황태자에게 근대식 교육의 중요성을 강조한 적도 없었다.

두 번째는 내줄 건 내주고 취할 건 취하는 외교의 '기브 앤 테이크'에 대한 이해도의 차이다. 제국주의 시대에 약소국들은 잔인하지만 이상적인 결말을 기대할 순 없었다. 최악을 피하는 것이 최선이었다. 라마 4세와 라마 5세는 영국과 프랑스에게 자발적으로 태국의 이권과 영토 일부를 넘겨주었다. 조선도 한일병합 때까지 순차적으로 이권을 빼앗기는 단계를 거치긴 했다. 그러나 고종의 계산에 의한 이양이 아닌 그저 당하기만 하는 수순이었다. 라마 4세와 라마 5세는 이권을 넘기는 대가로 요구한 조건이 명확한 반면 고종은 추상적인 협조만을 바랐을 뿐이었다. 협상의 카드가 아닌 가져다 바친 꼴이다.

세 번째는 안정적인 중앙 집권화의 차이다. 성공적으로 중앙 집권화를 도모했던 라마 4세나 라마 5세와 달리 고종은 아버지 흥선대원군에게 휘둘리고, 아내 명성황후에게 휘둘리고, 온건개화파에게 휘둘리고, 급진개화파에게 휘둘리고, 위정척사파에게 휘둘렸다. 그 말로는 친일파들에게 휘둘리는 망국의 군주였다. 서로 다른 이해관계가 얽힌 세력들의 주장에 줏대 없이 일관되지 않은 정책들을 반복했다. 나중에 가서야 나름 행정권을 일원화하겠다며 내놓은 고종의 선택이 황제 등극이었다. 황제 등극은 고종 개인과 왕실의 체면을 높이는 일일뿐 중앙 집권화의 실효는 전혀 없었다. 전하가 폐하가 되고, 세자가 태자가 되고, 황색을 사용할 수 있고, 하늘의 신에게 제사를 지낼 수 있는 특권이 어떤 현실적인 도움이 될 수 있었을까.

그럼에도 20세기 전 세계 피압박 민족들의 고통은 제국주의 열강들의 난폭한 비도덕성이 가장 기본적인 원흉임을 잊어서는 안 된다. 보호자의 무능보다는 가해자의 위해가 더 문제인 것이다. 하지만 국제정세는 도덕과 인륜을 저버리는 경우가 비일비재하기에 위기 상황이 닥쳤을 때 대처할 수 있는 경험과 준비가 반드시 필요하다. 그런 점에서 조선과 태국의 비슷하지만 달랐던 과정과 결과를 비교해 보는 일은 현재에도 중요한, 역사를 바라보는 방법론의 하나이다.

12

소크라테스

소크라테스를 죽인 민주주의

소크라테스

#고대아테네 #민주주의 #민주정 #솔론 #클레이스테네스 #페르시아전쟁 #페리클레스
#펠로폰네소스전쟁 #알키비아데스 #소크라테스재판 #중우정치 #플라톤

소크라테스의 연도별 주요 이슈

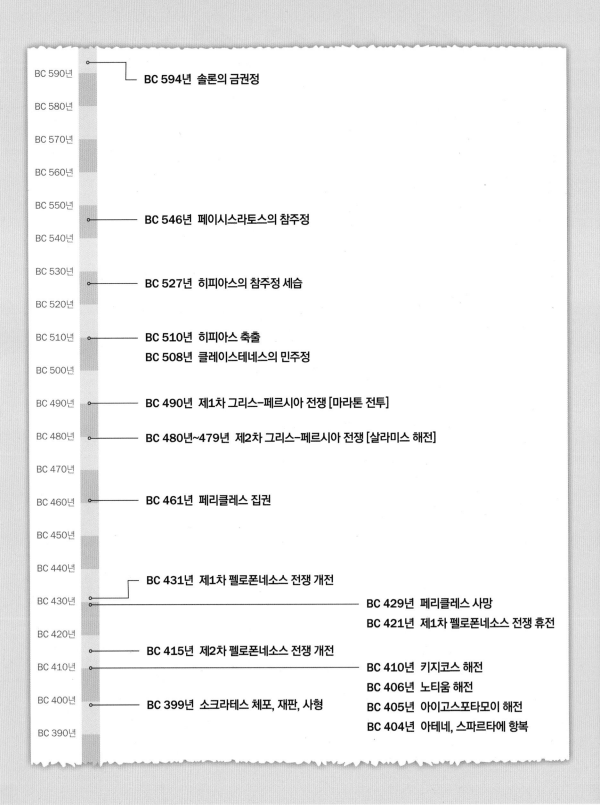

BC 590년	BC 594년 솔론의 금권정
BC 580년	
BC 570년	
BC 560년	
BC 550년	BC 546년 페이시스라토스의 참주정
BC 540년	
BC 530년	BC 527년 히피아스의 참주정 세습
BC 520년	
BC 510년	BC 510년 히피아스 축출
BC 500년	BC 508년 클레이스테네스의 민주정
BC 490년	BC 490년 제1차 그리스–페르시아 전쟁 [마라톤 전투]
BC 480년	BC 480년~479년 제2차 그리스–페르시아 전쟁 [살라미스 해전]
BC 470년	
BC 460년	BC 461년 페리클레스 집권
BC 450년	
BC 440년	
BC 430년	BC 431년 제1차 펠로폰네소스 전쟁 개전
	BC 429년 페리클레스 사망
BC 420년	BC 421년 제1차 펠로폰네소스 전쟁 휴전
BC 415년	BC 415년 제2차 펠로폰네소스 전쟁 개전
BC 410년	BC 410년 키지코스 해전
	BC 406년 노티움 해전
BC 400년	BC 399년 소크라테스 체포, 재판, 사형 / BC 405년 아이고스포타모이 해전
BC 390년	BC 404년 아테네, 스파르타에 항복

타락한 민주주의에 희생된 철학자

고대 아테네의 민주주의

오늘날 우리는 '민주주의'를 가장 이상적이고 정의로운 정치체제라고 평가하곤 한다. 민주주의란 한 국가의 주권이 특정 개인이나 집단이 아닌 국민에게 있고 국민을 위한 정치를 구현하는 사상이나 정치체제를 말한다. 그리고 시민들이 자신들을 대신해 정치적 의사결정을 내려 줄 대표자들을 선택하는 것을 대의 민주주의라고 한다. 대의 민주주의의 탄생은 고대 아테네로 거슬러 올라간다. 고대 아테네에서 시작된 민주주의의 변천 과정을 살펴보자.

서양 문명의 발상지라 일컫는 고대 그리스는 작은 도시국가들로 쪼개져 있었다. 청동기시대 고대 그리스에는 현지인들이 부족국가를 이루어 살고 있었다. 그러나 철기를 보유한 외세 민족인 도리아인의 침입으로 고대 그리스 곳곳이 파괴되었다. 도리아인과 이오니아 같은 외세 민족들이 그리스 반도로 유입되어 전 지역으로 퍼져 나갔다. 그렇게 3~400년이 흐르는 동안 그리스는 지역별로 기후와 환경에 따라 독립적이고 분권적인 성향이 짙어졌다. 지역 도시들은 자체적으로 성벽을 둘렀고, 그렇게 도시국가 폴리스로 발전했다.

다신교 기반의 그리스인들은 폴리스마다 모시는 신이 따로 있었고 '아크로폴리스'라고 부르는 폴리스 내 가장 높은 언덕에 신전을 두었다. 도시국가 폴리스가 이제 막 만들어지기 시작했을 무렵엔 거의 모든 폴리스들이 왕이 군림하는 왕정을 채택했다. 단, 도시국가이다 보니 인구가

폴리스
'성벽을 둘렀다'는 뜻이다.

소크라테스

적어 왕은 강력한 왕권을 휘두를 수가 없었다. 대신에 도시국가 간 전쟁이 치열해짐에 따라 전쟁터에 나가 싸우는 군인에게 사회적 특권과 명예가 주어졌다. 필연적으로 군인은 귀족이 되었다. '중장보병'이라고 부를 정도로 군인들의 장비가 화려하고 무거웠는데, 모든 중무장 장비들은 개인 비용으로 마련해야만 했다. 즉, 귀족이 되기 위해선 군인이 되어야 하고, 군인이 되기 위해선 귀족이 되어야 하는 폐쇄적 지배 구조가 정착되어 갔다. 그럴수록 왕의 개념은 점차 옅어졌다.

고대 아테네도 왕정으로 시작했으나 귀족의 권한이 비대해지며 왕정은 소멸하고 귀족 연합이 폴리스를 운영하는 귀족정으로 전환되었다. 인구가 적은 도시국가였기에 한 개인이 전제 권력을 발휘하는 것보다 소수의 지배층이 다스리는 편이 훨씬 효율적이었다. 귀족정으로 폐쇄적 지배 구조는 더욱 공고해졌고, 국가의 부가 군인 귀족들에게 쏠리며 사회의 부익부 빈익빈 현상이 심화되어 갔다.

부익부 빈익빈 현상이 가장 심하게 두드러진 폴리스가 아테네였다. 바다와 인접해 있고 국토 대부분을 산지가 감싸고 있는 아테네의 귀족들은 일찌감치 상업에 종사했고 그들이 부를 축적할수록 빈부격차도 심해졌다. 아테네 귀족정으로 인한 빈부격차는 아테네 사회의 생산성을 심각하게 떨어뜨렸다. 아테네의 피지배층은 귀족이나 부자의 땅을 빌려 경작하고 난 후 수확물의 상당량을 소작료로 납부해야 했고 본인이 가져가는 비율은 극히 적었다. 소작료를 갚지 못하면 이자가 늘어나고 이자도 갚지 못하는 경우가 허다했는데, 그 결과는 귀족이나 부자의 노예가 되는 것이었다. 원래 자유민이었으나 채무 문제로 노예로 전락한 '헥테모로이'의 수는 순식간에 불어났다. 자유민이 노예로 전락한다는 건 사회의 중산층이 사라진다는 뜻이다. 세금과 노동력을 공급하는 자유민의 수가 적어지면 국가의 건전성이 약화할 수밖에 없다. 누군가는 채무 악순환의 고리를 끊어야만 했다.

고대 아테네의 귀족정은 귀족회의 기구와 그들을 대표하는 아르콘이라는 집정관으로 이루어져 있었다. BC 594년 새로운 아르콘으로 선출된 솔론은 대대적인 개혁에 나섰다. 그는 우선 빚을 갚지 못해 노예로 전락한 채무노예 헥테모로이를 전부 자유의 몸으로 해방해 주었으며 채무를 더 이상 갚을 필요도 없다는 부채 탕감 법령을 선포했다. 채무 계약서를 폐지했고 저당 잡힌 토지는 원래의 자유민에게 다시 돌려주었다. 당연하게도 귀족들과 자산가들의 엄청난 반발이 있었지만 솔론은 이들을 위한 개혁도 실시했다.

부채 탕감 법령을 선포하고 2년 후 솔론은 이전까지 제각각이었던 화폐의 중량을 일정한 기준으로 통일하는 화폐개혁을 단행했다. 이것은 아테네 시민들의 상업 본능을 자극했고 아테네 자산가들은 이전보다 훨씬 더 적극적으로 해외 무역업에 뛰어들었다. 그러나 해외 무역의 팽창으로 인해 또다시 부의 불평등한 분배가 이루어질 수 있었다. 솔론은 아테네 시민들을 소유 재산에 따라 4계급으로 나누었고, 소유 재산의 규모에 따라 참정권을 부여하는 이른바 금권정치를 실행했다. 가장 재산이 많은 제1계급에게 참정권을 부여하고, 그 내에서도 재산의 규모에 따라 관직을 수여했다. 이로 인해 귀족은 아니지만 돈이 많던 자산가들이 정치 주체로 흡수되었다. 반대로 재산이 많지 않은 귀족은 도태될 수밖에 없었다. 솔론의 금권정치로 기존의 귀족정은 크게 흔들렸다. 솔론 이전의 아테네는 부채노예들로 폭동이 일어나기 일보 직전이었다. 솔론은 부채 탕감령으로 사회를 안정화했고 무엇보다 기존 귀족의 구습이 타파되면서 앞으로 도래할 고대 아테네 민주주의의 기반을 마련했다.

귀족들은 솔론을 벼르고 있었다. 솔론은 자신이 10년간 아테네에서 나가 있는 대신 그동안 본인의 개혁정책들을 그대로 둘 것을 귀족들로부터 약속받고 아테네를 떠났다. 솔론의 금권정은 바뀌지 않았으나 그가 부재한 상황에서 아테네 사회는 편을 나누어 서로를 헐뜯었다. 전통적인 귀족들은 대토지를 기반으로 아테네의 농업을 중시하는 평지당을 이루었고, 참정권을 보장받은 자산가 계층은 무역업을 바탕으로 해안당을 이루었으며, 마지막으로 가난한 민중들을 대변하는 산악당이 있었다. 이 중 산악당은 한때 솔론의 동료였던 페이시스트라토스가 이끌었다.

10년 후 솔론은 아테네로 귀국했고 세 파벌의 중재에 나서려고 했으나 페이시스트라토스의 정치적 힘이 너무 커져 있었다. 솔론의 빈자리를 꿰찬 페이스트라토스는 가난한 민중들의 압도적인 지지를 받고 있었다. BC 561년 페이시스트라토스는 스스로 몸에 상처를 내고 정적으로부터 습격을 당했다는 자작극을 펼쳤다. 그리고 각목으로 무장한 호위대를 이끌고 평지당 귀족들과 해안당 상인들의 당수들 몇 명을 본보기로 죽인 후 정권을 장악했다. BC 560년 페이시스트라토스는 스스로를 '참주'라 부르며 독재를 일삼았다. 솔론은 페이시스트라토스의 폭력적 참주정을 강하게 비난했고 아테네를 등진 채 해외로 망명했다.

참주
고대 그리스에서 비합법적으로 정권을 장악한 권위주의적인 지배자를 뜻한다. 대개 귀족 출신으로, 평민의 불만을 이용하여 그 지지를 얻어 정권을 장악했다.

독재 참주정은 반대파들의 항거로 금세 종식되었지만 페이시스트라토스는 평지당과 해안당을 이간질한 뒤 재집권했다. 그러나 반대파의 연이은 반발로 그는 BC 556년 국외로 추방되었다. 추방된 후에도 10년간 광산에서 금과 은을 채굴하며 많은 재산을 모았고, BC 546년 외국인 용병을 고용하여 아테네를 공격해 확실한 참주로 등극했다. 페이시스트라토스는 원래 가난한 민중을 대변하던 산악당이었다. 독재정치를 일삼긴 했지만 가난한 민중들을 위해 토지제도를 개혁하기도 했다. 영세농을 재정적으로 지원하고 추방 귀족의 토지를 몰수해 빈농들에게 분배해 주었다. 그의 목표는 중산농민층의 육성이었다. 정치적으로는 귀족들이 지방에서 행사하던 세습적인 재판권을 부정하고 순회재판관 제도를 시행했다. 독재는 독재인데 귀족들의 특권을 약화하는 독재였다.

BC 527년 페이시스트라토스가 죽고 그의 모든 권한을 아들 히피아스가 세습했다. 2대 참주로 등극한 히피아스는 잔혹한 폭군이었다. BC 510년 아테네의 한 귀족이 스파르타에 구원을 요청했고, 스파르타가 아테네를 쳐서 히피아스를 추방했다. 이렇게 아테네는 다시 귀족정으로 회귀했다.

히피아스 추방 후 아테네의 실권자는 이사고라스와 클레이스테네스 둘이었다. 이사고라스는 지배층의, 클레이스테네스는 민중들의 대변인이었다. 먼저 정권을 장악한 사람은 이사고라스였다. BC 508년 아르콘으로 선출된 이사고라스는 반동적인 전통 귀족 가문의 부활을 추구하다가 추방되었다. 같은 전통 귀족이긴 하지만 민중의 편에 섰던 클레이스테네스가 대중들의 압도적인 지지에 힘입어 아르콘으로 선출되었다. 클레이스테네스는 전통적인 귀족정을 철폐하고 본격적인 민주정으로의 전환을 공표했다. 이렇게 해서 인류사상 최초의 민주주의가 탄생했다.

클레이스테네스 민주정의 특징은 모든 시민에 대해 참정권을 부여하는 것이었다. 그의 대표적인 정치개혁은 부족제 개편이었다. 폴리스라는 도시국가가 출현한 이래 폴리스 내부의 거주지는 혈연을 기반으로 이루어졌다. 혈연 중심의 거주지 단위를 '프라트리아'라고 하는데 클레이스테네스의 개혁 전까지 아테네에는 크게 4개의 프라트리아가 있었다. 그런데 아테네의 인구가 점차 많아지면서 혈연과 씨족의 중요성이 약해졌고, 프라트리아 구획 방식의 의미가 없어졌다.

프라트리아의 경계가 허물어지면서 폴리스 당국은 아테네 인구를 집산하고 파악하기가 힘들었다. 클레이스테네스는 프라트리아의 한계를 깨닫고 부족제를 개편했다. 인접한 지역끼리 10개씩 묶어 '데모스'라 명명한 행정단위를 새로 구획했다. 총 10개의 데모스에서는 각 50명씩, 귀족과 평민을 구분하지 않고 '불레'라는 대표단을 선출했다. 임기는 2년이었다. 각 데모스에서 50명씩, 총 500명의 대표단이 조직되었다. 500명의 불레들이 모인 회의 기구가 평의회였다.

평의회는 솔론 때부터 존재했다. 단 선발기준이 애매했고 400명만 뽑던 제도를 클레이스테네스가 500명으로 확대 개편했다. 500인 평의회는 외국 사절을 접견하는 등 대외적인 업무를 담당했고, 민회에서 토론할 의제를 준비하고 결정된 사안을 실행하는 역할을 맡았다. 아울러 입법되는 안건의 절반 정도는 평의회에서 제출하기도 했다. 민회란 20살이상의 모든 성인 남성 자유민들이 다 모이는 회의 기구였다. 1년에 약

아테네 민주주의 여러 상징들 중 가장 유명한 도편추방제도 클레이스테네스 개혁기에 처음 도입된 것으로 추정하고 있다. 도편추방제란 민주주의를 저해할 수 있는 독재자의 출연을 방지하기 위한 조치로, 독재의 가능성이 보이는 인물이 있으면 그 사람을 아테네에서 추방할지 말지 민회가 열릴 때 도자기 파편에다가 찬반을 적어 투표하는 제도였다. 찬성표가 600표 이상이면 반드시 국외로 10년간 추방되어야 했다.

40차례, 즉 9일에 한 번꼴로 개최했으며 아테네 남성 자유민이기만 하면 누구나 아크로폴리스 밑의 아고라 광장에 모여 민회에 참여할 수 있었다. 귀족 회의 기구는 점차 민회에 권한을 빼앗기면서 자연스레 소멸했다.

이렇게 클레이스테네스가 고대 아테네 민주주의의 초석을 마련했지만 한계도 있었다. 우선 남성 자유민만 시민으로 인정하여 참정권을 부여했고, 여성이나 노예, 외국인은 시민으로 인정하지 않았다. 또한 고대 아테네뿐 아니라 고대 그리스의 도시국가들은 나라를 지키는 군인에게만 참정권을 부여했다. 군인 개인의 장비는 전부 사비로 마련해야 했기 때문에 상당한 재산을 보유해야 군인이 될 수 있었다. 명목상으론 여성, 노비, 외국인을 제외한 성인 남성 자유민 모두에게 참정권을 부여할 수 있었지만 실제로는 돈이 없으면 군인이 될 수 없어 참정권을 가질 수 없었다. 클레이스테네스 이후, 그가 매듭짓지 못한 아테네 민주주의의 한계를 보완한 사건과 인물이 나타났다.

페르시아 전쟁과 페리클레스

동방에서는 페르시아 제국이 들어서며 그 검은 먹구름을 그리스 반도까지 드리우고 있었다. 페르시아 제국이 식민지로 삼은 터키의 작은 도시국가가 독립 반란을 일으킬 때 아테네가 지원해 준 일이 있었다. 이 일을 빌미로 페르시아는 그리스 반도의 여러 도시국가들을 위협하며 자발적 복속을 강요했다. 게다가 아테네의 2대 참주였으나 추방당한 히피아스가 페르시아 제국으로 망명해 있었다. 페르시아 제국의 다리우스 1세는 마지막 항복을 요구하는 최후통첩을 날리지만 아테네는 페르시아 사신단을 구덩이에 처넣어 버렸다. BC 490년 히피아스를 앞잡이 삼아 다리우스 1세는 갤리선 600척에 병력 2만 5천을 동원했다. 페르시아군은 아테네 인근 마라톤 평원에 상륙해 육로를 통해 아테네로 가려고 했으나 아테네의 밀티아데스가 지휘하는 1만 명의 병사들이 페르시아군을 다시 바다로 밀어 버리며 큰 승리를 거두었다. 이것이 제1차 페르시아 전투다.

제1차 페르시아 전투에서 굴욕적인 패배를 맛본 다리우스 1세 사후

■■■ **터키**
'튀르키예'의 전 이름

그의 아들 크세르크세스가 그리스 원정을 준비했다. 아테네에서도 언제 다시 쳐들어올지 모르는 페르시아군에 대비해야만 했다. 아테네 내부적으로는 육군을 증강할 것이냐 해군을 증강할 것이냐를 두고 의견이 분분했다. 아테네군의 지휘관 테미스토클레스는 해군 증강을 적극적으로 주장했다. 그는 델포이 신탁을 해군 증강 쪽으로 해석했고, 아테네 민회가 이를 받아들여 보유하고 있던 갤리선 100척에 200척을 추가 제작했다.

■■ **테미스토클레스**
막대한 양의 은이 매장되어 있던 라우리온 은광을 찾아낸 공으로 아테네에서 명망이 높았다.

　　BC 480년 페르시아 제국의 크세르크세스가 1차 때보다 10배가 넘는 병력을 이끌고 그리스 반도를 침공했다. 20만이 넘는 아테네 병력에 이번엔 다른 폴리스들도 다 함께 연합하기로 했다. 스파르타 레오디나스 왕이 이끄는 300 스파르타 결사대, 그리고 다른 폴리스들에서 보내 준 병력까지 도합 4천 정도가 테르모필레에서 페르시아 군대와 항전을 벌였지만 실패하고, 레오디나스 왕을 포함 스파르타 300 결사대는 전원 전사했다. 테르모필레에서의 패배 소식에 바다에서 페르시아 해군과 싸우기로 되어 있던 테미스토클레스는 다시 아테네로 돌아와 시민들을 인근 살라미스섬으로 급히 피란시켰다. 그가 발 빠르게 아테네로 돌아온 덕에 페르시아의 크세르크세스가 아테네를 점령했을 때는 도시에 남은 시민이 별로 없었다. 크세르크세스는 아테네를 불태워 버렸다.

　　별명이 '뱀의 혀'였던 테미스토클레스는 페르시아의 크세르크세스에게 거짓 항복을 하는 척 살라미스 앞바다로 페르시아 해군을 유인했다. 테미스토클레스의 거짓 전략에 속은 크세르크세스는 1000척의 갤리선을 진군시켰다가 좁은 해협에 갇혀 군함의 대열이 난장판이 되어 버렸다. 그때 테미스토클레스가 이끄는 아테네 해군이 페르시아 갤리선을 덮쳤고 결과는 아테네의 대승리였다. 세계 4대 해전 중 하나인 이 살라미스 해전으로 페르시아의 크세르크세스는 아테네에서 물러날 수밖에 없었다. 그는 일부 병력만 그리스 반도에 남겨둔 채 본인은 페르시아로 귀국했다. 이듬해인 BC 479년 스파르타 육군과 아테네 육군을 필두로 한 그리스 폴리스 연합군이 플라타이아 평원에서 페르시아 잔존 병력을 상대로 대승을 거두며 제2차 페르시아 전쟁은 그리스 연합의 압승으로 끝이 났다.

■■ **아테네의 대승리**
페르시아 갤리선 1000척 중 200척이 침몰한 반면 아테네 갤리선은 300척 중 40척만 침몰했다.

제2차 페르시아 전쟁 후 아테네는 유례없는 전성기를 누렸다. 아테네는 단순히 페르시아의 침입을 막은 데서 만족하지 않고 페르시아에 빼앗긴 소아시아의 식민도시들을 되찾았다. 아테네 해군이 지원해 주자 소아시아 지역의 식민 도시국가들이 동시다발적으로 독립운동을 일으키며 아테네와 함께 페르시아와 싸웠다. 아테네는 그리스 반도의 도시국가 폴리스들에게도 동방의 외국인들에게 핍박받고 있는 그리스인들을 구원하자며 그리스 아티카 반도의 폴리스들과 '델로스 동맹'을 체결했다. 그러나 아테네의 속셈은 따로 있었다. 그것은 페르시아로부터 해방된 폴리스들을 재식민지화하는 것이었다. 아테네는 소아시아의 이오니아 연안을 포함해 에게해는 물론 키프로스와 이집트까지 세력을 확대했는데, 이는 흡사 제국주의와 유사했다.

한편 국민 영웅이 된 테미스토클레스는 아테네 시민들의 압도적 지지를 받을수록 그를 견제하는 정적들이 늘어갔다. 그는 결국 도편추방제에 의해 아테네에서 쫓겨났다. 오명에 분노한 테미스토클레스는 적국이었던 페르시아로 망명했다.

제2차 페르시아 전쟁이 발발하기 직전 발견한 라우리온 은광에 이어 전쟁 이후 개척했던 식민도시들로부터 아테네는 막대한 부를 끌어모았다. 정치적으로도 민주주의의 규모가 크게 확대됐다. 페르시아 전쟁 전 클레이스테네스의 민주정에서는 재산을 많이 가지고 있는 군인들에게만 참정권이 부여됐기 때문에 시민의 대상 영역이 좁았던 한계가 있었다. 그런데 두 차례의 페르시아 전쟁을 겪으면서 병력은 필요한데 중장보병 지배층 군인들만으로는 충분하지 않아 중무장하지 않은 시민들도 대거 전투에 투입되었다. 중무장하지 않았을 뿐 전투에 나가 싸웠기 때문에 이들에게 돈이 없어도 참정권을 요구할 자격이 주어졌다. 테미스토클레스의 해군 증강으로 그 수가 불어난 갤리선에서 노를 저었던 노꾼들도 참정권을 요구할 수 있었다. 이 모든 이들에게 참정권이 주어지면서 시민의 수가 기하급수적으로 늘어났고 아테네의 민주주의도 새로운 몸집에 맞춘 정치개혁이 필요해졌다. 그 개혁의 주인공은 아테네 민주주의를 완성했다고 평가받는 페리클레스였다.

델로스 동맹
동맹의 본부와 기금을 델로스섬에 두었다고 해서 '델로스 동맹'이라 했다.

테미스토클레스의 사망 이유
아테네 정벌에 함께하자는 페르시아의 제안을 끝까지 거부하다 음독자살했다는 설도 있고, 그냥 페르시아에서 자연사했다는 설도 있다.

페리클레스는 그리스 귀족 가문 출신으로 BC 461년 아르콘으로 선출되어 아테네 최대의 황금기를 열었다. 페리클레스 대에 민회와 평의회 체계가 완전하게 자리를 잡아 민회-평의회-배심원 법정의 세 구도가 서로를 견제할 수 있게 되어 권력의 균형을 이루었다. 그간 명예직에 불과했던 500인 평의회의 의원들과 아르콘에게 임금을 주는 수당제를 도입하기도 했다. 이전에는 돈이 많은 부자들만 500인 평의회에 소속될 여유가 되었다. 아테네의 국고가 튼튼해지면서 500인 평의회 모두에게 임금을 지불하니 가난한 사람도 명망과 능력만 있으면 500인 평의회에 들어갈 수 있는 여건이 마련되었다. 더불어 아르콘과 재판관은 18세 이상 남성 시민들 모두를 대상으로 추첨제를 적용했다. 돈이 많다고 사회의 유력 지배층이 된다거나 돈이 없다고 정치적 권력이 없는 구조가 아니었다.

파르테논 신전

여기서
잠깐

그리스의 고전주의

페리클레스의 시대는 문화적으로도 만개하던 때였다. 오늘날 흔히 고대 그리스 미술이라고 표현하는 미술 양식이 페리클레스 대에 절정을 이루었다. 아테네의 얼굴이라고 할 수 있는 파르테논 신전도 페리클레스의 업적이다. 페르시아 전쟁 때 아테네가 박살나면서 아테네 아크로폴리스에 있던 아테나 신전이 완전히 무너졌다. 페르시아 전쟁이 끝나고 아테네를 수복한 아테네인들은 신전을 보수해야만 했다. 때마침 아테네에 돈이 끊이지 않을 정도로 유입되고 페리클레스가 델로스 동맹 기금까지 아테네로 가져오면서 페리클레스는 보수공사가 아니라 유례없을 정도로 가장 큰 신전을 만들기 위해 확장공사를 지시했다. 이렇게 만들어진 신전이 파르테논 신전이었다. 파르테논 신전은 정면에 6개의 기둥만 두는 건축 관습에서 탈피해 정면에 총 8개의 기둥을 두었고, 기둥을 2중 구조로 중첩해 2열에는 6개의 기둥을 두게 하였다. 파르테논 신전 내부에는 아테네 여신상과 함께 델로스 기금을 봉헌해 두고 있었다. 페리클레스 시기 아테네의 미술 양식이 정립되었다고 하여 '고전기'라고 한다. 미술 양식의 규범을 확립했기 때문이다. 18세기 독일의 요한 요하임 빈켈만이라는 서양미술사 학자는 고대 아테네 미술의 고전 규범을 일컬어 '시메트리아'라고 표현했다. 시메트리아란 완벽하게 균형 잡힌 비례미를 뜻한다.

페리클레스는 델로스 동맹의 기금을 아테네에서 관리하겠다고 일방적으로 통보했다. 이러한 아테네의 강압적 조치에 분노하여 수많은 델로스 동맹국들이 탈 동맹을 선언했다.

고대 아테네의 민주주의가 고도화되면서 유행을 끌었던 분야가 있었다. 웅변술이었다. 이제는 돈으로 사회의 지배층이 형성되는 시기가 아니었다. 많은 사람들로부터 지지와 인기를 얻어야 대중의 환심을 살 수 있었다. 아테네의 웅변가들을 '소피스트'라고 불렀다. 소피스트들은 지식을 가치가 변하는 상대주의적인 것으로 해석했다. 더불어 지식의 현재적 가치를 중요시하여 인간이 겪는 감각과 경험을 강조했다. 소피스트들을 대표하는 프로타고라스는 "인간은 만물의 척도다."라며 만물은 주관적인 인간에 의해서 계산되고 판단되고 그 기준과 척도가 늘 바뀔 수 있다고 했다. 트라시마코스는 "정의란 강자의 이익이다."라며 더 세게 말했다. 정의도 결국은 절대적이지 않고 때에 따라 바뀐다는 것이다. 고르기아스는 아주 대놓고 "진리는 없다. 설령 존재하더라도 알 수는 없다."라고까지 말했다. 이러한 소피스트들의 상대주의적 가치관에 회의적인 생각을 품은 이가 소크라테스였다.

소피스트(sophist)
'지혜를 탐구하는 자, 현명하고 신중한 자'를 뜻한다.

아테네 vs 스파르타, 펠로폰네소스 전쟁

해상 국가로 부상한 아테네는 전쟁과 약탈, 그리고 화폐 통일로 상업과 경제의 발전을 이룩했고 세계를 지배하려는 패권주의의 야욕을 불태웠다. 상업의 발전으로 막강한 경제력과 군사력을 키운 뒤 다른 나라를 억압하면 더 많은 돈을 벌 수 있다는 사실을 깨우친 것이다. 아테네는 아테네 도심부에서 피레우스 항구까지 성벽을 지어 폴리스를 요새화했다. 반면 상업과 팽창을 부정적으로 인식하던 스파르타는 아테네의 독주에 강한 불만을 품고 있었다. 아테네가 주도하는 델로스 동맹에서 아테네에 부정적인 폴리스들이 동맹을 나와 스파르타가 주도하는 새로운 동맹, 일명 펠로폰네소스 동맹을 따로 체결했다. 델로스 동맹과 펠로폰네소스 동맹, 이 두 동맹 사이의 갈등의 골은 깊어져 갔다.

스파르타는 펠로폰네소스 동맹 폴리스 대표들을 불러 놓고 전쟁의 필요성을 역설했다. 펠로폰네소스 동맹들은 전쟁에 필요한 자금을 분담했고, 약 1년여간 전쟁 준비에 착수했다. 스파르타가 아테네에 최후의 통첩을 날리자 페리클레스는 민회에서 이렇게 연설했다.

> "아테네 여러분, 펠로폰네소스인들에게 양보해서는 안 된다는 나의 의견은 늘 변함이 없습니다. 그러니 여러분은 지금 피해를 보기 전에 그들에게 순종하든지 아니면 크고 작은 문제로 양보하지 않고 우리가 가진 것을 두려움 없이 소유하기 위해 전쟁을 하든지 양자택일해야 합니다. (중략) 우리 선조들이 페르시아에 대항했을 땐 그분들은 지금 우리가 가진 것과 같은 물자도 없었습니다. 그렇지만 그분들은 가진 것도 버리고 운보다는 지혜로, 힘보다는 용기로 페르시아인들을 물리쳐 우리 도시의 오늘을 있게 만드셨습니다. 우리는 어떻게든 적을 물리쳐 우리 후손들에게 우리 도시를 줄어들지 않은 상태로 물려주어야 합니다."
>
> 투키디데스 <펠로폰네소스 전쟁사>

BC 431년 스파르타와 펠로폰네소스 동맹의 폴리스들이 연합하여 아테네로 쳐들어갔다. 첫 전투는 애꿎은 곳에서 일어났다. 아테네와 가까운, 펠로폰네소스 동맹의 폴리스 '테베'였다. 스파르타가 북상한다는 소식에 테베는 스파르타와 함께 델로스 동맹의 플라타이아를 점령했다. 스파르타와 펠로폰네소스 동맹국은 델로스 동맹국들을 하나둘 무너뜨리며 아테네로 빠르게 진격했다. 페리클레스는 직접 기병대를 이끌며 델로스 동맹국을 구원하려 하지만 보병전에서 스파르타 연합군의 힘이 압도적이었다. 아테네는 역시 해군이었다. 페리클레스는 전함 100여 척으로 해안을 따라 스파르타 부근의 해안지대를 쑥대밭으로 만들었다. 이때 소크라테스도 배에 타고 있었다. 스파르타나 아테네나 각자 자신 있는 전투에서만 승리하며 1년여간을 싸웠다. 급작스레 커진 내전에 아테네 시민들에게도 공포 심리가 확산됐다. BC 431년에서 BC 430년으로 넘어

소크라테스

가는 겨울, 페리클레스는 아테네 전사들의 장례식에서 한 추모 연설을 통해 아테네 시민들을 안심시켰다. 이때 페리클레스의 추모 연설은 역사 속 최고의 명연설 중 하나로 거론된다. 매우 긴 연설이지만 부분만 발췌하자면 이렇다.

"우리는 혹독한 훈련에 의해서가 아니라 편안한 마음으로, 강요에 따른 용기보단 타고난 용기로 자발적으로 맞섭니다. 우리에게 부(富)는 행동을 위한 수단이지 자랑거리가 아닙니다. 우리는 질박함 속에 미(美)를 사랑하며 탐닉함 없이 지(知)를 존중합니다.

나는 우리 도시를 찬양하고 있지만 우리 도시를 빛낸 것은 여기 이분들과 이분들 같은 분들의 용기와 무공입니다. 이분들이 맞이한 최후는 이분들의 인간적인 가치를 보여 준다고 생각합니다. 우리가 기억해야 할 것은 이분들이 보여 준 용기입니다. 여러분은 이제 마땅히 이분들을 본받아 행복은 자유에 있고 자유는 용기에 있음을 명심하고 전쟁의 위험 앞에 망설이지 마십시오. 자긍심을 가진 사람에게는 희망을 품고 용감하게 싸우다가 자신도 모르게 죽는 것보다 자신의 비겁함으로 굴욕을 당하는 게 더 고통스러운 법입니다. 앞으론 국가가 이분들의 자녀를 어른이 될 때까지 국비로 부양할 것입니다. 이것이 고인에 대한 보답으로 고인과 그 자녀들에게 국가가 바치는 상이자 영관(榮冠)입니다. 용기에 가장 큰 상을 주는 도시에는 가장 훌륭한 시민들이 살기 때문입니다."

투키디데스 <펠로폰네소스 전쟁사>

스파르타와 아테네의 의미 없는 소모전에 페리클레스는 모든 아테네 시민들을 아테네 성벽 내부로 들어오게 하고 이른바 청야작전으로 성 밖의 식량을 적군이 약탈해 가지 못하도록 전부 불태웠다. 아테네 성벽 안에는 많은 양의 돈과 식량이 비축되어 있었기 때문에 전쟁이 장기화되면 스파르타에 불리했다. 페리클레스의 청야작전은 탁월한 판단이었다.

청야작전(淸野作戰)
주변에 적이 사용할 만한 모든 군수물자와 식량 등을 없애 적군을 지치게 만드는 전술이다. 견벽청야(堅壁淸野)라고도 한다.

스파르타와 펠로폰네소스 동맹군은 아테네 성벽을 포위하긴 했지만 현지에서 조달할 수 있는 식량이 없어 사기가 떨어졌다.

그런데 아테네에서 아무도 예상치 못한 변수가 터져 전세가 완전히 역전됐다. 바로 전염병이었다. 아테네는 몇 십 년에 걸쳐 이룬 눈부신 경제발전으로 인구가 비약적으로 늘었다. 인구가 너무 많아 성벽 외부에도 넓게 퍼져 거주하고 있었는데 페리클레스가 전 아테네 시민들을 아테네 성벽 안으로 불러 모았다. 갑자기 많은 인구가 좁은 곳으로 몰리자 위생상태가 급격하게 나빠지기 시작했고 전염병이 삽시간에 퍼져 버렸다. 1년여 만에 아테네 인구의 3분의 1이 전염병으로 사망했고, BC 429년에는 페리클레스도 전염병으로 죽었다.

그러나 아테네에는 작은 희망이 하나 남아 있었다. 스파르타 인근 해안가에 정박하고 있던 아테네 해군이었다. 아테네 해군이 스파르타를 압박하면 아테네를 포위하고 있던 스파르타군은 회군할 수 있었다. 스파르타 본국에선 해군을 꾸려 해안가에 정박하던 아테네 해군을 공격하지만 도리어 부대가 박살나고 약 400여 명이 근처의 스팍테리아섬에 고립되었다. 아테네와 달리 민주정이 들어서지 않은 스파르타에선 여전히 돈 많은 귀족들이 군인이었고, 고립된 400여 명 모두 귀족들이었다. 승기를 잡은 아테네 해군의 사령관 데모스테네스는 일부 병력을 아테네로 보내 그곳을 포위하고 있는 스파르타군을 공격하고자 했다. 데모스테네스가 직접 이끄는 아테네군은 펠로폰네소스 동맹국 테베와 보이오티아로 먼저 진격했다. 아테네와 가까웠기 때문에 스파르타의 두 동맹국에게 피해를 입히면 아테네를 포위하고 있는 스파르타군의 사기를 꺾을 수 있었다. 델리온에서 아테네와 테베-보이오티아 부대가 격돌했는데 때마침 도착한 동맹국의 지원으로 아테네군이 포위당해 일방적으로 당했다. 아테네군은 포위를 뚫고 도망치는 과정에서 서로가 서로를 죽이는 사태까지 벌어졌다. 이 델리온 전투에 소크라테스도 참전해 있었다. 소크라테스가 난장판이 되어 버린 아테네 패잔병들을 다독이고 질서를 잡아 주어 아테네군은 전열을 재정비하며 무사히 후퇴할 수 있었다.

아테네는 여러 전투에서 밀리고 있었고 스팍테리아섬에는 스파르타 귀족 군인 400여 명이 고립되어 있었다. 때마침 아테네 내부에서는 온건파들이 득세했다. 아테네 온건파의 니키아스가 화친을 제안했고 스파르타가 이를 승낙하며 BC 421년 니키아스 평화조약으로 제1차 펠로폰네소스 전쟁이 중단됐다.

소크라테스의 제자, 알키비아데스

겨우 전쟁을 멈추었지만 아테네 내부에서는 니키아스의 온건파와 알키비아데스의 강경파가 대립했다. 알키비아데스는 소크라테스의 제자이기도 했다. 니키아스 평화조약으로부터 6년 후인 BC 415년 시칠리아섬에서 스파르타의 식민도시와 아테네의 식민도시 사이에 분쟁이 터졌다. 아테네의 강경파 알키비아데스는 개전 여론을 모았고 민회는 시칠리아 원정을 결정했다. 단 알키비아데스의 단독 출정은 온건파들이 반대하여 온건파의 니키아스도 함께 출전했다. 아테네의 시칠리아 원정으로 제2차 펠로폰네소스 전쟁이 터진 셈이었다. 하지만 온건파 니키아스는 알키비아데스와 같이 출정하면서도 이 전쟁을 반대하고 있었다.

아테네 함대가 출항하기 전 아테네에서 헤르메스 신상이 파괴되는 일이 있었다. 목격자들이었던 노예들이 알키비아데스를 범인으로 지목했다. 알키비아데스는 무고를 외쳤다. 당장 출항을 목전에 두고 알키비아데스를 재판에 회부해야 하는지 말아야 하는지 설전이 오갔는데, 대세가 강경파들이었기 때문에 나중에 알키비아데스가 시칠리아 원정을 끝마치고 오면 정식으로 재판 과정을 거치기로 합의를 봤다.

헤르메스
올림포스 12신 중 하나로 도둑과 나그네와 상인의 수호신이자 전령의 신이다.

시칠리아에 도착하고 나서도 니키아스와 알키비아데스는 또 갈등을 빚었다. 니키아스는 겁을 주는 선에서 끝내고 협정으로 마무리하자고 했으나 알키비아데스는 강경한 군사 개입을 고집했다. 그 사이 아테네 내부에선 온건파들이 알키비아데스를 몰아내기 위해 작정하고 모사를 꾸몄다. 헤르메스 신상 파괴 사건과 더불어 아테네 민주주의의 의의를 기록한 비석마저 훼손되는 일이 있었는데 이를 알키비아데스의 소행으로 몰아갔으며, 심지어 스파르타군이 심상치 않게 움직이자 아테네 온건파들은 알키비아데스가 스파르타와 내통하고 있다는 가짜뉴스를 퍼뜨렸다. 알키비아데스는 한순간에 반역자가 되어 버렸다. 아테네에선 시칠리아에 있는 알키비아데스를 체포하라는 결정이 떨어졌다. 알키비아데스는 시칠리아에서 아테네로 압송되는 도중 몇몇 사람의 도움으로 탈출했다. 민회의 결정에 불응했다는 것으로 알키비아데스의 죄는 가중되었다. 아테네 민회는 도망친 알키비아데스에게 사형 판결을 내렸다. 결국 알키비아데스는 스파르타로 망명했고, 스파르타 국왕에게 아테네를 끝장낼 수 있는 전략을 알려 주었다.

스파르타는 알키비아데스의 말대로 아테네 식민도시들의 반란을 부추겼다. 또한 알키비아데스는 시칠리아와 아테네를 동시에 공격하라고 했다. 시칠리아에서 아테네군을 지휘하는 니키아스는 싸울 의지가 없으니 스파르타군이 시칠리아의 아테네군을 공격하면 본국에 구원병을 요청하겠지만, 스파르타가 아테네까지 같이 공격하면 아테네 입장에선 시칠리아로 구원병을 보낼 수 없다는 이유였다. 스파르타는 알키비아데스의 말대로 시칠리아에 원정군을 파견했다. 아니나 다를까 아테네의 니키아스는 지레 겁을 먹고 아테네 본국에 지원병을 요청했다. 스파르타군은 손쉽게 니키아스를 격파했다.

알키비아데스는 스파르타에 라우리온 은광에서 아테네로 은을 수송하는 보급로를 알려 주었다. 스파르타는 이 보급로마저 차단해 버렸다. 알키비아데스가 스파르타로 넘어가면서 아테네는 순식간에 무너졌다. 그런데 스파르타 내부에서 알키비아데스와 스파르타 여왕이 간통했다는 스캔들이 터졌다. 알키비아데스를 죽여야 한다는 이야기들이 나오면서 알키비아데스는 스파르타에도 있을 수 없게 되었다. 결국 알키비아데스는 페르시아로 망명했다.

그동안 펠로폰네소스 전쟁에서 페르시아는 스파르타를 지원하고 있었다. 아테네의 해상 팽창에 페르시아가 큰 타격을 받고 있었기 때문이다. 페르시아로 망명한 알키비아데스는 그곳 동방총독에게 이제부터 스파르타에 대한 지원을 중단하라고 했다. 페르시아가 굳이 그리스 폴리스들의 내전에 개입할 필요가 없으며 자기들끼리 싸우다가 지칠 때까지 기다리다가 그때 페르시아가 나서면 그리스 전체를 굴복시킬 수 있다고 했

알키비아데스의 전략
"아테네의 가장 고약한 적은 스파르타처럼 직접적인 타격을 가하는 자들이 아니라 아테네의 친구들을 적으로 돌리도록 강요하는 자들입니다."

니키아스 격파
니키아스는 포로가 된 뒤 참수당했다.

라우리온 은광
아테네의 돈줄이었다.

소크라테스

다. 꼭 한쪽을 지원해야 한다면 스파르타의 펠로폰네소스 동맹보다는 아테네의 델로스 동맹을 지원하라고 권했다. 이익에 눈먼 아테네 사람들은 민족의식이 결여되어 있기 때문에 페르시아 제국에 고개를 조아리는 게 이득이라고만 판단하면 아테네는 페르시아를 위해 무슨 짓이든 하겠지만, 이익보다는 명예와 민족의식을 앞세우는 스파르타는 무슨 일이 있어도 페르시아에 굴복하는 일은 없을 것이기 때문이다. 페르시아의 동방총독은 그의 조언을 받아들였다.

아테네는 내부적으론 의견이 갈렸다. 죄인 알키비아데스가 부추긴 페르시아의 도움을 받을 것이냐 말 것이냐. 아테네 시민의 대다수가 알키비아데스를 싫어했으나 페르시아의 도움은 필요했다. 만약 궁지에 몰린 알키비아데스가 페르시아 동방총독을 통해 스파르타 지지 여론을 만들면 그것대로 곤란했다. 하지만 알키비아데스가 페르시아의 지원을 조건으로 내건 요구가 다소 무리했다. 아테네의 민주주의가 지속되는 한 알키비아데스가 아테네로 돌아오면 다수의 의견에 몰려 죽임을 당할 것이 자명했다. 알키비아데스는 독재의 과두정을 요구했다. 아테네는 이것저것 따질 때가 아니었지만 그럼에도 자신들의 정체성인 민주주의를 포기할 수 없었다. 아테네는 알키비아데스를 사면할 수는 없지만 귀국은 허용하기로 했다.

알키비아데스는 사모스섬에서 아테네 해군을 지휘하기로 했다. 그는 스파르타가 부추긴 아테네 식민도시들의 반란부터 잠재웠다. 그런 다음 사모스섬 근처 키노세마 바다에서 아테네의 바다 보급로를 차단하러 온 스파르타 해군을 기습해 격파했다. 키노세마 해전에서 패전한 스파르타의 해군은 시칠리아섬에 있는 스파르타 해군의 지원을 요청했다. 시칠리아 스파르타 해군은 시칠리아에서 사모스섬으로 향했다. 알키비아데스의 해군은 지원 온 스파르타 해군을 아비도스 해전에서 또 격파했다. 이 전투에서 당황스럽게도 페르시아가 스파르타를 도와주었다. 알키비아데스의 설득으로 페르시아의 동방총독은 아테네를 지원하기로 했으나 느닷없이 스파르타를 지원했다. 알키비아데스에게 이용당하고 있다는 생각으로 아테네를 배신했던 것이다. 알키비아데스는 재설득을 위해 페

■■■■ **과두정**
적은 수의 우두머리들에게 권력이 집중되는 독재적인 정치체제로 '소수의 지배'를 뜻하는 그리스어에서 유래했다.

르시아를 방문했으나 동방총독은 그를 체포했다. 알키비아데스는 탈출해 아테네로 돌아왔다.

비록 두 차례의 해전에서 모두 패했지만 페르시아가 더 이상 아테네를 도와주지 않자 사기가 오른 스파르타는 최대한 함대를 긁어모아 키지코스 바다로 출정했다. 이전 두 차례의 해전에서 아테네가 승리했으나 그때마다 스파르타인들이 육지로 도망갔기 때문에 아테네는 스파르타군을 괴멸할 수 없었다. 이번에는 알키비아데스가 육지로 쉽게 도망칠 수 없게 바다 한복판으로 스파르타 해군을 유인했다. 알키비아데스는 키지코스 바다에서 이번에도 매복과 기습으로 스파르타 해군을 포위해 패퇴시켰다. 스파르타 해군은 어떻게든 해안선 쪽으로 도망쳤지만 알키비아데스는 끝까지 추격했다. BC 410년 키지코스 해전은 스파르타의 대패였다.

스파르타는 페르시아의 도움으로 꾸역꾸역 해군을 회복했다. 알키비아데스는 BC 406년 노티움으로 이동했다. 여전히 재정적 곤란을 겪고 있던 아테네 본국은 해군에 전폭적인 재정 지원을 할 수 없었다. 알키비아데스는 직접 이오니아 지역 식민도시들을 돌며 군자금을 마련하기로 했다. 그 사이 지휘는 부장에게 맡기고 본인이 돌아올 때까지 절대 스파르타를 도발해서 싸움을 일으키지 말라고 당부했다. 그러나 알키비아데스의 부장은 공을 세울 욕심에 스파르타와 맞붙었고 패배해 버렸다. 이 전투로 아테네 전함 20여 척이 침몰되었다.

아테네 본국은 노티움 해전의 패배에 대한 책임을 사령관 알키비아데스에게 물었다. 분명 알키비아데스의 책임은 아니었지만 그만큼 아테네 내부에서 그를 곱게 보지 않는 시선이 많았다. 가면 무조건 처형이라고 생각한 알키비아데스는 숨어 버렸다. 노티움 해전에 참전했던 지휘 참모부는 모조리 숙청당하거나 탄핵되었다. 아테네는 부랴부랴 신전의 금을 뜯어내어 재원을 마련하고 전쟁에서 살아만 돌아오면 자유인으로 해방해 주겠다는 조건으로 노예들을 노꾼으로 삼으며 전함 총 120척을 모았다. 그러나 아테네 해군에는 크나큰 결점이 있었다. 총사령관이 없었다. 알키비아데스를 포함해 전쟁에서 패배하면 지휘 참모진들이 갈리자 이후론 누구도 전쟁에 책임을 지고 싶어 하지 않았다. 아테네 해군은 함대별로 각자 움직일 뿐이었다. 사정이 이렇다 보니 스파르타 해군에게 결정적인 한 방을 타격하지 못했고, 한번은 스파르타군을 추격하던 아테네 함대 일부가 폭풍우를 만나 오도 가도 못하며 바다 위에서 표류했는데도 아무도 구하러 가지 않았다.

아테네 민회는 전투 지휘관들을 모두 소환하여 폭풍우를 만난 아군의 함대를 왜 아무도 구하러 가지 않았느냐고 질책했다. 지휘관들은 폭풍우로 인해 움직일 수 없었다고 변명했으나 아테네 민중들은 전투의 승리보다 아군을 구하러 가지 않은 사실에 대단히 분노했다. 지휘관들은 재판에 회부되어 전원 사형되었다. 일각에서 재판이 정당하지 못하다고 문제를 제기했으나 여론을 잠재울 수 없었다.

이제 더 이상 아테네에서는 해군 함대를 지휘할 수 있는 유능한 인재가 없었다. 한편 스파르타 해군은 바다 위 아테네의 보급로를 차단했고 아테네는 보급로 확보를 위해 출정했으나 결과는 뻔했다. 아테네의 신임 지휘관들은 전 지휘관들이 어떻게 되었는지 봤기 때문에 굳이 적극적으로 나서지 않았다. BC 405년 아이고스포타모이 해전에서 아테네 군함 168척이 침몰되고 3000명이 포로가 되었다. 지휘관들도 포로로 잡혀 처형되어 이젠 아테네 해군을 이끌 사령관이 없었다. 아테네 해군의 끝이었다.

아이고스포타모이 해전 직전 알키비아데스가 아테네 함대를 찾아와 전략을 알려 주었으나 아무도 그의 말을 듣지 않았다. 아테네 해군은 재기할 수 없었고 아이고스포타모이 해전은 아테네와 스파르타의 마지막 해전이었다. 아테네는 성벽만을 믿고 끝까지 항전하지만 보급로가 전부 차단되어 예전의 막대한 부를 잃었다. BC 404년 아테네는 스파르타에게 항복했다. 아테네는 해군도 양성할 수 없었고 기존의 모든 식민 도시국가들을 포기했다. 펠로폰네소스 전쟁은 모두의 예상을 깨고 아테네의 패배, 스파르타의 승리로 끝났다. 스파르타는 아테네에 30인 과두정 정부를 세우고 간접 통치를 실시했다.

알키비아데스의 최후
암살자들이 집을 불태우고 알키비아데스에게 화살을 퍼부어 피살했다. 암살자를 보낸 배후에 누가 있는지 설만 무성할 뿐 진범은 여태까지 밝혀지지 않았다.

항복 조건
아테네 파괴, 시민 학살, 노예화 및 추방 금지, 아테네의 자치 인정 등이 항복의 조건이었다.

"네 자신을 알라"

30인 과두정부는 바로 이듬해인 BC 403년 민중들의 저항으로 타파되었고 몇 차례 내전에서 승리한 트라시불로스가 아테네의 민주정을 회복시켰다. 그렇다고 아테네가 다시 예전의 눈부신 영광을 되찾은 건 아니었다. 펠로폰네소스 전쟁 후 아테네의 민주정은 분노한 민중들의 여론에 휩쓸렸다. 아테네의 무능한 정치를 단적으로 보여 준 사건이 바로 소크라테스의 재판이었다.

소크라테스는 석공의 아들로 태어났고 못생긴 외모로 아주 유명했다고 한다. 그런데도 아테네의 많은 젊은이들이 그를 따랐다. 새로운 각성을 고대하던 젊은 세대의 간지러운 곳을 그가 꼬집어 주었기 때문이다. 소크라테스는 고도화된 아테네의 민주화가 불러온 소피스트들의 상대주의적 지식관을 비판했다. 보편적이고 절대적인 진리와 정의는 '선(善)'이란 이름으로 분명히 존재하며, 이러한 완전한 선에 도달하기 위해 괴롭더라도 노력을 해야 한다고 주장했다. 그는 절대적 진리와 선을 '아르테'라고 표현했는데, 사람들에게 끊임없이 말을 걸고 질문하며 아르테를 자각하도록 돕고자 했다.

한번은 소크라테스의 제자가 신탁을 보러 가서 세상에서 가장 지혜로운 사람이 누구인지 물어보자 여사제는 소크라테스라고 대답했다고 한다. 이 말을 들은 소크라테스는 자신이 정말 세상에서 가장 지혜로운 사람인지 알아보기 위해 소피스트들은 물론 똑똑하다는 사람들을 일일이 찾아가 질문하고 대화했다. 그런데 만나는 사람마다 하나같이 본인이 모든 지혜를 통달한 듯이 굴었다. 그때 소크라테스는 깨달았다. 자신이 이 세상에서 가장 지혜로운 사람인지 아닌지는 모르겠으나 자신만이 스스로 무지함을 자각하는 자라는 것을.

소크라테스는 델포이 신전 위에 새겨진 문구 "네 자신을 알라."라는 말을 되새기며 주변 사람들에게 인간이란 무지하며 그렇기 때문에 아르테를 추구하기 위해 영혼을 성찰하고 내면을 탐구해야 한다고 설파했다. 소피스트들에게 환멸을 느끼던 아테네의 청년 지식인들은 소크라테스의 사상에 감동했다.

소크라테스의 대화법
아이 낳는 걸 도와주는 산파와 비슷하다고 해서 '산파술'이라고 한다.

소크라테스

청년 지식인들이 소크라테스를 따르는 만큼 그를 곱지 않게 보는 시선도 많았다. 이맘때쯤 아테네에선 30인 과두정부가 무너지고 다시금 민주정이 들어섰다. 아테네 대중은 아테네 몰락의 책임을 물을 분풀이 대상이 필요했다. 알키비아데스가 적역이었다. 아테네가 펠로폰네소스 전쟁에 진 것은 그 때문이었다. 그러나 알키비아데스는 이제 없었다. 그를 대신할 사람은 소크라테스였다. 알키비아데스는 소크라테스의 제자였기 때문이다. 알키비아데스를 배출한 소크라테스는 여전히 아테네의 청년 지식인들을 제자로 키우고 있었다. 아테네 시민들은 별 이유 없이 소크라테스를 고소했다. 청년들을 현혹한다는 명목이었지만 어떻게 현혹한다는 것인지 구체적인 내용은 없었다.

소크라테스의 재판

소크라테스에겐 세 차례의 변론 기회가 있었다. 1차 변론 때 소크라테스는 죄의 허망함을 제대로 꼬집었다.

"아테네인들이여, 그들이 한 말 중에서 진실은 한마디도 없습니다. (중략) 나는 이 나라 시민이든 외국인이든 누구라도 지혜롭다고 생각하는 사람들이 있으면, 신의 그러한 뜻을 따라서 그들을 찾아다닙니다. 그리고 그들이 내게 지혜로운 자들로 보이지 않으면 신께서 원하는 대로 그들이 지혜롭지 않다는 것을 그들에게 드러냅니다. 그러자 청년들이 자발적으로 나를 따라다니기 시작했습니다. 그들은 아주 부유한 가문의 자제들이어서 시간적인 여유가 많은 청년들입니다. 그들은 내가 사람들에게 질문을 던지며 대화하는 것을 옆에서 듣는 것을 아주 좋아하고, 종종 나를 흉내 내면서 자신들도 사람들에게 질문을 던지며 대화하곤 합니다. 그런데 내가 생각하기에 그런 과정에서 무엇인가를 안다고 착각했던 수많은 사람이 사실은 거의 또는 전혀 모른다는 것이 드러나는가 봅니다. 그래서 그런 질문을 받은 사람들은 자신에게 화를 내지 않고, 소크라테스라는 아주 무서운 전염병 같은 자가 있는데, 그자가 청년들을 타락시키고 있다고 말하며 내게 화풀이를 합니다. (중략)

여러분들이 내게 이런 식으로 말할 수도 있습니다. '소크라테스여, 우리는 이제 아니토스의 말을 받아들이지 않고 당신을 방면하겠지만, 한 가지 조건이 있는데, 그것은 당신이 지금까지 해 왔던 탐구와 철학을 앞으로는 더 이상 하지 말라는 것입니다.' 만일 여러분이 방금 내가 말한 대로 그러한 조건으로 나를 방면한다면 나는 이렇게 말할 겁니다. '아테네인들이여, 나는 여러분을 정말 좋아하고 사랑합니다. 하지만 나는 여러분보다는 신께 복종할 것입니다. 내게 숨이 붙어 있고 그럴 힘이 있는 동안에는 철학을 하고 여러분에게 조언하며 어쩌다가 만나는 누구에게든지 경고하면서 내가 지금까지 해 왔던 식으로 말하는 것을 그만두지 않겠습니다. (중략)

아테네인들이여, 나는 이렇게밖에 말할 수 없습니다. 여러분이 아니토스의 말을 받아들이든지 받아들이지 않든지, 나를 무죄로 방면하든지 방면하지 않든지, 그리고 여러분이 나를 죽이겠다고 백 번이나 경고할지라도, 나는 앞에서 내가 말한 것과 다르게 행동하지 않을 겁니다. (중략)

나는 지금까지 그 누구의 스승도 된 적이 없습니다. 하지만 내게 주어진 일을 행하기 위해 사람들과 대화하고 말하는 것을 누군가가 듣고 싶어 한다면 청년이든, 노인이든, 그의 청을 거절한 적은 단 한 번도 없습니다. 부자든 가난한 사람이든 내게 똑같이 질문할 수 있었을 뿐만 아니라 원하는 사람에게는 나의 질문에 대답하게 하고 거기에 대해 말했을 뿐이죠. 나는 그들에게 어떤 교훈이나 지식을 가르쳐 주겠다고 약속한 적도 없을 뿐만 아니라 그들에게 무엇인가

■ **아니토스**
젊은 시인 멜레토스를 내세워 소크라테스를 재판으로 내몬 정치가

> 를 가르친 적이 전혀 없기 때문에 그들이 선량한 사람이 되든 되지
> 않든 그 책임을 내게 묻는 건 부당합니다.
>
> 플라톤 <대화편> '소크라테스 변론'

1차 변론은 죄의 유무를 따지는 재판이었는데 유죄판결이 났고, 형량을 결정하는 2차 재판이 이루어졌다. 이미 자신을 향한 대중의 여론을 파악한 소크라테스는 변론의 무망함을 깨닫고 2차 변론 때 오히려 배심원단을 자극했다. 2차 변론 후 소크라테스에게 내려진 선고는 사형이었다. 사형선고를 받은 뒤 소크라테스는 최후 변론의 시간을 가졌다.

> "나는 이제 여러분에게 사형을 선고 받고 떠나지만, 그들은 진리에 의해 사악함과 불의함이라는 불법을 저질렀다는 확정 판결을 받았습니다. 내게 내려진 판결은 내게 집행되고 그들에게 내려진 판결은 그들에게 집행될 것입니다. 아마도 이 일들은 처음부터 이렇게 되도록 되어 있었던 거 같고, 나는 이렇게 된 것이 적정하다고 생각합니다. (중략) 이제는 떠날 시간이 되었습니다. 나는 죽기 위해 떠나고, 여러분은 살기 위해 떠날 것입니다. 하지만 우리 중에서 어느 쪽이 더 나은 곳을 향해 가고 있는지는 오직 신 외에는 아무도 모릅니다."
>
> 플라톤 <대화편> '소크라테스 변론'

소크라테스는 "악법도 법이다."라는 말을 한 적이 없다. 소크라테스 처형 하루 전날 친구 크리톤이 찾아와 탈출 계획을 다 세워 놓았다며 탈옥을 제안했다. 소크라테스는 여기서 도망가 버리면 스스로 죄를 인정하는 것이며 그동안 자기가 설파했던 주장과 논리들을 스스로 부정하는 꼴이 된다며 탈출을 거절했다. 영혼이 육체로부터 나감으로써 비로소 영혼의 성찰과 아르테에 도달할 수 있다며 오히려 죽음을 반겼다. 소크라테

스는 죽음을 통해 눈에 보이지 않는 무언가의 숭고한 가치를 직접 느낀다는 건 철학자로서의 숙명이라며 독이 든 잔을 마셨다. 법의 엄정함을 지키기 위해 죽음을 받아들인 것이 아니라 지고한 철학자로 남기 위함이었다.

중우정치

고대 아테네가 찬란할 수 있었던 배경엔 민주주의가 있었다. 아테네인 스스로도 민주주의를 가장 이상적인 정치체제로 자랑스러워했다. 그러나 아테네를 몰락시킨 배경에도 민주주의가 있었다. 민주주의의 핵심은 권력이 다수의 대중에게 나뉘어 있다는 것이다. 자격 조건 없이 누구나 사회에 목소리를 낼 수 있는 정의로운 정치체이긴 하지만 집단과 대중은 감정적으로 휩쓸리기 쉽다는 단점이 있다. 장점보다 단점이 더 부각되어 타락한 민주정을 소크라테스의 제자 플라톤은 '중우정치'라고 표현했다. 어리석은 대중들이 이끄는 무능한 정치체라는 뜻이다. 아무리 소수의 유능한 사람이 있어도 다수가 어리석으면 집단은 어리석은 결정을 내릴 수밖에 없다.

플라톤은 스승 소크라테스를 죽인 민주주의 중우정치를 강하게 경계하며 환멸을 느끼고 아테네를 떠나 기나긴 유랑 생활을 했다. 아테네로 돌아온 뒤 아카데미아 학당을 차리고 학문에 힘썼는데 플라톤은 민주주의를 매우 부정적으로 바라봤다. 그는 언제 어리석어질지 모르는 불특정 대중에게 권력을 주기보다 차라리 모든 덕을 다 갖춘 철인 한 명이 사회를 다스리는 철인 통치를 주장했다.

플라톤의 제자 아리스토텔레스는 민주주의를 '최고의 정치체'는 아니지만 '최선의 정치체'라고 평가했다. 단 아리스토텔레스도 중우정치의 위험성을 경계했기 때문에 민주주의는 어느 한쪽으로 치우쳐선 안 된다는 중용의 가치를 강조했다.

중우정치로 죽음을 맞이한 소크라테스의 최후를 유심히 생각해 보면 떠오르는 한 사람이 있다. 소크라테스의 제자 알키비아데스다. 아테네의 시민들로부터 돌팔매질을 당했던 알키비아데스는 본인이 아테네로 돌아가면 대중심리에 휩쓸려 처형당할 것을 잘 알고 있었다. 영리한 알키비아데스는 귀국의 조건으로 대중심리가 반영될 수 없도록 과두정을 요구했다. 요구가 받아들여지지 않고 마지막까지 파문을 당한 알키비아데스는 아테네 땅을 밟지 않는 쪽을 선택했다.

역시 대중심리를 간파한 소크라테스였지만 그는 탈출하지 않고 아테네에 남아 죽는 쪽을 선택했다. 알키비아데스는 현명했고 소크라테스는 미련했던 걸까?

소크라테스는 철학자였고 알키비아데스는 아니었다고 말할 수밖에.

13

잔 다르크

우리 사회에는 아이콘이 필요하다

잔 다르크

#백년전쟁 #프랑스 #영국 #잔다르크 #동레미 #오를레앙전투 #샤를7세 #루앙성
#랭스대관식 #잔다르크재판 #잔다르크화형 #성녀 #마녀 #마녀사냥 #아이콘

잔 다르크의 연도별 주요 이슈

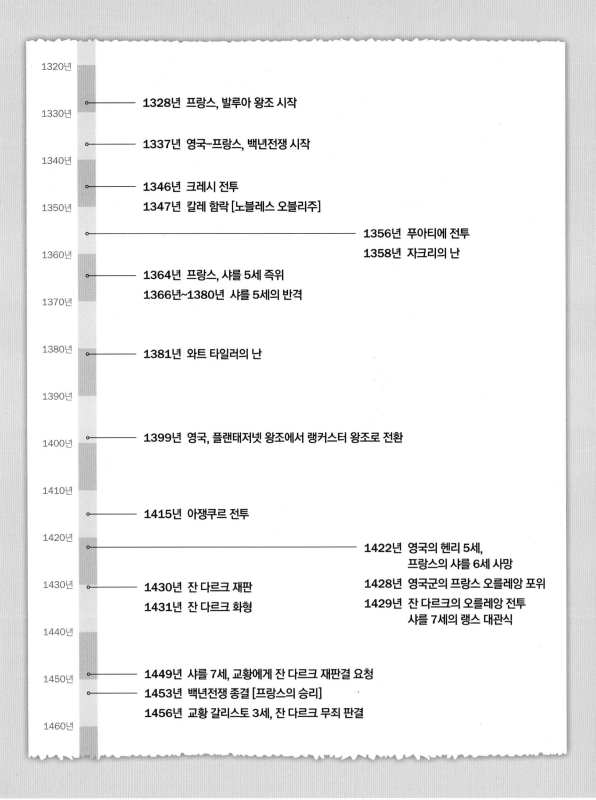

1320년

1330년 ━ 1328년 프랑스, 발루아 왕조 시작

1337년 영국–프랑스, 백년전쟁 시작

1340년

1346년 크레시 전투

1350년 1347년 칼레 함락 [노블레스 오블리주]

1356년 푸아티에 전투

1358년 자크리의 난

1360년

1364년 프랑스, 샤를 5세 즉위

1366년~1380년 샤를 5세의 반격

1370년

1380년 1381년 와트 타일러의 난

1390년

1400년 1399년 영국, 플랜태저넷 왕조에서 랭커스터 왕조로 전환

1410년

1415년 아쟁쿠르 전투

1420년

1422년 영국의 헨리 5세,
프랑스의 샤를 6세 사망

1428년 영국군의 프랑스 오를레앙 포위

1430년 1430년 잔 다르크 재판

1431년 잔 다르크 화형

1429년 잔 다르크의 오를레앙 전투
샤를 7세의 랭스 대관식

1440년

1450년 1449년 샤를 7세, 교황에게 잔 다르크 재판결 요청

1453년 백년전쟁 종결 [프랑스의 승리]

1456년 교황 갈리스토 3세, 잔 다르크 무죄 판결

1460년

성녀로, 마녀로, 민족의 아이콘으로

백년전쟁

해협 하나만 사이에 두었지만 역설적으로 바다라는 장애물이 가로막고 있는 영국과 프랑스는 역사적으로 악연의 골이 깊다. 두 나라의 직접적인 갈등 원인은 경제적인 영토 점령이었다. 영국과 프랑스가 분쟁했던 지역은 크게 세 군데였다.

■■■ **영국과 프랑스의 분쟁 지역**

첫 번째는 플랑드르 지방이다. 중세의 플랑드르는 백작이 다스리는 영주국이었다. 플랑드르는 자치권을 지키기 위해 프랑스와 끊임없이 싸워 왔다. 다만 플랑드르 단독으로 프랑스에 대적하는 것은 힘에 부쳐 영국과 우호적인 관계를 이어가고 있었다. 플랑드르는 중세 유럽에서 최대 모직물 생산지였다. 영국은 플랑드르에서 생산하는 모직물을 가져다가 자국 내에서 모직물 산업을 발전시켜 주요 수출품으로 부를 창출했다.

플랑드르
오늘날의 벨기에 북부 일대

모직물 산업
영국의 주력 산업이었고 플랑드르는 영국의 중요한 재원이기도 했다.

영국과 프랑스의 두 번째 분쟁 지역은 프랑스 남서부 아키텐주의 보르도였다. 보르도 지방은 농업이 발달해 있던 도시로 특히 포도 생산으로 유명했다. 포도는 유럽인들의 주식인 와인의 원료이기 때문에 보르도 지방 역시 뛰어난 경제적 가치를 지닌 곳이었다.

잔 다르크

세 번째 분쟁 지역은 보르도의 남쪽에 붙어 있는 가스코뉴였다. 가스코뉴 지방도 보르도 못지않은 엄청난 규모의 포도 생산과 목축업으로 그 세금만으로도 큰돈을 벌어들일 수 있었다. 중세에는 보르도와 가스코뉴가 아키텐 공국의 영지였다. 아키텐 공국을 상속받은 여공작 알리에노르 다키텐이 프랑스 국왕과 혼인하여 아키텐 공국은 프랑스 왕비의 영지가 되었다. 이후 그녀는 프랑스 국왕과 이혼하고 영국의 국왕과 재혼했다. 덕분에 영국은 기존에 보유하고 있던 프랑스 북부의 노르망디 지방과 남서부의 아키텐까지 모조리 차지할 수 있었지만 곧 프랑스에게 다시 빼앗기고 아키텐의 가스코뉴만 남게 되었다. 영국은 프랑스 내 유일한 영국령인 가스코뉴를 통해 와인 무역으로 영국 내 1년 예산보다도 많은 수입을 얻을 수 있었다.

1328년 프랑스의 샤를 4세가 직계 상속자 없이 사망했다. 영국 플랜태저넷 왕조의 에드워드 3세가 샤를 4세의 조카였다. 에드워드 3세는 프랑스 영토에 대한 상속을 주장했으나 국왕 자리는 발루아 지역의 필리프 6세에게 넘어갔다. 방계 왕족이었던 필리프 6세가 즉위하면서 프랑스의 왕실엔 발루아 왕조가 들어섰다.

영국의 에드워드 3세 때에 스코틀랜드가 영국으로 병합되었는데, 스코틀랜드의 마지막 왕이었던 데이비드 2세가 1333년 프랑스로 망명해 버렸다. 프랑스의 필리프 6세가 스코틀랜드의 데이비드 2세를 받아 주고 스코틀랜드의 귀족들까지 지원하며 영국과 프랑스의 갈등은 재점화되었다. 1336년에는 프랑스 내부에서 반란을 일으켰다가 실패한 아르투아 백작 로버트의 망명을 영국이 받아 주었다. 프랑스의 필리프 6세는 스코틀랜드의 해방을 적극 돕겠다고 선언했다. 두 국가의 충돌은 불가피했다.

1337년 2월 프랑스의 필리프 6세는 프랑스 내 영국령이었던 가스코뉴 지방에 군대를 배치하고 영국에 선전포고를 했다. 백년전쟁의 시작이었다. 프랑스는 플랑드르의 양모 수출을 금지했으며 1337년 7월 가스코뉴에 군대를 투입해 여러 마을을 불태웠다. 영국의 에드워드 3세도 프랑스 북부 상륙을 준비했다. 첫 상륙 목표 지점은 플랑드르 지방이었다. 영국을 기다리는 플랑드르 상인들의 응원 덕에 1338년 영국의 에드워

가스코뉴
이곳을 두고 영국과 프랑스가 오래도록 으르렁거렸다.

드 3세는 플랑드르 지방의 앤트워프에 상륙했다. 프랑스의 필리프 6세도 1338년 10월 1만 2천의 병력으로 플랑드르를 향해 진군했다. 그러나 중세시대의 전투는 유치하기 짝이 없었다. 영국의 에드워드 3세와 프랑스의 필리프 6세가 대치하긴 했지만 둘 다 진짜 싸울 마음은 없었다. 서로 정통성을 주장하며 비방만 할 뿐이었다. 프랑스의 필리프 6세는 적당히 대치한 후 수도로 돌아왔고, 전면전을 벌일 생각이 없던 영국의 에드워드 3세도 군사적 전략을 고민하기보다는 플랑드르와 인접한 프랑스 마을들 중 영국에 적대적인 마을 혹은 인구가 많거나 경제가 발달한 마을을 찾아 불태우고 약탈하기만 했다. 전투다운 전투는 없었고 치졸한 약탈이었다.

에드워드 3세는 영국 내부의 반란이 걱정되어 오래도록 해외 원정에 나가 있을 수가 없었다. 프랑스도 차라리 영국 내부 문제를 부추기기 위해 프랑스에 있던 스코틀랜드의 마지막 왕 데이비드 2세를 1341년 스코틀랜드로 귀국시켰다. 스코틀랜드의 독립 반란이 일어날 게 뻔하니 에드워드 3세는 프랑스와 휴전을 체결하고 본국으로 돌아왔다.

그러나 이 휴전은 얼마 가지 못했다. 프랑스 서부 브르타뉴 지방의 공작 후계를 두고 영국과 프랑스가 또 다투었다. 프랑스는 적통성을 이유로 잔느를 지지했고, 영국은 여자가 공작의 뒤를 이을 수 없다며 장 드 몽폴을 지지했다. 브르타뉴 내부에서 내전이 터졌고 영국이 지지하는 장 드 몽폴이 브르타뉴를 장악했다. 프랑스의 필리프 6세는 장 드 몽폴의 공작 직위를 인정할 수 없다며 직접 군대를 동원해 브르타뉴에 개입하려고 했다. 그러자 영국의 에드워드 3세도 프랑스의 개입을 저지하고자 군대를 조직했다. 먼저 브르타뉴에 군대를 주둔한 쪽은 영국이었다. 에드워드 3세의 영국군은 빠르게 브르타뉴의 주요 마을들을 점령한 후 약탈했다. 브르타뉴에서 더 큰 전투로 번질 뻔했으나 교황청이 중재에 나서 3년간 전투를 중단하기로 했고, 에드워드 3세는 1343년 귀국했다.

영국의 속셈

브르타뉴마저 영국령으로 삼으면 서남부의 가스코뉴까지 이어지는 해안선을 모두 영국이 차지하고, 프랑스를 서쪽에서 더 강력하게 압박할 수 있었다.

백년전쟁 1라운드 에드워드 3세 vs 필리프 6세 [크레시 전투]

교황청의 중재로 맺은 정전협정이었지만 영국과 프랑스 사이의 대립은 막는다고 막아지는 것이 아니었다. 1346년 에드워드 3세는 다시 프랑스

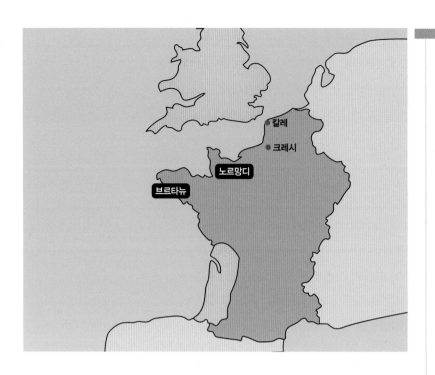

브르타뉴 지방

북부 노르망디에 대군을 이끌고 상륙했다. 1337~1338년 전쟁에서 영국군은 첫 상륙에서 플랑드르를 자국의 지배하에 두었다. 이제 노르망디를 점령하면 노르망디와 플랑드르를 잇는 프랑스 북부 해안 라인을 영국령으로 삼을 수 있었다. 에드워드 3세는 노르망디에서부터 플랑드르까지 물자가 많이 모인 마을이란 마을은 모두 찾아내어 전부 불태운 뒤 강도 높은 약탈을 자행했다. 필리프 6세는 어줍잖게 영국을 공격했다가 패배할 것이 두려워 대군을 모을 때까지 기다렸고 어느 정도 병력이 모이자 프랑스 북부로 진격했다. 영국의 에드워드 3세는 이번에도 전면전을 벌일 생각이 전혀 없었다. 에드워드 3세는 도망치며 마을들을 약탈할 뿐이었고 필리프 6세는 에드워드 3세를 계속 추격했다. 쫓고 쫓기는 추격전이 이어지다 1346년 8월 칼레 남쪽의 '크레시'에서 결국 두 군대가 맞닥뜨렸다. 영국군 1만에 프랑스군 3만이었다. 병력 차도 날뿐더러 프랑스군은 화려한 갑옷을 두른 자랑스러운 기사단이었던 반면 영국군은 농민 출신의 징병된 군인들로 활이 주력이었다.

크레시의 고지대 언덕을 영국군이 선점했고 에드워드 3세는 소수의 기병들에게도 모두 말에서 내려 보병전을 전개하도록 했다. 보병들 양옆으로는 영국군의 유일한 주력부대인 궁병들을 포진시켰고 언덕 입구에는 장애물들을 설치해 두었다. 프랑스 기사단이 가까이에 도착했을 때 느닷없이 비가 내렸다. 비가 한참 내리고 갠 다음 날 프랑스 기사단의 기병대들이 언덕을 향해 돌격했는데 젖은 진흙에 말들이 제대로 뛰지 못해 기병 다수가 고꾸라졌다. 이때 언덕 양옆으로 포진해 있던 영국 궁병들이 화살 세례를 퍼부었다. 지형 자체도 언덕이다 보니 화살의 위력도 공격하는 쪽이 유리했으며 기병들이 올라가기 불리했다.

게다가 프랑스군에게는 구조적인 문제도 있었다. 프랑스군은 기사단으로 구성되어 있던 만큼 조직력이 크게 떨어졌다. 기사단별로 각개전투를 수행했으며 체계적이지 못한 지휘에 융통성을 전혀 발휘하지 못했다. 프랑스군에도 궁병들은 있었는데 돈을 주고 제노바에서 고용한 석궁 용병부대였다. 전날 내린 비로 땅이 질척거리자 이들도 석궁 조준이 여의치 않았다. 제노바 석궁 용병들이 실력 발휘를 못하자 돈을 더 받고 싶어서 일부러 대충 싸운다고 판단한 프랑스의 필리프 6세는 이들을 그 자리에서 처형하라고 지시했다. 프랑스 기사단은 영국군의 롱보우에 쓸려가는 와중에도 제노바 용병들을 쳤다. 이미 전열이 흐트러진 프랑스군을 상대로 영국 보병들이 최후의 백병전을 감행하자 프랑스군은 속절없이 무너졌다. 필리프 6세는 부상을 입었고 주요 귀족들과 장교들이 전사하는 등 프랑스는 크레시 전투에 투입한 거의 모든 병력을 잃었다.

크레시 전투에서 승리한 영국군은 프랑스의 해안 도시 칼레를 포위했다. 영국이 칼레를 점령하면 유리한 항구를 하나 더 얻을 수도 있었다. 칼레 시민들은 항전하며 무려 11개월을 버텼으나 더 이상은 무리였다.

■■■ 롱보우

영국 궁병들이 사용하던 활은 '롱보우'로 전설 속 로빈 후드가 사용한 활이며, 장력이 강력해서 살상력과 사정거리가 남달랐다.

■■■ 석궁 용병부대

실력이 유럽 최강이라 돈 많은 프랑스 왕실이 아니면 고용하기도 힘든 최정예 용병단이었다.

에드워드 3세의 제안에 칼레의 고위층 여섯이 자발적으로 나섰다. 이들을 처형하려는 순간 스스로 나선 이들의 용기에 감복한 에드워드 3세는 처형을 중단시켰다. 이 일화에서 특권을 누리는 사회의 지도층일수록 더 막중한 책임을 져야 한다는 뜻의 '노블레스 오블리주'가 유래했다. 훗날 천재 조각가 로댕이 이 감동적인 일화를 '칼레의 시민'이란 조각품으로 만들어 칼레시에 헌정했다. 현재 이 걸작은 뉴욕 메트로폴리탄 미술관에서 소장 중이다.

여기서
잠깐

노블레스 오블리주

잔 다르크

1347년 8월 대표로 여섯 명만 참수하고 남은 시민들의 안전은 보장해 주겠다는 에드워드 3세의 제안에 칼레 시민들은 저항을 포기했다.

칼레까지 점령한 영국의 에드워드 3세였지만 스코틀랜드의 반란도 여간 신경 쓰이는 문제가 아니었다. 때마침 교황이 나서 중재를 해 준 덕분에 전투는 소강상태로 접어들었다. 에드워드 3세는 영국으로 귀국했다. 프랑스는 흑사병이 창궐하여 국왕 필리프 6세가 사망했고 1350년 그의 아들 선량왕 장 2세가 즉위했다.

백년전쟁 2라운드 흑태자 에드워드 vs 장 2세 [푸아티에 전투]

프랑스의 새로운 왕이 된 선량왕 장 2세는 가스코뉴에 대한 대대적인 공세를 펼쳤다. 영국의 에드워드 3세도 꾸준히 프랑스 북부로 군대를 보내 마을과 성들을 공략했다. 양측 모두 서로에게 유리한 전선에서만 싸우고 있었다. 피차 큰 소득은 없었다.

1353년 스페인과 프랑스의 접경지역인 '나바라'의 국왕 카를로스 2세가 장 2세의 측근을 살해하여 프랑스의 분노를 샀다. 영국의 에드워드 3세는 카를로스 2세와 연합하기로 했다. 때마침 가스코뉴의 귀족들이 영국에 구원을 요청하자 1355년 백년전쟁의 두 번째 라운드가 시작되었다. 영국은 에드워드 3세 대신 그의 아들 '흑태자 에드워드'가 출정했다.

나바라 왕국
9세기 중엽에 스페인과 프랑스에 걸친 나바라 지방에 건국한 바스크인의 왕국으로 17세기까지 존재했다.

영국군은 이번에는 프랑스 북부로 상륙하지 않았다. 대신 확실한 가스코뉴 방어를 위해 보르도로 상륙했다. 영국에서 온 2700명의 병력과 가스코뉴 현지에서 충당한 4000명의 병력을 이끌고 흑태자 에드워드는 프랑스 남부로 진격했다. 영국군이 지나간 프랑스의 도시들은 쑥대밭이 되었다. 11월 영국군은 프랑스 동남쪽의 해안 도시 나르본에 도착했다. 가스코뉴에서 나르본까지의 루트를 장악하면 영국은 지중해로 나아갈 수 있었다. 하지만 프랑스 대군이 남부로 남하하자 병력이 턱없이 모자랐던 흑태자 에드워드는 다시 가스코뉴로 돌아갔다.

1356년 8월 즈음 흑태자 에드워드는 다시 약탈에 나서 프랑스 중부 지방으로 향했다. 장 2세의 프랑스 군대도 에드워드를 상대하러 진군 중이었다. 장 2세의 병력은 2만여 명이었던 반면 흑태자 에드워드의 병력은 1만도 채 되지 않았다. 흑태자 에드워드는 프랑스 중부 너무 깊숙이 들어왔음을 깨닫고 가스코뉴로 퇴각하려 했다. 그러나 자국 지형에 빠삭한 프랑스 군대가 지름길을 이용해 영국군을 앞질러 푸아티에에서 서로 맞닥뜨렸다.

푸아티에에서도 접전 직전 폭우가 내렸다. 크레시 전투를 지휘한 경험이 있던 흑태자 에드워드는 이전과 마찬가지로 언덕 위에 진을 쳤다. 장 2세는 크레시 전투에 참전하진 않았지만 자신의 아버지가 패전한 것은 무리한 기병 운영 탓이라고 생각했다. 장 2세는 기사단의 기병들에게 말에서 내려 보병전으로 싸우게 했다. 결과는 크레시 전투보다 더 참혹했다. 무거운 갑옷으로 중무장한 기사들이 말도 타지 않고 진창을 밟으며 힘겹게 언덕을 오르려고 하자 영국군은 이들에게 롱보우 세례를 퍼부었다. 흑태자 에드워드는 직접 200기의 기병대를 이끌고 프랑스군을 덮쳐 섬멸했다. 이번에도 영국군의 대승리였다.

백년전쟁 3라운드 샤를 5세의 수복전

푸아티에 전투로 장 2세는 영국의 포로가 되었다. 그는 런던으로 압송되었고 영국의 에드워드 3세는 프랑스 본국에 장 2세의 몸값으로 프랑스의 2년 치 세입에 상당하는 금액을 요구했다. 아버지를 대신해서 프랑스 섭정을 맡은 장 2세의 왕세자 샤를 5세는 아버지를 귀환시키기 위해 돈을 마련해야만 했다. 그러나 하루아침에 그런 거액을 마련하기란 불가능에 가까웠다. 샤를 5세는 농민들에게 세금을 더 부과했고 이로 인해 많은 농민들이 강하게 반발했다.

1360년 샤를 5세는 장 2세 몸값의 3분의 2 정도를 지불했는데, 나머

여기서 잠깐

자크리의 난

국왕이 적국에 인질로 붙잡혀 있다는 사실만으로도 프랑스 민심은 흉흉할 수밖에 없었다. 흑사병으로부터 회복되기도 전에 과도한 징세 문제까지 겹치자 1358년 프랑스의 소작농들이 '자크리의 난'이라는 민중 봉기를 일으켰다. 샤를 5세는 금세 자크리의 난을 진압했지만 프랑스 내부는 전혀 안정적이지 못했다.

잔 다르크

지 3분의 1을 도저히 배상할 처지가 못 되자 장 2세는 영국의 에드워드 3세에게 자신을 프랑스로 보내 주면 직접 남은 몸값을 모아서 바치겠다고 약속했다. 영국의 에드워드 3세는 기사도 정신에 따라 장 2세를 프랑스로 아무 조건 없이 석방했다. 대신 장 2세는 둘째 아들을 볼모로 런던에 보냈는데, 그 아들이 사랑하는 여인을 만나고 싶다며 탈출해 프랑스로 돌아와 버렸다. 장 2세는 탈출한 아들 문제도 있고 남은 배상금도 도저히 갚지 못할 것 같다며 이번에도 기사도 정신을 내세우며 직접 런던으로 넘어가 스스로 볼모가 되었다.

섭정자였던 프랑스의 샤를 5세는 군대 운용에 있어서 구조적인 개혁의 필요성을 절감했다. 크레시 전투와 푸아티에 전투의 패전은 아무리 생각해도 기사단 중심의 비효율적인 지휘 체계 때문이었다. 샤를 5세는 프랑스군을 기사단 중심이 아닌 원시적이나마 징병제 중심으로 전환했다. 1364년 런던에 있던 프랑스의 장 2세가 죽자 현명왕 샤를 5세가 정식 국왕으로 즉위했다.

샤를 5세는 신중했다. 당장 영국과 또 전투를 벌이기보다는 외국의 동맹국을 끌어들이고자 했다. 샤를 5세는 프랑스 국토 곳곳에서 제멋대로 날뛰던 용병단들을 토벌한 기사 베르트랑 뒤 게클랭을 총사령관으로 삼고 1365년 스페인의 카스티야 왕조로 파견했다. 프랑스가 지지하던 스페인 왕자가 영국이 지지하던 스페인 왕자를 살해하면서 스페인의 카스티야는 완전하게 프랑스 편으로 돌아섰다. 가스코뉴의 흑태자 에드워드는 위아래로 프랑스와 스페인의 카스티야를 상대해야 했다. 이 와중에 그는 병에 걸렸고 가스코뉴와 아키텐의 여러 영주들은 과도한 조세 징수로 농민들의 반발을 사고 있었다. 샤를 5세는 이 기회를 놓치지 않았다. 그는 베르트랑 뒤 게클랭을 내세워 약 10년에 걸쳐 그간 영국에게 빼앗겼던 영국령 프랑스 영토 대부분을 탈환했다.

흑태자 에드워드는 건강이 날로 악화되어 1371년 본국으로 귀국했고 대신 그의 동생 존이 가스코뉴 전선을 이어받았다. 샤를 5세의 공세가 만만치 않음을 느낀 영국의 에드워드 3세는 펨브룩 백작이 이끄는 20척의 함선을 가스코뉴에 추가로 지원했다. 1372년 가스코뉴 지방의 라로셸 항구를 목표로 항해하던 펨브룩 백작의 영국 해군은 스페인 카스티야

함대의 기습을 받아 함선이 모조리 불탔다. 영국은 가스코뉴 지방 대부분을 잃었고 프랑스는 가스코뉴 해안가와 노르망디 극히 일부, 플랑드르 정도를 제외하곤 전부 영토를 되찾았다.

1376년 영국에선 영국군의 맹장이었던 흑태자 에드워드가 사망했고 1년 후 에드워드 3세마저 세상을 떠났다. 흑태자 에드워드의 둘째 아들 리처드 2세가 새로운 국왕으로 즉위했다. 심지어 1378년 친영 외교를 표방했던 브르타뉴의 영주조차 친프랑스 성향의 영주로 교체되었다.

여태까지 전쟁의 양상은 프랑스가 영국에게 빼앗긴 영토를 되찾는 싸움이었다. 노르망디까지 수복한 샤를 5세는 이제는 반격의 타이밍이라고 여겼다. 프랑스는 영국이 그랬던 것처럼 해적들을 풀어 영국 남부 해안을 약탈하게 했다. 그러던 중 1380년 샤를 5세가 사망하고 그의 아들 샤를 6세가 즉위했다. 영국도 프랑스도 새로 바뀐 국왕이 너무 어려 국정이 어수선했고 전쟁은 소강상태로 접어들 수밖에 없었다.

영국 왕 리처드 2세는 커 가면서 무리한 왕권 강화 노력 탓에 주변에 적이 많았다. 사촌형인 헨리 볼링브로크와 경쟁하게 된 그는 점차 폭군의 모습을 보이기 시작했다. 결국 헨리 볼링브로크는 영국을 떠나지만 1399년 그의 아버지가 죽자 리처드 2세는 그의 집안 재산을 몰수했다. 복수의 날만을 기다리던 헨리 볼링브로크는 리처드 2세가 아일랜드로 떠났을 때 기습적으로 영국에 들어와 수도를 장악했다. 리처드 2세는 부랴부랴 런던으로 돌아왔지만 의회의 지지는 헨리 볼링브로크를 향하고 있었다. 헨리 볼링브로크는 스스로 헨리 4세가 되어 국왕으로 즉위한 뒤 리처드 2세를 폰티프랙트 성에 가두었다. 헨리 4세의 가문은 플랜태저넷

■ 폰티프랙트 성에 유폐
유폐된 리처드 2세는 4개월 후 사망한다.

유럽을 초토화한 흑사병이 영국을 휩쓸었다. 전쟁과 전염병으로 동난 국가 재정을 채우고자 영국의 리처드 2세는 농민들에게 지나친 조세를 징수했다. 과거 프랑스의 '자크리의 난'처럼 1381년 영국에서는 '와트 타일러의 난'이 일어났다. 와트 타일러의 난은 자의식이 높아진 농민들과 노동자들이 합당한 노동의 대가를 요구한 민란이었으나 세상의 변화를 파악하지 못한 리처드 2세는 강경하게 진압하려고만 했다. 런던 시장이 협상으로 농민들과 노동자들의 요구를 들어주는 척하다가 지도자 와트 타일러를 암살하면서 진압되었다.

여기서
잠깐

와트 타일러의 난

잔 다르크

가문의 방계였기에 그의 즉위로 영국의 왕조는 플랜태저넷 가문에서 랭커스터 가문으로 넘어갔다. 이제 백년전쟁은 영국의 랭커스터 왕조가 지휘하며 새로운 국면으로 접어들었다.

백년전쟁 4라운드 헨리 5세 vs 샤를 6세 [아쟁쿠르 전투]

1399년 랭커스터 왕조를 개창한 헨리 4세는 자신에게 반기를 든 내부 반란 세력을 진압하다가 1413년 사망하고 그의 아들 헨리 5세가 뒤를 이었다. 헨리 5세는 유능하고 명민한 군주로, 아버지의 반란 진압 전쟁에 적극적으로 투입되며 어린 나이에 전투지휘 경험을 쌓았다.

프랑스에서는 성년이 된 샤를 6세가 정신병을 앓고 있었다. 국정을 이끌어 갈 수 없는 그를 대신해서 동생인 오를레앙 공작(루이 1세)이 국왕의 자리를 대행했다. 오를레앙 공작을 견제하던 정적이 부르고뉴 공작(장 1세, 용맹공)이었다. 플랑드르 지방에도 지분을 가지고 있던 부르고뉴 공작은 영국과 우호적인 관계를 원했던 반면, 오를레앙 공작은 영국과의 항전을 고집했다.

1407년 부르고뉴 공작이 보낸 암살범이 파리 시내 한복판에서 오를레앙 공작을 피살했다. 오를레앙의 영지는 그의 아들에게 상속됐고, 오를레앙 세력인 아르마냑파와 부르고뉴파 사이에 내전이 발발했다. 부르고뉴 공작은 영국에 플랑드르를 넘기는 대가로 군사적 지원을 요청했다. 그러나 그의 매국적인 행위에 분노한 파리 시민들이 그를 파리에서 내쫓았다. 그는 북부의 플랑드르로 도망갔고 아르마냑파 세력이 프랑스의 주도권을 장악했다.

비슷한 시기에 영국 국왕이 된 헨리 5세는 프랑스 내의 분쟁을 기회로 보고 평화를 중재하겠다며 프랑스에 영국령 영토를 샤를 5세 이전으로 되돌려놓고 과거에 갚지 못한 배상금을 갚으라는 무리한 요구를 했다. 이에 프랑스 정부는 아직 젊은 헨리 5세에게 장난감 공을 선물로 보내며 이거나 가지고 놀라는 식의 모욕적인 국서를 보냈다. 이것이 영국 지배층들의 분노를 샀고 덕분에 헨리 5세는 수많은 영주들로부터 군사적 지원을 받아 1415년 무려 700척에 이르는 백년전쟁 사상 최대 규모의 함

■■■ 헨리 5세
왕자 시절 전투에서 얼굴에 화살을 맞아 난 왼쪽 코의 상처가 그의 트레이드마크였다.

대를 동원해 프랑스 북부 노르망디에 상륙했다.

헨리 5세는 영국령 영토 회복뿐 아니라 자신이 직접 프랑스 국왕이 되겠다는 야심에 불타고 있었다. 그러나 그간 백년전쟁에서 영국군이 프랑스 마을들을 어떻게 약탈해 갔는지 경험했던 프랑스인들은 군인이 아닌 사람들까지 마을을 지키기 위해 항전에 나섰다. 설상가상으로 영국군 내에 말라리아가 퍼졌고, 프랑스군 2만이 힘 빠진 영국군과 싸우기 위해 루앙에 집결했다. 전면전은 어렵다고 판단한 헨리 5세는 칼레로 이동해 그곳에서 영국으로 돌아가려고 했다. 영국군이 칼레로 이동 중이라는 정보를 접한 프랑스의 샤를 달브레 장군은 6천 명의 병력으로 이동로를 막았다. 영국군은 강행군과 전염병으로 피로가 누적되고 보급품까지 고갈되고 있었다. 샤를 달브레 장군은 작전을 바꾸어 영국군이 칼레까지 무사히 도착하도록 해 주었다. 영국군을 더 지치게 할 작전이었다.

1415년 10월 영국군은 칼레 인근의 블렁쉬에 이르렀다. 강 건너 칼레에는 프랑스 군대가 최후의 일격을 날리기 위해 주둔하고 있었다. 영국군도 급하게 전투대형을 갖추었다. 그러나 병력이 두 배 이상인 프랑스에게 밀릴 수밖에 없었다. 나름 유능한 지휘관이었던 헨리 5세는 조직적이고 체계적인 후퇴를 하며 아쟁쿠르에서 최후의 방어진을 쳤다. 전날 폭우가 내려 온통 진흙탕인지라 중무장한 프랑스군에게 불리할 거라고 본 것이다. 프랑스군도 무작정 기병 중심으로 돌격하기보다는 신중하게 진군했다. 헨리 5세는 수적 열세에도 불구하고 먼저 더 빠른 속도로 진군했다. 거리가 좁혀졌을 때 헨리 5세는 진군을 멈추고 프랑스 기병을 막을 목책을 확실하게 구축했다. 프랑스 기병대가 먼저 돌격했는데 진창이 되어 버린 땅 때문에 진군이 쉽지 않았다. 영국의 주력부대는 궁병이었다. 양 옆의 산속에 매복하고 있던

아쟁쿠르 위치

잔 다르크

영국 궁병들이 돌격하는 프랑스 기병대를 무수히 많은 화살로 순식간에 무너뜨렸다. 영국 궁병들은 화살이 다 떨어지자 보병으로 빠르게 전환해 프랑스의 좌우익을 공격했다. 프랑스군은 곧바로 후퇴했지만 전열이 아수라장이 되었다. 미처 후퇴하지 못한 프랑스군은 이들을 완벽하게 원형 대형으로 포위한 영국군에 의해 상당수가 죽거나 포로로 잡혔다. 전사자 중에는 샤를 달브레 장군도 있었으며 포로 중에는 오를레앙 공작과 부르봉 공작 등 귀족 기사들도 부지기수였다.

결과는 영국군의 대승이었지만 모두 지쳐 있었고 헨리 5세는 칼레를 통해 영국으로 귀국했다. 헨리 5세가 데려간 포로들은 대부분이 프랑스의 아르마냐크파 귀족이었다. 덕분에 부르고뉴파의 용담공 장 1세가 파리로 다시 돌아왔다. 프랑스 국왕 샤를 6세의 정신병은 더 심각해지고 있었고, 왕세자 샤를이 그를 대리하고 있었다. 장 1세는 왕세자 샤를에게 아르마냐크파는 이제 없으니 자신과 연합해 프랑스를 이끌어 가자고 제안했으나 왕세자 샤를은 장 1세를 암살했다. 분노한 장 1세의 아들은 곧바로 영국에 붙었다.

1417년 헨리 5세는 다시 프랑스로 상륙했고, 1418년에는 프랑스 북부 노르망디의 해안 전체가 헨리 5세의 수중에 있었다. 파리를 부르고뉴파가 장악한 상태에서 영국까지 친영국 성향의 부르고뉴파와 연합하자 왕세자 샤를은 파리로 돌아올 수 없었고, 그를 지지해 줄 아르마냐크파 귀족이나 영주들도 없었다. 부르고뉴파의 것이 된 프랑스는 영국의 수중에 있는 것이나 마찬가지였다. 1420년 더 이상 희망이 없다고 판단한 프랑스의 왕비는 영국의 헨리 5세와 프랑스의 공주를 혼인시키고, 현재의 국왕인 샤를 6세가 죽으면 프랑스 국왕 자리를 사위인 영국의 헨리 5세에게 넘긴다는 트루아조약을 약속했다. 그런데 1422년 헨리 5세가 30대 중반의 젊은 나이에 사망했다. 그리고 그로부터 2개월 후 프랑스의 샤를 6세도 사망했다. 따라서 헨리 5세와 프랑스 공주 사이에 태어난 갓난아이 헨리 6세가 영국과 프랑스의 새 국왕 자리를 모두 겸임하게 되었다.

샤를 6세의 아들 왕세자 샤를은 파리에서 쫓겨난 뒤로 헨리 6세의 프랑스 국왕 즉위를 인정할 수 없다며 스스로 대관식을 갖고 샤를 7세가 되어 프랑스 발루아 왕조의 적통을 위시했다. 영국에서는 갓난아이였던 헨리 6세를 대신해 베드포드 공작과 글로스터 공작이 샤를 7세와의 전쟁을 진두지휘했다. 프랑스의 잔존 세력인 샤를 7세만 토벌한다면 백년전쟁은 영국의 승리로 끝나는 것이었다. 샤를 7세는 시농성을 본거지로 삼고 있었다. 시농성 근처에 중부도시 오를레앙이 있었고, 이곳이 함락되면 곧바로 시농성이었다. 기세 좋게 적통을 내세웠지만 정작 샤를 7세가 할 수 있는 일은 없었다. 베드포드 공작과 글로스터 공작은 1428년 오를레앙을 포위했다. 오를레앙 성 안에서는 모든 공력을 끌어모아 항전했지만 시간이 지나면서 식량도 군대의 사기도 떨어져 갔다. 이때 꾀죄죄한 시골 소녀가 샤를 7세를 찾아왔다. 잔 다르크였다.

성녀 잔 다르크

프랑스 동부의 작은 마을 동레미에서 태어난 잔 다르크의 집안에 대해서는 설이 분분하다. 양치기 출신인 부모는 가난한 소작농이었으며 잔 다르크는 글도 읽을 줄 모르는 문맹이었다는 설과, 양치기 출신은 맞지만 동레미의 큰 땅을 보유한 자작농이었으며 그녀의 부친은 마을의 말단 행정관이었다는 설이 있다. 잔 다르크가 13살 때 성 미카엘, 성녀 마르게리타, 성녀 카타리나가 나타나 프랑스를 구하라는 하나님의 목소리를 전달했다고 한다. 잔 다르크는 처음엔 거부하다가 지속적인 하나님의 음성에 성녀로서의 운명을 받아들이기로 했다.

16살의 나이에 전쟁에 참여하기로 결심한 잔 다르크는 인근의 영주를 찾아가 샤를 7세와 만나게 해 달라고 부탁했다. 영주는 신의 음성을 들었다는 잔 다르크의 말을 반신반의했으나 그녀를 만나본 성직자들이 거듭 추천하자 그녀를 샤를 7세에게 보내기로 한다. 그렇게 1429년 2월 잔 다르크는 먼 길을 돌아 샤를 7세가 있던 시농성으로 갔다.

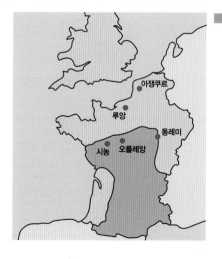

동레미(잔 다르크의 고향), 시농, 오를레앙

신의 음성을 듣고 오를레앙을 구원해 보겠다는 잔 다르크의 행동이 갸륵하긴 했으나 샤를 7세는 무작정 그녀를 믿을 순 없었다. 샤를 7세는 대역을 시켜 자신인 양 잔 다르크를 속였으나 그녀는 곧바로 대역임을 눈치채고 그 자리에서 샤를 7세를 찾아냈다. 여전히 그녀를 믿지 못한 샤를 7세는 그녀를 푸아티에로 보내 성직자들의 면담을 받게 했는데, 이 성직자들이 모두 그녀의 신앙심에 감복했다. 이에 샤를 7세도 일단 기용해 보기로 하고 잔 다르크에게 갑옷과 깃대를 하사했다. 그리고 오를레앙에 보낼 지원군을 꾸렸다.

성직자의 공인까지 받은 잔 다르크였기에, 샤를 7세는 명목상 그녀를 사령관으로 삼았지만 베테랑 기사들을 붙여 주었다. 프랑스 지원군이 오를레앙 근처의 블와에 도착했을 때였다. 중세시대 전쟁에서는 으레 민간인 약탈이 이루어졌지만 잔 다르크는 이를 엄격하게 금했으며 병사들의 매춘 행위와 욕설도 허용하지 않았다. 작금의 전쟁은 신의 뜻을 이행하는 성전이라며 경건한 마음으로 전투에 임하도록 지시했다. 엄격한 군율에 불만을 품을 수도 있었지만 병사들은 스스로를 신의 군대라고 생각하여 오히려 사기가 높아졌다.

블와를 떠난 지 3일 후에 잔 다르크의 군대가 오를레앙 안으로 들어왔다. 당장 함락되어도 이상할 게 없던 오를레앙에 잔 다르크가 들어오자마자 전세가 뒤바뀌었다. 오를레앙의 남은 군사들과 시민들도 잔 다르크를 보며 그들이 신의 보호를 받는다고 믿었다. 파리에서 대규모 군대가 영국군을 지원하러 온다는 소식에 오를레앙 시민들은 하루 빨리 포위망을 뚫어야만 했다. 잔 다르크는 우선 강 건너 오를레앙을 공격하던 영국군부터 처리하기로 하고 강을 우회하여 은밀히 상륙한 후 강 건너의 영국군 배후를 급습했다. 그녀는 영국군의 화살에 목과 어깨에 부상을

잔 다르크가 성녀 카타리나 드 피에르부아 성당의 바닥에 검이 하나 놓여 있을 거라 하여 열어 보았더니 실제로 검이 있었다. 잔 다르크는 그 검을 자신의 검으로 삼았다. 검에는 5개의 십자가가 새겨져 있었고, 사람들은 그 검을 '성녀 카타리나의 검'이라고 믿었다.

성녀 카타리나의 검

당하면서까지 깃발을 휘날리며 싸웠고 영국군은 강 위 다리로 도망쳤다. 영국군은 항복하지 않고 다리 위에서 잔 다르크와 싸우려고 했으나 다리가 무너지는 바람에 강에 빠져 대거 익사했다. 그래도 아직 영국군이 남아 있었다. 잔 다르크는 성 밖에서 싸우자며 가용한 모든 인력을 동원해 성 밖으로 나가 영국군과 전면전을 벌였고 결과는 프랑스군의 대승이었다. 5월 8일 영국군은 오를레앙의 포위를 풀고 후퇴했다. 프랑스인들은 잔 다르크를 '오를레앙의 성녀'라고 추앙하며 그녀에게 열광했다.

랭스 대관식

오를레앙 방어에 성공했을 뿐 아직 프랑스 전역엔 영국군이 산재해 있었다. 잔 다르크는 루아르강을 넘어 프랑스 영토를 수복하기 위한 원정에 나섰고 12일 쟈흐고를, 16일 보정씨를, 18일 멍쉬르루아르를 탈환했다. 영국군은 6월 파테에 집결했다. 잔 다르크의 프랑스군은 파테에서 영국군의 주력인 궁병부대를 집중적으로 공격했다. 궁병부대가 무력화되자 영국군은 우왕좌왕했고 프랑스 기병대의 공격에 무참히 쓸려 나갔다. 파테 전투를 기점으로 프랑스군은 프랑스 중부지방에 대한 주도권을 완전히 확립했다. 그리고 포로로 잡은 영국군 병사들의 몸값을 요구한 다음 지불하지 못한 병사들을 학살했다.

파테 전투 후 잔 다르크는 트루아와 랭스까지 진출했다. 랭스는 전통적으로 프랑스 국왕이 대관식을 치르는 상징적인 도시였다. 잔 다르크는 랭스에서 트루아조약을 부정하며 오직 샤를 7세만이 유일무이한 프랑스의 국왕임을 선포했다. 이에 대한 상징적 행위로 샤를 7세는 1429년 7월 랭스에서 대관식을 치렀다. 이 대관식은 프랑스의 해방을 원하던 프랑스인들에게 큰 힘이 되었다. 프랑스인들의 민족의식이 고취되자 파리의 민심도 요동쳤다. 이제 샤를 7세와 잔 다르크의 목표는 파리였다.

마녀 잔 다르크

잔 다르크는 무턱대고 파리로 진군하지 않았다. 본격적인 파리 수복전에

"용기를 가지고 돌진하세요! 아무것도 두려워 말아요! 신을 믿는 한 모든 것이 잘될 겁니다."
– 잔 다르크

영국군 학살
파테 전투에서의 영국군 학살 사건과 관련하여 잔 다르크의 명령이었는지 아니었는지는 설이 분분하다.

"신은 스스로 돕는 자를 돕는답니다."
– 잔 다르크

잔 다르크

앞서 그녀는 프랑스 곳곳을 돌면서 곧 프랑스를 해방하리란 것을 알리며 민심을 수습했다. 그러나 랭스에 있던 샤를 7세의 행보는 당황스러웠다. 샤를 7세는 잔 다르크에게 모든 군사적 행위를 중지시키며 파리에 있던 부르고뉴파 영주 및 귀족들과 평화협상을 체결하려 했다.

파리의 부르고뉴파가 평화협상에 임했던 것은 영국에서 지원군이 올 때까지 시간을 벌기 위해서였다. 그것도 모르고 샤를 7세는 잔 다르크보다 본인의 우위를 확립하기 위해 어떻게든 전쟁이 아닌 본인의 방식으로 전쟁을 마무리 짓고 싶어 했다. 여기에 파리의 부르고뉴 공작 선량공 필립이 샤를 7세와 잔 다르크를 이간질했다. 잔 다르크가 등장하면서 모든 전세가 갑자기 역전되었다. 이는 전부 잔 다르크가 고취시킨 프랑스의 민족의식 때문이었다. 샤를 7세가 잔 다르크를 내치는 것만으론 부족했다. 잔 다르크를 '성녀'라는 위치에서 끌어내려야만 했다. 파리의 부르고뉴 공작 선량공 필립은 잔 다르크가 사실은 마녀이며 사탄의 꾐에 넘어간 거라고 선동했다. 근본 없는 이 소녀를 인정할 수 없었던 파리대학 신학부도 마녀몰이에 가담했다.

충분한 시간을 가지며 영국군의 지원을 받은 파리의 부르고뉴 공작 선량공 필립이 1430년 5월 콩피에뉴를 포위하면서 다시 전쟁이 터졌다. 잔 다르크는 콩피에뉴를 구원하러 가지만 룩셈부르크 백작의 매복에 걸려 체포되고 말았다. 선량공 필립은 잔 다르크를 어떻게 해야 할지 고민했다. 처형하는 것만이 능사가 아니었다. 오히려 잔 다르크의 죽음이 프랑스 민심을 움직여 샤를 7세에게 유리하게 흘러갈 수도 있었다. 몸값을 받고 잔 다르크를 샤를 7세에게 보낼까도 했으나 샤를 7세는 그녀의 몸값을 지불할 용의가 없었다.

그 사이 룩셈부르크 백작의 탑에 갇혀 있던 잔 다르크는 탑에서 뛰어내려 탈출을 시도하지만 부상만 당하고 다시 붙잡혔다. 룩셈부르크 백작은 잔 다르크를 영국군에게 팔아 버렸다. 프랑스 보베의 주교였던 피에르 코숑이 잔 다르크는 마녀가 확실하며 콩피에뉴 상위 주교구가 본인의 관할권이기에 자신이 직접 잔 다르크의 이단 재판을 주관하겠다고 나섰고 영국군은 이를 받아들였다.

■■■ 샤를 7세의 행보
샤를 7세는 프랑스 민중들이 본인을 지지하는지 잔 다르크에게 의지하는지 의구심을 품기 시작했다. 잔 다르크는 성녀의 아이콘이었기에 백년전쟁이 성전으로 인식되는 시점에 프랑스 민중들은 잔 다르크에게 더 기대는 경향이 컸다.

1430년 12월 잔 다르크는 영국군이 지키는 루앙성으로 옮겨갔다. 루앙성에서 잔 다르크는 쇠사슬에 묶인 채 영국군으로부터 각종 희롱과 모욕을 당해야 했다. 피에르 코숑은 무려 70여 명의 재판단을 꾸려 잔 다르크의 이단 재판을 시작했다. 70명 모두 목적은 동일했다. 그들의 목적은 잔 다르크를 마녀로 만드는 것이었다.

잔 다르크의 재판

재판관들은 배움이 부족하다는 것을 약점 삼아 신학적 지식을 동원해 잔 다르크를 압박했다. 또한 그녀의 고향과 그녀가 거쳐갔던 도시에 사람들을 파견해 아주 작은 소문이더라도 안 좋은 소문을 찾아내려고 혈안이 되었다. 그러나 모두 무의미한 일들이었다. 재판관들에게 신학적 지식이 무기였다면 잔 다르크는 진실함이 무기였다. 잔 다르크의 답변들은 오히려 재판관들의 말문을 막히게 했다. 공개재판이었던 첫 재판에서 똑똑한 재판관들이 쩔쩔매자 다음 재판부터는 비공개로 전환됐다. 재판관들은 그녀가 보았다는 신의 모습, 인상착의, 음성, 첫만남 등에 대해 세세하게 물어봤으나 잔 다르크는 신의 세상을 함부로 알 수 없다고 대답했다. 또 재판관들이 잔 다르크가 만난 신은 사탄이었다고 몰아가려고 하면 그녀는 그때마다 신앙심 깊은 경건한 대답으로 대응했다. 모질고 비인간적이고 모욕적인 심문에서도 잔 다르크는 스스로에게 당당했다.

재판은 약 5개월간 진행됐다. 중간에 잔 다르크는 직접 교황에게 도움을 요청하려 했으나 재판관들의 방해로 저지되었다. 신학으로는 도저히 잔 다르크를 마녀로 몰아갈 수가 없던 재판관들은 최종적으로 12가지 죄목을 씌웠는데 하나 같이 말도 안 되는 억지였다. 그중 대표적인 죄목이 여자의 몸으로 머리를 짧게 하고 갑옷을 입는 '남장'을 했다는 것이었다. 재판관들은 12가지 죄목을 파리대학의 신학부에 보내며 잔 다르크에 대한 최종 형벌을 주문했다. 파리대학 신학부는 잔 다르크가 마녀가 맞다는 결론을 내리며 향후 사형은 프랑스 정부에서 주관하도록 제안했다.

여론은 잔 다르크에게 동정적으로 바뀌고 있었지만 그녀는 루앙성에 갇힌 채 끔찍한 대우를 받았다. 지속된 압박과 신체적·정신적 스트

"제가 말하고 행한 모든 것들은 신의 의지였으며 신에 대한 믿음이었습니다."

– 잔 다르크

레스에 시달린 잔 다르크는 모든 죄를 인정하기에 이르렀다. 잔 다르크의 자백과 고해에 파리대학 신학부와 재판관들은 사형을 면하고 종신형을 선고했다. 그렇게 목숨만은 부지했는데, 남장을 한 잔 다르크의 모습이 목격되는 일이 벌어졌다. 그녀가 왜 남자 옷을 입고 있었는지에 대해서는 설이 분분하다. 이유야 뭐가 됐든 남자 옷을 입은 잔 다르크에 대해 아직 회개를 하지 않았다며 최종적으로 화형이 선고되었다. 종교 권력은 이단의 여부만 판단할 뿐 최종 처벌은 정부나 지방 영주 등 세속 권력이 정해야 하지만 잔 다르크의 처벌은 이렇게 종교계에서 결론지어 버렸다.

1431년 5월 30일 잔 다르크의 화형이 집행되었다. 마녀로 몰려 화형당하는 경우 어떤 식으로든 먼저 목숨을 끊어 놓고 시체를 불에 태우는 방식이 관례였지만 잔 다르크는 산 채로 불 위에 올려졌다. 그때 그녀의 나이 19살이었다. 성녀로서 프랑스인들의 환호를 받았던 그녀였지만 마녀로서 죽임을 당했다. 잔 다르크의 재판이 시작되고 화형당하기까지 5개월간 샤를 7세는 아무런 조치를 취하지 않았다.

잔 다르크의 남장 설
잔 다르크에게 앙심을 품은 누군가가 강제로 그녀에게 남자 옷을 입혔다는 설, 영국 병사들에게 성적 괴롭힘을 받아 남자인 척 행세하려고 했다는 설, 성녀로서 동정을 지키기 위해 남자 옷을 입었다는 설 등등이 있다.

"제가 불길 속에서도 볼 수 있도록 십자가를 높이 들어 주세요."
– 잔 다르크

백년전쟁의 마지막 라운드

잔 다르크 사후 샤를 7세는 다시금 전쟁에 나섰다. 전쟁이 길어지면서 프랑스에 주둔하고 있던 영국군의 사정은 점차 나빠져만 갔다. 1435년 샤를 7세와 선량공 필립이 아라스조약을 체결해 그동안 아르마냑파와 부르고뉴파로 분열되어 있던 프랑스가 통합되었다. 샤를 7세는 파리로 돌아

잔 다르크의 재판이 이어지는 동안 공증인 한 명이 잔 다르크의 모든 재판을 기록했다. 잔 다르크의 화형 이후 재판관 중 한 명이 이 기록을 라틴어로 번역했고, 필사본 5부를 만들어 주요 종교 기관과 세속 당국에 배부했다. 재판 기록은 원본 그대로 전해지다가 세월이 흘러 더 많은 복사본으로 만들어졌고 19세기 프랑스 역사학자 줄스 키체라가 원본과 복사본을 비교·대조 후 책으로 출간하면서 세상에 공개되었다. 아직 한역본은 쉽게 접할 수 없지만 라틴어, 프랑스어, 영어로 된 잔 다르크의 재판문과 판결문은 그대로 남아 있다.

여기서 잠깐!!

잔 다르크의 재판문과 판결문

와 프랑스의 새로운 시작을 공표하며 프랑스인들의 민족의식을 고취시켰고, 영국군들은 프랑스군은 물론이거니와 자신의 직할지에서 프랑스 농민들이 일으키는 민중 봉기마저 진압해야 했다. 1441년 프랑스군이 퐁투아즈까지 수복하면서 프랑스 내 영국령은 칼레와 노르망디 북부 일부, 그리고 가스코뉴 해안가로 좁혀졌다.

영국은 헨리 6세가 샤를 7세의 조카와 약혼하고 메인 지방을 영국이 프랑스에 넘긴다는 조건으로 일시적인 화친조약을 체결했다. 그러나 영국 내에선 화친조약에 대해 불만이 많았다. 화친조약을 체결하고 몇 년 후 영국에서 헨리 6세의 정치적 입지가 매우 불안정하다고 본 샤를 7세는 이때야말로 전쟁을 끝낼 절호의 기회라고 생각했다. 세제 개혁을 통해 국가 세수를 확보한 샤를 7세는 군대를 재소집했는데, 기존의 용병의존도를 대폭 줄이고 프랑스인들을 군대로 삼는 대신 그들에게 임금을 지불했다. 또한 획기적인 부대를 신설했는데 바로 포병부대였다. 샤를 7세는 화약에 일가견이 있던 장 뷔로-가스파르 뷔로 형제를 고용해 포병 사령관으로 삼고 포병부대를 양성하게 했다. 컬버린 대포 앞에서 중세의 성벽들은 속절없이 무너졌다. 영국에선 서머싯 공작이 내려와 노르망디를 방어했으나 샤를 7세의 프랑스군은 무서운 속도로 노르망디의 도시들을 수복해 나갔다. 1449년 샤를 7세는 잔 다르크가 화형당한 루앙을 함락했다. 서머싯 공작은 캉으로 후퇴했고 영국 본토에서 온 토마스 키리엘이 이끄는 4500명의 지원군이 1450년 3월 노르망디에 상륙했다. 토마스 키리엘의 영국군이 서머싯 공작의 군대와 합류하지 못하도록 프랑스의 아르튀르 리슈몽 장군이 포르미니 전투에서 영국군의 진격로를 차단했다. 포르미니 전투에선 프랑스군이 대포를 사용했다. 근대의 대포 정도로 살상력이 막강하지도 않고 명중률도 높진 않았지만 영국군의 주력인 궁병부대를 무력화하기엔 충분했다. 포르미니 전투 후 프랑스군은 1450년 6월 서머싯 공작이 있는 캉을 함락하면서 노르망디 전역을 프랑스가 수복했다. 이제 프랑스 내 영국령은 가스코뉴 지방과 칼레가 유일했다.

샤를 7세는 곧바로 가스코뉴 전력을 강화했고 1451년이 되자 보르도 지방만을 남겨 두게 되었다. 프랑스 포병부대에게 주변의 성들이 낙엽 쓸리듯 함락되었다는 소식에 보르도의 영주는 1451년 6월 싸워 보지도 않고 곧바로 항복했다. 가스코뉴만큼은 뺏길 수 없던 영국은 탈보트 경으로 하여금 군대를 꾸리게 했다. 탈보트 경은 가스코뉴 지방까지 세력을 넓혀 갔다. 샤를 7세는 1453년 부대를 네 개로 나누어 네 방면에서 보르도와 가스코뉴를 압박했다. 1453년 6월 가스코뉴 지방이, 1453년 10월 보르도가 완전히 프랑스 수중으로 넘어왔다. 이로써 백년전쟁은 최종적으로 프랑스의 승리로 끝이 났다.

영웅 잔 다르크

잔 다르크 사후 한창 백년전쟁의 마지막 전쟁을 치르던 1449년 샤를 7세는 교황에게 그제서야 잔 다르크에 대한 재판결을 요청했다. 1450년부터 교황의 주재로 재조사가 이루어져 백년전쟁이 끝난 후였던 1455년 당사자가 없는 재판을 다시 진행해 1456년 교황 갈리스토 3세는 과거 잔 다르크의 재판 자체를 부정하며 무죄판결을 내렸다. 잔 다르크는 이단이나 마녀가 아니었음이 공식적으로 판결되었다.

정작 잔 다르크가 화형을 앞두었을 때 가만히 있던 샤를 7세는 왜 굳이 백년전쟁 종결을 앞두고 그녀의 신원을 복권하려 했을까? 잔 다르크가 살아 있을 땐 아직 부르고뉴파 프랑스와 영국 연합군이 계속 전쟁 중이었다. 민심과 권력이 잔 다르크 쪽으로 기울어지는 것을 극도로 경계하던 샤를 7세였기에 그녀의 '박탈된 성녀' 아이콘을 원했다. 그러나 백년전쟁이 끝나고 사정이 달라졌다. 더 이상 누구에게도 민심과 권력을 빼앗기지 않아도 되었던 샤를 7세는 과거 잔 다르크의 추대로 대관식을 치렀기 때문에 자신이 가장 존엄하고 신의 선택을 받은 국왕이 되기 위해선 그녀를 다시 '성녀'로 만들어 놓아야 했다. 이뿐만이 아니다. 이제 하나 된 프랑스를 정신적으로 단합시키기 위해선 민족적 아이콘이 필요했다. 프랑스인을 하나로 아우를 수 있는 존재를 두기 위해 샤를 7세는 잔 다르크를 우상화했다. 잔 다르크는 죽어서도 샤를 7세에게 이용만 당했다. 샤를 7세는 잔 다르크를 성녀보다는 구국과 애국의 영웅으로 만들었다.

잔 다르크의 상징성은 프랑스인들에게 의미가 컸다. 그녀가 백년전쟁 때 얼마나 활약했는가에 대해서는 설이 분분하다. 실질적으로 전투를 지휘했다는 설과 그것이 과장된 것이라는 설이 있다. 잔 다르크의 등장으로 백년전쟁의 전세가 완전히 뒤바뀐 배경을 두고 잔 다르크의 싸움 솜씨와 전투 지휘술의 역량을 판단하는 일은 무의미해 보인다. 그녀의 무기는 칼이 아니라 깃발이었다. 그녀가 휘두르는 깃발로 프랑스인들이 하나로 단합할 수 있었다.

역사학자들은 백년전쟁을 중세에서 근세로 넘어가는 계기를 마련한 전쟁이라고 평가한다. 중세시대 프랑스는 '프랑스인'이라는 민족의식이 약했는데 영국과 백 년간 싸우며 민족의식을 각성했다. 잔 다르크가 성녀로 활약하면서 프랑스인들은 스스로 신의 은혜와 축복을 받은 공동체적 결속력을 다졌다. 잔 다르크 이전엔 경제권과 영토 빼앗기 싸움에 불과했던 귀족과 왕족들의 다툼이 그녀의 등장으로 '성전(聖戰)'으로 바뀌어 피지배층이라 할지라도 목숨 걸고 싸워야 할 명분이 생겼다. 잔 다르크 사후로도 샤를 7세의 프랑스가 계속 승기를 주도할 수 있었던 건 이미 잔 다르크가 많은 프랑스 영지들을 수복했기 때문이 아니라 이미 프랑스인들의 정신 속에 종교적 테두리로 감싼 민족의식이 새겨졌기 때문이다. 영지와 영토는 언제든 뺏겼다 빼앗겼다 할 수 있지만 뿌리 깊게 내린 정신적 무장은 쉽게 흔들리지 않는다. 잔 다르크가 만들어 놓은 정신적 밑거름이 있었기에 샤를 7세의 군대 개혁과 유능한 지휘관들의 전술이 빛을 발할 수 있었다.

잔 다르크는 시대적 요구와 정치적 의도에 따라 성녀로, 마녀로, 한 민족의 영웅으로 바뀌었다. 사회적 동물인 인간은 살아가며 필연적으로 단체를 형성하고, 공동체를 조직하고, 더 큰 사회를 일구며 시대를 만들어 나간다. 어느 시대든 인류가 만든 사회에는 아이콘이 필요하다. 사회적 아이콘이 때로는 의지할 수 있는 존재로 자리매김하면서도 때로는 악용되기도 하지만 인간은 앞으로도 우리 사회의 현실과 미래를 위해 역사 속에서 아이콘을 찾아내어 만들어 갈 것이다.

"강한 자는 가끔 눈물을 흘리면서도 다시 칼을 들고 싸울 줄 아는 사람입니다."
– 잔 다르크

서로 다른 방식으로
잔 다르크를 다룬 영화들

오늘날 역사적 사건이나 인물들이 어떻게 평가되고 어떤 이미지로 남아 있는지 알아보는 가장 효과적인 분야는 대중문화다. 시대적 요구에 따라 다른 아이덴티티를 가졌던 잔 다르크를 서로 다른 방식으로 다룬 세 편의 영화를 비교해 보고자 한다. 먼저, 〈레옹〉으로 이름을 알린 뤽 베송 감독의 〈잔 다르크〉다. 뤽 베송의 〈잔 다르크〉는 잔 다르크 일대기의 대서사를 장엄하게 다룬다. 잔 다르크의 영화들 중 전투 장면을 가장 극적으로 그렸는데, 웬만한 제작력으로는 풀어내기 힘든 대작이다. 그렇다고 오락성에 치중하여 잔 다르크를 스펙터클로만 소비하지도 않는다. 전투가 끝날 때마다 잔 다르크(밀라 요보비치 역)는 승리와 신의 계시에 도취되기보다는 피를 흘리며 죽어가는 전사자들을 보며 자신이 신의 계시를 올바르게 이행하고 있는가에 대해 걷잡을 수 없는 번뇌에 잠긴다. 신의 계시를 확신하던 전반부의 잔 다르크는 한 마리의 맹수와도 같은 투사지만 전투를 계속할수록, 더 많은 죽음을 가까이할수록 잔 다르크는 혼란에 빠진다. 그녀의 확신은 불안으로 번지고 언제 깨질지 모르는 날카로운 유리처럼 변한다. 잔 다르크의 혼란은 후반부 재판에서 절정으로 치닫는다. 잔 다르크는 신의 계시에 대해 확신하지 못한다. 그녀의 정신이 만들어낸 공상 속 누군가는 그녀를 시험한다. 영화에서 잔 다르크의 숙적은 영국군도, 배신자 샤를 7세도, 마녀로 모는 사람들도 아닌 자신의 마음 깊숙한 곳에서 맴도는 의구심이다. 그래서 그녀는 확신을 얻기 위해 고해성사에 집착한다. 고해성사가 허락되지 않은 재판 과정에서 그녀의 내적 괴로움은 극대화되며 정신분열증 증세로 나타난다. 확신과 의심이 팽팽하게 부딪치는 잔 다르크의 혼란스러움은 영화적인 편집 기법으로 구현된다. 그녀가 봤다고 확신하던 신의 모습이 영화 내내 틈입되지만, 그것도 잠시 잔 다르크가 원하지 않는 모습들이 그녀의 정신을 헤집어 놓는다. 화형식으로 끝나는 뤽 베송의 〈잔 다르크〉는 '발단－전개－위기－절정'에서 마무리된다. 화형당하는 순간 타오르는 불꽃 위에 불안에 가득 찬 잔 다르크의 눈빛과 십자가의 숏들이 교차된다. 진혼곡처럼 들리는 오페라풍의 교향곡만이 고조되고 아무런 대사도 없지만 두 숏들의 리버스는 마치 잔 다르크와 그녀가 섬겼던 신의 대화처럼 보인다. 잔 다르크는 무슨 말을 건넸을까. 신이 어떤 모습이든 절대 신을 탓하지 않겠다는 믿음이었을까? 그 순간에도 제 모습을 보이지 않고 오로지 십자가로만 자신 앞에 나타나는 신에 대한 원망이었을까?

두 번째는 프랑스 누벨바그 영화를 대표하는 로베르 브레송의 〈잔 다르크의 재판〉이다. 실제 잔 다르크의 재판 판결문을 토대로 각본이 쓰인 이 영화는 루앙성에서 이루어진 잔 다르크(플로랑스 델라이 역)의 재판 과정이 영화 전체의 내용이다. 잔 다르크의 재판에서 영국 측과 성직자 측의 입장이 완전히 같은 건 아니었다. 영국 측은 잔 다르크로 인해 고취되었던 프랑스인들의 사기를 꺾으려고 했고, 성직자 측은 출신을 알 수 없는 시골 소녀가 성녀를 자칭하며 신의 목소리를 마음대로 대변하지 못하도록 교리의 정통을 바로 세우려고 했다. 영국은 어떻게든 잔 다르크의 존재를 지우는 데만 관심을 두었고, 성직자들은 교회의 질서를 위해 잔 다르크 스스로 이단을 인정하게 하고 마녀로 모는 것이 중요했다. 로베르 브레송의 〈잔 다르크의 재판〉은 이러한 교회의 권위와 잔 다르크 개인의 믿음이 충돌하는 갈등을 절제된 화법으로 제시한다. 이 영화에서 잔 다르크는 자신의 믿음에 추호의 의심도 없다. 잔 다르크는 자신이 신의 목소리를 듣고 전하는 성녀라고 확신한다. 권위적이고 엘리트적인 여러 명의 남성 성직 재판관들 앞에서 잔 다르크가 당당하게 답변을 하고 때로는 그들의 말문을 막히게 하는 힘은 자신과 신에 대한 굳은 믿음에서 기인한다. 화려한 언변이나 풍부한 학식이 아니라 질실한 신앙심이다. 잔 다르크가 독방에서 홀로 흐느끼거나 죄를 어쩔 수 없이 인정하는 건 죽음에 대한 두려움과 외로움 때문이지 믿음이 불완전해서가 아니다.

로베르 브레송의 모든 작품은 종교적 윤리를 반문하게 한다. 〈잔 다르크의 재판〉은 샤를 7세니, 영국군이니, 백년전쟁이니 하는 정치적 배경들이 모두 배제된 채 오로지 종교 대 종교의 대립만을 비춘다. 집단 대 개인, 교회의 권력 대 개인의 신앙 간 대립이다. 잔 다르크를 재판하는 남성 성직자들은 천성이 악독해서 잔 다르크를 마녀로 모는 것이 아니다. 그들은 교회의 질서와 권위를 확립하고 교리의 체계를 보수적으로 지키기 위해 그 세계에서 이탈하려는 한 소녀를 희생시키려고 하는 것이다. 그렇다면 그렇게 해서까지 서양 중세 시대의 질서를 지탱해온 교회의 교리는 종교적 윤리를 이행하고 있다고 말할 수 있을까? 반면 연약한 한 소녀의 종교적 확실성은 순결하기만 하다. 그녀의 현세적인 얼굴은 역설적으로 존재의 종교적 유현함을 부각한다. 하지만 지저분해진 그녀의 맨발과 영화 화면 밖에서 마녀를 죽이라는 야유와 저질스러운 눈빛 등이 그녀의 거룩함을 상처 입힌다. 이 영화의 화형식에도 뤽 베송의 〈잔 다르크〉 속 화형 장면처럼 십자가가 나온다. 단 결정적인 차이가 있는데 로베르 브레송의 〈잔 다르크의 재판〉에서 등장하는 십자가는 죽음의 두려움과 외로움을 극복한 잔 다르크의 깊고 거룩한 신앙심을 형상화한다. 화형식으로 인한 짙은 연기에 십자가가 가려지더니 연기가 사라지고 십자가가 다시 모습을 보인다. 제아무리 질서라는 명분과 교리라는 무기로 종교적 숭고함을 가리려고 해도 가려지지 않는 윤리의 본질이라는 게 있다. 로베르 브레송은 잔 다르크의 순결함에 가장 잘 어울리는 영화 감독이다.

마지막 영화는 칼 테오도르 드레이어의 〈잔 다르크의 수난〉이다. 거장 고전 영화감독 중 한 명인 칼 테오도르 드레이어는 덴마크 출신으로 덴마크에서 활동하다가 프랑스로 넘어가 〈잔 다르크의 수난〉을 비롯한 여러 영화들을 만들었다. 1928년작인 〈잔 다르크의 수난〉은 칼 테오도르 드레이어의 마지막 무성영화다. 로베르 브레송의 〈잔 다르크의 재판〉처럼 이 영화도 잔 다르크의 재판만을 다루며, 잔 다르크의 재판 판결문을 기반으로 쓰인 소설 조제프 델타이 작가의

〈잔 다르크〉를 원작으로 리메이크한 영화다. 칼 테오도르 드레이어는 인물들의 감정과 캐릭터를 적나라하게 사실적으로 드러내고 싶어 했지만 원작소설 작가와 제작자들은 환상적이고 관념적인 이미지를 원했다고 한다. 그 결과물로 나온 〈잔 다르크의 수난〉은 심리적 리얼리즘과 표현주의가 적절하게 융합돼 고유의 미학을 만들어낸 걸작이다. 이후 〈잔 다르크의 수난〉 특유의 영화적 이미지는 칼 테오도르 드레이어의 인장으로 남았다. 이 영화는 확실히 신성과 귀기가 공존한다. 잔 다르크를 다룬 영화들 가운데 유일한 무성영화로 사운드가 제거되었기에 관객은 이미지와 배우의 연기에 더 집중하게 된다. 똑같은 소재로 만들어졌지만 로베르 브레송의 〈잔 다르크의 재판〉과 이 영화의 접근 방식은 완전히 다르다. 로베르 브레송의 〈잔 다르크의 재판〉은 담담한 어조의 관조적인 분위기라면, 드레이어의 〈잔 다르크의 수난〉은 격정적이다. 성직 재판관들은 그 어떤 영화 속 성직 재판관들보다 간악하고 표독스럽게 묘사됐다. 그만큼 잔 다르크(마리아 팔코네티 역)의 감정적 일렁임도 도드라진다. 잔 다르크의 세세한 표정의 움직임을 모두 포착하기 위해 카메라는 로앵글로 인물을 비추고 화면에 얼굴이 꽉 찰 정도로 클로즈업한다. 영화 내내 관객은 잔 다르크의 표정이 클로즈업되는 매 장면에서 그녀의 감정의 절정을 본다. 잔 다르크의 표정은 우수에 찬 슬픔, 죽음에 대한 두려움, 무례한 재판관들에 대한 분노, 신에 대한 기대, 신의 계시를 기다리는 희망 등 오만가지 감정과 심리를 모두 표현한다. 물론 이토록 다양한 감정의 절정은 카메라 기법도 기법이지만 배우 마리아 팔코네티의 연기력이 가장 큰 몫을 차지한다. 잔 다르크를 다룬 다른 영화들에 비해 〈잔 다르크의 수난〉은 화형이 결정되고부터 화형식까지의 시퀀스에 많은 시간을 할애한다. 뤽 베송의 〈잔 다르크〉는 성녀와 투사로서 잔 다르크의 중압감과 신앙에 대한 불안함을 다루고, 로베르 브레송의 〈잔 다르크의 재판〉은 종교적 윤리를 내세운다면 〈잔 다르크의 수난〉의 주제는 구원이다. 잔 다르크의 재판을 다루면서 영화 제목이 '재판'이 아닌 '수난'인 것은 종교재판의 불합리함보다 잔 다르크 개인이 희구하고 있는 구원과 잔인한 현실 사이의 괴리감을 드러내기 위함일지도 모른다. 화형 선고로부터 그녀가 화형대에 오르기까지 표현주의적인 이미지에 잔 다르크의 사실적인 심리묘사로 관객 모두가 알고 있는 결말, 그녀가 바라는 구원 사이에서 영화의 긴장감이 발생한다. 끝내 잔 다르크는 화형당했다. 그렇다면 과연 그녀는 구원받지 못한 것일까? 칼 테오도르 드레이어는 영화를 끝내는 자막을 통해 그녀의 죽음은 허망한 패배가 아닌 영원한 구원을 찾은 순교라고 결론 내린다. "불꽃은 마치 천국의 영혼처럼 잔의 영혼을 보호해 주었다. 잔의 가슴은 프랑스인의 가슴이 되었고, 잔은 프랑스인들의 기억 속에 영원토록 소중히 간직될 것이다."

한 시대와 사회의 아이콘이 되었던 잔 다르크의 일생은 후대의 여러 예술가들과 창작자들에게 영감이 되고 있다. 창작물로 재탄생하는 잔 다르크는 오늘날 여러 가지 아이콘과 심볼로 우리에게 다가온다. 잔 다르크의 역사는 영원히 죽지 않고 살아 있는 것이다.

14

나폴레옹

나폴레옹에게 최종 목표는 없었다. 다음 목표만 있었을 뿐!

나폴레옹

#프랑스대혁명 #툴롱전투 #테르미도르반동사건 #조제핀 #이탈리아원정 #이집트원정
#나폴레옹법전 #트라팔가해전 #러시아원정 #라이프치히전투 #워털루전투 #헤겔

나폴레옹의 연도별 주요 이슈

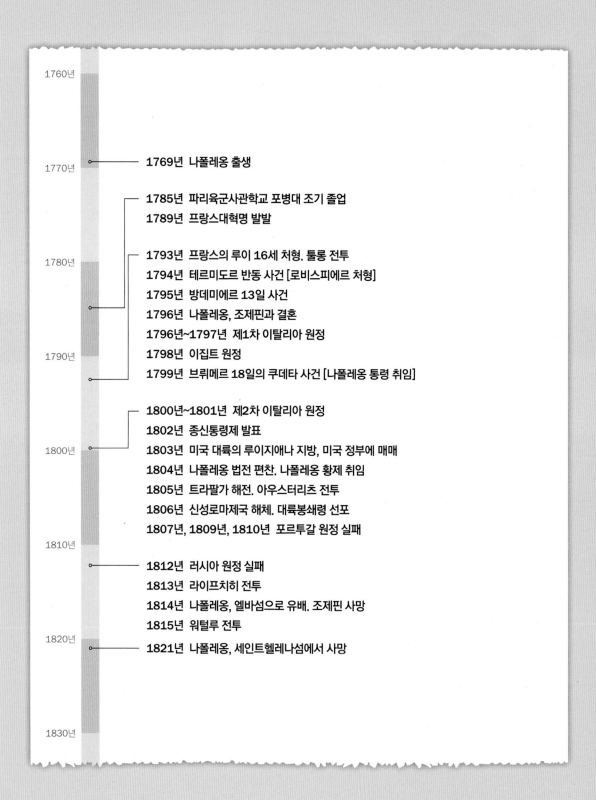

1760년

1770년 ○────── **1769년** 나폴레옹 출생

┌── **1785년** 파리육군사관학교 포병대 조기 졸업

1780년   **1789년** 프랑스대혁명 발발

┌── **1793년** 프랑스의 루이 16세 처형. 툴롱 전투

     1794년 테르미도르 반동 사건 [로비스피에르 처형]

     1795년 방데미에르 13일 사건

1790년   ○── **1796년** 나폴레옹, 조제핀과 결혼

     1796년~1797년 제1차 이탈리아 원정

     1798년 이집트 원정

  ○── **1799년** 브뤼메르 18일의 쿠데타 사건 [나폴레옹 통령 취임]

┌── **1800년~1801년** 제2차 이탈리아 원정

     1802년 종신통령제 발표

     1803년 미국 대륙의 루이지애나 지방, 미국 정부에 매매

1800년 ○── **1804년** 나폴레옹 법전 편찬. 나폴레옹 황제 취임

     1805년 트라팔가 해전. 아우스터리츠 전투

     1806년 신성로마제국 해체. 대륙봉쇄령 선포

     1807년, 1809년, 1810년 포르투갈 원정 실패

1810년

  ○── **1812년** 러시아 원정 실패

     1813년 라이프치히 전투

     1814년 나폴레옹, 엘바섬으로 유배. 조제핀 사망

     1815년 워털루 전투

1820년 ○── **1821년** 나폴레옹, 세인트헬레나섬에서 사망

1830년

세계사적 개인 그리고 절대정신

1789년 프랑스대혁명이 발발했다. 혁명 같은 대사건은 누군가에게는 자신의 운명에서 벗어날 수 있는 기회의 호재로, 누군가에게는 누려 왔던 모든 것들을 박탈당하는 악재로 작용하기 마련이다. 프랑스대혁명도 많은 프랑스인의 인생을 완전히 뒤바꿔 놓았다. 프랑스대혁명을 가장 교묘하게 잘 주무른 이는 누가 뭐래도 나폴레옹이었다.

청년 장교 나폴레옹

나폴레옹 보나파르트는 1769년 프랑스령이었던 이탈리아 코르시카섬에서 태어났다. 나폴레옹은 8남매 중 둘째였다. 나폴레옹이 태어나기 전 코르시카섬은 이탈리아 도시국가 중 하나였던 제노바의 지배를 받고 있었으나 코르시카섬의 현지인들은 군대를 만들어 독립전쟁을 펼치고 있었다. 나폴레옹의 부친 카를로 보나파르트가 독립군 게릴라 소속이었다.

나폴레옹이 태어나기 직전 코르시카섬의 영유권이 프랑스로 넘어갔었다. 코르시카섬이 프랑스령이 되면서 코르시카의 독립전쟁은 기세가 많이 꺾여 사실상 실패로 끝난 상태였다. 나폴레옹의 부모님은 코르시카로 파견되었던 프랑스 총독 드 마르뵈프와 좋은 관계를 유지했다. 드 마르뵈프 총독은 특히 나폴레옹의 친모 레티지아와 사이가 좋았는데 두 사람 사이에 추문이 돌기도 했다.

나폴레옹의 부모는 드 마르뵈프 총독과의 인연을 이용해 나폴레옹을 가난한 귀족 자제들에게 무상교육을 제공하는 브리엔 왕립 군사학교

■■■ 나폴레옹의 고향
나폴레옹은 국적은 프랑스였지만 본토 출신이 아니란 이유로 훗날 출세한 뒤 자신의 고향 이야기를 하는 것을 꺼렸다고 한다.

나폴레옹

에 입학시켰다. 이곳에서 나폴레옹은 코르시카 억양 때문에 따돌림을 당하기도 했지만 수학에 타고난 재능을 보여서 선생들이 그를 파리 육군사관학교 포병대에 입학시켰다. 그러나 아버지 카를로 보나파르트가 위암으로 죽고 드 마르뵈프 총독도 더 이상 보나파르트 가문에 후원을 해 주지 않자 코르시카에 있던 나폴레옹의 가족은 심각한 생활고에 시달렸다. 학비를 마련할 여건이 안 된 나폴레옹 보나파르트는 1785년 입학한 지 11개월 만에 조기졸업을 했고, 곧바로 포병장교 시험에 응시해 가까스로 합격했다. 하지만 그가 임관하기 전까지 가족들은 여전히 곤궁한 생활을 버텨야만 했다.

■ 청년 나폴레옹

　　나폴레옹은 16살의 나이에 소위로 임관했다. 임관 후 얼마간은 별다른 군사작전에 투입되지 않아 다양한 분야의 책들에 몰두했다. 그는 소문난 독서광이었다. 특히 고대 역사책들을 좋아했다고 한다. 청년 나폴레옹은 책을 통해 고대 그리스와 고대 로마의 숱한 영웅들을 보며 가슴을 불태웠다. 프랑스 발랑스에서 복무하던 시절에는 소설을 습작하는 등 문학적 관심도 지대했다. 이후 나폴레옹은 파리로 발령받는데 1789년 프랑스대혁명이 터졌다. 혁명의 한가운데에 있었지만 그는 이 역사적 대사건을 피해 파리를 떠나 고향 코르시카로 돌아왔다. 나폴레옹은 고향에서 자경단을 조직해 코르시카의 치안 담당을 자처했는데, 이때 코르시카에 있던 자코뱅파(강경혁명파) 인사들과 어울려 다녔다.

　　코르시카에는 나폴레옹이 흠모하던 파스콸레 파올리가 있었다. 파올리는 과거 나폴레옹의 아버지와 함께 코르시카 독립전쟁을 이끌었던 독립군의 리더였다. 비록 나폴레옹의 아버지는 프랑스 정부 쪽과 타협하여 파올리의 분노를 샀지만, 코르시카의 독립을 원했던 나폴레옹만큼은 어릴 적부터 그를 잘 따랐다. 그러나 프랑스대혁명 이후 코르시카로 돌

■ 파스콸레 파올리
아버지 지아친토 파올리가 이끌었던 저항운동을 이어받아 제노바와 프랑스의 지배에 대항했다.

아온 자코뱅파 나폴레옹과 파올리는 사이가 틀어지기 시작했다. 애당초 파올리는 배신한 보나파르트 가문을 썩 내켜 하지 않았고 혁명을 비난하던 왕당파의 보수적 사상을 가지고 있었다. 자신의 집을 불태우는 등 가족에 대한 파올리의 박해가 심해지자 나폴레옹은 가족들을 데리고 프랑스 본토 남부의 마르세유로 이사했다.

프랑스대혁명은 유럽 타 국가들의 간담을 서늘하게 만들었다. 1793년에 있었던 루이 16세의 처형은 유럽 사회에 큰 충격을 주었다. 민중이 들고 일어나 국가를 전복하고 국왕을 처형하는 일은 다른 나라에서 도저히 받아들일 수 없었다. 타 국가의 지배층들은 혹시나 프랑스대혁명이 자국의 민중들에게도 영향을 주지 않을까 걱정하지 않을 수 없었다. 그런 이유로 프랑스 혁명정부 자체를 부정하고 무너뜨리기 위해 영국·오스트리아·프로이센·네덜란드·스페인 등이 '대(對)프랑스 동맹'을 결성하고 1793년부터 프랑스를 공격했다.

■■■■ 루이 16세
프랑스대혁명 때 공개재판으로 사형선고를 받았으며 프랑스 역사상 처음이자 마지막으로 단두대에서 처형된 비운의 왕이다.

나폴레옹이 있던 마르세유 툴롱은 영국·스페인 연합군이 들어와 공격하고 있었다. 프랑스 혁명정부는 마침 그곳에 있던 나폴레옹을 포병장교로 임명했다. 툴롱을 시찰하던 혁명정부의 파견 의원이 가망이 없다고 판단해 툴롱을 포기하려고 하자 나폴레옹은 같은 고향 출신 의원이었던 살리체티를 통해 전쟁에 대한 자신감을 피력했다. 나폴레옹은 기존에 포병부대가 위치하고 있던 언덕 고지대에서 나와 저지대 곳의 해안포대를 점령한 뒤 훨씬 효과적인 포병의 명중률을 발휘했다. 그렇게 영국·스페인 연합군을 무찌른 나폴레옹은 정부에 이렇게 보고했다. "저는 눈부신 승리를 약속했고 보시다시피 약속을 지켰습니다."

툴롱에서 승리한 후 나폴레옹은 준장으로 진급했다. 툴롱 전투 당시 나폴레옹의 활약을 눈여겨보았던 프랑스 남부 지방 대표 의원 오귀스탱은 나폴레옹이 썼다는 자코뱅파를 찬양하는 정치 팸플릿 〈보케르의 식사〉를 읽은 뒤 나폴레옹과 연을 맺기 시작했다. 오귀스탱은 프랑스대혁명의 지도자 로베스피에르의 친동생이었다. 나폴레옹은 툴롱 전투 승리의 영광을 오귀스탱에게 돌렸다. 코르시카 출신으로 연줄이 없던 나폴레옹은 이렇게 해서 프랑스 최고 지도자의 동생을 후견인으로 둘 수 있었다.

20대 중반 나이에 프랑스 혁명정부에서 급부상한 나폴레옹은 오귀스탱에게 대담하게도 이탈리아 원정을 제안했다. 방어만으로는 부족하니 반혁명 국가들을 상대로 나가 싸워 프랑스를 지키고 혁명정신을 전 유럽에 퍼뜨리자는 것이었다. 나폴레옹의 제안에 감동한 오귀스탱은 그를 적극 밀어주며 이탈리아 원정을 구상하던 중 1794년 '테르미도르 반동' 사건으로 형 로베스피에르와 함께 단두대에서 처형되었다. 새로운 지도자는 폴 바라스였다. 나폴레옹은 그동안 오귀스탱과 어울려 지냈다는 이유로 체포되었다.

체포되어 단두대에 목이 잘릴 날만 기다려야 했던 나폴레옹은 다행히도 동향 의원 살리체티의 도움으로 풀려날 수 있었다. 대신 1795년 나폴레옹은 파리에서 왕당파들이 일으킨 반란, '방데미에르 13일 사건' 진압 작전에 배치됐다. 나폴레옹은 시민군을 한데 모은 뒤 포도탄을 퍼부어 왕당파를 학살했다. 그리고 진압 작전에 성공한 공로로 폴 바라스의 총애를 받으며 다시 혁명정부의 중심에 들어설 수 있었다.

■■■ 테르미도르 반동
프랑스대혁명 이후 혁명파도 급진파와 온건파로 나뉘는데 급진강경파였던 로베스피에르의 공포정치에 환멸을 느낀 온건파가 반란을 일으켰다. '테르미도르'란 11월을 의미하며 테르미도르 반동으로 급진파인 자코뱅파가 몰락했고 온건파인 지롱드파가 득세했다.

조제핀과의 만남

원래 나폴레옹은 형수의 여동생과 결혼하려 했다. 그런데 바라스 덕분에 파리 사교계의 인맥을 쌓아 가던 그가 바라스의 내연녀 조제핀을 만나게 된다. 그녀는 나폴레옹보다 6살 연상에 심지어 애도 있었지만 나폴레옹은 조제핀에게 흠뻑 빠져 버렸다.

조제핀의 본명은 마리 조제프 로즈였다. 그녀는 부농 집안에서 태어나 유복한 환경에서 자랐지만 집안이 쫄딱 망한 뒤로는 가족과 함께 거지 생활을 전전하다가 고모의 중재로 프랑스 귀족 집안의 막내아들 알렉산드르 보아르네와 혼인했다. 알렉산드르 보아르네는 아내 조제핀을 두고도 사창가를 들락거렸으며 조제핀 또한 군인이나 귀족과 바람을 피울 정도로 부부 금슬이 좋지 못했다. 남편 알렉산드르가 혁명정부 강경파 간부들에게 미운털이 박혀 감옥에 갇혔을 때 조제핀도 투옥되었다. 그녀는 남편과 같이 처형 판결을 받았으나 남편만 죽고 그녀는 테르미도르 반동으로 강경파들이 내쫓기면서 풀려날 수 있었다. 감옥에서 나온 뒤 조제핀은 절친 테레사 탈리앵을 따라 사교계를 돌아다니다 바라스와 만났고, 그 덕에 호화로운 생활을 누릴 수 있었다. 그러던 중 나폴레옹과 만난 조제핀은 젊고 유능하고 촉망받는 기린아 나폴레옹에게 투자하기로 한다. 둘은 5개월간 밤마다 매일 만나 사랑을 나누었다.

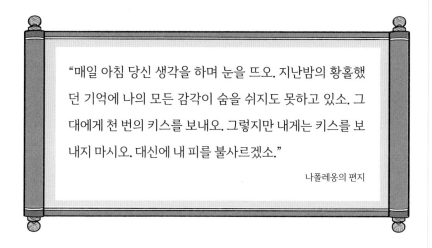

> "매일 아침 당신 생각을 하며 눈을 뜨오. 지난밤의 황홀했던 기억에 나의 모든 감각이 숨을 쉬지도 못하고 있소. 그대에게 천 번의 키스를 보내오. 그렇지만 내게는 키스를 보내지 마시오. 대신에 내 피를 불사르겠소."
>
> 나폴레옹의 편지

나폴레옹은 약혼녀와 파혼하고 1796년 조제핀과 정식으로 결혼했다.

제1차 이탈리아 원정

새롭게 혁명정부를 이끈 바라스는 1796년 이탈리아 원정을 결정하고 그 사령관으로 당시 26살이었던 나폴레옹을 임명했다. 이탈리아 원정의 목표는 첫째 대프랑스 동맹군인 오스트리아를 내쫓고, 둘째 이탈리아로부터 재원을 확보하는 것이었다. 당시 이탈리아는 도시국가들로 분열되어 있었다. 비록 약소 도시국가들이었지만 오히려 생존력은 강해서 피렌체, 베네치아, 밀라노 등 경제적으로 부흥하고 있던 도시국가들이 많았다. 나폴레옹의 회고록에 의하면 이탈리아 원정에 투입된 프랑스 군인들은 급료도 못 받고 군화도 없을 정도로 재정난에 시달렸다. 프랑스에겐 재원 확보를 위해 이탈리아 원정이 간절했다. 1796년 4월 나폴레옹은 체바, 몬도바, 피에몬테를 차례대로 점령하고 오스트리아군을 추격하면서 5월에는 밀라노에 입성했다.

밀라노 입성 전에 치른 로디강 전투에서 나폴레옹은 '꼬마 하사관'

이라는 별명을 얻기도 했다. 로디강 전투는 프랑스군이 강 너머 오스트리아군을 추격하며 벌어졌는데, 강을 건너려면 좁은 폭의 교량이 유일했다. 언뜻 보기엔 나폴레옹이 무리하게 병사들을 다리로 몰아세우는 듯했고 오스트리아군은 교량에서 뛰어오는 프랑스군을 쉽게 포격하고 있는 듯했지만, 오스트리아군이 교량에만 집중한 사이 나폴레옹이 사전에 보내 둔 프랑스 기병대가 적의 측면을 기습했다.

밀라노를 점령한 후 나폴레옹은 이탈리아 북부의 도시들을 남은 것이 없을 때까지 탈탈 약탈했다. 그리고 그때마다 약탈한 물품을 본국으로 보냈는데, 1796년 4월부터 7월까지 무려 6천만 프랑을 보냈다. 밀라노의 약탈 범위는 더 광범위했다. 나름 큰 규모의 도시국가였던 밀라노에는 수준 높은 미술품들이 많았다. 나폴레옹은 본국으로부터 초빙한 감정사들이 작품성을 인정한 미술품들을 대거 프랑스로 보냈다.

나폴레옹은 1796년 8월 카스틸리오네 전투, 9월 바사노 전투, 11월 아르콜 다리 전투 그리고 이듬해 1월 리볼리 전투에서 오스트리아군을 이기고 2월에는 만토바를 점령했다. 물론 연이은 승리는 쉽게 쟁취한 것이 아니었다. 특히 아르콜 다리 전투는 정말 아찔했다. 아르콜 다리 위 군대 맨 앞에서 프랑스 국기를 휘두르던 나폴레옹 바로 앞에 포탄이 터졌고 부하 장교들이 졸도한 그를 데리고 나오자 이를 보고 자극받은 프랑스 병사들이 오스트리아군에게 돌격해 이틀 만에 다리를 점령했다는 이야기가 나폴레옹 본인의 입에 의해 전해지고 있다.

측면 기습 작전
적군의 시선을 정면으로 돌려놓고 기병대가 적진의 측면을 기습하는 작전은 나폴레옹의 주특기 전술이었다.

원정 기간 동안 나폴레옹을 가장 괴롭혔던 것은 불리한 전세나 적군의 포탄이 아닌 아내 조제핀이었다. 그동안 나폴레옹은 수도 없이 조제핀에게 편지를 보냈지만 그녀는 답장을 보내지 않았고 오히려 나이 어린 샤를 귀족과 바람을 피웠다. 나폴레옹은 조제핀을 이탈리아로 부르려고 전갈을 보냈으나 그녀는 그것도 무시했다. 나폴레옹이 전략을 바꾸어 본국의 바라스에게 편지를 써서 조제핀이 아픈 것 같으니 그녀의 병간호를 위해 철군하겠다고 하자, 바라스는 그녀를 나폴레옹이 있는 이탈리아로 강제로 보내 버렸다. 조제핀은 나폴레옹이 만토바 점령을 목전에 둘 무렵 내연남을 데리고 도착해 억지로 나폴레옹과 남은 이탈리아 원정을 함께했다.

여기서
잠깐!!

나폴레옹의 사랑, 조제핀

가장 쉬운 역사 첫걸음

아르콜 다리 위 전투

나폴레옹은 베네치아까지 진군한 후 이탈리아 북부를 가로지르며 오스트리아 본토까지 진입했다. 수도 빈에서 불과 100마일 떨어진 곳에 프랑스군이 도착하자 불안했던 오스트리아의 카를 대공은 휴전을 제안했다. 이탈리아 북부에서 반란이 우려됐던 나폴레옹도 휴전에 동의했다. 1797년 10월 캄포르미오조약을 체결해 이탈리아 북부를 프랑스와 오스트리아가 분할하기로 했다. 나폴레옹은 프랑스에서 일약 대스타로 발돋움했다.

제1차 이탈리아 원정
1796년 4월 시작한 나폴레옹의 제1차 이탈리아 원정이 1797년 10월 마무리되었는데 그 결과 무려 16만 명의 포로와 2천 개가 넘는 대포를 노획했다.

이집트 원정

대프랑스 동맹 국가들 중 나폴레옹의 이탈리아 원정으로 가장 큰 적국이었던 오스트리아와 조약을 체결했으니 이제 남은 건 영국이었다. 나폴레옹은 영국의 주요 시장이었던 인도를 점령하여 마비시킬 계획이었다. 인도로 가기 전 나폴레옹은 이집트를 먼저 거점화하기로 했다. 나폴레옹이 개인적으로 존경하던 서양 고대의 역사적 인물 가운데 알렉산더 대왕의 동방 원정과 동일한 루트였다. 프랑스 내부적으로 이집트 원정에 반대하던 여론도 만만치 않았다. 굳이 이집트로 가기보다 영국과 전면전을 벌이는 편이 훨씬 나았고 언제 오스트리아가 배신할지 몰랐기 때문이다. 나폴레옹은 화려한 언변과 깊은 학식을 내세우며 이집트 원정을 고집했고, 프랑스 내 나폴레옹의 인기가 하늘을 찌를 듯하여 원정이 승인되었다. 1798년 나폴레옹은 이집트에 상륙한 뒤 피라미드 전투에서 포병부대를 내세우며 기병 중심의 이집트 군대를 무찔렀다.

피라미드 전투
나폴레옹이 대포를 쏴서 스핑크스의 코를 뭉개 버렸다는 이야기가 전해졌지만 최근에는 부정되고 있으며, 스핑크스 코 손상의 진실 공방은 아직 정확하게 밝혀지지 않았다.

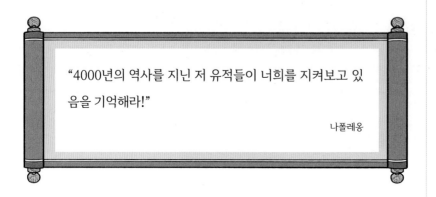

"4000년의 역사를 지닌 저 유적들이 너희를 지켜보고 있음을 기억해라!"

나폴레옹

이집트에 온 나폴레옹은 이탈리아 북부를 약탈할 때 전문 감정사들을 통해 미술품을 챙겼던 것처럼 167명의 과학자와 건축 기술자로 구성된 학술조사단을 데리고 와서 고대 이집트를 연구하여 어마어마한 고고학적 성과를 냈다.

고고학적 성과
고대 이집트의 상형문자가 새겨진 로제타석이 이때 발견되었다. 로제타석의 고대 이집트어를 해독하면서 유럽 최초로 고대 이집트에 대한 학문과 연구가 시작됐다.

프랑스가 이집트로 떠났을 때 영국 해군은 부리나케 이집트로 병력을 보냈다. 나폴레옹이 카이로에 입성하고 1주일 후 이집트 해안가에 도착한 넬슨 제독의 영국 해군은 항구에 정박해 있던 프랑스 함선들을 모조리 부수었다. 들어올 땐 거침없이 들어온 나폴레옹의 프랑스군이었건만 항구를 빼앗기며 돌아갈 길이 차단되어 버렸다. 여기에 이집트인들의 민중 봉기, 전염병 창궐, 오스트리아의 배신, 오스만튀르크의 반격까지 겹쳤다. 어차피 항구를 빼앗겨 돌아갈 배도 없으니 나폴레옹은 육로를 통해 중동 쪽으로 가서 오스만튀르크의 배후를 치기로 했다. 그러나 사막 등의 익숙하지 않은 기후로 프랑스 병사들이 지쳐 있자 오스만튀르크로 가던 나폴레옹은 더 이상의 행군을 취소했다.

영국군 학살
오스만튀르크로의 행군은 취소했으나 팔레스타인 야파에서 영국 요새를 함락한 뒤 나폴레옹은 항복한 영국군을 학살해 버렸다.

오스만튀르크 진격 작전을 포기한 나폴레옹은 카이로로 돌아왔다. 카이로에서 고립되어 말라 죽을 일만 기다리던 나폴레옹은 측근들만 데리고 병사들 몰래 작은 배를 타고 귀국했고, 방치된 프랑스 병사들은 지휘관 없이 2년간이나 카이로에 있다가 이집트에 항복했다.

통령 나폴레옹

나폴레옹의 이집트 원정은 명백한 실패였다. 그러나 나폴레옹은 프랑스 귀국 후 자신의 이집트 원정을 성공의 신화로 둔갑시키며 더 큰 인기를 누렸다. 이 무렵 시에예스가 나폴레옹에게 접근했다. 테르미도르 반동 사건으로 자코뱅파가 물러난 뒤 온건파인 지롱드파 가운데 대표 5인이 총재가 되어 프랑스의 총재정부를 구성하고 있었다. 바라스와 더불어 5인의 총재 중 한 명이었던 시에예스는 프랑스대혁명 당시 인권선언문의 초안을 작성한 지식인이기도 했다. 혁명정부의 주체가 급진에서 온건으로 바뀌면 프랑스의 사정이 나아질 줄 알았으나 별반 차이가 없자 시에예스는 혁명정부에 강한 의심을 품었고 또 바라스와도 사이가 멀어지고 있었다. 그런 시에예스가 새로운 프랑스의 미래를 꿈꾸며 나폴레옹과 힘을 합치기로 했다.

1799년 11월 마침내 두 사람은 쿠데타를 일으켜 총재정부를 뒤엎었다. 이후 나폴레옹은 의회 의원들을 찾아갔다. 브뤼메르 18일의 쿠데타는 혁명정부를 무너뜨리는, 프랑스대혁명을 부정하는 꼴로 비춰질 수 있었다. 아직까지 프랑스대혁명의 혁명사상을 신봉하던 의회의 의원들은 나폴레옹의 멱살을 잡는 등 몸싸움까지 벌였다. 나폴레옹은 의원들 앞에

1799년 쿠데타
브뤼메르 18일의 쿠데타 혹은 브뤼메르 쿠데타라고 불린다.

브뤼메르 18일의 쿠데타

서 절대 혁명정신을 어기지 않으리라 맹세했지만 아무도 믿지 않았다. 아수라장이 된 의회에서 느닷없이 나폴레옹의 첫째 동생이었던 뤼시앵 보나파르트가 칼을 형 나폴레옹에게 겨누며 "만약 혁명정신에 반하는 행보를 보이면 내 칼로 용서하지 않겠다."라고 소리쳤다. 이 사이 회장 바깥에는 나폴레옹 휘하 제일의 기병대장이었던 뮈라가 기병대를 배치해 회장에 있던 의원들을 해산시켰다. 몇 시간 뒤 나폴레옹의 동생 뤼시앵은 의원들을 다시 모아 헌법 개정을 강요했다.

총재정부를 이끌던 바라스는 영원히 정계에 진출하지 않는 조건으로 목숨만은 부지한 채 은퇴했고, 이후로 재기하는 일은 없었다. 나폴레옹은 절대 혁명정신에 위배되는 정부는 만들지 않겠다며 공화정부를 유지해 가기 위해 고대 로마제국의 삼두정을 본뜬 삼통령 제도를 만들었다. 그는 스스로 1통령이 되었고 나머지 2통령과 3통령을 두었는데, 각각 급진파였던 자코뱅파와 왕당파 출신이었다. 나폴레옹이 손쉽게 쿠데타에 성공한 배경에는 온건 지롱드파에게 불만을 강하게 품던 세력들을 끌어안은 것도 있었다.

삼두정(삼두정치)
로마 제국에서 황제 체제가 만들어지기 직전의 3인 집권 체제를 지칭하며 대표적인 과두제이다.

제2차 이탈리아 원정

나폴레옹은 국민들로부터 큰 인기를 끌고 있었지만 더 확실하고 안정적으로 정권을 다질 필요가 있었다. 고대 로마의 삼두정 시기 카이사르가 독보적인 1인자가 될 수 있었던 이유는 이른바 갈리아 원정이라는 대외전쟁에서 연승을 거두며 로마의 영웅이 되었기 때문이었다. 제1차 이탈리아 원정을 애매하게 마무리 지으면서 아직 이탈리아 북부 전체를 차지하지도 못했고, 때마침 평화협정을 체결한 오스트리아는 프랑스를 배신했다. 나폴레옹은 오스트리아와 최종 결말을 내겠다며 알프스를 넘어 이탈리아 북부로 재진격했다. 오스트리아는 친프랑스 성향의 이탈리아 제노바를 포위하고 있었다. 프랑스에서 이탈리아 제노바로 가는 길은 몇 가지 방법이 있었으나 나폴레옹은 그중에서도 가장 위험한, 알프스산맥을 넘어가는 루트를 고집했다. 많은 부장들이 알프스산맥 등반을 반대했으나 나폴레옹은 확실한 기습을 위해선 적이 전혀 예상하지 못한 루트를

선택해야 한다며 강행했다.

　1800년 5월 나폴레옹의 5만 병력이 알프스산맥을 넘었다. 이들의 알프스산맥 등반은 매우 처절했다. 나폴레옹은 그 유명한 그림처럼 백마를 타지 않았으며 노새를 탔다. 알프스산맥처럼 험준한 곳에선 반드시 노새를 타야 하며 백마 같은 큰 말을 타면 지옥행이라고 한다. 알프스산맥을 넘어서며 나폴레옹은 "내 사전에 불가능이란 없다."라고 했다지만, 이 유명한 어록은 후대에 각색되어 나온 말로 보인다.

　나폴레옹은 제노바에 포위되어 있던 마세나 장군에게 6월 4일까지만 버티라고 했고 자신은 6월 2일 알프스를 넘어 밀라노에 도착했다. 그런데 하필 6월 4일 제노바가 함락되었다. 작전을 바꿔야 했던 나폴레옹은 이탈리아 서북쪽 지역들을 점령하면서 오스트리아군의 보급로를 차단했다. 보급로 차단은 치명적이었기에 멜라스가 이끄는 오스트리아군은 보급로 재확보를 위해 나폴레옹이 있던 피에몬테 지방으로 향했다.

유명한 그림

붉은 망토를 휘날리며 흰말을 타고 마치 자신의 높은 야망을 가리키듯 손가락으로 하늘을 찌르는 유명한 그림이 바로 이때 알프스산맥을 넘는 나폴레옹의 모습이다.

반면 오스트리아군의 진군을 착각하고 있던 나폴레옹은 병력을 분산해 두고 있었다. 멜라스의 오스트리아군은 마렝고에서 프랑스군 앞에 나타났다. 프랑스군이 압도적으로 약세였고 6월 14일 시작한 마렝고 전투에서 나폴레옹은 밀리기만 했다. 다행히 분산되었던 부대 중 드제 장군의 프랑스 구원병이 도착했다. 나폴레옹이 드제에게 불리한 전세를 토로하자 드제는 "지금까지는 저희가 지고 있던 전투였습니다. 이제부터는 이길 차례입니다."라며 오스트리아군을 불시에 기습했다. 오스트리아군은 6천여 명의 인명 피해를 봤고 2천여 명이 포로로 잡혔다. 마렝고 전투는 나폴레옹의 극적인 승리로 끝났으나 프랑스 측도 피해가 컸다.

마렝고 전투 후 오스트리아 측에서 먼저 협상을 제안했지만 난항을 겪다가 몇 개월이나 흐른 1801년 2월 뤼네빌조약이 체결되었다. 이어서 1802년에는 영국과 아미앵조약을 체결해 상호 포로를 교환하고 영국군이 이집트에 나가면서 유럽에는 잠시나마 평화가 찾아왔다.

나폴레옹은 내치에 전념했다. 공공교육법을 제정하고 '레지옹 도뇌르'라는 훈장을 만들어 군인들을 치하했다. 이는 공을 세운 군인들에게 영광을 주어 사기를 진작하기 위한 목적도 있었지만 여러 파벌의 세력들에게 하사하여 자코뱅이든 지롱드든 왕당파든 이념을 떠나 오로지 '나폴

 레지옹 도뇌르 훈장

지금까지도 전해지고 있으며 오늘날에는 군인뿐 아니라 분야와 국적을 불문하고 주어지는 프랑스 최고 권위의 훈장이다. 우리나라에서도 삼성 이건희 회장과 영화감독 임권택, 이창동이 받은 적이 있다.

나폴레옹이 마렝고 전투에서 승리할 수 있도록 구원병을 이끌고 왔던 드제마저도 전투 도중 전사했다. 드제는 죽기 직전 이런 말을 남겼다. "나폴레옹 각하께 가서 전하라. 후손에 길이 남을 만큼 충분히 활약하지 못하고 죽는 게 가장 유감이라고." 드제 사후 드제의 죽음을 매우 안타까워하던 나폴레옹은 이렇게 말했다. "이일에 대해서는 더 할 말이 없소. 내가 그 누구보다 사랑하고 존경한 사람이 죽어 더할 나위 없이 깊은 고뇌에 빠져 있소."
드제는 나폴레옹의 제1차 이탈리아 원정 때 나폴레옹과 처음 만나 친분을 쌓았다. 드제는 나폴레옹의 이집트 원정에도 참가하여 특히 피라미드 전투에서 혁혁한 공을 세웠다. 나폴레옹이 몰래 카이로를 빠져나갈 때 그를 챙겨 주지 않았음에도 드제는 카이로에서 계속 싸우던 중 필사적으로 탈출하여 프랑스로 귀국했다. 그럼에도 드제는 나폴레옹을 계속 섬겼다. 자신을 두고 간 나폴레옹에게 실망했을 법도 한데 끝까지 충성한 드제를 나폴레옹이 이전보다 훨씬 총애했다고 한다.

여기서 잠깐 !!

드제의 최후

가장 쉬운 역사 첫걸음

레옹 편'으로 포섭하기 위한 의도도 있었다.

프랑스의 가장 시급한 문제는 경제였다. 프랑스대혁명 이후 프랑스의 경제는 파탄 날 대로 파탄 나 있었다. 혁명을 일으켰던 로베스피에르의 자코뱅파가 몰락하고, 뒤이어 집권한 바라스의 지롱드파도 나폴레옹에게 쉽게 추방당한 것은 집권 정치세력이 바뀌기만 할 뿐 경제는 전혀 나아지지 않아 여론이 상당히 안 좋았기 때문이다. 구조적인 개혁이 필요했다.

나폴레옹은 1800년 제2차 이탈리아 원정을 떠나기 전 오늘날의 프랑스은행을 신설했다. 프랑스 국민들이 정부를 신뢰하지 않자 나폴레옹은 본인의 보나파르트 가문이 최대주주로 있는 은행을 정부로부터 독립시켜 신뢰를 얻고자 했다. 당장 돈이 필요했기 때문에 국채보다는 지폐를 발행했고, 1803년 이제 갓 독립한 미국에게 프랑스의 식민지였던 미대륙 중부의 루이지애나 지방을 1500만 달러에 팔아 버렸다. 원화로 환산하면 약 170억 원 정도인데, 한반도의 7배에 달하는 영토라고 생각하면 헐값이었다. 나폴레옹은 투자를 활성화하기 위해 프랑스은행에 저금리를 강요했고 조금씩 프랑스 경제가 나아지는 모습을 보였다. 워낙에 엉망진창이었던 프랑스였기에 작은 개혁에도 국민들은 나폴레옹에게 환호했다. 나폴레옹은 자신의 인기에 힘입어 1802년 헌법을 개정하여 통령의 임기를 철폐하고 종신 통령제를 선포했다.

황제 나폴레옹

1804년 프랑스의 민법전인 나폴레옹 법전이 편찬되었다. 서양의 법전은 크게 영국과 미국을 중심으로 하는 영미법과, 프랑스와 독일을 중심으로 하는 대륙법으로 나눌 수 있다. 이 중 대륙법은 나폴레옹 법전에 직접적인 영향을 받았다고 평가받는다. 나폴레옹은 스스로도 자신의 진정한 영광은 전투가 아니라 이 민법에 있다고 자부했다.

종신 통령이 된 나폴레옹의 다음 목표는 황제였다. 1804년 그는 국민투표를 거쳐 황제로 등극했다. 이로써 혁명의 공화정부는 무너졌고 프랑스제국이 탄생했다. 1804년 12월 나폴레옹은 굳이 교황을 파리로 불

나폴레옹 법전
현행 프랑스 민법의 전신으로, 역사상 전근대적 봉건법과 관습법을 근대법으로 새롭게 탈바꿈한 중요한 의의를 지닌 법전이다.

나폴레옹 황제 대관식

러서 이미 의미가 많이 사라진 대관식을 거행했다. 서양 중세시대 프랑크 왕국의 샤를마뉴 대제와 신성로마제국을 세운 오토 1세가 교황으로부터 로마 황제관을 수여받았던 대관식을 통해 본인이 고대 로마제국의 적통임을 위시한 것이다.

　　말 많던 조제핀은 황후가 되었다. 그렇지 않아도 사치벽이 심했던 조제핀의 소비는 황후가 된 후 걷잡을 수 없었다. 반면 나폴레옹이 황제가 되자 실망한 사람들도 적지 않았다. 베토벤도 그중 하나였다. 베토벤은 나폴레옹을 위해 교향곡 3번을 작곡했다가 나폴레옹이 황제가 되었다는 소식에 화가 나서 원래 제목이었던 '보나파르트'를 '영웅'으로 고쳤다고 한다.

조제핀의 사치

조제핀은 900벌 이상의 드레스, 1000켤레의 장갑, 500켤레의 구두를 가지고 있었다고 한다.

트라팔가 해전

황제가 된 나폴레옹 1세는 해군 양성에 심혈을 기울였다. 이제 프랑스의 주요 표적은 영국이기 때문이었다. 프랑스와 영국은 프랑스대혁명 때 이집트에서 맞붙긴 했지만 전면전을 치르지는 않고 있었다. 나폴레옹이 황제로 등극하기 직전 영국은 평화 화친조약이었던 아미앵조약을 파기하고 프랑스의 경제를 마비시키기 위해 해상 보급로를 차단했다.

해군 양성에 힘쓰고 있었고 스페인을 동맹국으로 끌어들이기도 했지만 나폴레옹은 해전의 경험이 많지는 않았다. 그는 증강한 전함으로 바다 위에서 싸우기보다는 프랑스 육군을 영국 본토로 수송하는 임무가 현실적이고 효과적이라고 판단했다. 나폴레옹은 18만 명의 육군을 영불해협에 배치했고 병력을 영국으로 수송하려고 했는데, 영국 함대가 바다를 봉쇄하고 있으니 적어도 길을 확보하기 위한 해전은 치러야만 했다. 나폴레옹은 기발한 아이디어를 짜냈다. 먼저 프랑스 해군으로 영국의 식민지였던 서인도제도를 공격한다. 그러면 프랑스의 바다를 봉쇄하고 있는 영국 해군은 서인도제도로 이동할 것이고, 영불해협이 빌 때 18만 명을 상륙시키겠다는 작전이었다. 나폴레옹은 빌뇌브에게 프랑스 함대를 맡겼다. 1805년 4월 빌뇌브는 서인도제도를 공격했고 깜짝 놀란 영국 해군은 곧장 서인도제도로 갔다. 여기까지는 나폴레옹의 플랜대로 진행되었다. 다음 순서는 빌뇌브가 영국 해군 몰래 영불해협으로 돌아와 18만 명의 프랑스 육군을 영국에 상륙시키는 것이었다. 그런데 돌아오는 도중 빌뇌브는 영국 해군과 조우해 버렸다.

영국 해군을 이끄는 사령관은 이집트에서 프랑스 해군을 박살 냈던 당대 최고 명장 넬슨 제독이었다. 악재가 겹쳤다. 프랑스와 화친조약을 통해 휴전을 맺은 오스트리아가 러시아와 연합해 프랑스 동쪽에서 침공해 왔다. 나폴레옹은 영국에 상륙시키기로 했던 18만 명을 그대로 동부전선에 배치하여 러시아-오스트리아 연합군을 막게 했다. 그리고 빌뇌브에게 연락을 취해 영국 해군을 피해 도망치면서 바다를 돌아 이탈리아 나폴리로 와서 러시아-오스트리아 연합군과의 동부전선에 군대를 배치하도록 했다. 그렇게 영국 해군과의 싸움은 성사되지 않을 듯했던 찰나 빌뇌브의 프랑스 해군이 나폴리로 향하던 중 스페인의 남서부 바다였던 '트라팔가'에서 그만 넬슨의 영국 함대를 또 마주쳐 버렸다.

1805년 10월 트라팔가 해전이 발발했다. 당시 해전에서는 '단종진'이라 하여 세로로 함대를 편성하고는 양측이 좌익-중앙-우익으로 나뉘어 붙었다. 좌익이나 우익 중 먼저 기선을 제압한 쪽에서 상대 함대를 포위하면 보통 전투는 끝이 난다. 트라팔가 해전에서도 프랑스-스페인 연합함대가 단종진으로 대열을 짰지만 넬슨 제독은 허를 찌르기로 했다. 단종진을 구축하지 않고 냅다 프랑스—스페인 연합함대의 중앙으로 돌격했다. 이는 매우 도전적인 전술로 능숙한 해전 경험이 없으면 불가능한 일이다. 프랑스—스페인 연합함대는 3개로 쪼개져 버렸고, 넬슨과 콜링우드가 각각 이끌던 2열의 영국 해군은 프랑스 함대를 궤멸했다. 전세가 불리하자 스페인 함대는 전투에 적극적으로 개입하지 않았다. 영국군 전사자는 500명이 되지 않았지만 프랑스 측 전사자는 무려 4300여 명이었다.

프랑스는 바다에서 치욕의 패전을 겪었지만 육지에서는 달랐다. 나폴레옹 1세가 직접 지휘하는 프랑스 육군은 프랑스 동부에서 러시아—오스트리아 연합군을 밀어내다가 오스트리아의 수도 빈을 점령하기도 했다. 이때도 뮈라가 이끄는 기병대의 활약이 빛을 발했다. 프랑스군은 더 동쪽으로 진군했고 1805년 12월 슬로바키아의 아우스터리츠에서 적군과 대치했다. 나폴레옹은 중앙군과 좌익을 고지대에 배치하고 우익을 일부러 약하게 편성한 뒤 평지에 배치했다. 러시아—오스트리아군이 프랑스군의 약체라고 판단한 우익에 총력을 쏟아붓는 사이 나폴레옹 1세는 고지대에서 밑으로 내려와 러시아—오스트리아군의 본진을 쳤다. 당황한 러시아—오스트리아군은 후퇴했다. 나폴레옹은 일부 부대에게는 도망친 러시아—오스트리아군을 쫓게 하는 한편 나머지는 우익에 증원을 보냈다. 우익 전선에서 싸우던 러시아—오스트리아군은 완전히 포위되었다. 도망친 병사들은 얼어붙은 강을 건너려고 했는데 프랑스 포병들이 대포를 강에 퍼부어 언 강을 부숴 버렸고 그 위에 있던 러시아—오스트리아군은 찬물에 떨어져 익사했다. 이렇듯 나폴레옹은 아우스터리츠 전투에서 압도적인 승리를 거두었다.

러시아 원정

제3차 대프랑스 동맹 전쟁까지 해결한 나폴레옹은 신성로마제국의 해체를 강요했다. 신성로마제국의 황제가 800년 넘게 로마의 정통성을 이어가고 있었는데, 나폴레옹도 똑같이 대관식을 치르면서 '정통'이라고 내세

■■■ 전투 결과

영국의 기념비적인 승리였지만 전투 도중 영국의 넬슨 제독이 저격되어 전사했다.

울 수 있는 황제가 2명이 생겨 버렸다. '로마를 계승한 황제'라는 타이틀을 독차지하고 싶었던 나폴레옹 1세에게 신성로마제국 황제는 껄끄러운 존재였다. 어차피 이맘때쯤 신성로마제국은 형체가 없는 국가였고 황제도 형식적으로 군림할 뿐이었다. 1806년 나폴레옹이 신성로마제국 해체령을 선언하자 신성로마제국을 구성하던 제후국들 중 16개국이 라인동맹을 결성하고 신성로마제국을 이탈해 나폴레옹에게 붙었다. 1806년 신성로마제국의 마지막 황제 프란츠 2세는 퇴위를 하며 천년의 신성로마제국도 막을 내렸다.

이제 프랑스에게 남은 유일한 대적 국가는 영국이었다. 영국만이 프랑스가 제압하지 못한 국가였다. 트라팔가 해전을 기점으로 나폴레옹은 바다 위에서 영국의 기세를 꺾는 일이 거의 불가능함을 여실히 느꼈다. 그가 선택한 방법은 경제봉쇄였다. 그는 영국을 경제적으로 고립시켜 버리겠다며 1806년 대륙봉쇄령을 선포했다.

그런데 포르투갈이 대륙봉쇄령에 동참하지 않았다. 심지어 포르투갈이 친영국 성향까지 보이자 1807년, 1809년 그리고 1810년 나폴레옹은 포르투갈로 원정군을 보냈다. 그는 자신의 친형 조제프를 스페인 국왕으로 임명해 스페인 정치권까지 개입하려 들었다. 스페인은 다시 영국과 손을 잡고, 나폴레옹이 보낸 포르투갈 원정군이 포르투갈-스페인을 지나칠 때마다 보급로 끊고 기습 공격을 하며 방해 공작을 펼쳤다. 나폴레옹의 포르투갈 원정군은 세 차례 모두 원정에 실패했다. 그리고 명목상 스페인의 국왕이었던 나폴레옹의 친형 조제프는 스페인 민중들의 저항에 불명예 퇴위를 하고 프랑스로 소환당했다.

나폴레옹은 포르투갈 원정과 스페인 병합 실패로 30만 병력을 잃었고, 유럽 국제사회 내 프랑스와 그의 지위가 추락할 수밖에 없었다. 러시아까지도 나폴레옹의 대륙봉쇄령에 동참하지 않고 영국과 무역을 이어나가고 있었다. 포르투갈 원정 실패의 굴욕을 만회하고 프랑스의 국제적 위상을 되찾기 위해 러시아만큼은 나폴레옹이 직접 응징하기로 했다.

1812년 나폴레옹은 무려 61만이라는 대규모 원정군을 조직해 러시아로 떠났다. 나폴레옹의 원정군은 러시아의 수도 모스크바까지 진출했

대륙봉쇄령
나폴레옹이 영국에 경제적 타격을 주기 위해 유럽 대륙과 영국의 무역을 금지하도록 한 명령

다. 모스크바에 앞서 보로디노에서 프랑스군 13만 명과 러시아군 12만 명이 맞붙은 대규모 전쟁이 치러졌다. 톨스토이의 불후의 명작 『전쟁과 평화』에서 중요한 사건으로 묘사되는 보로디노 전투의 승리는 프랑스의 차지였지만 프랑스군은 3만~4만 명의 사상자를 냈다.

■■■ **보로디노**
모스크바 서쪽 마을

　러시아의 군주 짜르는 수도 모스크바를 탈출하면서 모스크바와 인근 도시의 식량을 전부 가져가고 가져가지 못하는 건 전부 불태웠다. 전쟁에서 승패를 결정짓는 요인은 보급의 원활함이다. 그간 나폴레옹의 보급 방식은 현지조달, 즉 약탈이었다. 현지조달에 익숙해져 있는 나폴레옹에게 러시아의 청야전술은 치명적이었다. 나폴레옹은 수도 모스크바를 함락하긴 했으나 보급 문제로 인해 더 이상 진군하지 못하고 5주를 하염없이 보냈다. 심지어 겨울까지 찾아오자 프랑스군은 러시아의 혹독한 추위를 견디지 못했고 별다른 방법이 없었던 나폴레옹은 퇴각 명령을 내렸다.

　프랑스군의 퇴각에는 엄청난 재앙이 기다리고 있었다. 러시아군이 퇴각하는 나폴레옹의 배후를 공격했다. 프랑스군은 민간 의용군마저 가세한 러시아군에게 처참하게 살육당했다. 배고픔과 물자 부족과 추위에 프랑스군은 싸울 힘이 남아 있지 않았다. 프랑스군은 완전히 해체되었으며 탈영병과 낙오병들 대다수는 굶주린 채 얼어 죽었다. 무사히 파리로

■■■ **실패한 러시아 원정**

돌아온 프랑스군은 3만 명을 넘지 못했다. 러시아 원정은 나폴레옹의 아주 치욕적인 패배였다.

엘바섬의 나폴레옹

프랑스군의 궤멸 소식이 유럽 전역에 일파만파 퍼지자 대프랑스동맹이 재결성되었다. 영국-러시아-프로이센-스웨덴 등이 동맹을 맺었고 프랑스 국경 곳곳에서 전투가 벌어졌다. 프랑스군은 이기고 지고를 반복했으나 전체적으로 봤을 때 프랑스가 밀리고 있었다. 나폴레옹은 1813년 10월 지금의 독일 라이프치히에 프랑스 군대와 라인동맹 군대를 집결시켰다. 나폴레옹과 프랑스 주력군이 라이프치히에 주둔하고 있으니 대프랑스 동맹군 중 러시아, 오스트리아, 프로이센, 스웨덴이 중심이 되어 라이프치히에 모였다. 전투 초반 포병전으로 우위를 점했으나 러시아 원정 실패 후 전투 능력이 현저하게 떨어져 있던 프랑스군은 기병전에서는 속수무책으로 쓸려 나갈 뿐이었다. 라이프치히 전투에서는 프랑스 기병대를 이끌던 기병대장 뮈라가 없었다. 러시아 원정 실패 후 나폴레옹의 몰락을 예견한 뮈라는 나폴레옹을 더 이상 돕지 않았고 심지어 오스트리아와 내통하고 있었다. 전세가 불리하니 라인 동맹군까지 이탈하여 나폴레옹을 배신했다. 나폴레옹은 퇴각 명령을 내렸다. 나폴레옹은 부하 장교에게 프랑스군이 전부 도망치면 적군이 추격하지 못하도록 다리를 폭파하라고 했으나 명령 하달이 제대로 이루어지지 못해 아직 프랑스군이 다리를 다 건너지 못한 상태에서 너무 빨리 폭파해 버렸다. 라이프치히 전투는 제1차 세계대전 직전까지 가장 많은 병력이 투입된 대규모 전투였으니 피해 규모도 엄청났다.

궁지에 몰릴 대로 몰린 나폴레옹 1세는 대프랑스동맹과 휴전협정을 제안했다. 그러나 대프랑스동맹 측에서 너무 무리한 요구를 해 협상이 결렬되자 나폴레옹 1세는 무리하게 세금을 걷고 군인이 아닌 민간인들까지 전부 징병하여 국민들의 불만을 사기 시작했다. 나폴레옹 1세는 어찌어찌 전쟁을 이어 나가지만 모든 싸움이 무의미했고 프랑스 국토는 황폐화될 뿐이었다. 1814년 3월 파리까지 영국군에게 함락되자 1814년 4월 나폴레옹이 엘바섬에 있을 때 끔찍한 소식이 전해졌다. 조제핀의 부고였다. 러시아 원정을 떠나기 전이었던 1810년 나폴레옹은 조제핀과 이혼했다. 조제핀의 과한 사치벽이 사회적으로 문제가 되고 있었고 무엇보다 그녀는 나폴레옹의 아이를 낳지 못하고 있었다. 더불어 조제핀의 출신이 황후가 되기엔 부적합하다는 목소리까지 나오자 황제로서 나폴레옹은 조제핀이 황후로서 실격이라는 데 공감했다. 이혼하는 날 조제핀은 나폴레옹을 붙잡고 오열하며 실신했다고 한다. 그러나 나폴레옹의 결심은 확고했다. 나폴레옹은 신성로마제국의 마지막 황제의 딸 마리 루이즈와 재혼했고, 조제핀은 파리 근교 말메종 대저택에 머무르고 있었다. 장미를 유독 좋아했던 조제핀은 말메종 대저택을 장미로 꾸미며 외로움을 달랬다. 이곳에서 그녀는 나폴레옹의 퇴위 소식을 들었다. 그리고 한 달 후인 1814년 5월 폐렴으로 사망했다. 그녀의 유언은 '보나파르트…엘바…로마의 왕'이었다고 한다. 엘바섬에서 조제핀의 부고 소식을 들은 나폴레옹은 이틀이나 아무것도 하지 못하고 식음을 전폐했다. 그러곤 죽은 그녀를 향해 편지를 썼다.

"단 하루도 그대를 사랑하지 않은 날이 없었소. (중략) 공감과 사랑, 진정한 감정으로 묶인 우리를 떼어 놓을 수 있는 것은 오직 죽음뿐이오."

여기서
잠깐!!

조제핀의 죽음

나폴레옹 1세는 결국 황제 퇴위를 선언했다. 대프랑스동맹은 마침내 나폴레옹을 체포했고 지중해의 엘바섬으로 유배를 보냈다.

워털루 전투

혼란스러운 하루하루를 보내던 나폴레옹은 마음을 다잡고 1815년 2월 엘바섬을 탈출했다. 그는 아직 자신의 몰락을 인정할 수 없었다. 아직까지 파리에는 그의 추종자들이 있었다. 나폴레옹은 조력자들의 도움으로 1815년 3월 파리에 도착했다. 나폴레옹이 파리에 왔다는 소식에 대프랑스동맹이 옹립한 프랑스의 국왕 루이 18세는 나폴레옹이 있는 곳으로 군대를 보냈다. 나폴레옹은 자신을 포위하고 있는 프랑스군에게 의연하게 외쳤다.

"보병연대들이여 나를 알아보겠는가? 난 여기 있다. 나를 죽이고 싶다면 총을 쏘거라. 지금 자네들이 그 자리에 있을 수 있게 된 건 누구 덕분인가? 그럼에도 날 쏘고 싶으면 쏘거라."

나폴레옹의 일장연설이 끝나자 그에게 돌아온 건 총탄이 아닌 '황제 폐하 만세'라는 환호성이었다. 1815년 3월 나폴레옹은 다시 황제로 즉위했다. 나폴레옹에게 최대의 적은 영국이었다. 영국과의 최종전을 위해 나폴레옹은 우선 벨기에로 진격했다. 1815년 6월 벨기에의 '워털루'에 영국, 프로이센, 네덜란드 등 대프랑스동맹군이 사령부를 설립하고 프랑스군이 있는 벨기에의 브뤼셀 쪽으로 향했다. 영국군 사령관은 제1대 웰링턴 공작 '아서 웰즐리'였다. 그는 프로이센의 군대와 함께 나폴레옹을 포위하려고 했으나 리니 전투에서 나폴레옹이 프로이센의 부대를 격파했다. 작전에 실패한 영국의 아서 웰즐리는 우선 워털루로 후퇴했다. 나폴레옹은 워털루로 후퇴하는 영국군을 추격했다. 아서 웰즐리는 워털루 인근의 농장들을 요새화하여 맞서 싸우기로 했다. 나폴레옹의 프랑스군은 프로이센 부대와 싸워 이기면서 사기가 진작되어 있었다. 그래도 프로이센 패잔병이 전열을 가다듬고 워털루로 와서 영국군을 지원하면 곤란하기에 나폴레옹은 그루시 원수에게 프로이센 패잔병들을 격퇴하라고 지시했고 본인은 아서 웰즐리의 영국군과 싸우기로 했다.

확실히 나폴레옹은 아직 죽지 않은 전설이었다. 나폴레옹의 포병술 위력은 실로 막강했다. 영국군 기병대가 돌진해 오자 프랑스 기병대가 반격에 성공했다. 주도권이 프랑스 쪽으로 기울고 있을 때 프랑스 선봉 대장 미셸 네 원수가 기병대를 이끌고 영국군 진영을 향해 진격했다. 문제는 보병이나 포병의 지원 없이 오로지 기병대로만 진격한 것이다. 영국군의 저항을 받았고 기병대가 와해 직전에 이르자 미셸 네는 나폴레옹

워털루 전투

에게 보병 지원을 부탁했다. 미셸 네의 기병대 용병술은 불행하게도 배신자 뮈라의 실력에 한참 못 미쳤다. 나폴레옹으로부터 지원을 받은 보병들을 미셸 네가 또 후방 엄호나 지원 없이 마구잡이로 밀어넣다가 병사들의 피해가 속출했다. 이때 어딘선가 프로이센 부대가 도착하여 영국군과 합류했다. 나폴레옹은 프로이센 패잔병들을 추격하던 그루시를 애타게 찾았다. 그루시는 길을 잃고 헤매고 있었다. 미셸 네는 병사들을 사지로 몰아세우기만 하고 프로이센 병력까지 영국군에 합류하자 나폴레옹은 더 이상 전투를 진행할 수가 없었다. 이때 영국의 아서 웰즐리가 총공격을 감행했고 프랑스군은 전열이 흐트러지며 도망치기 바빴다. 나폴레옹은 재기의 기회였던 워털루 전투에서 비극적인 패배를 하고 말았다.

세인트헬레나섬의 나폴레옹

워털루 전투는 나폴레옹의 공식적인 마지막 전투였다. 워털루 전투에서 패전하고 나폴레옹이 파리로 돌아왔을 때 이미 파리는 의회 의원들이 국민 소비대를 결성한 채 나폴레옹의 집권을 막고 있었다. 나폴레옹은 두 번째로 황제 퇴위를 선언했고 아들 나폴레옹 2세에게 황위를 넘겨주었다. 엘바섬 탈출에서부터 워털루 패전까지 100일. 나폴레옹의 백일천하는 이렇게 끝났고 그는 다시는 재기하지 못했다. 나폴레옹은 미국으로 망명을 시도했으나 실패했고, 영국에 망명을 요청했으나 이마저도 거절 당했다. 결국 나폴레옹은 아프리카 서쪽의 세인트헬레나섬에 유배되었다. 이곳에서 그는 회고록을 쓰며 외로이 지내다 6년 후인 1821년 위암으로 사망했다. 죽기 직전 나폴레옹이 무언가에 중독된 증상을 보여 그의 죽음과 관련해 숱한 음모론이 생겨났다. 유럽을 호령했던 나폴레옹의 유언은 다음과 같았다.

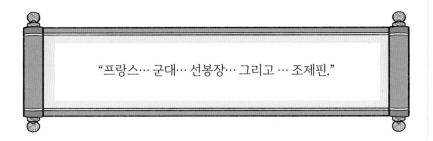

"프랑스… 군대… 선봉장… 그리고 … 조제핀."

절대정신

한 사람의 인생이 곧 역사가 되는 일은 매우 드물다. 나폴레옹은 몰락했지만 그가 인류사에 남긴 족적은 어마어마했다. 대프랑스동맹 국가들이 그토록 경계했던 혁명의 자유주의 정신이 유럽 전역으로 퍼졌으며, 여러 유럽 국가들이 나폴레옹에 맞서 싸우는 과정에서 각 민족별로 민족의식이 싹트는 민족주의가 유행했다. 나폴레옹은 전쟁을 수행하며 헝가리나 이탈리아 등 분열되어 있던 도시국가들을 강제로나마 통일해 위성국가를 만들기도 했다. 나폴레옹의 몰락과 함께 위성국가들은 곧 해체되지만 그래도 한 번 통일정부를 만든 경험 덕에 19세기 민족주의가 부상하면서 민족통일국가들이 생겨났다. 대표적으로 독일과 이탈리아에서 통일전쟁이 일어나 두 나라가 각각 거의 천 년 만에 통일국가를 이룩해 냈다.

나폴레옹과 동시대를 살았던 독일의 철학자 헤겔은 의도했든 하지 않았든 본인의 전쟁, 행위, 업적 등으로 인해 인류사의 진보적 발전을 초래한 개인을 '세계사적 개인'이라고 표현했다. 그리고 그 사례로 든 이가 나폴레옹이었다.

> "역사란 이성이 자기를 실현해 가는 과정이다. 역사적 행동의 결과가 어땠든 다 역사의 목적에 따라 진행될 뿐이다. 그런 의미에서 나폴레옹은 본인은 몰랐겠지만 절대정신이었다."
>
> 헤겔

일반적으로 위기를 모면한 평범한 사람들은 위기에서 탈출한 것만을 다행으로 여기고 그다음으로 나아갈 용기를 내지 못한다. 그러나 나폴레옹은 위기 앞에서 더욱 강해졌다. 나폴레옹은 최종 목표를 상정하지 않았다. 그다음 목표만 있을 뿐이었다. 쉽게 말해 나폴레옹은 목표에 제한을 두지 않았다. 당장에 주어진 목표를 완수하면 그다음 목표를 설정하고 다시 완수하는 것이 그의 방식이었다. 반복되는 목표의 완수 끝에 무엇이 있을지는 아무도 모른다.

15

처칠

대(大)를 위해 소(小)를 희생하는 것은 정당한가?

처칠

#블랙독 #보어전쟁 #보수당 #자유당 #1차세계대전 #갈리폴리전투 #2차세계대전
#영국총리 #덩케르크철수작전 #영국본토항공전 #철의장막연설 #노벨문학상

처칠의 연도별 주요 이슈

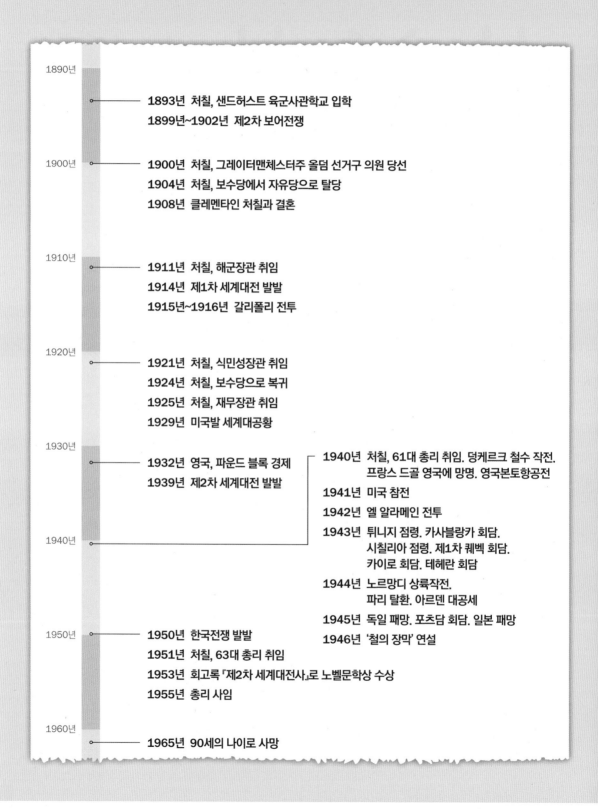

1890년

1893년 처칠, 샌드허스트 육군사관학교 입학
1899년~1902년 제2차 보어전쟁

1900년

1900년 처칠, 그레이터맨체스터주 올덤 선거구 의원 당선
1904년 처칠, 보수당에서 자유당으로 탈당
1908년 클레멘타인 처칠과 결혼

1910년

1911년 처칠, 해군장관 취임
1914년 제1차 세계대전 발발
1915년~1916년 갈리폴리 전투

1920년

1921년 처칠, 식민성장관 취임
1924년 처칠, 보수당으로 복귀
1925년 처칠, 재무장관 취임
1929년 미국발 세계대공황

1930년

1932년 영국, 파운드 블록 경제
1939년 제2차 세계대전 발발

1940년 처칠, 61대 총리 취임. 덩케르크 철수 작전.
프랑스 드골 영국에 망명. 영국본토항공전
1941년 미국 참전
1942년 엘 알라메인 전투
1943년 튀니지 점령. 카사블랑카 회담.
시칠리아 점령. 제1차 퀘벡 회담.
카이로 회담. 테헤란 회담
1944년 노르망디 상륙작전.
파리 탈환. 아르덴 대공세
1945년 독일 패망. 포츠담 회담. 일본 패망
1946년 '철의 장막' 연설

1940년

1950년

1950년 한국전쟁 발발
1951년 처칠, 63대 총리 취임
1953년 회고록 『제2차 세계대전사』로 노벨문학상 수상
1955년 총리 사임

1960년

1965년 90세의 나이로 사망

운명의 사나이

후덕한 체형에 아무리 위급한 전시라도 입에서 시가를 놓지 않았던 애연가. 스스로 자신의 병명을 '블랙독'이라고 이름 붙일 정도의 심각한 우울증 환자에 10대 내내 성적이 형편없었던 낙제생. 그림과 고양이와 자동차를 유일한 친구로 삼았던 노벨문학상 수상자. 승리의 'V'와 영국 서민들의 대중적인 욕을 구분 못할 정도의 도련님 출신. 윈스턴 처칠은 그런 사람이었다. 때로는 철부지에 구제 불능이었던 그는 제2차 세계대전을 거치며 한 나라의 총리로서 수도 없이 많은 딜레마에서 최선이 아닌 차악을 선택해야만 했다. 어디로 튈지 알 수 없었던 처칠 총리는 야유와 존경을 동시에 받았던 인물이다. 그의 자평대로 그는 '운명의 사나이'였다.

낙제생에서 사관생도, 저널리스트, 군인 장교로

처칠 가문은 영국의 유서 깊은 초명문가 귀족 집안이었다. 어머니 제니 제롬은 뉴욕 월 스트리트에서 돈 꽤나 만지던 미국인 금융 갑부의 딸이었다. 이렇게 부러울 것 없는 상류층 출신이었지만 처칠은 부모님에게 꽤나 골칫거리였다. 학교 성적은 처참할 정도로 낮았고 사회성도 결여되어 있었다. 그는 어릴 적 부모님과 화기애애한 시간을 보낸 기억이 없다고 한다. 그의 어머니는 사교계에서 인맥을 쌓느라 바빴고 그만큼 집을 자주 비웠다. 처칠은 유모만이 어린 자신을 돌봐 주고 고민을 털어놓을 수 있는 유일한 사람이었다고 회고한다.

처칠의 아버지 랜돌프 처칠은 아들을 명문 학교에 보낼 생각이었지만 너무 낮은 성적 탓에 처칠은 해로우 스쿨에 입학했다. 해로우 스쿨에서도 처칠은 매년 낙제하여 1학년을 3년이나 다녔다. 딱 한 과목 그가 두각을 보인 과목이 (그들에겐 국어일) 영어 수업이었다. 영어 구술과 작문 분야에서는 독보적이었다고 한다. 처칠은 당시 영어에 흥미를 붙일 수 있게 해 준 서머벨 선생님에게 늘 감사해했다. 그럼에도 다른 과목의 성적 때문에 졸업이 불가능하자 처칠은 특수반으로 배정됐다.

한번은 아버지 랜돌프가 아들의 방문을 열고 들어갔는데 처칠이 장난감으로 병정놀이를 하고 있었다. 사춘기 소년의 단순한 놀이라고 하기엔 병정들의 대열이 실제 군대의 열과 흡사하자 아들의 군사적 재능에 놀란 아버지 랜돌프는 처칠을 군사학교에 입학시키기로 했다. 처칠은 자신의 군사적 재능을 알아봐 준 아버지에게 감사를 표했지만 정작 처칠의 아버지는 아들이 법률가가 될 만큼 똑똑하지 못하다고 생각해서 군사학교에 입학시킨 것이었다고 한다. 군사학교 졸업 후 처칠은 샌드허스트 육군사관학교에 들어갔다. 암기력과 영어 성적 덕분에 합격은 했지만 턱걸이 합격이었기에 당시 비인기 병과였던 기병대에 지원했다.

처칠이 21살이었을 무렵 사창가를 들락거리던 아버지 랜돌프가 매독으로 사망했다. 아버지의 죽음으로 가정 형편이 일시적으로 어려워졌다. 처칠은 이제 돈을 벌어야만 했다. 임관 후 쿠바로 발령 난 처칠은 그곳에서 종군기자 일도 하면서 돈을 벌었다. 작술과 구술에 천부적인 재능을 보였던 처칠은 종군기자로 일하면서 작문력을 인정받기도 했다. 종군기자 업무가 꽤 돈이 되었고 처칠은 소속되어 있던 제4경기병 연대의 발령지에 따라 인도, 이집트, 남아공 등 전선을 돌아다니며 전쟁 관련 기사를 작성했다. 더 나은 기사를 쓰기 위해 처칠은 본국의 어머니께 책을 보내 달라고 하여 매일 4~5시간씩 독서에 탐닉했다.

남아공 보어전쟁에서는 처칠이 포로가 되었다가 무사히 탈출하는 아찔한 순간도 있었다. 탈출하고 나서도 직접 위험한 전선에 자원하여 전투에 임하기도 했다. 작문뿐 아니라 스피치 실력도 출중했던 처칠은 영국으로 돌아온 뒤 전쟁 관련 주제로 순회강연을 하여 많은 돈을 벌고 명성을 쌓아 갔다.

■ 펜싱 전국 챔피언
학업은 아니지만 처칠은 펜싱에도 소질이 있어서 전국 챔피언을 달성했다.

■ 처칠의 독서
그의 독서 취향은 역사서와 철학책, 그리고 에세이였다.

■ 보어전쟁
아프리카에서 종단 정책을 추진하던 대영제국과 당시 남아프리카 지역에 정착해 살던 네덜란드계 보어족 사이에 일어난 전쟁

가장 쉬운 역사 첫걸음

정계 입문

처칠은 그간 쌓아 둔 인지도로 1900년 그레이터맨체스터주의 올덤 선거구에서 의원으로 당선되었다. 그는 첫 정치 인생을 보수당에서 시작했다. 처칠의 첫 선거는 '정략 선거'라고 불렸다. 영국은 아프리카의 보어전쟁을 두고 전쟁의 당위성을 주장하는 보수당과 전쟁을 비판하는 자유당 등 야당들로 나뉘어 있었다. 전쟁 경험을 통해 명성을 쌓은 처칠이었기에 보수당에 입당했고, 보수당도 어느 정도 스타성을 갖춘 데다 집안도 좋은 처칠을 환영했다.

선거가 끝나고도 처칠은 영국은 물론 미국, 캐나다에서까지 강연가로 이름을 알렸다. 매일 최소 100파운드를 벌었으며 도시에서 가장 큰 홀에서 강연을 해도 언제나 관중들이 꽉 찼다고 한다. 미국에서는 반응이 그다지 뜨겁지 않았다고 하지만 처칠은 미국에서 평소 자신이 좋아하던 소설가 마크 트웨인을 만난 일을 소중하게 기억하고 있으며 캐나다에서는 영국만큼이나 열렬한 환호를 받았다.

1901년 처칠은 하원에서 최초의 의원 연설을 했다. 그런데 처칠의 몇몇 발언이 의원들을 헷갈리게 만들었다. 연설의 내용 가운데 '내가 만약 보어인이었으면 나도 영국과 싸웠을 것'이라는 등 해석에 따라 보어전쟁을 비아냥대는 구절들이 있었다. 처칠의 소속 정당은 보수당으로 보어전쟁을 강력히 긍정하는 쪽이었다. 처칠은 점점 보수당이 아닌 자유당 쪽 사람들과 가까워졌다.

처칠은 근본적으로 보수당과 섞일 수 없는 다른 이유들도 있었다. 역시 보수당원이었던 아버지 랜돌프가 재무부 장관이었던 시절 군 예산을 감축하겠다며 육군장관과 대립했다. 이때 보수당의 대표이자 총리였던 솔즈베리 후작이 육군장관 편을 들어 랜돌프의 정치 지지세력이 전부 이탈했고 별수 없이 랜돌프는 사임해야만 했다. 처칠에게 보수당의 주류 계파는 자신의 아버지를 버린 사람들이었다.

또 하나 처칠이 보수당과 이념적으로 부딪쳤던 건 영국의 무역정책이었다. 솔즈베리 후작의 뒤를 이어 총리가 된 보수당 대표 밸푸어는 높은 관세를 유지하려는 보호무역주의자였던 반면 처칠은 관세를 철폐하

■ **정략 선거(Khaki Election)**
전쟁을 명분으로 국민들의 애국심을 고취시켜 유권자들의 환심을 사는 선거를 말한다.

■ **맹목적 민족주의**
처칠은 보수당의 정치 이념을 존중하지만 그 방식이 '맹목적 민족주의'라며 경계했다.

처칠

자며 완전한 자유무역을 주장했다. 시간이 지나면서 보수당도 더 많은 표를 얻기 위해 더 많은 노동자층을 지지층으로 흡수하려고 노력했고 자유무역을 긍정했다. 그러나 대영제국의 식민정책이 확장되면서 보수당은 다시 보호무역으로 회귀했다. 그 과정에서 보수당 내부적으로도 의견 충돌이 많았고 처칠같이 자유당으로 넘어가는 의원들도 있었다.

결정적으로 처칠의 선거구였던 올덤은 전통적으로 자유당이 우세했다. 다음 총선에서 처칠이 안정적으로 재선에 성공하기 위해선 보수당보다는 자유당이 더 유리했다. 1904년 처칠은 보수당에서 자유당으로 정당

고립주의

기본적으로 영국 보수당의 정치 이념은 고립주의였다.

여기서
잠깐

영국의 근대 정치제도

의회민주주의의 본고장인 영국의 근대 정치제도에 대해 잠시 개괄해보자. '의회'라는 개념이 처음 영국에서 생겨나고 토리당과 휘그당으로 의회가 나뉘어 있긴 했지만, 두 조직의 차이는 지역적 차이와 친왕당파 여부 정도였지 정치 이념에 따른 명확한 차이는 없었다. 1832년 1차 선거법 개정을 시작으로 영국은 몇 단계에 걸쳐 유권자의 범위를 넓혀 갔다. 이때 토리당은 선거법 개정에 소극적이었으며 재래의 귀족, 대지주, 상공인, 그리고 산업혁명에 따른 중산층 등으로부터 표를 얻으며 보수당으로 발전했고, 휘그당은 선거법 개정을 주도하며 새로운 유권자층으로 편입된 중소지주, 농민, 노동자 계층 등으로부터 표를 얻는 정당으로 발전했다. 이들은 본인들의 사상을 자유주의에 입각한 것이라며 자유당이라고 칭했다. 보수당은 영국 제일주의, 보호무역, 적극적인 대외 원정, 대영 연방의 강화를 천명했고, 자유당은 자유무역, 선거권 확대, 대영 연방 내 자치권 부여, 종교의 사회적 참여 제한 등을 주장했다.

영국의 보수당과 자유당의 시작이 사회계층 격차로 인해 형성되다 보니 영국 의회도 상원과 하원으로 분리되어 있는 양원제를 채택했다. 역할에 따라 상·하원이 분리되어 있는 미국과는 달리 뚜렷하게 사회계층이 구분되어 있던 영국에선 어떤 계층을 대변하느냐에 따라 나뉘어 있다. 영국의 상원과 하원을 각각 귀족원과 서민원으로 부르기도 한다.

영국의 국가원수는 국왕이다. 전제군주제로서의 국왕이 아닌 헌법에 입각한 입헌군주다. 따라서 영국의 국왕은 상징적 존재이며 실질적인 행정부의 수반은 의회의 여당에서 배출한 총리가 맡는다. 총리가 구성하는 행정부를 내각이라 한다. 영국 총리는 관행에 따라 하원(서민원)에서 선출한다. 다만 영국 국왕의 상징성도 무시할 수 없어서 영국의 총리는 의회의 여당에서 배출되긴 하지만 최종 승인과 임명은 영국 국왕이 결정한다.

을 옮겼고 올덤 선거구에서 자유당의 하원의원으로 재선에 성공했다. 이후 처칠은 1906년에는 맨체스터 선거구에서, 1908년에는 던디 선거구에서 하원의원으로 당선되었다. 그리고 1908년 9월 자신이 4년간 따라다녔던 헨리 몬태규 호지어 경의 딸 클레멘타인과 결혼했다.

처칠은 어느 한쪽으로 극단적으로 쏠려 있지 않았다. 비록 자유당에 몸담았지만 자유당의 잘못이 있다면 거리낌없이 꼬집고 지적했다. 처칠은 자유당원임에도 불구하고 때로는 보수층을 대변하며 지나친 자유주의 운동을 경계하여 온건적이라고 비난받기도 했다. 처칠에 대한 상반된 평가가 사회 혼란을 더욱 가중시키자 자유당 총리 헨리 애스퀴스는 1911년 그를 해군장관으로 인사이동했다. 비록 육군사관학교 출신이긴 했지만 처칠은 금세 해군의 체계를 배우고 적응했다.

처칠은 영국 해군에 평범하지 않은 유산들을 남겼다. 해군 참모부와 해군 항공대를 설치했으며, 1912년 최초로 퀸 엘리자베스급 전함을 만들었다. 이 전함은 기존의 전함들보다 화력과 기동력이 우수했으며 무엇보다 연료가 석탄이 아닌 석유였다. 주 연료가 석탄이었던 당시에 이것은 혁신이었다. 가정용으로 등유를 쓰긴 했지만 군용으로는 중유가 필요했고 처칠은 부족한 중유를 이란을 탈탈 털어 충당했다. 항공모함 추진도 처칠에 의해 본격화되었다.

제1차 세계대전과 처칠의 굴욕

1914년 6월 사라예보에서 오스트리아 황태자 부부가 세르비아의 극단주의 청년에게 암살당했다. 오스트리아는 세르비아를 침공했다. 세르비아를 돕기 위해 러시아가 나섰고, 오스트리아를 도와 러시아를 상대하러 독일이 나섰다. 사라예보 사건으로 인한 여파는 표면적으로는 러시아와 독일의 싸움이었지만 19세기 후반부터 20세기 초반까지 유럽 제국주의 열강들의 식민지 쟁탈전이 과열된 정세 속에 금세 세계대전으로 번졌다. 비약적인 발전을 이룬 독일을 고립시키기 위해 영국-프랑스-러시아가 삼국협상을 맺고 있었다. 독일과 러시아의 대립엔 영국과 프랑스도 끼어들 수밖에 없었다.

1914년 7월 제1차 세계대전이 발발했다. 개전 직후 섬나라 영국은 대륙에서 벌어지는 전쟁을 관망만 하고 있었지만 자국이 보호하고 있던 벨기에를 독일이 건드리면서 영국도 공식 참전을 선언했다. 1914년 8월 영국은 10만의 원정군을 프랑스에 투입했다.

프랑스에 상륙한 영국군은 육군이었다. 육군의 투입에 위기의식을 느낀 해군장관 처칠은 과시할 만한 해군 활약의 필요성을 절감했다. 그때 처칠의 표적에 들어온 국가가 오스만튀르크였다. 제1차 세계대전의 주 전장은 유럽 본토였다. 유럽 본토에 끼지 않은 국가들은 눈치만 보고 있었는데, 규모가 작지 않았던 오스만튀르크가 어느 편에 붙느냐에 따라 전세에 큰 영향을 줄 수 있었다. 그런데 정작 오스만튀르크는 중립을 표방했다. 제1차 세계대전 이전에도 오스만튀르크는 영국, 프랑스, 독일 세 국가와 모두 좋은 관계를 유지하며 도움을 받고 있었다. 오스만튀르크가 적대시하던 나라는 러시아뿐이었다. 러시아를 견제하기 위해 오스만튀르크는 독일과 조금 더 가까워져야 했다.

터키에서 유럽으로 넘어가는 길목인 다르다넬스해협을 독일군이 점거했다. 영국 정부는 오스만튀르크에 당장 협상국의 일원으로 싸울 것을 종용했으나 오스만튀르크는 자의 반 타의 반으로 중립을 유지할 수밖에 없다며 정중히 거절했다. 다르다넬스해협을 점거한 독일군이 흑해까지도 노릴 수 있는 상황에서 영국에게 오스만튀르크의 중립은 중립으로 보일 수 없었다. 오스만튀르크의 이런 행보에 해군 장관 처칠은 오스만튀르크가 영국으로부터 구매한 전함 2척을 보내 주지 않았다. 이 틈을 타 독일이 영국 대신 전함 2척을 오스만튀르크에 보내 주었다. 처칠은 오스만튀르크를 응징해야 한다며 다르다넬스해협을 공격해서 독일군도 내쫓자고 강하게 주장했다. 영국 의회와 내각과 군부는 오스만튀르크의 행보가 분통 터지긴 하지만 이미 독일군이 다르다넬스해협을 차지하고 있어서 접근이 쉽지 않다는 이유로 처칠의 주장을 기각하려 했다. 더구나 다르다넬스해협의 갈리폴리는 지나치게 협소하여 전투를 수행하기가 어려웠다. 그러나 처칠은 육군의 지원 없이 해군 단독으로 갈리폴리에 상륙하여 다르다넬스해협을 장악하고 2주 안에 오스만튀르크의 수도 이스탄불을 함락하겠다고 자신했다.

다르다넬스해협
고대 시대에 페르시아의 육군이 그리스 반도로 들어간 입구였으며 알렉산더 대왕이 동방원정을 나설 때 출발지였던 매우 중요한 지리적 요충지였다.

가장 쉬운 역사 첫걸음

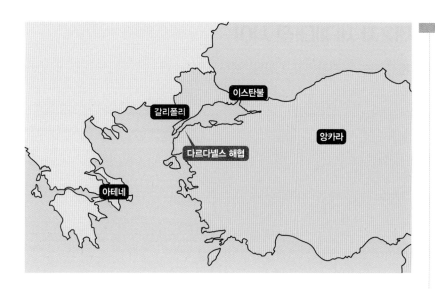

다르다넬스해협

1915년 2월 프랑스 해군이 살짝 지원한 연합군 해군이 다르다넬스 해협으로 들어왔는데 좁은 해협의 양 해안에 포대들이 즐비해 있었다. 오스만튀르크 해안포대의 집중포화와 오스만튀르크 해군이 야간에 몰래 설치해 둔 기뢰에 연합군 해군이 큰 피해를 입으며 상륙작전이 무려 6주나 지연되었다. 해군의 고전에 영국 정부는 육군을 지원해 주었다. 영국 육군은 갈리폴리 뒤편 해안에 상륙해서 해안포대를 뒤에서 제압할 계획이었다. 그러나 처칠과 영국군은 오스만튀르크의 군사력을 너무 얕봤다.

영국 육군은 상륙만 했을 뿐 진군하지는 못했다. 갈리폴리 상륙작전의 가장 큰 문제점은 영국군의 축차 투입이라고 이야기한다. 케말 파샤가 지휘하는 오스만튀르크군은 매우 용맹하게 싸웠다. 1916년 1월까지 계속 병력만 잃어 가던 영국군은 퇴각을 결정했다. 채 1년이 안 걸린 갈리폴리 전투에서 연합군은 57만 명 중 25만 명이 전사했다. 연합군에 참여했던 호주군과 뉴질랜드군의 피해도 극심했다. 갈리폴리 전투는 영국의, 아니 처칠의 대실패였다. '갈리폴리'는 처칠에게 금기어가 되었다.

축차 투입
한꺼번에 병력을 투입하지 않고 조금씩 나누어 군대를 보내는 방식인데, 이렇게 파편화된 부대는 오스만튀르크가 막을 만했다.

처칠은 갈리폴리 전투가 한창 진행 중일 때 미진한 성과로 이미 해군장관에서 해임되어 한직으로 밀려나 있었다. 그는 명예를 되찾기 위해 육군에 자원해 유럽 본토의 서부전선에서 싸웠다. 중령으로서 그는 제6 왕립 보병부대를 이끌며 반년 정도 직접 전선에서 뛰었고, 1917년 본국으로 돌아와 군수 장관이 되어 보급 업무를 책임졌다.

제1차 세계대전과 제2차 세계대전 사이

제1차 세계대전과 제2차 세계대전 사이를 전간기라고 한다. 제1차 세계대전이라는 끔찍한 전쟁을 겪고도 승전국들은 식민주의를 더 확산하고 있었다. 1921년 처칠은 식민성장관이 되었다. 당시 처칠의 최대 관심사는 중동이었다. 중동 이슬람 내 민족주의를 악용해 처칠과 밸푸어는 중동의 여러 민족을 이간질하며 영국의 입김을 강하게 불어넣고 있었다.

이맘때쯤 영국 내각은 로이드 조지가 이끄는 자유당에서 보수당으로 옮겨 가고 있었다. 이는 보수당의 승세라기보다 아일랜드를 독립시켜 주고 기타 외교 방면에서도 국민의 여론에 반하는 정책들이 꼬리를 물어 자유당의 인기가 떨어진 탓이었다. 로이드 조지의 자유당은 보수당과 연립내각을 구성하며 정권을 유지하려 했지만 1922년을 기점으로 보수당에 완전히 주도권을 빼앗겼다. 윈스턴 처칠은 다시 보수당으로 돌아왔고 1924년 총선에서 에섹스 에핑 선거구에서 하원의원으로 당선되었다. 항간에서는 철새 정치인이라며 처칠에게 손가락질하기도 했다.

하원의원에 선출된 그 해에 처칠은 재무장관이 되었고, 보수당의 기본적인 이념과는 또 다르게 한때 자유당의 이념들이었던 최저임금법, 국민보험법, 그리고 노동자들의 복지를 책임질 수 있는 여러 법안들을 통과시키는 성과를 내었다. 그러나 재무장관으로 있으면서 시대에 역행하는 실책을 범하기도 했는데, 제2차 세계대전에 근본적인 원인을 제공했던 국제화폐 문제였다. 세계화가 급속도로 추진되면서 화폐는 국내에서만 통용되는 수준으로 가치가 결정되지 않았다. 이전까지 세계 각국은 금을 화폐 단위로 하는 금본위제를 채택했다. 금은 가치의 변동 폭이 크지 않아 안정적이었다. 문제는 금은 양이 부족하다는 것이었다. 산업이 고도화되며 과거의 신분제는 그 의미가 옅어지고 중산층과 그들의 사회적 존재감이 증대되고 있었다. 금은 수량이 부족해서 점점 더 커져 가는 중산층들 모두를 아우를 수 있는 화폐가 될 수 없었다. 더군다나 고정된 양의 금으로는 제1차 세계대전의 전후 복구 사업을 진행할 수 없었다. 영국도 전쟁 직후에는 금본위제를 포기하는 듯했으나 1925년 재무장관으로 있던 처칠은 아직 귀족적 특권의식을 완전히 버리지 못해 시대를 역행하는 금본위제 부활을 선언했다.

재무장관으로서 처칠이 처리해야 하는 중요한 문제 중 하나가 전쟁배상금 건이었다. 제1차 세계대전의 여파가 너무 컸던 영국이나 프랑스는 독일로부터 충분한 전쟁배상금을 받아야 했다. 그런데 그 액수가 독일이 감당할 수 없는 수준이었다. 영국 내부에도 과도한 전쟁배상금은 오히려 영국에 해가 될 것이라고 주장하는 경제학자들이 있었다. 케임브리지대학교의 존 케인스 교수는 「평화의 경제적 결과」라는 저서를 통해 현재 독일에게 자행하는 협상국들의 강요는 적을 완전히 굴복시켜 아주 잔인한 방식으로 평화를 얻어 내는, 과거 고대 로마제국 시절 로마가 카르타고를 철저히 부숴 버렸던 '카르타고식 평화'라며 강력하게 비판했다. 이렇게 독일을 경제적으로 옥죄다간 궁지에 몰린 독일이 다시 전쟁을 일으킬 수 있다며 케인스는 몇 수 앞을 내다봤다.

> "독일의 구매력을 회복시켜야만 영국 경제를 다시 일으켜 세울 수 있다. 독일의 부흥이 그깟 배상금을 받는 것보다 훨씬 중요하다."
>
> 존 케인스

존 케인스의 주장은 받아들여지지 않았다. 영국의 전반적인 여론은 감정이 앞서 독일을 탈탈 털자는 쪽이었다. 그러나 재무장관 처칠은 케인스의 주장을 지지했고 케인스와 함께 여론의 뭇매를 맞았다. 이런 영국의 여론이 무색하게 미국은 독일의 배상금을 삭감해 주었다.

1929년 미국발 대공황이 터졌다. 제1차 세계대전 때 미국으로부터 막대한 차관을 도입했던 영국의 파운드화도 미국의 달러화에 묶여 있었다. 미국의 경제 폭락은 영국은 물론 전 세계에 영향을 주었다. 심지어 영국은 처칠의 금본위제 실시로 화폐가 턱없이 부족했다. 영국은 역사상 한 번도 겪어 보지 못한 실업과 은행 파산과 경제 불황에 시달렸다.

1931년 처칠은 금본위제를 포기했다. 자유시장주의를 맹신하던 여론도 일소되었다. 영국 정부는 철저한 보호무역을 지향했다. 1932년 이른바 '블록경제'로, 영국령 식민지 국가가 아닌 외국에서 들어오는 품목에 대해선 높은 관세를 부과했다. 영국 본국과 영국령 식민지 국가끼리 뭉쳐서 오로지 내수에만 집중하겠다는 것이었다. 그 덕에 영국은 서서히 대공황에서 회복해 갔다. 프랑스도 비슷한 맥락으로 프랑 블록을 구축하며 대공황을 해결하고 있었다.

반면 독일은 달랐다. 독일도 다른 나라처럼 대공황에 휘청거리긴 했지만 이를 구조적으로 해결하기보다는 히틀러라는 독재자가 등장하는 계기를 마련해 버렸다. 히틀러는 독일의 민족 정서를 자극하며 전체주의를 퍼뜨렸다. 히틀러의 독일이 인근 동유럽에 영향력을 확산하려고 하자 제1차 세계대전 때의 기억이 있던 서유럽 국가 수상들은 히틀러와 만났다. 1938년 보수당의 네빌 체임벌린 총리가 뮌헨에서 히틀러와 만나 협정을 체결했다. 뮌헨협정으로 네빌 체임벌린 총리는 히틀러를 달랜 평화의 총리로 영국 내에서 환호를 받았다. 유일하게 비난하던 사람이 처칠이었다. 처칠은 히틀러의 야욕이 결코 협정 하나로 끝나지 않을 것이라며 혹시 모를 전쟁에 대비하자고 강하게 주장했다.

네빌 체임벌린 총리를 향한 환호는 곧 야유로 돌변했다. 히틀러가 뮌헨협정을 무시하고 체코슬로바키아 전체를 차지한 것이다. 1939년 9월 히틀러의 독일군이 폴란드를 침공하면서 제2차 세계대전이 발발했다. 네빌 체임벌린은 뒤늦게나마 히틀러를 비난했지만 그를 향한 영국 국민들의 반응은 냉담했다. 대신 초창기부터 히틀러의 야욕을 경계하던 처칠의 위상이 부상했다. 제2차 세계대전의 발발과 함께 처칠은 해군장관으로 재취임했다. 처칠의 인기는 보어전쟁에서 돌아왔을 때보다 높았다. 1940년 체임벌린이 사임하자 국왕 조지 6세는 강경파 처칠을 61대 총리로 임명했다.

영국의 블록경제
이 블록경제를 파운드 블록이라고 한다.

뮌헨협정
영국이 체코슬로바키아의 서쪽 주데텐란트 지방을 독일에 할양해 주는 대신 독일은 더 이상 체코슬로바키아로 진격하지 않기로 하는 내용이었다.

"저는 우리 대영제국, 우리 동맹국 그리고 무엇보다도 자유의 이념이 위협당하고 있는 중대한 시기에 총리로서 첫 연설을 하게 되었습니다. 지금 프랑스와 플랑드르 지방에서는 대규모의 치열한 전투가 벌어지고 있습니다. 공중폭격과 탱크부대를 앞세운 독일군은 마지노선 북쪽의 프랑스군 방어선을 돌파했고, 그들의 강력한 기갑부대는 무방비상태였던 지역을 유린하고 있습니다. 그들은 깊숙이 침투해서 가는 곳마다 공포와 혼란을 심고 있습니다. 그들에겐 트럭을 가득 채운 보병들이 있고, 새로운 대규모 부대가 전방으로 진군하고 있습니다. (중략)

우리의 과제는 전투에서 승리하는 것만이 아니라, 전쟁에서 승리하는 것입니다. 프랑스가 무너지면 다음은 우리 영국 본토입니다. 영국의 모든 것이 걸린 전투입니다. 이것은 생존을 위한 싸움입니다. 이런 국가비상사태에 우리는 마지막 수단까지 동원할 각오로 가능한 한 공력을 쏟아부어야 합니다. (중략)

저는 거의 모든 정당의 견해를 반영하는 거국내각의 총리가 되었습니다. 과거에 우리 정당이 의견이 달라 부딪혔지만 지금의 우리는 하나로 뭉쳤습니다. 승리를 쟁취할 때까지 전쟁을 멈추지 않을 것이고, 어떤 대가와 고통이 따르더라도 항복하여 굴복하거나 수치를 당하지 않게 하겠습니다. 제가 드릴 수 있는 건 오직 피와 노고와 눈물과 그리고 땀뿐입니다."

처칠의 취임 라디오 연설문

덩케르크 철수작전

전쟁에 자신만만하며 영국인들의 전투의지를 불태웠던 처칠이었지만 총리 취임과 거의 동시에 딜레마의 기로에 서게 된다. 바로 덩케르크 철수작전이었다.

제1차 세계대전 당시 독일은 일명 '슐리펜 계획'으로 벨기에를 통해 프랑스로 침공하려고 했다. 벨기에 밑으로 프랑스와 독일이 붙어 있는 국경지대는 아르덴 숲이라는 울창한 나무들로 빼곡한 산림지대가 넓게 분포해 있기 때문이다. 전차의 특성상 숲을 가로지르기가 쉽지 않아 벨기에를 통할 수밖에 없었다. 벨기에를 통해 프랑스로 진입하려는 슐리펜

슐리펜 계획
프랑스의 강력한 방어선을 피하기 위해 벨기에와 네덜란드를 통과하여 프랑스를 침공하는 것을 골자로 하는 독일의 전쟁 계획

계획은 누구나 예상할 수 있었다. 프랑스는 예상되는 곳에 병력을 집중 배치하여 참호전이라는 기나긴 전선이 고착화되어 의미 없는 총탄과 포탄을 주고받을 뿐이었다.

독일은 제1차 세계대전의 실패를 교훈 삼아 제2차 세계대전 때는 완전히 다른 방식으로 프랑스를 침공했다. 독일군의 주된 목표는 프랑스 침공이 아니라 프랑스를 구원하러 오는 영국군 퇴치였다. 악명 높은 독일의 구데리안 기갑부대는 모두의 예상을 깨고 절대 뚫지 못할 것 같았던 아르덴 숲을 통과했다. 제2차 세계대전에서도 영국과 프랑스는 벨기에가 주요 격전지가 되리란 판단에 벨기에에 군대를 집중해 두었다. 역사적으로 영국이 프랑스 쪽으로 상륙할 땐 늘 칼레 혹은 덩케르크였기에 영국군은 덩케르크에 교두보와 본거지를 두고 병력을 벨기에-프랑스 라인에 분산해 두었다. 그런데 느닷없이 아르덴 숲에서 나타난 독일군의 기갑부대에 벨기에-프랑스 라인에 분포해 있던 영국군이 덩케르크까지 밀려났다. 영국군을 덩케르크로 몰아넣어 포위하려는 작전이었고 독일군의 이 작전은 대성공이었다.

덩케르크에 몰려 있던 영국군은 무려 40만 명이었다. 모든 영국군이 덩케르크에 집결했고 독일군에게 완전히 포위되었다. 덩케르크에 있는

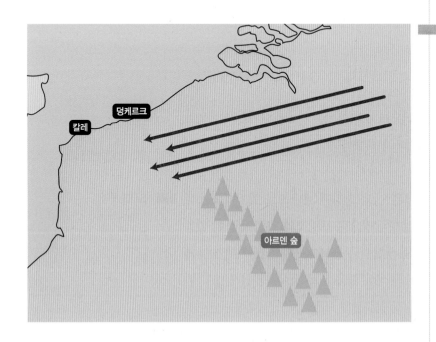

제1차 세계대전 서부전선

영국군을 속히 영국으로 철수시키지 않으면 독일군에게 일방적으로 떼죽음을 당할 수밖에 없었다. 굳이 진격할 필요도 없이 독일 폭격기만으로도 덩케르크에 모인 영국군을 불바다에 넣어 버릴 수도 있었다.

제2차 세계대전 최대 규모의 철수작전인 '다이나모 작전'이 수립되었다. 그러나 40만 명을 실어 나르기에는 영국 선박이 부족했다. 처칠의 목표는 최대 3만~4만 명 정도였다. 다이나모 작전의 어려움은 선박의 부족에만 있지 않았다. 아직 덩케르크로 오지 못하고 주변에 고립된 영국군도 있었다. 그중 한 곳이 칼레였다. 이미 독일군 점령지가 된 칼레에는 4천 명의 영국군이 있었다. 현실적으로 덩케르크에 있는 40만 명의 영국군과 칼레에 있는 4천 명의 영국군을 모두 철수시키는 건 불가능했다. 40만인가, 4천인가. 처칠은 40만 명을 위해 4천 명을 희생시키기로 했다. 그는 칼레에 있던 영국군 지휘관에게 고립되었다고 방어만 하지 말고 항전하며 독일군과 계속 싸우라는 지시를 내렸다. 덩케르크에 있는 40만 명의 철수를 위한 시간을 벌려는 의도였다. 칼레의 지휘관은 처칠의 의도를 파악했고 칼레의 4천 명은 죽을 때까지 싸우며 시간을 벌었다.

철수작전을 위한 선박 부족 문제를 해결하기 위해 처칠은 민간용 선박의 동원령을 내렸다. 크기와 성능에 상관없이 영국과 덩케르크를 왔다

다이나모 작전

다이나모는 도버의 한 오래된 성채에 자리한 영국 해군 지휘소의 방 이름이다. 처칠이 이곳에서 작전에 관한 설명을 들은 것에서 작전의 이름이 유래했다.

제2차 세계대전 서부전선

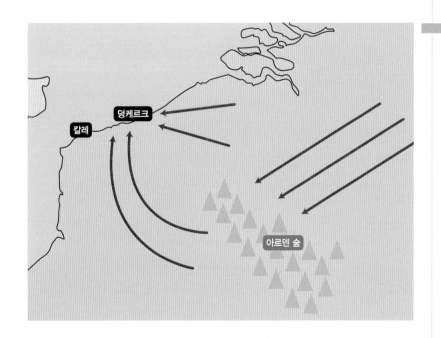

갔다할 수만 있으면 모두 동원하도록 했다. 동원령으로 몰려든 민간용 선박의 수는 처칠과 영국 정부를 경악하게 했다. 말 그대로 영국의 거의 모든 선박이 다 모였다. 보트, 요트, 견습용 선박, 유람선, 화물선 등등 물에 떠 있을 수 있는 것들은 다 동원령에 응했다. 그렇게 모인 민간 선박의 수는 무려 600척이 넘었고 독일군의 공격이 언제 퍼부어질지 모르는 전장인데도 민간인들이 직접 운전까지 맡아 영국군이 보유하고 있는 선박 200여 척과 함께 900척에 가까운 영국 선박들이 덩케르크로 향했다. 그렇게 해서 1940년 5월 27일부터 6월 4일까지 무려 33만 명이 무사히 영국 땅을 밟았다. 암울했던 막다른 상황에서 처칠이 목표로 했던 3만 명보다 무려 10배가 넘는 인원이 목숨을 건졌다. 구출에 나선 배들은 모든 적재물을 버리고 군장비도 싣지 않았으며 오로지 사람을 구출하는 것에만 집중했다.

영화 〈덩케르크〉 후반부에는 한 시민이 돌아온 장병에게 "잘했다."라고 말을 건네는 장면이 나온다. 그 장병이 "살아 돌아왔을 뿐인 걸요."라며 자책하듯 답하자 그 시민은 "그걸로 충분하지."라고 말한다. 이어서 처칠의 연설문이 주인공의 목소리로 낭송된다.

영화 〈덩케르크〉
크리스토퍼 놀란 감독이 덩케르크 철수작전을 소재로 만든 전쟁 영화

> "전쟁에서 철수는 승리가 아닙니다. 하지만 이번 철수작전은 명백한 승리입니다. 철수작전의 성공에, 프랑스와 벨기에에서의 군사적 재앙을 잊어서는 안 됩니다. 적의 침공에 즉시 대비해야 합니다. 우린 끝까지 싸울 겁니다. 우린 프랑스에서, 바다와 대양에서 싸울 것입니다. 큰 자신감과 강인함으로 하늘에서 싸울 것이며, 어떻게든 우리나라를 지켜 낼 것입니다. 우린 해안가에서, 상륙지에서, 들판과 거리, 언덕에서도 싸울 것입니다. 우린 절대 항복하지 않을 것입니다. 만약 우리나라가 정복당하고 굶주릴지라도 영국 함대가 수호하는 우리 대영제국은 계속 싸울 것이며, 가까운 장래에 강력한 힘을 가진 신세계가 구세계를 구하고 해방할 겁니다."

덩케르크 철수작전의 성공 요인에는 독일군도 있었다. 독일군은 몇 번이고 덩케르크에 몰린 영국군을 섬멸할 수 있는 기회가 있었다. 그러나 히틀러는 공격 명령은커녕 진군 명령도 내리지 않았다. 만약 히틀러가 섬멸 지시를 내렸더라면 영국은 완전히 전투 불능이 되었을 것이다. 그렇다면 왜 히틀러는 공격 명령을 내리지 않았을까? 이 난제는 제2차 세계대전의 미스터리로 남아 있지만 현대의 중론은 이렇다.

> "이유는 알 수 없지만 히틀러는 기갑사단의 진격을 정지하고 덩케르크의 영국군 돌출부 공격을 망설이며, 장군들의 반발을 뒤로 하고 공군이 그 일을 할 수 있다는 괴링의 약속을 받아들였다. 당시 히틀러의 생각이 어땠는지 알기란 쉽지 않지만 이 시점에 적어도 히틀러는 덩케르크의 영국군을 전멸하는 데는 관심이 없었던 것 같다. 대신 그의 시선은 파리와 머지않아 항복할 프랑스에 쏠려 있었다. 그는 프랑스가 항복하고 나면 처칠 정권이 퇴진하고 대신 더욱 이성적인 인물이 이끄는 정권이 등장해 독일과 평화 교섭에 임할 것이라고 믿어 의심치 않았던 것 같다. (중략) 영국은 이제부터 어떠한 경우에라도 유럽 대륙의 일에는 관여해서는 안 된다는 것이 히틀러의 기본적인 요구조건이었다. 영국 대륙 원정군이 야포와 중장비를 모두 버리고 쫓겨난 것이 그 첫 단계였다. 또한 히틀러는 영국군을 덩케르크 해안에서 모두 죽이지 않음으로써 자신이 이성적이며 자비로운 사람임을 영국인들에게 알리고 싶었을지도 모른다. 만약 그랬다면 그 시도는 실패했다."
>
> 마이클 코다 저, 이동훈 역, 「영국 전투: 제2차 세계대전 최대의 공중전」 열린책들, 2014

1940년 6월 프랑스의 드골은 항복을 선언했고 영국으로 망명했다. 파리는 곧 독일군에게 점령되었고 프랑스는 히틀러의 수중으로 넘어갔다. 유럽 전체가 히틀러의 손아귀에 있었고 유일하게 섬나라인 영국만이 남아 유럽을 지켜 내야 했다.

영국 본토 항공전

독일의 군부는 히틀러에게 영국 본토 상륙을 적극적으로 주장했다. 히틀러는 '바다사자 작전'을 입안했다. 독일의 육군은 영국에 상륙만 하면 영국을 금세 장악할 수 있다고 자신했고 독일의 공군 역시 하늘에서 영국의 항공기들을 전부 요격할 수 있다고 자신했다. 반면 독일의 해군은 제공권을 장악하지 않으면 상륙작전이 매우 어렵다는 입장을 보였다. 히틀러는 공군 원수 괴링에게 제공권 장악을 지시했다.

1940년 7월 영국 본토 항공전이 시작됐다. 7월 10일 독일의 폭격기 60대가 바다 위의 영국 수송선들을 향해 출격했지만 영국 전투기 스핏파이어와 교전하여 수송선 겨우 1척을 격침하고 10대를 잃었다. 사실 히틀러와 공군 원수 괴링 사이에는 약간의 목표 차이가 있었다. 괴링은 전투기를 통해 공중전으로 영국의 항공기 부대를 궤멸하고자 했다. 반면 히틀러는 폭격기로 영국 본토의 주요 시설을 폭격해 영국에 공포를 심는 것이 목표였다. 덩케르크에서 결정적인 공격 명령을 내리지 않았을 때처럼 히틀러는 영국과 전면전을 벌이고 싶지 않았다. 히틀러가 최종적으로 영국에게 바라는 건 처칠 내각이 붕괴해 온건적인 내각이 수립되거나, 그것이 안 된다면 처칠이 독일과 화친조약을 맺는 것이었다. 따라서 히틀러는 폭격으로 영국의 전투의지를 꺾는 정도를 목표로 하고 있었다.

그러나 히틀러도 괴링도 전혀 예상하지 못한 것이 영국 스핏파이어 전투기의 위력이었다. 영국의 스핏파이어 전투기는 생산력, 수, 성능 등 모든 면에서 히틀러의 예상 위였다. 더욱 중요한 장비는 영국의 레이더였다. 영국은 전투기 사령부 사령관 휴 다우딩이 구축한 레이더 시스템으로 독일 항공기들의 움직임을 일찌감치 포착하고 시간에 맞추어 스핏파이어 전투기들이 출격했다. 독일의 슈투카 폭격기는 스핏파이어 전투기들에게 요격만 당할 뿐이었다.

8월부터는 히틀러의 지시로 '영국 본토 항공전'의 2단계인 독수리 작전이 감행됐다. 영국 스핏파이어 전투기의 위력을 절실히 느낀 독일의 영국 공군 마비 작전이었다. 괴링은 거듭 하늘에서 전투를 벌이며 영국 공군을 궤멸하자고 했으나 히틀러는 폭격을 고집하며 차라리 폭격 타

바다사자 작전
나치 독일의 영국 본토 상륙 작전명으로, 영국 남부에 신속히 상륙하여 수십만의 독일군을 영국 본토로 신속히 수송해 영국을 점령한다는 계획이었다.

항공기 피해
1940년 7월 한 달간 격추된 항공기의 수를 비교해 보면 독일 항공기 피해가 영국 항공기 피해의 2배 이상이었다.

깃을 영국 공군의 비행장으로 하자고 했다. 그러나 비행장들 역시 스핏파이어들이 방어하고 있었고, 레이더도 여전히 잘 기능하고 있어서 독수리 작전은 별 의미가 없었다. 8월 13일 하루 폭격 작전에서 영국은 항공기 13대를 잃었지만 독일은 45~47대를 잃고 86명의 우수한 파일럿들마저 잃었다. 8월 15일, 방어가 상대적으로 취약한 영국 북부를 목표로 독일 폭격기들이 출격했으나 75대가 격추당했다. 피해만 보는 독일 공군에 크게 실망한 히틀러는 공군 현장 장교진들을 모조리 젊은 세대로 교체해 버렸다. 히틀러의 눈치를 안 볼 수 없던 새로운 젊은 장교들은 억지로라도 폭격에 투입되는 항공기의 대수와 횟수를 급격하게 늘렸다.

일시적으로 독일 공군은 영국 공군 기지에 피해를 주긴 했지만 그럼에도 히틀러는 아직 성과에 만족하지 못하고 있었다. 더 확실하게 공포감을 심어 영국이 스스로 화친조약에 응할 수 있도록 하는 묘수가 필요했다. 강경파인 처칠조차 겁을 먹게 할 수 있는 새로운 작전, 바로 영국의 심장인 런던을 공습하는 것이었다.

9월 7일 무려 700대의 독일 폭격기들과 전투기들이 런던을 대공습한 이래 이후로도 계속 런던을 폭격했다. 런던은 도시 곳곳이 파괴되고 영국 전투기들도 꽤 많이 격추당했다. 그러나 민간인 공격은 공포 심리는 확산시킬 수 있을지언정 전략적으로는 아무런 효과가 없다. 군수 시설에 대한 폭격이 이루어지지 않았기 때문에 영국은 격추되는 항공기 수보다 재생산하거나 수리하는 항공기 수가 많았다. 처칠은 런던에서 오히려 전투의지를 더욱 다졌고 다음과 같은 슬로건을 내세우며 런던 사람들의 혼란스러운 마음을 다잡아 주었다. "침착하게 하던 일을 계속하라.(Keep calm and carry on.)"

시간은 영국 편이었다. 영국의 피해도 점점 커졌지만 독일 항공기들의 손실률도 갈수록 늘고 있었다. 특히 런던이 독일의 주요 폭격지가 되면서 인근에 휴 다우닝이 지휘하는 요격부대가 합류하여 제공권은 영국이 차지하고 있었다.

9월 15일에 독일군 항공기들이 크나큰 패배를 겪으면서 제공권을 완전히 영국에게 빼앗기고 9월 21일이 목표였던 영국 상륙작전 '작전명

바다사자'는 계획으로 그쳐야만 했다. 10월까지 소규모 공습은 지속되었지만 휴 다우딩의 영국 공군이 모두 막아 냈고 히틀러는 영국 본토 침공을 공식적으로 포기했다. 히틀러는 서부전선의 영국을 완전히 제압하지 못한 채 소련을 적으로 돌리며 동부전선에서도 싸움을 시작했다.

국제질서를 재편하다

1941년 12월 일본이 선전포고 없이 진주만을 공습하며 그간 중립국이었던 미국이 제2차 세계대전에 참전했다. 미국은 태평양 전선에서 일본과 싸우고, 유럽의 서부전선에서 영국과 함께 독일·이탈리아와 싸우는 양상이었다. 그간 외로이 독일·이탈리아와 싸우던 영국에게 크나큰 동맹국의 등장이었다. 연합군 최고사령관은 미국의 아이젠하워 장군이 맡았으며, 부사령관은 영국의 아서 윌리엄 테더 남작이 맡았다. 그 밑으로 각각 육해공군이 조직되었다.

이제 본격적인 반격에 나설 차례였다. 미국이 참전한 연합군의 상륙 지점을 두고 미국은 프랑스를 염두에 두고 있었으나 영국의 부탁으로 북아프리카로 대체했다. 아프리카의 이집트와 리비아에서 몽고메리 장군이 이끄는 영국군이 싸우고 있었기 때문이었다. 1942년 10월 하순 이집트의 엘 알라메인에서 독일·이탈리아군이 지휘계통 문제와 연료 문제로 우왕좌왕할 때 몽고메리의 영국군이 독일·이탈리아군을 전선에서 밀어 내고 있었다. 1942년 11월 미군은 모로코의 카사블랑카, 알제리의 오랑, 알제리의 수도 알제에 상륙했다. 북아프리카의 서북쪽 해안에 상륙한 미군의 목표 지점은 튀니지였다. 그리고 북아프리카의 동쪽 이집트에 있던 영국군도 엘 알라메인 전투에서 이긴 뒤 튀니지로 향했다. 연합군의 예정 루트는 튀니지에서 모인 뒤 그곳을 교두보로 삼아 이탈리아로 넘어가는 것이었다.

튀니지 전투에서 미군과 독일군 사이에 북아프리카 전차전이 전개됐다. 초반에는 독일군이 승세를 잡았지만 미군에 패튼 장군이 부임해 오며 전세가 뒤집어졌다. 1943년 5월 연합군은 튀니지를 완전히 점령했다. 그 사이 1943년 1월에는 미국의 루스벨트 대통령, 영국의 처칠, 프랑

연합군 지휘
연합국 육군은 영국의 버나드 로 몽고메리 원수와 미국의 오마 브래들리 중장이 지휘했다. 연합국 해군은 영국의 버트럼 램지 제독이, 연합국 공군은 영국의 트래퍼드 리맬러리 중장이 지휘했다.

스의 드골이 모로코 카사블랑카에서 만나 북아프리카에서 추축국을 몰아내는 대로 연합군이 이탈리아에 상륙하는 작전을 재확인했다. 튀니지 바로 앞의 섬이 이탈리아의 시칠리아다.

1943년 7월 개시한 연합군의 시칠리아 상륙작전을 허스키 작전이라고 한다. 영국은 연합군이 그리스에 상륙할 것이라는 거짓 정보를 일부러 흘려 그리스 가까이에 화기를 집중시키는 등 기만전을 펼쳤고, 7월 10일 미국과 영국 연합군이 각각 시칠리아의 남동해안과 남서해안에 상륙했다. 시칠리아 상륙 후에는 영국군이 가장 빠른 루트로 시칠리아의 북단 메시나까지 진격하고 미군은 후방과 엄호 임무를 맡기로 했는데, 공을 빼앗기기 싫었던 미국의 패튼은 명령을 거부하며 영국군보다 더 먼저 최단 루트로 진격한 뒤 시칠리아 북단 메시나를 순식간에 점령했다. 1943년 8월 시칠리아에 있던 추축국 병사들 모두 이탈리아 본토로 넘어갔다.

이탈리아 본토 작전을 앞두고 1943년 8월 캐나다 총리 메켄지 킹의 주재로 캐나다 퀘벡에서 영국의 처칠과 미국의 루스벨트 대통령이 만나 향후 전쟁의 방향성에 대해 제1차 퀘벡회담을 가졌다. 제1차 퀘벡회담은 연합국의 핵무기 사용과 관련해서 공식적으로 처음 안건이 논의된 회담이었다. 영국은 핵무기를 만들 수 있는 기술력이 있었으나 실현할 수 있는 생산력이 없었다. 반대로 기술력이 없지만 생산력이 있던 미국에게 처칠은 영국의 핵무기 개발 기술을 전해 주기로 했다. 때마침 미국에서는 극비리에 맨해튼 프로젝트가 진행 중이었다.

한 달 후 9월 이탈리아 내부에서 무솔리니가 추방당하며 이탈리아가 연합군에게 항복했다. 하지만 여전히 이탈리아 전역에는 나치 독일군이 배치되어 있었다. 10월 연합군은 나폴리에 상륙했다.

이탈리아가 항복하자 루스벨트 대통령이 연합국의 수상들과 전후 질서 재편을 두고 논의하자며 회담을 주최했다. 루스벨트는 소련의 스탈린과 중국의 장제스까지 불러 전후 향후 국제질서를 미·영·러·중 4강 구도로 주도하고자 했다. 하지만 스탈린은 마오쩌둥이 아닌 장제스를 인정할 수 없다며 참가를 거부했다. 별수 없이 소련의 스탈린을 제외하고 루

맨해튼 프로젝트
제2차 세계대전 중에 미국이 주도하고 영국과 캐나다가 공동으로 참여했던 핵폭탄 개발 프로그램

처칠

스벨트, 처칠, 장제스 3명의 수상들이 1943년 11월 이집트 카이로에서 만났다. 11월 22일부터 26일까지 카이로 회담이 이루어졌고, 12월 1일 회담 내용을 바탕으로 카이로 선언이 발표되었다.

카이로 선언의 골자는 주로 일본을 겨냥한 것이었다. 만주, 대만, 한국 등 일본이 그동안 강탈했거나 점령해 온 모든 영토를 몰수하며 적당한 시기에 한국을 독립시키겠다는 내용이었다. 카이로 회담이 끝나고 카이로 선언이 있기 전까지, 11월 28일부터 12월 1일까지 루스벨트는 소련의 스탈린을 설득하여 장제스를 제외한 루스벨트, 처칠, 스탈린이 이란의 테헤란에서 따로 모였다.

나폴리에서부터 이탈리아 북쪽으로 진격하던 연합군은 1944년 6월에 로마를 점령했다. 동시에 연합군은 노르망디 상륙작전을 준비 중이었다. 연합군은 독일을 완전하게 무너뜨릴 수 있는 최후의 작전을 위해 동원할 수 있는 모든 병력을 동원했다. D-day는 1944년 6월 4일로 정했으나 기상예보로 인해 6월 6일로 변경했다.

바야흐로 D-day. 연합군은 5군데의 상륙 지점을 정했고 그중 몽고메리 장군이 지휘하는 영국군은 골드 해변과 소드 해변을 담당했다. 미군이 담당했던 피의 오마하 정도까지는 아니었지만 골드 해변과 소드 해변에서도 치열한 전투를 통해 겨우 교두보를 마련할 수 있었다. 다섯 개의 상륙 지점을 모두 장악한 이후 연합군은 항구 시설 건설 작업에 착수한다. 노르망디 해변은 항구 정박 시설이 없었기에 상륙이 어려웠다. 연합군은 콘크리트로 인공 부두를 만들었고 이 인공 부두를 통해 물자와 병참, 각종 군수 시설들을 유럽 본토로 보급했다.

연합군의 상륙 소식이 전해지자 독일은 프랑스 북부 해안에 미친 듯이 독일군을 증병했다. 나치 독일군의 철저한 방어망에 연합군은 예상외의 고전을 면치 못했다. 미국과 영국은 서로 다른 루트로 프랑스를 향해 진격했다. 7월 18일~20일 영국군은 굿우드 작전을 통해 프랑스의 캉을 탈환했다. 미군도 패튼을 복귀시키며 진군 속도를 올려 프랑스 내륙으로 가는 길목을 열었지만 6월 초 노르망디 상륙작전에서부터 7월 말 길목을 트기까지 연합군 측 사상자가 무려 12만 명에 육박했다. 나치 독일군의

테헤란 회담
이 회담에서 노르망디 상륙작전이 결정되었다.

피의 오마하
노르망디 상륙작전 당시 4천 명이 몰살당한 오마하 해변에 '피의 오마하'라는 별명이 붙여졌다.

굿우드 작전
영국군이 독일군의 가장 강한 저항 고리이자 거점도시 캉을 점령하여 독일군의 관심을 끄는 사이에 미군이 생로 남쪽으로 진격해 돌파구를 마련한다는 작전

방어진이 견고한 탓이었다. 그러나 조급해하던 히틀러는 방어가 아닌 공격 명령을 내려 나치 독일군을 영국군이 있는 캉으로 무리하게 밀어넣었다. 결국 나치 독일군은 팔레즈에서 영국군과 미군에게 포위되었고, 8월 12일~21일 전투에서 1만 명의 사상자가 나고 5만 명이 포로로 잡혔다. 그 사이 8월 15일 일명 '용기병 작전'으로 이탈리아에 있던 연합군 병력 약 10만 명과 1만 대의 전차가 프랑스 남부에 성공적으로 상륙했다. 8월 15일은 파리까지 탈환한 기념비적인 날이었다.

용기병 작전
당시 독일군 점령 하에 있던 프랑스 남부 지역을 연합군이 침공하기 위해 세운 작전

독일을 무너뜨려라!

이제는 라인강을 넘어 독일 본토로 들어갈 차례였다. 미군은 프랑스를 통해, 영국군은 벨기에–네덜란드를 통해 라인강으로 들어가려고 했다. 연합군 사령관 아이젠하워는 그간 미군의 활약이 컸기에 이번엔 영국군에게 먼저 작전 주도권을 주기로 했다. 영국의 몽고메리 장군은 네덜란드를 기습 점령하기 위해 '마켓가든 작전'을 세웠다. 그러나 조직적이지 못한 작전 투입과 욕심만 내세운 무모한 진격 명령 등으로 이 작전은 대실패로 끝나 버렸다. 이후 작전 주도권은 미군 쪽에 넘어갈 수밖에 없었고, 미군 중심의 연합군은 독일의 아헨과 휘르트겐 숲에서 나치 독일군과 싸웠다.

마켓가든 작전
1944년 9월 17일~25일까지 실행된 연합군의 네덜란드 수복 작전이자, 역사상 최대 규모의 공수강하 작전

1944년 10월 연합군이 아헨을 점령했으나 휘르트겐 숲에서는 복잡한 지형 때문에 좀처럼 승부가 나지 않고 있었다. 1944년 12월 히틀러는 마지막 공세라며 모든 병력을 끌어모아 연합군을 공격했다. 독일군의 기습 자체는 성공이었으나 미영 연합군이 금세 전열을 정비하여 반격에 나섰다. 1945년 1월 히틀러는 아르덴 대공세 작전을 취소했다. 아르덴 대공세의 실패로 나치군은 투입한 병력 38만 명 중 약 3분의 1을 잃었다. 1945년 2월에는 휘르트겐 숲도 연합군이 점령했다. 이제 라인강 도강만이 남아 있었다. 아이젠하워 총사령관은 라인강 도강의 영광을 영국군에게 양보하기로 했다. 그러나 이번에도 패튼이 말을 듣지 않고 가장 먼저 라인강을 도강했다.

1945년 2월 4일~11일에는 우크라이나의 얄타에서 루스벨트, 처칠,

처칠

스탈린이 다시 만나 얄타 회담을 열었다. 이때는 일본도 태평양 전쟁에 더 이상 희망을 걸기 어려웠다. 루스벨트, 처칠, 스탈린은 전후 독일 처분 문제, 전범 재판, UN 창설에 대한 이야기를 나누었다. 그리고 소련도 일본에 선전포고를 하며 만주를 통해 일본 전선에 참전하기로 했다.

1945년 3월 말 대부분의 연합군이 라인강을 넘었다. 총사령관 아이젠하워는 미군은 남쪽으로, 영국군은 북쪽으로 진격하게 하여 라인강을 넘은 연합군이 루르 지방을 포위하기로 했다. 루르포켓 작전이었다. 1945년 4월 1일 립슈타트에서 미군과 영국군이 만나 루르 포위에 성공했고, 4월 21일 서부전선을 담당하던 나치 사령관 발터 모델이 스스로 목숨을 끊었다. 루르 포위전에서 무려 30만 명이 넘는 독일군이 포로가 되었다. 연합군은 베를린 입성을 소련에게 양보하기로 했다. 4월 30일 히틀러가 자살하고 5월 1일 소련군이 베를린에 입성하며 나치 독일은 패망했다.

정권교체

베를린 함락 몇 주 전이었던 1945년 4월 12일 미국의 프랭클린 루스벨트 대통령이 사망했다. 이후 부통령이었던 해리 트루먼이 대통령직을 승계했다. 5월 독일이 패망하고 6월 태평양 전쟁에선 오키나와까지 점령되었는데도 일본은 항복을 거부하고 있었다. 이에 일본의 처리를 두고 미국의 트루먼 대통령, 소련의 스탈린, 그리고 영국의 처칠이 독일 베를린 근교의 포츠담에서 마지막 정상회담을 갖기로 했다.

처칠이 포츠담에 도착했을 때 영국에서 충격적인 소식이 전해졌다. 총선에서 보수당이 패배하고 노동당이 승리한 것이다. 선거 결과에 따라 총리가 처칠에서 노동당의 클레멘트 애틀리로 교체되었다. 처칠은 포츠담에서 귀국해야만 했다. 포츠담 회담에는 처칠 대신 클레멘트 애틀리 신임 총리가 참가했다.

1945년 8월 히로시마와 나가사키에 원자폭탄을 맞은 일본이 무조건 항복을 선언하면서 제2차 세계대전이 끝났다. 1946년 처칠은 미국의 웨스트민스터대학 연설에서 "발트해의 슈체친부터 아드리아해의 트리에스테에 이르기까지 유럽 대륙을 가로질러 철의 장막이 드리워졌습니다. 바르샤바, 베를린, 프라하, 빈, 부다페스트, 베오그라드, 부쿠레슈티, 소피아 모두 우리가 너무 잘 알고 있는 고도들입니다. 그러나 이곳은 이제 소련의 세력권이 되었습니다."라며 '철의 장막 언설'을 통해 냉전의 시대를 선언했다.

비록 제2차 세계대전의 마무리를 함께한 총리가 되지는 못했으나 영국 국왕 조지 6세는 전쟁을 지휘해 준 노고를 치하하고자 처칠에게 공작 작위를 수여하려고 했다. 그러나 공작 작위를 받으면 하원의원에 출마할 수 없었고, 총리는 하원의원에서 배출한다는 관행 때문에 총리도 될 수 없었다. 처칠은 영광스러운 공작 작위를 거절했다.

1950년 한국전쟁이 발발했다. UN군 소속으로 영국군도 참가했는데 또 한 번의 전쟁으로 인해 클레멘트 애틀리의 복지정책은 예산상 타격을 받을 수밖에 없었다. 1951년 총선에서 자유당이 근소한 차이로 승리하여 처칠이 63대 총리로 복귀했다. 처칠은 한국전쟁을 통해 영국과 미국의 동등한 위상을 노렸으나 이미 UN군은 미군이 진두지휘를 하고 있었다.

1952년 영국 국왕 조지 6세가 사망하고 그의 딸 엘리자베스 2세 여왕이 즉위했다. 처칠은 제2차 세계대전 당시 썼던 회고록『제2차 세계대

여기서 잠깐

처칠의 패인, 베버리지 국가론

처칠이 전쟁을 지휘했음에도 전쟁 막바지에 이루어진 선거에서 보수당이 패한 원인은 다음과 같았다. 시간을 돌려 미국이 이제 갓 참전을 결정했던 1942년 이전까지 영국은 대공황과 제2차 세계대전을 겪으며 민생이 파탄 나 있었다. 보수당도 기존의 경제 이념을 고수할 수 없었다. 처칠은 경제학자 윌리엄 베버리지를 내세워 사회복지 규모를 대폭 확대한다는 베버리지 리포트를 발표하며 복지국가론을 표방했다. 베버리지 리포트의 슬로건은 영국 정부가 국민들을 '요람에서 무덤까지' 책임진다는 것이었다. 그러던 중 미국이 참전하며 미국의 원조가 잇따르고 승세가 연합군 쪽으로 기울었다. 그러자 처칠과 보수당은 베버리지 리포트를 백지화하려고 했다. 전세가 나아진다고 민생까지 회복되는 것은 아니었다. 처칠과 보수당의 배신에 영국 국민들은 분노했고 1945년 7월 총선에서 노동당이 압도적인 지지를 받으며 승리했다.

전사」로 1953년 노벨문학상을 수상했다. 건강 문제로 1955년 총리직을 사임했으나 좋아하던 그림, 담배 등은 계속했으며 10년 후인 1965년 90세의 나이로 사망했다.

영국 역사상 처칠이 가장 유능한 총리였다고 말하기는 힘들다. 제2차 세계대전 전까지의 처칠은 스타가 되고 싶어 했던 수사학자였다. 그랬던 그가 제2차 세계대전이라는 먹구름 속에서 국가를 총책임지는 자리에 오르며 숱한 딜레마적 선택의 순간에 맞닥뜨렸다. 그의 선택에 따라 영국의 운명이, 유럽의 운명이, 인류의 운명이 바뀔 수도 있었다.

첫 선택의 순간은 히틀러의 독일과 싸울 것이냐 말 것이냐의 딜레마였다. 영국 내에서도 전쟁에 반대하는 여론이 있었고 히틀러도 초반에는 영국과 싸우기를 꺼렸었다. 그러나 처칠은 불리한 전세에도 영국인들의 마음을 다잡으며 강경한 자세를 고수했다. 덩케르크에서의 선택, 런던이 화마에 휩싸이던 영국 본토 항공전에서의 선택, 각종 국제 정상회담에서의 선택 등 어느 것 하나 쉽지 않은 결정들이었다.

제2차 세계대전과 관련한 처칠의 정치적 선택들은 오늘날 많은 고민거리들을 던져 준다. 악을 무찌르기 위한 싸움에서 어디까지 피해를 감수할 수 있는가? 대(大)를 위해 소(小)를 희생하는 것은 정당한가? 개인의 돌보임과 전체의 돌보임 사이의 균형은 어떻게 이루어지는가? 동맹에게 어디까지 양보할 수 있는가? 자국의 안위를 위해 냉전 체제에 일조한 것은 어떻게 평가해야 하는가? 처칠의 죽음으로부터 60년이나 지난 이 시점에 처칠의 선택이 던져 주는 이 질문들에 대해 우리는 얼마나 대답할 수 있는가?

처칠의 장례식
영국 왕실은 처칠의 장례식을 국장으로 치러 주었다.

16

링컨

현실과 정의 사이, 고집스러운 양심의 선택

링컨

#남북전쟁 #시빌워 #노예제도 #메리토드 #공화당 #남부연맹 #노예해방선언
#게티즈버그연설 #로버트리 #율리시스그랜트 #존윌크스부스 #수정헌법제13조

링컨의 연도별 주요 이슈

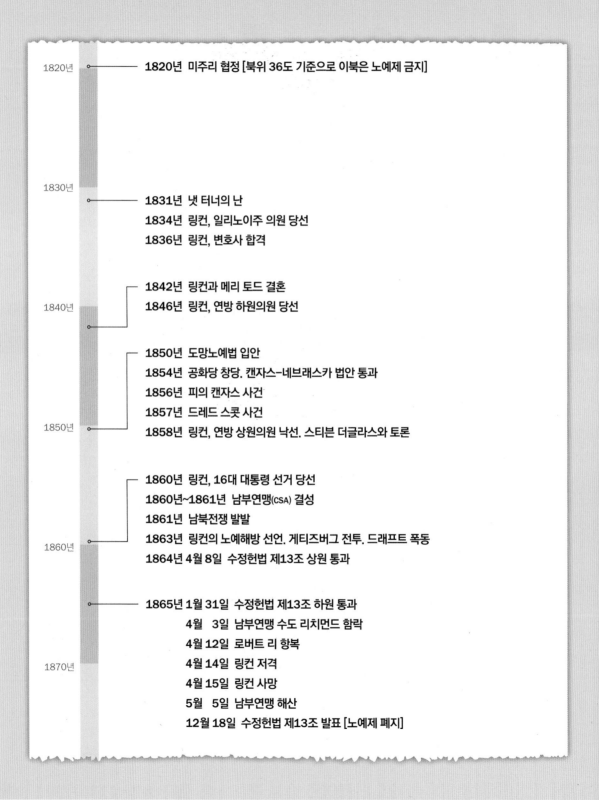

1820년 ─○─── **1820년** 미주리 협정 [북위 36도 기준으로 이북은 노예제 금지]

1830년 ─○─── **1831년** 냇 터너의 난
　　　　　　1834년 링컨, 일리노이주 의원 당선
　　　　　　1836년 링컨, 변호사 합격

　　　　　　1842년 링컨과 메리 토드 결혼
1840년 ─○─── **1846년** 링컨, 연방 하원의원 당선

　　　　　　1850년 도망노예법 입안
　　　　　　1854년 공화당 창당. 캔자스-네브래스카 법안 통과
　　　　　　1856년 피의 캔자스 사건
　　　　　　1857년 드레드 스콧 사건
1850년 ─○─── **1858년** 링컨, 연방 상원의원 낙선. 스티븐 더글라스와 토론

　　　　　　1860년 링컨, 16대 대통령 선거 당선
　　　　　　1860년~1861년 남부연맹(CSA) 결성
　　　　　　1861년 남북전쟁 발발
　　　　　　1863년 링컨의 노예해방 선언. 게티즈버그 전투. 드래프트 폭동
1860년 ─○─── **1864년 4월 8일** 수정헌법 제13조 상원 통과

　　　　　 ─○─── **1865년 1월 31일** 수정헌법 제13조 하원 통과
　　　　　　　　　4월　3일 남부연맹 수도 리치먼드 함락
　　　　　　　　　4월 12일 로버트 리 항복
1870년 　　　　　**4월 14일** 링컨 저격
　　　　　　　　　4월 15일 링컨 사망
　　　　　　　　　5월　5일 남부연맹 해산
　　　　　　　　　12월 18일 수정헌법 제13조 발표 [노예제 폐지]

설득과 언변의 달인

가난한 변호사 링컨

흙수저로 태어나 자수성가한 링컨 대통령은 전형적인 위인전의 취지에 부합하는 서사를 가지고 있다. 켄터키주의 판자촌에서 태어난 에이브러햄 링컨은 찢어지게 가난했다. 링컨의 부모는 글을 읽을 줄 몰랐고 링컨도 가난 때문에 학교교육을 제대로 받지 못했다. 어릴 적 링컨이 살았던 오두막집 또한 형편없었고 추운 겨울이면 이불 대신 낙엽을 덮고 잤다. 링컨이 아홉 살 때 어머니가 가축을 매개로 퍼지는 병에 감염되어 사망했다. 그녀는 죽기 전 아들 링컨에게 자신이 물려받은 성경책을 건네주며 "너에게 1000에이커의 땅을 주는 것보다 이 성경책 한 권을 주는 게 더 기쁘구나."라는 유언을 남겼다.

링컨은 공부에 대한 흥미 하나만은 엄청났다. 종이가 비싸서 구할 수 없으면 널빤지에 글을 써 가며 공부했다. 그나마 계모가 싸게 구할 수 있는 책들을 가져다 링컨에게 선물해 주었고, 링컨도 옆 농장의 농사일을 도우며 책을 빌렸다. 마을 근처 작은 법정에서 변호사들을 보고 완전히 매료된 링컨은 남들 앞에서 자신 있고 수려하게 구사하는 화술을 혼자서 연마하곤 했다. 링컨이 가난에서 벗어날 수 있는 유일한 방법은 공부를 통해 사회적 지위를 높이는 것이었다. 열악한 환경에서도 주경야독한 링컨은 27살에 일리노이주 변호사 자격증을 취득했다.

그러나 출신과 학력 때문인지 변호사 링컨은 돈을 많이 벌지 못했다. 다양한 사업에 손을 댔으나 모조리 실패하고 빚까지 쌓이자 링컨은

■■■ 링컨의 학교교육
평생 받은 학교교육이 1년이 채 되지 않았다.

링컨은 유복한 환경에서 자란 메리 토드와 결혼했다. 결혼 생활은 순탄치 않았다. 두 사람은 완벽하게 상반된 성격이었다. 링컨은 신중하고 우직했던 반면 메리는 억척스럽고 예민했다. 메리의 강박적인 성격 탓에 링컨은 극심한 스트레스로 만성적인 정신병까지 앓았을 정도다. 체면을 가장 중요시 여겼던 메리는 사회적으로 인정도 받지 못하고 심지어 돈도 많이 벌지 못하는 링컨에게 트집을 잡고 고래고래 소리를 질렀다. 링컨은 아내와 화해하거나 대화로 풀어 볼 생각보다는 집에 들어가지 않는 등 아내를 피하는 쪽을 택했다. 링컨이 실수로라도 아내가 예민한 외모를 이야기하는 날이면 메리는 폭력도 서슴지 않았다.

여기서 잠깐!!

링컨의 아내, 메리 토드

험한 일들을 마다할 수 없었다. 건장한 체구를 내세워 레슬링 선수로 활동하기도 했는데, 심지어 무패의 전설을 자랑하는 챔피언이었다.

대통령 취임

링컨은 소득 수준을 떠나서 언제나 더 큰 사람이 되겠다는 열망을 갖고 있었다. 더 도전적인 인생을 살기 위해 그는 정계에 진출하기로 했다. 세계 최초의 공화정부 미국에서 사회적 인망과 지지도가 부족했던 링컨은 번번이 낙선했다. 그럼에도 그는 도전을 계속하여 서서히 이름을 알렸고, 멕시코 전쟁을 규탄하여 시선을 끌면서 1846년 연방의회 하원의원으로 당선되었다. 링컨의 소속 정당은 휘그당이었다. 당시 미국에는 보수의 휘그당과 진보의 민주당이 있었다. 이때 미국 사회에서 가장 뜨거운 이슈는 노예제도였다. 노예제도를 둘러싼 찬반 논쟁은 보수-진보의 정치 이념과 무관하게 남과 북으로 갈렸으며 휘그당 내부에서도 의견이 충돌했다. 링컨은 휘그당에서 노예제도를 비판하는 대표적인 의원이었다. 휘그당 내 노예제 반대론자들은 탈당하여 1854년 지금의 공화당을 창당했다.

하원의원의 첫 임기가 종료되고 링컨은 다시 의원에 도전했지만 결과는 낙선의 연속이었다. 그러던 중 1858년 링컨이 일약 스타 정치인으로 부상하는 사건이 있었다. 그것은 거물급 정치인 스티븐 더글러스와의

멕시코 전쟁
1846년 4월 25일 미국과 멕시코 간에 무력 충돌이 발생하고 미군 16명이 죽거나 포로로 잡히면서 미국은 이를 빌미로 멕시코에 전쟁을 선포했다.

토론이었다. 토론의 주요 의제는 역시 노예제도였다. 스티븐 더글러스는 노예제도의 찬반 여부를 각 주의 투표로 결정하자고 주장한 반면, 링컨은 무조건적으로 노예제도를 인정할 수 없다는 입장이었다.

> "저는 노예제도 자체가 싫습니다. 노예제도가 미국이 민주국가로서의 모범을 전 세계에 보이지 못하도록 방해하고 있기 때문에 싫습니다. 노예제도는 자유에 기반을 두는 민주주의 제도의 적이며, 우리를 위선자로 조롱하기 때문에 싫습니다. 노예제도를 주장하는 사람들은 독립선언문을 조롱하고, 자유에 대한 기본적인 원칙을 무시하기 때문에 싫습니다. 노예제도는 정의를 추구하는 인간의 지향과 반대되는 이기심에 기초해 있기 때문에 싫습니다. 노예제도의 확산이 나쁘다는 도덕적 판단은 누가 가르치지 않아도 인간심성 깊숙이 자리하고 있으며 앞으로도 계속 생명력을 유지할 것입니다."
>
> 에이브러햄 링컨

1858년 상원의원 선거에서는 공화당의 링컨이 민주당의 스티븐 더글러스에게 패배했다. 다만 더글러스와 링컨의 토론이 일파만파 퍼지며 링컨의 지지자가 점차 많아지기 시작했다. 언변도 언변이지만 링컨만큼 노예제도를 반대하는 사회적 목소리가 적지 않았기 때문이다. 공화당에선 인기를 끌어모으고 있던 링컨을 전면에 내세웠다. 적어도 노예제도를 반대하는 유권자들의 표는 모을 수 있기 때문이었다.

1860년 대선에서 다시 한번 링컨과 더글러스가 맞붙었다. 이번엔 의원을 뽑는 선거가 아닌 대통령을 선출하는 선거였다. 링컨은 3년 전의 패배를 제대로 설욕했다. 16대 대통령으로 선출된 것이다. 휘그당은 일찌감치 노예제 찬반을 두고 기존의 휘그당과 공화당으로 나뉘었지만 민주당은 여전히 내부적으로 의견 일치를 보지 못하고 있었다. 의원 경험보다 낙선 경험이 훨씬 더 많은 링컨이 가장 어려운 대선에서 승리한 건 그의 인기도 인기지만 노예제도가 당시에 얼마나 뜨거운 이슈였는지를 보여 준다. 노예제도는 작은 불씨로도 크게 폭발할 수 있는 점화장치였다.

미국의 남북 갈등

미국의 남북전쟁은 결코 우발적으로 일어나지 않았다. 미국 내 남북 갈등은 만성적이었다. 그런데 왜 동서가 아닌 남북으로 갈라져 싸웠을까? 그 내막에는 인문지리적 요인과 자연지리적 요인이 있다.

먼저 인문지리적 요인으로는 인종과 민족 구성의 차이를 들 수 있다. 미국의 시작 자체가 유럽인들이 미 대륙으로 넘어오면서부터였기 때문에 미국에는 영국을 포함해 유럽의 다양한 국가에서 온 이주민들이 많았다. 이주민들은 대부분 같은 고향 출신들끼리 마을을 형성하여 살고 있었다. 이렇게 되니 지역별로 민족별 인구구성의 차이가 생기기 시작했고, 그 차이가 남북으로 명확하게 갈렸다.

자연지리적 요인으로는 기후 차가 있다. 대륙이 큰 미국의 북부와 남부는 기후가 크게 다르다. 기후와 환경은 인간의 삶에 큰 영향을 주며 경제활동 역시 기후와 환경에 따라 달라진다. 북부는 냉대기후이고 남부는 온대기후이다 보니 사계절이 비교적 뚜렷하고 강수량도 풍부한 남부에서 농업경제가 발달했다. 반면 농업에 의존할 수 없되 도시화 비율이 큰 북부에서는 공업이 주력 산업이었다. 또한 수도인 워싱턴 DC와 미국 최대 도시인 뉴욕이 몰려 있어 북부에서는 금융업이 성장하기도 했다. 따라서 같은 부자여도 북부와 남부의 부자 형태가 달랐다. 북부의 부자가 돈과 현물 부자였다면, 남부의 부자는 땅부자 즉 대지주였다.

미국인들에게 가장 중요한 생필품 중 하나가 면화였다. 남부의 대지주들은 면화농장의 농장주인 경우가 대부분이었다. 미국 내 면화 수요가 점점 커 갈수록 면화 생산량도 늘려야 했기 때문에 면화를 재배할 수 있는 많은 노동력도 확보해야만 했다. 이러니 남부에서는 흑인 노예들이 절대적으로 필요했다.

노예를 기본적인 생산 단위로 거대한 농장을 운영하는 상업적 농업을 플랜테이션 농업이라고 한다. 플랜테이션 농업에 뛰어들거나 확장하려면 은행으로부터 대출을 받을 수밖에 없었다. 그런데 은행의 대출이자가 너무 높다고 생각하니 남부 사람들은 금융업에 종사하는 북부 사람들을 굉장히 싫어했다. 은행 이자는 갈수록 높아만 갔다. 남부에서는 대출금을 체납하거나 미납하는 이들이 늘어 갔고, 북부의 은행들도 남부 사람들을 신뢰하지 못한다며 지역갈등이 심화되어 갔다. 은행 이자도 이자거니와 미국 정부가 외국 수입품에 대한 관세를 높인 것 또한 남부 경제에 심각한 타격을 주었다. 관세는 한쪽에서 높이면 상대국도 높이기 마련이다. 남부는 재배한 면화의 상당수를 영국에 수출하고 있었다. 영국도 미국 면화에 대한 관세를 높이니 면화 수출이 위축되었다. 주요 행정도시들이 북부에 몰려 있다 보니 남부 사람들은 미국 연방정부가 일방적으로 북부 편을 든다고 굳게 믿고 있었다.

미국의 노예제도

노예제도는 "모든 사람은 평등하게 창조되었고, 창조주는 몇 개의 양도할 수 없는 권리를 부여했으며, 그 권리 중에는 생명과 자유와 행복의 추구가 있다."라는 미국의 독립선언서와 반하는 제도다. 노예가 반드시 필요하지 않은 북부에서는 독립선언서에 깃든 '자유'라는 미국의 숭고한 기치를 주장하며 노예제도를 매우 부정적으로 인식했다. 반면 노동력을 확보해야 하는 남부에선 노예의 존재가 필요했고, 워낙 오랫동안 노예제도가 당연시 여겨졌기 때문에 남부 백인들은 백인이 흑인보다 우월한 존재라고 세뇌되어 있었다. 이런저런 이유로 흑인 노예의 소멸은 남부 백인들에게 생각조차 할 수 없는 일이었다.

노예제를 둘러싼 남북의 서로 다른 입장은 미국이 독립할 때부터 계속 제기되었다. 미국의 3대 대통령 토머스 제퍼슨의 재임기였던 1803년 미국은 프랑스로부터 루이지애나를 구입하며 미국 연방정부로 많은 주들이 새로 편입되었다. 이때 새로 편입한 영토에 대해서는 노예제도를 허가할 것인지 금지할 것인지가 당대 뜨거운 사회적 이슈였다. 토머스 제퍼슨은 노예제도를 둘러싼 남북의 갈등이 해결되지 않으면 언젠가는 유혈 사태가 벌어질 거라고 예견했다. 상원과 하원으로 구성된 미국의회 의원들도 각 주별로 노예제 찬반에 정확히 50:50으로 갈라져 해결을 못 보고 있었다. 5대 대통령 제임스 먼로 재임기에 노예제 찬성 쪽인 미주리주가 연방정부로 편입되자 노예제를 반대하는 메사추세츠주를 두 개로 분할하면서까지 노예제 찬반 세력을 반반으로 맞추기도 했다.

1820년 헨리 클레이의 제안에 따라 공평하게 북위 36도를 기준으로 위로는 노예제를 없애고 아래로는 노예제를 유지하기로 하는 미주리 협정이 체결되었다. 여전히 노예제도는 갑론을박만 할 뿐 어떤 사회적 진전도 이루어지지 않았다. 시간이 흐를수록 남북의 가치관과 생활 방식은 더욱 고착화되고 갈등의 골은 깊어져 갔다. 새로운 대통령이 당선될 때마다 따라다니는 의제 중 하나가 노예제도를 어떻게 해결할 것인가였다.

노예제도 문제를 해결하지 못하는 와중에 남부에서는 면화농장 백인 지주들의 횡포에 흑인 노예들이 종종 반란을 일으키기도 했다. 7대 대통령 앤드류 잭슨 정권 시절이었던 1831년 버지니아주에서는 냇 터너라는 흑인 노예가 70여 명의 동료들을 규합해 백인 주인들을 잔인하게 살해하고 다니기에 이르렀다. 냇 터너는 반란 세력을 더 모으려고 했으나 겁에 질린 흑인 노예들은 동조하지 않았고, 버지니아주의 군인과 민병대들이 냇 터너 세력을 소탕했다. 그는 체포된 후 공개 처형되었고 반란을 진압하는 과정에서 무려 200명 이상의 흑인 노예들이 보복을 당했다. 냇 터너를 따르던 무리는 70명이었는데 왜 희생자는 200명이 넘었을까? 반란에 가담하지 않은 아무 죄 없는 흑인 노예들도 백인들의 화풀이에 희생되었기 때문이다.

11대 대통령 제임스 포크 정권 때 노예제도를 둘러싼 남북의 갈등은 정점을 찍었다. 제임스 포크가 멕시코 전쟁을 벌이면서 많은 서부 영토들이 미국 연방정부로 들어오게 되어 노예제도 찬반을 두고 충돌했기 때문이다.

12대 대통령 재커리 테일러는 남부 출신이지만 강력한 노예 반대론자 중 한 명으로 새롭게 편입되는 주들에게는 노예제도를 허용하지 않는 법안을 제정했다. 그가 이렇게 노예 반대론자들에게 힘을 실어 주자 남부의 노예 찬성론자들이 엄청나게 반발했다.

헨리 클레이
미국의 정치가로 켄터키주 하원의원과 상원의원을 지낸 휘그당 정치인

13대 대통령 밀러드 필모어는 북부 출신이면서 노예 찬성론자였다. 그는 임기 1년 차인 1850년 도망노예법에 서명한다. 이 법안은 도망친 노비에 대해서 어떠한 자비도 베풀지 않고 엄격한 형벌을 부과하겠다는 것으로 흑인 노예에게는 변론할 자격도, 배심원 재판도 주어지지 않도록 했다. 노예의 도주를 돕는 사람 또한 누구든 처벌하며 탈주 노예를 고발하는 자에겐 상금을 내린다는 내용도 들어 있었다. 너무 비인간적인 이 법안에 북부의 노예 반대론자 의원들이 반발했고 북부의 일부 주들은 도망노예법을 무시하기도 했다. 도망노예법 거부가 북부에서 일종의 유행처럼 번지자 남부의 사우스캐롤라이나주는 도망노예법이 적용되지 않는다면 미연방에서 탈퇴하겠다는 선언까지 했다.

그러나 노예 처우와 관련한 미국 내 남북 갈등은 여전히 심각했다. 이때 휘그당의 원로 정치인 헨리 클레이가 중재에 나섰다. 그는 이미 통과된 도망노예법은 그대로 두되 새로 편입된 서부의 주들 중에서 캘리포니아주는 비노예주로, 유타주와 뉴멕시코주는 주 자체의 투표로 결정하자는 타협안을 제시했다. 그러나 남북 모두 그의 타협안에 동의하지 않았다.

북부 출신이면서 노예 찬성론자였던 14대 대통령 프랭클린 피어스는 최대한 노예 문제를 기피하려 했다. 그러나 운명은 그를 가만히 놔두지 않았다. 1854년 미국 중부의 몇 개 주가 공식적으로 미국 연방에 들어왔는데 이 중 캔자스주와 네브래스카주는 북위 36도 이북이었다. 미주리 협정에 따라 자연스레 캔자스와 네브래스카는 노예 금지 주가 되어야 하는데 남부 출신의 상원의원인 스티븐 더글러스가 미주리 협정은 미국 헌법 정신에 위배된다며, 노예제 존폐 여부는 주민들의 투표로 결정하자는 '캔자스-네브래스카' 법안을 제안해 이 법안이 통과되었다.

캔자스주는 부정투표로 노예제가 통과되었다. 캔자스에서 노예제가 합법화되자 주변의 지주들과 노예 주인들이 노예들을 데리고 캔자스로 몰렸다. 이 지주들은 원래 캔자스에 살고 있던 가난한 농민들과 그들의 땅을 강제로 빼앗아 흑인 노예들을 동원해 농장을 확대해 갔다. 동시에 캔자스에는 노예제 반대론자들의 과격단체들도 들어와 있었다. 워싱턴

도망노예법
탈주노예법이라고도 부른다.

헨리 클레이
남부 출신이긴 했지만 노예제도에 대해 적극 찬성하는 쪽은 아니었고 주위의 평판도 좋았다.

캔자스-네브래스카 법안
스티븐 더글러스는 새롭게 연방으로 들어온 서부의 표심을 공략할 수 있는 묘안을 고민 중이었고 이 법안이 그 해답이었다.

DC에서는 찰스 섬너라는 의원이 캔자스의 부정투표 결과를 비판하다가 노예제 찬성론자인 브룩스 의원에게 지팡이로 구타당하는 일도 일었다. 캔자스 내에서는 노예제를 두고 패싸움이 이어졌고, 유혈사태로 번지기도 했다. 유사 전쟁이라고 해도 될 정도의 살인과 보복이 꼬리에 꼬리를 물고 자행되었다. 이러한 일련의 폭력적, 정치적 대립 사태를 '피의 캔자스'라고 한다.

1857년 민주당의 제임스 뷰캐넌이 미국의 15대 대통령으로 취임했다. 전임 대통령이었던 프랭클린 피어스가 노예제도에 대해 소심했다는 비판을 받자 민주당은 적극적인 행동주의자였던 제임스 뷰캐넌을 내세워 대선에서 승리했다. 그는 공식석상에서 노예제를 찬성하고, 남부에서 일어나는 소요들을 전부 북부인들 탓으로 돌려 반발을 사기도 했다. 그가 임명한 장관급 인사들도 전부 남부 출신이거나 노예제 찬성론자들이었다.

■■■■ **제임스 뷰캐넌**
북부 출신이지만 노예제를 찬성하는 쪽이었다.

1857년 미주리주에 살던 드레드 스콧이라는 흑인 노예가 주인과 함께 일리노이주로 이사를 갔다. 일리노이주는 노예제를 금지하는 주였다. 드레드 스콧이 자신은 일리노이주에 사는 이상 노예가 아니라며 주인을 상대로 소송을 걸었다. 연방 대법원은 노예는 소송을 걸 수 있는 자격이 없다며 소송을 각하했다. 드레드 스콧 사건은 판정 자체도 판정이지만 연방 대법원 구성도 제임스 뷰캐넌의 측근들로 포진되어 있어서 더 시끄러운 목소리들이 불거졌다. 남북 문제가 언제 폭발할지 모르는 불씨를 잉태한 이러한 상황에서 1861년 공화당의 링컨이 16대 대통령으로 취임했다.

남부의 연방 탈퇴

1860년 링컨의 대통령 당선이 확정되자 남부의 주들이 폭발했다. 1860년 12월부터 1861년 2월까지 사우스캐롤라이나주, 조지아주, 플로리다주, 앨라배마주, 미시시피주, 루이지애나주, 택사스주가 차례대로 연방 탈퇴를 선언하고 따로 연방을 구성했다. 임시 수도는 앨라배마주의 몽고

메리였으며, 임시 대통령으로 남부의 군 장교 출신인 제퍼슨 데이비스가 선출되었다. 대통령으로 임기를 시작한 링컨은 취임식 연설에서 남부의 연방 탈퇴를 절대 인정할 수 없다고 단호하게 엄포를 놓았다. 그러나 이미 연방을 탈퇴한 남부 주들은 링컨의 강경 발언에 조금도 신경 쓰지 않았다.

1861년 4월 노예제 유지와 연방 탈퇴에 가장 주도적이었던 사우스캐롤라이나주에서 사고가 터졌다. 연방에서 탈퇴한 사우스캐롤라이나주의 섬터 요새에 아직 철수하지 않은 연방군이 있었는데, 사우스캐롤라이나의 남부군이 섬터 요새를 포위하고 이들과 대치했다. 피차간에 살상 규모는 크지 않았지만 열악한 조건 탓에 섬터 요새의 연방군이 항복을 했다. 이 과정에서 우발적 사고로 화약고가 폭발했다. 이 폭발 사고가 남북전쟁의 시작을 알리고 말았다.

섬터 요새의 사고 이후 버지니아주, 노스캐롤라이나주, 테네시주, 아칸소주가 연방을 탈퇴하여 남부연맹에 가입했고, 이들은 USA(United States of America)를 부정하고 본인들의 새로운 연합정부 CSA(Confederate States of America)를 선포했다. 수도는 몽고메리에서 버지니아주의 리치먼드로 옮겼다. 노예제를 찬성하는 주들이 전부 연방을 탈퇴한 것은 아니었다. 일부 주들은 노예제를 주장하면서도 연방을 탈퇴하지 않았다.

경계주(Border States)
노예제를 주장하면서도 연방을 탈퇴하지 않은 주들을 경계주라고 불렀다.

북부연방(파란색), 남부연맹(회색), 경계주(노란색)

워싱턴 DC

버지니아

미주리

켄터키

테네시

노스 캐롤라이나

아칸소

사우스 캐롤라이나

미시 시피

엘라 배마

조지아

텍사스

플로리다

루이지애나

남북전쟁(Civil War)

섬터 요새 전투는 사우스캐롤라이나주가 연방군을 향해 포격한 선제공격이었고, 이에 링컨은 전면적인 전쟁을 선언했다. 노예제로 인해 전면적인 남북전쟁(Civil War)이 발발한 것이다. 링컨과 연방정부는 속전속결로 남부를 굴복시킬 수 있다고 생각했다. 산업, 군사 등 모든 면에서 북부의 몸집이 남부보다 훨씬 컸다. 다만 베테랑 노장이었던 윈필드 스콧 중장은 남부를 결코 얕봐서는 안 된다며 무작정 공격을 감행하기보다 해군력을 동원해 강과 바다를 차단하고 남부군의 물자와 보급을 끊는 '아나콘다 작전'을 제안했다. 링컨과 연방정부는 이 제안을 받아들이지 않았다. 아나콘다 작전은 장기전으로 끌고 가겠다는 것이 핵심인데, 링컨은 그럴 마음이 없었다. 당시 링컨은 이 전쟁이 5년이나 지속될 것이라고 전혀 예상하지 못했다.

북부군의 사령관은 어빈 맥도웰이었다. 그는 신중하려고 했지만 링컨이 속전속결을 요구하자 마지못해 남부연맹의 수도 리치먼드로 향했다. 리치먼드로 가기 위해서는 버지니아주 매너서스를 통과해야만 했다.

1861년 7월 증강된 매너서스의 남부군은 철도 쪽으로 집결했다. 남부군의 보급을 차단하기 위해 북부군이 철도로 오면 기다렸다가 덮칠 계획이었다. 그러나 남부군의 작전을 꿰뚫고 있던 북부군은 매너서스의 불런강에 진을 치고 있던 남부군을 기습했다. 이어 북부군은 도망치는 남부군을 추격했지만 남부군 중 토머스 잭슨의 부대가 북부군의 추격 부대를 무찔렀다. 기세를 몰아 남부군은 반격에 나서 포대 두 곳을 점령한 후 북부군의 본진이 있는 불런강까지 치고 들어갔다. 그렇게 싸우기를 무려 14시간. 먼저 지친 북부군이 퇴각했다. 남부군도 너무 지쳐 도망치는 북부군을 추격하지 못했다. 1차 불런 전투의 패전으로 어빈 맥도웰은 해임되었고 그 자리에 미국-멕시코 전쟁 당시 공병대 출신이었던 조지 매클렐런이 임명됐다. 조지 매클렐런은 북군의 전열을 체계적이고 강력한 군대로 재정비했다.

그제야 장기전을 각오한 링컨 대통령은 아나콘다 작전을 적극 활용할 것을 결정했고 대대적인 해군 증강에 들어갔다. 조금씩 산업화의 길

남북전쟁 군복
북부 연방군은 남색 군복을, 남부 연방군은 회색 군복을 입었다.

토머스 잭슨
그가 구축한 방어진지가 아주 견고해서 이후 그에게는 '스톤월'이라는 별명이 생겼다.

불런 전투
이 전투를 북부에서는 제1차 불런 전투, 남부에서는 제1차 매너서스 전투라고 부른다.

을 걸고 있던 북부에는 조선소 등의 산업 시설이 많이 집약되어 있어서 해군 증강에 큰 어려움이 없었다. 증강된 군함들은 남하하기 시작하여 1861년 8월에는 해터러스 요새를, 11월에는 포트 로열 요새를 점령하여 남부연맹을 봉쇄했다.

1862년 초부터 링컨과 의회 그리고 군부는 경계주들을 먼저 장악하기로 합의했다. 남부군은 이미 경계주들 곳곳에 주둔하고 있었다. 북부군은 켄터키주를 시작으로 남부연맹의 일원이었던 테네시주까지를 목표로 정했다. 1862년 2월 6일 테네시주의 헨리 요새를, 2월 15일에는 도널슨 요새를 율리시스 그랜트 준장이 이끈 북부군이 점령했다. 이어 1862년 3월에는 피리지 전투로 미주리주를 점령했다. 테네시주와 미주리주를 잃으면서 남부군의 사기가 떨어졌다. 남부의 제퍼슨 데이비스 대통령은 4월 징집령을 내리고 남부군을 45만 명까지 증강했다.

북부 쪽에서는 드디어 매클렐런이 움직이기 시작했다. 매클렐런은 남부의 수도 리치먼드로 곧장 내려가고자 했는데, 링컨 대통령은 워싱턴 DC 수비군이 부족하다는 이유로 반대했다. 남부군의 맹장 스톤월 잭슨이 워싱턴 DC 근처에서 게릴라전을 감행하며 북부군을 기습 공격하고 있었다. 매클렐런이 원래 동원하려던 해군도 햄프턴로즈강에서 남부 해군과 싸워 무승부로 끝나 버리는 바람에 북부 육군의 남진에 차질을 빚고 있었다. 매클렐런은 별수 없이 남하를 멈추고 남부의 스톤월 잭슨 부대를 토벌하기 위해 다시 워싱턴 DC로 복귀했다. 이제 남북전쟁의 전선은 크게 두 곳, 워싱턴 DC 근처에서 북부의 매클렐런이 남부의 스톤월 잭슨 부대를 추격하는 전선과 남부군이 율리시스 그랜트의 북부군에게 빼앗긴 테네시를 탈환하기 위한 전선이었다.

1862년 4월 켄터키주와 테네시주를 장악한 율리시스 그랜트 휘하 장교들이 승리에 취해 방심하고 있을 때 악천후를 뚫고 몰래 접근하는 데 성공한 남부군이 샤일로에서 북부군을 기습했다. 북부군은 기습에 당황했으나 우왕좌왕하지 않고 정연하게 후퇴했다. 다음 날 지원병이 도착하자 신속하게 전열을 재정비한 북부군은 곧바로 남부군에게 포격을 퍼부었다. 남부군은 끝까지 싸울 생각이었으나 전세가 지나치게 불리해지

햄프턴로즈강
이곳에서 벌어진 북부의 모니터호와 남부의 매리맥호의 교전이 세계 최초 철갑선 전투였다.

링컨

자 후퇴했다. 샤일로 전투의 승자는 북부군이었으나 사상자도 북부군이 많았다. 뉴올리언스 근처 강어귀에서도 남부군 전함이 북부군 전함과 싸우다가 제대로 깨지면서 전세는 북부군에 유리하게 흘러갔다.

테네시주까지 진출한 율리시스 그랜트의 북부군은 결정타를 날리기 위해 남부에서 가장 지리적으로 중요한 미시시피강의 빅스버그로 향하기로 했다. 남부군은 1862년 7월 테네시 방면군을 조직해 빅스버그로 향하는 북부군을 요격하라는 임무를 내렸다. 남부의 테네시 방면군이 켄터키주 정중앙까지 진출하자 율리시스 그랜트는 빅스버그 점령보다 이들을 먼저 격파하기로 했다. 남부의 테네시 방면군이 4만, 율리시스 그랜트가 이끄는 북부군도 4만으로 규모는 양측이 비슷했다. 북부군의 피해가 매우 컸지만 전투 자체는 북부군의 승리였다.

워싱턴 DC 쪽에서는 스톤월 잭슨 장군이 이끄는 남부군이 북부의 정신을 쏙 빼놓고 있었다. 웨스트버지니아주와 버지니아주 사이 셰넌도어 계곡에서 48일간 600마일 이상을 이동하며 벌어진 맥도웰 전투, 프론트 로얄 전투, 윈체스터 전투, 크로스키즈 전투, 포트 리퍼블릭 전투에서 남부군이 모두 승리를 거두었다. 1만 7천의 병력으로 도합 6만 명의 북부 정규군을 사살하는 큰 성과를 낸 것이다. 스톤월 잭슨에게 셰넌도어 계곡으로 가라고 지시한 남부군의 총사령관은 남부 최후의 용장이라 불리는 로버트 리였다. 고무된 로버트 리는 북부 매클렐런의 부대를 끝장내고자 직접 군대를 이끌고 스톤월 잭슨 부대에 합류했다. 로버트 리의 부대와 스톤월 잭슨의 부대는 1862년 6월 25일부터 7월 1일까지 여덟 번의 전투를 치렀다. 일명 '7일의 전투'라고 불리는 이 싸움에서 누가 이겼다고 할 수 없을 정도로 양측 모두 큰 피해를 봤다.

링컨은 총사령관을 포프 소장으로 교체하고 매클렐런은 포프를 보좌하게 했다. 포프 소장은 매클렐런과 완전히 반대 성향을 가진 지휘관이었다. 신중하고 소심한 매클렐런과 달리 포프는 과격했다. 포프는 어떻게든 성과를 내야 한다는 강박감에 무리하게 로버트 리의 남부군을 공격하다가 번번이 패배했다. 1862년 8월 말 매너서스 인근의 불런강에서 다시 한번 맞붙은 제2차 불런 전투에서 포프가 이끄는 북부군이 무려 1

제2차 불런 전투
제2차 매너서스 전투라고도 불리며 1861년 7월에 이어 1862년 8월에 같은 장소에서 벌어진 이 전투에서도 남부군이 승리했다.

만 명이나 사상자를 내며 패퇴했다. 매너서스와 워싱턴 DC 사이의 거리가 가깝기에 이젠 워싱턴 DC가 직접적으로 위협받는 절체절명의 전세였다.

그러나 워싱턴 DC의 방어 체계는 매우 견고했다. 로버트 리는 워싱턴 DC로 진격하는 게 오히려 위험 요소가 크다고 판단하고 차라리 워싱턴 DC가 있는 메릴랜드주 전체를 장악해서 숨통을 조이기로 했다. 매클렐런이 북부군 총사령관으로 복귀했다. 로버트 리는 부대를 메릴랜드주 전체에 분산 배치했다.

북부군의 정찰대가 우연히 로버트 리의 작전 명령서를 입수했다. 로버트 리의 작전을 알게 된 매클렐런은 남부군의 본대가 있는 사우스마운틴으로 향했다. 로버트 리가 군대를 분산해 놓았기 때문에 그곳 병력의 숫자가 줄어 있었다. 뒤늦게 로버트 리는 흩어져 있는 남부군에게 사우스마운틴으로 집결하라는 명령을 내렸으나 북부군의 속도가 더 빨랐다. 그런데 여기서 매클렐런의 소심함이 또 발동했다. 총공격을 퍼부으면 남부군을 궤멸할 수 있었지만 로버트 리가 방어에 이렇게 허술할 리가 없다면서 매클렐런은 결정타를 날리지 않았다. 오히려 다른 곳에 있던 남부군이 로버트 리의 부대로 합류하도록 시간만 벌어 주었다.

1862년 9월 17일 앤티텀강에서 비로소 매클렐런이 총공격을 감행했다. 남부군은 로버트 리의 지휘하에 결사 항전하며 버티다가 결국 후퇴했다. 매클렐런은 매복의 우려가 있다며 후퇴하는 남부군을 추격하지 않았다. 링컨과 미국 정부는 로버트 리의 남부군을 끝장낼 수 있는 절호의 기회를 놓쳤다며 남부군을 추격하지 않은 매클렐런을 해임했고 그 자리를 후커 소장으로 교체했다. 과격했던 후커 소장은 남부군을 추격하면서 오히려 패배를 거듭했다. 북부군의 추격에 쫓기고 반격하기를 반복하던 로버트 리는 전열을 가다듬고 다시 북상했다.

■■■ 앤티텀강 전투
남북전쟁 통틀어 최다 사상자를 냈는데, 그 수가 양측 합쳐 2만 3천이었다. 당시 남부군이 구축한 통로를 '피의 통로(Bloody Lane)'라고 한다.

링컨의 노예해방 선언

남북전쟁은 초기 링컨의 시나리오와는 다르게 점점 장기전화되고 있었다. 남부군의 저항이 만만치 않았고 시간이 갈수록 북부 내에서도 링컨에 대한 여론이 악화되어 갔다. 링컨은 전쟁의 명분을 확실히 할 필요가 있었다. 북부 시민들 사이에서는 전쟁을 시작한 남부에 대한 원망이 노예제 폐지 여론으로 점차 확산되고 있었다. 링컨은 이 분위기에 힘입어 북부연맹 내에서만이라도 경계주들에게 노예제를 폐지하자고 했으나 경계주들은 이를 거절했다. 남부연맹에는 각 주에 배상금을 지급하는 조건으로 노예제를 폐지하고 전쟁도 끝내자고 제안했으나, 남부연맹 역시 이 제안을 거절했다. 여전히 남북전쟁이 한창이었지만 링컨 대통령은 1863년 1월 1일 신년 연설에 맞춰 노예해방 선언을 발표했다.

"현재 미국에 반대하여 반란을 일으킨 남부의 모든 주 또는 주의 일부 지역에서 노예 상태를 유지하고 있는 모든 사람들은 1863년 1월 1일 이후로 영원히 노예 상태로부터 해방될 것이다. (중략)

따라서 미국 대통령으로서 나, 에이브러햄 링컨은 이제 미국 정부의 권위에 맞선 실제적 무장 반란이 발생하는 경우, 미국 육해군의 총사령관으로서 부여받은 권한에 의거하여 이 반란을 진압하기 위한 적절하고도 필요한 조치를 취할 것이다. 1863년 1월 1일 현재부터 향후 100일 동안을 포고 기간으로 결정한다는 나의 방침에 따라, 미국에 맞서 반란 상태에 처한 주들과 주의 일부 지역을 다음과 같이 지정하는 바이다. 아칸소주, 텍사스주, 루이지애나주, 미시시피주, 앨라배마주, 플로리다주, 조지아주, 사우스캐롤라이나주, 노스캐롤라이나주, 버지니아주 또한 권한의 효력을 발생시킴과 동시에 앞서 언급한 목적을 실현하기 위해, 반란이 진행 중인 주로 이미 지정된 지역에서 노예 상태에 처해 있는 모든 사람은 이제 노예 상태로부터 해방되었음을 선포한다. 또한 육해군 당국을 포함하여 미국 행정부는 그들의 자유를 인정하고 지키겠다고 선포한다.

(중략)

정의로운 행위라고 진심으로 믿으면서, 헌법에 의해 보장된 이 선언에 대해, 또한 군사적 조치의 필요성에 대해, 인류의 신중한 판단

> 이 내려짐과 동시에 전지전능하신 하느님의 은총이 함께하기를 기원한다."
>
> 링컨의 <노예해방 선언>

남북전쟁의 주된 원인은 새롭게 편입된 주들의 노예제 존속 여부를 둘러싼 갈등이었다. 이미 노예주였던 남부의 주들에 대해선 굳이 노예제 폐지를 운운하지 않았다. 링컨은 1863년 노예해방 선언으로 남부의 기존 노예주들에도 노예제도를 인정하지 않으며, 흑인들에게도 미국의 숭고한 이념인 자유를 보장하겠다고 선언했다. 이에 수많은 민중들이 열광했다. 유럽의 국가들조차 이념적으로 북부에 응원을 보냈다. 남북전쟁은 북부가 연방에서 탈퇴한 남부와 싸운 전쟁이 아니라 '자유'라는 미국의 가장 아름다운 기치를 지키기 위해 피를 흘린 성전이 되었다.

게티즈버그 전투

남부군의 로버트 리는 북부의 최대 곡창지대였던 펜실베이니아를 점령하기로 했다. 펜실베이니아에는 철도가 지나고 있었는데 철로를 끊어 버리면 북부군의 보급로를 차단할 수 있었다. 남부군의 움직임을 포착한 북부군은 신임 사령관 조지 미드 소장의 지시로 재빨리 펜실베이니아로 향했다. 한편 펜실베이니아에서 부대를 분산해 곳곳을 약탈하고 있던 남부군은 로버트 리의 명령으로 펜실베이니아 남동부의 게티즈버그에 집결했다.

1863년 7월 1일 북부군 정찰대가 게티즈버그에서 남부군 정찰대를 발견하고 양 진영의 정찰대끼리 교전을 벌였다. 이 교전에서 남부군이 승리했다. 로버트 리는 정찰대를 전부 격퇴하라는 명령을 내렸는데, 북부군 정찰대는 고지대에 방어진지를 구축하고 항전하고 있었다. 이 사이 연락을 받은 북부군 주력이 전부 게티즈버그의 고지대로 모여들었고 로버트 리도 남부 전 병력을 모았다. 게티즈버그에서 양 주력군이 대치했다. 주력군과 주력군의 싸움이므로 양측 다 사활을 걸어야 했다. 로버트 리의 작전은 다음과 같았다. 우선 일부 부대를 차출하여 북부군 진영의 서쪽 끝을 공격하면 북부군이 서쪽 끝으로 지원병을 보낼 것이다. 북부군 병력이 서쪽에 집중됐을 때 상대적으로 약해져 있을 북부군 진영의 동쪽을 공격하는 양동작전이었다.

7월 2일 남부의 일부 병력이 작전대로 북부의 서쪽 방어진지를 공격했다. 의도치 않게 북부군 장교의 실수로 서쪽 진지에서 남부군에게 우세하게 전세가 흘러가고 있었다. 서쪽 방어진지를 책임지던 북부군 장교가 엄폐할 수 있는 방어물들을 버리고 진지를 나와 공격에 나선 것이었다. 남부군이 북부군의 서쪽 진지를 공격한 건 어디까지나 미끼였지만 남부군이 싱겁게 이겨 버렸다. 서쪽 진지를 맡고 있던 남부군 장교는 이렇게 된 이상 더 위로 올라가 북부군의 뒤쪽 고지대를 점령해 북부군을 위아래로 포위하고자 했다. 하지만 북부군이 간발의 차로 고지대를 먼저 사수했다.

로버트 리는 어떻게 해서든지 북부군 배후의 고지대를 점령하라며 지원병까지 투입해 주었으나 남부군은 실패했다. 고지대에 주둔하고 있던 북부군도 병사 수가 턱없이 부족했고 교전 이틀째 저녁이 되자 탄약과 총알조차 고갈되어 버렸다. 남부군은 끈질기게 올라오고 있었고 고지대의 북부군은 총알이 없으니 총에 단검을 착검해 그대로 돌진했다. 결과는 놀라웠다. 총포를 퍼붓는 남부군을 착검 돌격으로 북부군이 몰아냈다. 로버트 리는 일명 '피켓의 돌격'이라는 최후의 돌격을 감행했지만 피해만 늘릴 뿐이었다.

피켓의 돌격
남북전쟁의 게티즈버그 전투 3일째 되는 7월 3일, 로버트 리의 남부군이 북군 진영이 위치한 묘지능선을 향해 돌격한 사건

더 이상 병사를 잃을 수 없었던 로버트 리는 고심 끝에 고지대 점령을 포기하고 북부의 중앙군을 정면공격하기로 했다. 다음 날 7월 3일 오전부터 로버트 리는 북부군 중앙을 향해 무려 2시간에 걸쳐 포격을 퍼부었다. 잠깐 반격을 하던 북부군이 금세 잠잠해졌다. 북부군의 사기가 떨어지고 전열이 흐트러졌다고 확신한 로버트 리는 남부군의 보병부대와 기병부대를 북부군 진영으로 돌격시켰다. 그때였다. 남부군 보병부대와 기병부대가 북부군에게 마지막 일격을 날리러 남부군과 북부군 사이의 게티즈버그 평원 중간부를 지나고 있을 때 쥐죽은 듯 가만히 있던 북부

군이 대포 문을 열고 무려 80문의 대포를 돌진하는 남부군을 향해 발포했다. 남부군 보병부대와 기병부대는 아수라장이 되며 후퇴했다.

이번엔 북부군이 전 병력을 이끌고 남부군 진영으로 돌격했다. 남부군은 돌격하는 적을 향해 대포를 쏴 댔으나 북부군은 무시무시한 화력과 괴성에도 아랑곳하지 않고 돌진해 남부군을 덮쳤다. 북부군의 최후의 맹공격으로 인해 남부군 3400명이 전사하고 18000명이 부상을 당했으며 6500명이 실종되거나 포로가 되었다. 완전한 패배를 자각한 로버트 리는 7월 4일 남부연맹의 버지니아주로 퇴각했다. 이 전투가 남북전쟁의 최종 기점이 된 게티즈버그 전투였다.

게티즈버그 전투는 북부의 승리였지만 북부군 사망자도 3100명으로 그 피해가 만만치 않았다. 이 전투가 끝나고 4개월 뒤인 11월 19일 링컨 대통령이 게티즈버그를 찾았다. 게티즈버그 전투에서 희생된 병사들의 넋을 위로하고 남은 장병들의 사기를 북돋우기 위함이었다. 이곳에서 링컨은 인류 역사상 최고의 명연설을 남겼다.

"지금으로부터 87년 전, 우리 조상들은 자유가 실현됨과 동시에 모든 인간은 천부적으로 평등하다는 원리가 충실하게 지켜지는 새로운 나라를 이 대륙에서 탄생시켰습니다. 우리는 지금 대대적으로 내전 상태에 휩싸인 채, 조상들이 그토록 자유가 실현되길 바라고, 그토록 소중한 원리가 충실히 지켜지길 원했던 국가가 얼마나 오랫동안 존립할 수 있을지 우려되는 시련을 겪고 있습니다. (중략) 이제 우리는 살아남은 자로서 이곳에서 싸웠던 그분들이 그토록 애타게 이루고자 염원했던 미완의 과업을 달성하기 위해 마땅히 헌신해야 합니다. (중략) 우리가 그처럼 헌신적인 노력을 기울일 때 우리나라 미합중국은 국민의 정부이면서(Of the People), 국민에 의한 정부이면서(By the People), 국민을 위한 정부로서(For the People) 결코 지구상에서 사라지지 않을 것입니다!"

링컨의 게티즈버그 연설

전세는 북부군 쪽으로 기울었지만 북부연방의 사정도 피폐해진 건 마찬가지였다. 게티즈버그 전투로 북부의 피해도 컸고, 3년이 넘도록 전쟁이 계속되면서 반전 여론이 강해지고 있었다. 시간은 링컨의 편이 아니었다. 기약 없는 징집제로 불만이 쌓여 가던 차에 링컨이 합당한 세금을 납부하면 징집 면제 처리를 해 주겠다는 법안을 통과시키자 1863년 7월 13일부터 16일까지 맨해튼에서 '드래프트 폭동'이라고 부르는 대규모 폭동이 일어났다. 행정부와 의회는 게티즈버그 전투에 참전했던 부대 일부를 동원해서 드래프트 폭동에 가담한 주민들을 강경하게 진압했다.

여기서
잠깐!!

드래프트 폭동

로버트 리의 항복

1863년 5월에서 7월까지 약 두 달간 테네시에 있던 율리시스 그랜트의 북부군은 더 남하하여 원래 목표로 했던 빅스버그를 함락했다. 게티즈버그 전투의 패전으로 남부는 모든 병력이 수비에 전념했다. 율리시스 그랜트의 북부군은 빅스버그에서 조지아주까지 침공할 준비 작업을 하고 있었다.

　추운 겨울을 보내고 1864년 날이 풀리자 율리시스 그랜트는 새로운 작전을 시도하기로 했다. 남부 초토화 작전이었다. 부대 간의 교전을 통해 승세를 확보하기보다는 남부의 주요 도시들을 점령해 가고 초토화해 남부를 싸움 불능의 상태로 마비시키는 전략이었다. 동시에 율리시스 그랜트 본인은 5월부터 주력군을 데리고 남부의 수도 리치먼드로 우회하지 않고 정면 돌파했다.

　남부에서는 로버트 리가 율리시스 그랜트의 북부군을 저지했다. 로버트 리의 남부군이 격렬하게 저항하자 6월 병력을 크게 잃은 율리시스 그랜트는 별수 없이 우회하여 리치먼드로 향하기로 했다. 로버트 리는 방어만 해서는 안 된다며 겁 많은 워싱턴 DC 정부를 위협해서 북부의 군대를 찢어 놓기 위해 한때 스톤월 잭슨이 종횡무진 누볐던 셰넌도어 계곡을 전략적 목표 지점으로 설정하여 셰넌도어 방면군을 조직했다. 셰넌도어 계곡은 워싱턴 DC와 가까울뿐더러 여러 개의 공장들이 분포해 있어서 군수물자에 필요한 자원과 식량들을 보충할 수 있었다. 율리시스 그랜트는 부장 필립 셰리든을 셰넌도어 계곡으로 보내 방어하게 했다. 필립 셰리든은 셰넌도어 계곡이 왜 남부에게 가장 필요한지 정확하게 간파했다. 북부군은 셰넌도어 계곡에서 남부군과 싸우는 동시에 인근의 민간인들을 전부 내쫓고 곡식 창고, 농장, 제분소 등 남부군이 군수물자로 흡수할 수 있는 시설들을 전부 찾아내어 불태워 버렸다. 필립 셰리든은 주민들의 엄청난 원성을 샀지만 남부군을 무력화할 수 있었다.

총사령관 율리시스 그랜트의 주력군은 리치먼드로 우회해서 갈 수 있는 피터스버그로 향했다. 로버트 리는 남부군 전 병력과 물자를 총동원하여 피터스버그에 집결시켰다. 1864년 6월부터 시작된 피터스버그 공방전은 로버트 리로 인하여 시간이 지연되고 있었다. 그 사이 1864년 9월에는 윌리엄 셔먼이 이끄는 북부군이 조지아주의 심장 애틀랜타를 점령했다. 기존 북부군의 작전대로 애틀랜타를 점령한 셔먼은 그곳을 약탈해 필요한 보급을 조달하고 나머지는 전부 불태워 버리는 일명 '셔먼 초토화 작전'을 통해 애틀랜타를 불바다로 만들었다.

1865년부터는 조지아주, 테네시주 등에 퍼져 있던 북부군과 워싱턴 DC에서 셰넌도어를 사수한 북부군이 남부의 수도 리치먼드 쪽으로 모여들었다. 1865년 2월 노스캐롤라이나주도 북부군에게 함락되었다. 이제 남은 마지막 전장은 두 사령관끼리 대치하고 있던 피터스버그 전선이었다. 1864년 6월부터 시작된 이 전투는 1865년이 되고서도 끝이 나지 않고 있었다. 어떻게 해도 로버트 리의 남부군을 무찌르는 것이 불가능하자 율리시스 그랜트는 장기전으로 끌고 가겠다며 거의 1년간 피터스버그로 향하는 남부군의 보급을 끊기 위해 철로를 뜯어내고 차단했다. 그러다 보니 1865년 3월에는 피터스버그에 남은 물자가 거의 없다시피 했다. 4월 2일 북부군이 총공격을 감행하자 로버트 리는 더 이상 버틸 수 없었다. 4월 3일 피터스버그가 함락되었다.

율리시스 그랜트는 곧바로 진군하여 남부의 수도 리치먼드로 입성했다. 도망친 로버트 리는 남은 병사들을 모아 게릴라전으로 항전하고 있었다. 그러나 수도까지 점령된 마당에 로버트 리의 부대가 포위되기까

셰넌도어 초토화 작전
이 작전으로 셰넌도어 계곡은 한순간에 불모지가 되어 버렸다.

셔먼 초토화 작전
셔먼이 애틀랜타를 포함해 조지아주를 초토화하여 입힌 피해 금액이 현재 가치로 환산하면 약 15억 달러가 넘는다고 하며, 남북전쟁이 끝나고도 조지아주가 회복하는 데 상당한 시간이 소요됐다.

지 하자 로버트 리는 깨끗하게 패배를 인정하고 4월 12일 항복문서에 서명했다. 이로써 남북전쟁은 북부군의 승리로 끝났다. 그러나 로버트 리가 항복문서에 서명한 날로부터 3일 후인 4월 15일, 링컨 대통령이 암살당했다.

미국 수정헌법 제13조

노예해방 선언으로 그 어떠한 형태의 노예제도도 부정했던 링컨은 정치적 소신과 남북전쟁의 명분을 달성하려면 선언만으로는 부족하다고 생각했다. 실질적인 정책과 법이 통과되어야 했다. '노예'라는 개념 자체를 미국에서 허용할 수 없다며 링컨은 헌법 수정을 요구했다. 북부연방에는 노예제도를 찬성하지만 남부연맹엔 붙지 않은 경계주들이 있었다. 경계주 출신의 의원들은 당연히 노예제 폐지를 반대하고 있었고, 북부라고 해서 북부연방의 의회가 노예제 폐지에 합의를 도출한 것은 아니었다.

공화당 내 급진적 노예제도 철폐론자였던 하원의원 새디어스 스티븐스가 노예제 폐지의 여론을 주도하려고 했으나 역시 노예제 폐지를 헌법으로 보장하는 데는 많은 반대가 뒤따랐다. 새디어스 스티븐스는 이러한 환경에서 링컨 대통령을 탐탁지 않아 했다. 그는 노예제 폐지는 물론이고 흑인들이 참정권부터 시작해서 백인들과 동등한 권리를 누리며 미국에서 살 수 있어야 한다고 주장했다.

새디어스 스티븐스가 강경파라면 링컨은 온건파였다. 링컨 개인적으로는 흑인들의 참정권도 보장하고 싶어 했지만 지나치게 과격한 정책을 밀고 나가다가는 노예제 폐지도 장담할 수 없었다. 링컨은 반대파들을 설득하기 위해 점진적 노예제 폐지에만 집중했다. 링컨의 정치적 중재와 노예제 폐지를 주장하는 의원들의 끈질긴 투쟁 결과 1864년 4월 8일 헌법 수정안이 상원의회에서 통과되었고 1865년 1월 31일 하원의회에서도 통과되었다. 노예제에 관해 언급되어 있는 제13조를 수정하여 노예제 폐지를 미국인들이 가장 숭상하는 헌법에 명기하도록 한 것이다.

> "노예제도 또는 강제 노역 제도는 당사자가 정당하게 유죄 판결을 받은 범죄에 대한 처벌이 아니면 미국 또는 그 관할 하에 속하는 어느 장소에서도 존재할 수 없다."
>
> 미국 수정헌법 제13조

링컨 암살

1861년 취임한 링컨의 임기는 1864년이 마지막 해였다. 링컨은 재선에 성공했다. 1865년은 링컨 취임 제2기의 첫해였다. 1865년 첫해에 수정 헌법 제13조가 하원의원에서까지 통과되었고, 4월 3일엔 남부연맹의 수도 리치먼드가 함락되었으며, 4월 10일 로버트 리가 항복했다. 모든 것이 자신의 바람대로 끝이 났으니 이제 링컨은 다음 정치적 이상을 펼쳐 보일 수 있었다. 그러나 링컨은 끝내 비극적인 마지막을 맞이했다.

미국 수정헌법 제13조가 통과되었던 즈음 링컨 대통령은 한 행사의 연설에서 흑인의 참정권 보장을 암시하는 듯한 발언을 했다고 한다. 비록 남북전쟁은 남부의 패배로 끝이 났지만 극단적 노예제 찬성론자들에게 링컨은 증오의 대상이었다. 남부의 연극배우 존 윌크스 부스는 극단적 인종 차별주의자였는데 링컨의 흑인 참정권 발언을 듣고는 참지 못하여 사람들을 모아 링컨 암살 음모를 꾸몄다. 그는 링컨은 물론 남북전쟁의 영웅 율리시스 그랜트와 링컨의 오른팔 윌리엄 슈어드 국무장관까지 타깃으로 삼았다.

4월 14일 링컨 대통령을 포함한 일부 정치인들이 공연 관람을 위해 포드 극장을 방문했다. 율리시스 그랜트는 아이들 졸업식으로 극장 행사에 참석하지 못했다. 이상하리만치 당시 극장 경계가 삼엄하지 않았고 존 윌크스 부스가 공연을 관람하던 링컨의 머리에 총을 쐈다. 존 윌크스 부스는 국무부장관은 찾지 못했고 극장을 빠져나와 도망쳤다. 링컨은 곧 링컨의 가족사 또한 매우 비극적이었다. 둘째 아들 에드워드 링컨은 갓난아기 때 전염병으로 죽었고, 셋째 아들 윌리엄 링컨도 2살 때 장티푸스로 죽었다. 막내아들 토머스 링컨은 장난꾸러기였지만 아버지 링컨이 암살된 이후 극도의 불안 증세를 겪다가 20살을 넘기지 못하고 요절했다. 유일하게 첫째 아들 로버트 링컨만 부모의 반대에도 불구하고 남북전쟁에 군인으로 참가하고 정치인으로도 활약하며 장수했다. 링컨 대통령과 사이가 좋지 않았던 아내 메리 토드는 남북전쟁이 막바지에 달하면서 남편과 관계를 회복했지만 곧바로 남편과 사별했고, 정신병을 앓다가 정신병원에서 숨을 거두었다.

바로 병원으로 후송되었지만 사경을 헤매다 다음 날 사망했다. 암살 공범자들은 모조리 체포되어 처형됐고 주범이었던 존 윌크스 부스는 항전하다가 사살되었다.

링컨이 죽은 그해 5월 5일 남부연맹의 대통령이었던 제퍼슨 데이비스가 공식적으로 남부연맹의 해산을 선언했다. 그리고 12월 18일 국무부 장관 윌리엄 슈어드가 수정헌법 제13조를 발표하면서 공식적으로 노예제가 폐지되었다.

링컨의 고집

일부에서는 링컨 대통령의 노예제 폐지가 이를 이용해 강력한 연방정부를 수립하려던 그의 정치적 계산이었다고 말한다. 실제로 링컨 대통령은 노예제 폐지만큼이나 대통령과 의회의 권한이 강력하게 확장된 중앙집권적 연방정부를 만들고 싶어 했다. 남북전쟁의 결과 미국 연방정부의 힘이 이전과는 비교도 할 수 없을 정도로 비대해진 것도 사실이다. 링컨은 "강력한 연방정부를 수립하기 위해서 노예제를 폐지해야 한다면 노예제 폐지를 주장할 것이고, 노예제를 유지해야 한다면 그렇게 할 것이다."라고 말했다. 이뿐만 아니라 인종차별적 발언을 일삼기도 했다.

에이브러햄 링컨 대통령에 대한 지나친 신화화도 부정할 수 없다. 링컨은 본인을 비난하는 언론사들을 탄압하고 검열제도를 강화했으며 일부 극단적 반대파 정치인들을 모함하여 수감하거나 추방하는 등의 독재자적 모습을 보이기도 했다. 링컨의 신화화는 애국심을 강요하는 국가주의 혹은 전체주의를 형성하기 위한 보수주의 공화당의 정치적 조작이라고까지 말하는 목소리도 있다.

링컨 대통령이 강력한 연방주의자라고 하지만 그만큼 노예제 폐지에 앞장섰던 사람들이 그렇게 많지 않았다. 새디어스 스티븐스 같은 급진파들도 있었지만 이들은 소수였고, 오히려 급진파들만 있었다면 노예제 폐지조차 어려웠을지 모른다. 만약 링컨이 노예제 폐지보다 강력한 연방정부를 더 원했다면 남부와 적당히 타협해서 전쟁을 빨리 끝내면 그만이었다. 그러나 링컨은 그 쉬운 길을 택하지 않았다.

링컨의 인종차별적 발언 또한 그의 진심이라기보다는 노예제 찬성론자들을 달래고 설득하고 중재하는 과정에서 나왔었다. 링컨은 변호사 출신 대통령으로 설득과 언변의 달인이었다. 링컨이 원하던 정책에 대해 의원들의 합의를 얻어 내기 위해서는 적당히 그들이 듣고 싶어 하는 말들을 해 줄 필요도 있었다.

Black Lives Matter

1922년 워싱턴 DC에는 헨리 베이컨이 건축하고 대니얼 체스터 프렌치가 조각한 링컨 기념관이 조성됐다. 그리고 1963년에는 마틴 루터 킹이

여기서 잠깐!

스티븐 스필버그가 해석하는 링컨

링컨은 본인의 신념을 확고하게 밀어붙여 인류사에 큰 족적을 남겼다. 다니엘 데이 루이스가 링컨을 연기한 2012년 영화 〈링컨〉의 감독 스티븐 스필버그는 하버드대학교 졸업 연설에서 이렇게 이야기했다.

"내 내면의 속삭임을 듣는 것은 아주 중요합니다. 에이브러햄 링컨과 오스카 쉰들러가 올바른 도덕적 선택을 했던 것처럼 말입니다. 여러분들의 한순간 한순간에 있어서 일상의 안락함과 편안함에 취해 여러분들만의 도덕적 선택들이 흔들리지 않도록 마음을 다잡으셔야 합니다. 나만의 정체성을 고수하는 건 크나큰 용기가 필요한 일입니다. 하지만 그 용기를 발휘할 때 언젠가 여러분들은 많은 지지를 얻어 낼 수 있을 겁니다."

노예제를 폐지한 링컨의 기념관 앞에서 또 하나의 인류 역사상 최고의 명연설을 남겼다.

> "나에게는 꿈이 있습니다. 이 나라 미합중국이 '모든 인류는 평등하다'는 것을 진실로 받아들이고 그 의미를 모두가 신조로 품고 살아가는 날이 오리란 꿈입니다." (I have a dream that one day this nation will rise up and live out the true meaning of its creed: "We hold these truths to be self-evident that all men are created equal.)"
>
> 마틴 루터 킹 주니어

남북전쟁이 끝나고 약 150년 정도가 흘렀으며, 마틴 루터 킹 주니어의 연설로부터도 약 60년이 흐른 오늘날, 과연 인종차별 이슈는 얼마나 개선되었을까? 혹시라도 새로운 형태의 인종차별이 계속되고 있지는 않을까?

링컨 시대의 이면,
폭력으로 얼룩졌던 뉴욕

미국 남북전쟁이 배경인 마틴 스콜세지 감독의 〈갱스 오브 뉴욕〉에는 링컨 재임기 전쟁의 이면 속 민중들의 불만을 설명해 주는 내레이션이 중간중간 배치되어 있다. "남북전쟁이 발발하고 다음 해 아일랜드 여단이 행군하던 뉴욕은 다수의 인종과 군부, 부자와 빈자들로 가득 찼다. 분노가 들끓었던 건 새 징집법 때문이었다." 시간이 지나면서 징병제의 규모가 확대되며 민중들의 분노는 더욱 커져갔다. "어딜 가나 징병 얘기. 3백 달러만 내면 빼주지만 3백 달러가 똥개 이름인가. 우리 같은 사람들에겐 3백만 달러와 맞먹는 액수다." 영화는 내레이션뿐 아니라 장면 연출을 통해서도 당시 사회상을 현실적으로 그린다. 링컨 대통령 초상의 조명을 터뜨리며 노예제도 폐지를 기념하고 북부군의 행진에 환호성을 보내는가 하면 온갖 야유와 욕설이 난무하고 북부군을 향해 흑인 노예 친구들과 같이 죽으라며 비아냥거리는 사람들도 있다. 이민자들을 대상으로 징집하는 장면은 가급적 많은 역사적 배경들을 제시하려는 듯 롱테이크로 촬영하며 공을 들인다. 이제 막 뉴욕에 도착하여 생계가 막막한 이민자들에게 모병관들이 입대를 강요하고 그 옆에는 전쟁터로 나가기 위해 대기하는 군인들이 길게 줄을 서고 있다. 그중에는 긴장한 듯 겁먹은 표정의 군인들도 있고, 가족들과 이별하는 군인들도 있다. 그리고 이들 옆으로 전사자들의 관이 길게 늘어서 있다. 이어지는 장면엔 전쟁의 숭고함을 열변하는 링컨의 풍자극이 공연되고 있다.

　　지금도 그렇지만 뉴욕은 이민자들의 도시였다. 배를 통해 유럽에서 들어오기 쉬운 뉴욕은 미국 독립 전부터 영국인들을 필두로 프랑스인, 이탈리아인, 네덜란드인, 스페인인, 폴란드인, 유태인 등 수많은 유럽 백인들이 원주민들을 내쫓고 건설한 도시이다. 미국이 독립을 선언하고 연방정부를 수립한 뒤로는 더 많은 수의 유럽인들이 뉴욕으로 건너왔다. 미국의 '이민자의 역사' 시대에서 큰 분기점이 되었던 때가 18세기 중반과 19세기 중반이었다. 이 시기에 아일랜드 대기근이 발생하여 아일랜드계 난민들이 대거 뉴욕으로 유입되었기 때문이다. 가뜩이나 이제 막 서부 개척시대에 접어든 상상 속 미국의 광활한 대지는 아일랜드인들에게 희망을 심어주었다. 아일랜드에 남아 있던 인구보다 미국으로 넘어온 아일랜드의 인구가 더 많을 정도였다. 이토록 많은 인구가 뉴욕으로 갑자기 이주해 오니 주택문제, 생활문제를 비롯해 뉴욕에는 심각한 사회문제들이 발생했고 당연하게도 아일랜드인들은 환영받지 못했다. '흰 검둥이'라고 돌팔매질당했고 당시 아일랜드인들의 인권은 흑인들의 그것과 다를 바 없었다. 자기 마을을 지키겠다는 취지로 뉴욕은 자경단이 우후죽순 생겨났고 이 자경단은 자연스레 갱단으로 이어졌다. 뉴욕의 골목은 그렇게 지저분해졌다.

〈갱스 오브 뉴욕〉은 스스로 원주민이라 일컫는 집단과 아일랜드계 이민자 집단 사이의 화합할 수 없는 갈등을 적나라하게 다루고 있다. 뉴욕의 하층민 거주지역인 파이브 포인츠에선 일명 '도살자 빌'이라 불리는 윌리엄 커팅(다니엘 데이 루이스 역)의 원주민 집단과 프리스트 발론(리암 니슨 역)의 아일랜드 이민자 집단끼리 터전의 주도권을 두고 패싸움이 벌어진다. 도살자 빌은 발론을 살해하고 그의 어린 아들을 소년원에 가둬 버린다. 16년 후 출소한 아들 암스테르담 발론(레오나르도 디카프리오 역)은 아버지의 복수를 꿈꾸며 도살자 빌에게 접근한다. 발론은 도살자 빌의 신임을 얻지만 복수에는 실패한다. '살해'라는 방식으로는 복수의 가능성이 없어 보이자 발론은 직접 아일랜드계 이민자들로 다시금 세력을 형성하고는 자경단 겸 갱단인 '죽은 토끼'를 부흥시킨다.

　　겉으로 드러난 갈등 구도는 도살자 빌과 발론의 대결, 원주민이라 자칭하는 백인들과 환영받지 못한 아일랜드 이민자의 대결로 보이지만 이 싸움판에는 하나의 축이 더 있다. 바로 정부다. 아버지의 복수를 하겠다는 발론의 개인적인 원한은 집단과 집단의 갈등 양상으로 확대되는 동시에 징집제도의 부조리에 대한 민중들의 누적된 불만도 함께 응축된다. 영화의 클라이맥스에서 이 세 가지 분노가 한꺼번에 터진다. 영화 속 갈등 구조의 이면에는 "궁핍한 자들의 반을 고용해 나머지 반을 죽이자."라는 영화 속 대사처럼 하층민들의 대립에 정부 정책의 부조리가 짙게 깔려 있다. 징집에서 이름이 호명되는 것은 사형선고나 다름없이 느꼈다고 하고, 하층민들은 낼 수 없는 거액의 세금을 납부하지 않으면 전쟁터에 끌려가야 하는 정책은 뉴욕의 골목골목에 불을 지필 뿐이었다. 결국 이 불은 폭발했고 1863년 7월 13일부터 16일까지 나흘간 드래프트 폭동이 터졌다. 드래프트 폭동은 19세기 미국의 역사에서 벌어진 최악의 폭동이었다. 영화 속 묘사를 그대로 인용하면 다음과 같다. '뉴욕 18구 골목에서 폭도들이 주택을 파괴', '16구의 모든 상점들은 폭도가 두려워 폐점', '4번가부터 폭도들이 흑인 거주지역을 습격', '폭도가 무기 상점을 털어 무장', '3번가 경찰서장의 관사에 화재', '지원 병력은 없으며 경찰병력은 소용이 없음', '도시 곳곳에서 흑인들이 공격의 대상이 되고 있음', '폭도가 5백 명을 무장시킬 수 있는 병기고 점거', '2번가와 21번가 빌딩에 화재', '경관 300명 부상', '폭도들이 시장의 저택 공격', '바넘박물관 화재, 동물들 탈출', '폭도의 수는 4500명. 할렘 다리를 불태우고 부수려고 함', '흑인 고아원으로 향하는 폭도들도 있음'. 폭동은 전함의 포격으로 진압되었다. 사상자는 헤아릴 수 없을 정도로 많았다고 한다. 폭동 진압 후 징집제도는 수정 없이 그대로 진행되었다.

　　링컨 시대의 이면을 적나라하게 묘사하는 〈갱스 오브 뉴욕〉이 그렇다고 링컨의 도덕성을 비난하는 영화로 보이지는 않는다. 비록 한 번도 영화에 등장하지 않지만 링컨은 이 영화에서 아주 중요한 의미를 지닌 존재다. 뉴욕의 하층민 골목을 주름잡으며 마치 왕처럼 군림하는 폭군의 도살자 빌은 질서를 유지해 온 자신만의 방식이 '공포심'이었다고 말한다. 자기에게 이빨을 드러내는 누구든 잔인하게 손을 봐주면 모두가 공포에 떨며 질서를 자발적으로 유지하게 된다는 것이다. 도살자 빌이 질서를 유지하는 다른 방식은 타자화다. 그는 순수 미국인을 자처하며 아일랜드를 포함한 이민자들을 타자화하며 극도로 혐오한다. 영화 속 도살자 빌이 '공포심리'와 '타자화'로 질서를 유지한다면, 역사 속 링컨 대통령은 북부와 남부, 백인과 흑인을 단합하는 방식으로 질서를 유지하려 했다. 도살자 빌과 링컨이 대조를 이루고 있는 듯하면서도 도살자 빌의 캐릭터는 링컨을 비난하는 이들이 표현하는 링컨의 모습이기도 하다. 도살자 빌은 링컨의 '아치에너미(같은 목표나 신념을 공유하는 듯하지만 궁극적인 지향점에서 반목하는 히어로와 빌런의 관계)'이기도 하다.

〈갱스 오브 뉴욕〉에 등장하는 갱단은 여느 느와르나 갱스터 영화에 나오는 갱단과 성격이 다르다. 도살자 빌의 갱단이나 발론의 갱단이나 자치공동체적 성격을 띠고 있다. 그냥 악으로만 치부할 수 없는 이유다. 그런 점에서 국가의 군사력도 같은 맥락에 있다. 국가의 안전을 보호하기 위한 힘이지만 그 힘이 누구에게 어떻게 사용되느냐에 따라 완전히 다른 본질의 싸움이 된다. 역사 속 남북전쟁에서 그 힘은 같은 미국인들을 향해 사용되었고, 영화에서도 그 힘은 폭동을 일으킨 하층민들을 향해 사용되었다. 최후의 결투를 앞둔 도살자 빌의 집단과 발론의 집단에서 승자는 없었다. 있다면 두 집단의 싸움에 끼어든 군대의 전함 포격이었다. 〈갱스 오브 뉴욕〉은 힘 있는 자들의 폭력으로 유지되는 질서에 대해 반성하는 영화라고 할 수 있다.

살아남은 발론은 애인 제니(카메론 디아즈 역)가 원했던 그녀의 결정대로 뉴욕을 떠나는 쪽을 선택한다. 발론은 아버지의 묘지 옆에 도살자 빌의 묘지를 만들어주고 아버지의 유산이었던 칼을 묻는다. 두 묘지에서 내려다보이는 뉴욕의 모습은 몇 단계의 시대적 변천 과정을 거치며 오늘날 뉴욕의 마천루를 보여준다. 마지막 단계에서는 묘지조차 보이지 않는다. 발론이 칼을 묻은 토지 위에 고개를 젖혀도 보이지 않는 마천루가 빼곡하게 올라간 오늘날의 뉴욕에는 폭력으로 얼룩졌던 흔적은 온데간데없다. 〈갱스 오브 뉴욕〉은 마지막 발론의 내레이션으로 언급되는 주제를 위해 2시간 40분의 시간을 투자한 게 아닐까 하는 생각도 든다. "인간은 뼈와 피와 시련을 안고 태어난다 하셨던 아버지의 말처럼 당시의 뉴욕은 그렇게 탄생했다. 그러나 분노의 시대를 관통하며 쓰러져간 우리들에게 도도한 물살에 씻겨간 소중한 무엇과도 같았다. 후세들이 뉴욕을 재건하기 위해 뭘 했건 우리가 그곳에 존재했다는 사실을 기억하고 있을지는 알 수가 없다." 어쩌면 시간이야말로 가장 극악무도한 폭력일지도 모르겠다.

영화는 링컨 정부의 정책이나 남북전쟁에 대해 가치판단을 하지 않는다. 폭력이 필요악의 형태로 존재할 수밖에 없었던 역사의 이면을 제시할 뿐이다. '자유'라는 기치와 개척정신이 오늘날 미국의 토대가 되었다는 우상화된 신화에 〈갱스 오브 뉴욕〉은 반기를 든다. 주체할 수 없던 힘과 폭력의 경계가 모호하던 시대, 완전무결한 도덕적 이상은 어쩌면 없는 것일지도 모른다. 역사의 현실은 이렇게 복잡하고 이중적이다.